벤처 마인드셋

세상을 바꾸는 기업은 무엇이 다른가?

벤처 마인드셋

일리야 스트레불라예프 · 알렉스 당 지음   이영래 옮김

1 HOME RUNS MATTER,
STRIKEOUTS DON'T

6 AGREE TO DISAGREE

2 GET OUTSIDE
THE FOUR WALLS

5 BET ON
THE JOCKEY

SAY NO 100 TIMES 4

3 PREPARE
YOUR MIND

7 DOUBLE DOWN
OR QUIT

9 GREAT THINGS
TAKE TIME

MAKE
THE PIE BIGGER 8

THE VENTURE
MINDSET

RHK
알에이치코리아

『벤처 마인드셋』은 기업과 개인이 어떻게 벤처 캐피털리스트의 원칙을 우리 삶에 적용하여 기존 조직을 혁신의 허브로 변화시킬 수 있는지에 대해 들려준다. 두 저자는 내가 수십 년 동안 기술 분야에서 힘들게 배운 많은 교훈을 나눈다. 실리콘밸리 안팎의 모든 이들이 이해하기 쉽게 쓰였고, 추진력이 넘치며, 통찰력 있는 책이다.

- 에릭 슈미트Eric Schmidt, 전 구글Google CEO

『벤처 마인드셋』에 언급된 많은 원칙이, 실제로 줌을 구축하는 데 큰 도움이 되었다. 분명 당신에게도 도움이 될 것이다.

- 에릭 유안Eric Yuan, 줌Zoom 창립자 겸 CEO

벤처 투자자들은 비대칭적 영향력을 발휘할 수 있는 방법을 끊임없이 모색한다. 통찰력 넘치는 이 책은 VC의 사고방식을 조직에 적용하고자 하는 모든 이에게 도움이 될 것이다.

- 조엘 피터슨Joel Peterson, 전 제트블루Jetblue 회장

인공 지능이 광범위한 산업을 뒤흔들고 있는 지금, 두 저자의 조언(부분적으로는 자조적이고, 부분적으로는 광범위한 사례 연구를 통한 경영진 코칭)은 시의적절하다.

- 파이낸셜 타임스Financial Times

이사회 구성원, 경영진, 투자자가 반드시 읽어야 할 책이다.

- 에이미 밴즈Amy Banse, 투자자·포춘 500대Fortune 500 기업 이사회 멤버

대기업에 벤처 마인드를 불어넣고자 하는 스타트업 창업자와 경영진을 위한 매력적인 전술집이다. 명쾌하고 실용적이며 풍부한 사례로 가득 차 있다.

- 하야그리바 라오Hayagreeva Rao, 스탠퍼드 경영대학원 교수

일리야는 벤처 캐피털 분야에서 가장 지식이 풍부한 사람 중 하나다. 이 훌륭한 책은 벤처 캐피털리스트가 어떻게 사고하고 의사결정을 내리는지 알려주며, 이러한 인사이트를 자신의 분야에 적용해 그들처럼 혁신할 수 있는 방법을 가르쳐준다.

-알리 타마세브Ali Tamaseb, DCVC 파트너·『슈퍼 파운더Super Founders』 저자

『벤처 마인드셋』은 나의 책 『성공하는 기업들의 8가지 습관Built to Last』 옆에 꽂아둘 책이다. 이 책은 새로운 세대의 리더를 위한 강력한 가이드를 제공한다.

- 제리 포라스Jerry Porras, 『성공하는 기업들의 8가지 습관Built to Last』 공동 저자

두 저자는 자신들의 분야에 해박하며, 놀라울 정도로 명료하게 인사이트와 조언을 전한다.

- 제리 양Jerry Yang, AME 클라우드 벤처스AME Cloud Ventures 창립 파트너·
야후!Yahoo! 공동 설립자

지금 당장 이 책을 읽어라! 기업과 투자자에게 꼭 필요한 책이다.

- 클라우디아 팬 먼스Claudia Fan Munce,
글로벌 코퍼레이트 벤처링Global Corporate Venturing 회장

비즈니스 리더가 벤처 캐피털리스트의 사고방식에서 배울 수 있는 것에 관한 훌륭한 통찰력을 지녔다. 두 저자는 벤처 캐피털과 기업 혁신가들의 사고방식, 그리고 현대 경제에 미치는 영향에 대해 깊이 있는 지식을 가지고 있다. 그들의 책은 귀중한 지침서가 된다.

- 라이오넬 바버Lionel Barber, 전 파이낸셜 타임스 편집장

실용적이고, 재미있고, 영감을 준다.

- 세바스찬 거닝햄Sebastian Gunningham,
전 오라클Oracle·애플Apple·아마존Amazon 고위 임원

기업의 성공적인 벤처 캐피털 이니셔티브를 시작하는 방법에 관한 CEO의 필독서다.

- 카를로스 브리토Carlos Brito, 벨론Belron CEO

일리야가 스탠퍼드에서 가르치고 있는 벤처 캐피털 수업은 나를 비롯한 많은 사람이 벤처 캐피털리스트가 되는 데 큰 도움이 되었다. 이 책은 기업가와 투자자 모두에게 필독서다.

- 메르세데스 벤트Mercedes Bent,
라이트스피드 벤처 파트너스Lightspeed Venture Partners 파트너

『벤처 마인드셋』의 시작부터 완성까지를 목격한 사람으로서, 정말 놀라운 책이라고 말하고 싶다. 이 책은 의사결정 리더십에 관한 혁신적인 탐험 안내서다. 경영진은 물론이고 나의 벤처 캐피털리스트 동료들에게도 꼭 추천하고 싶은 필독서다!

- 패트릭 에겐Patric Eggen, 카운터파트 벤처스Conterpart Ventures 설립자

비즈니스 세계에서 성공을 이끄는 사고방식을 갖도록 자극하는 놀라운 책이다. 끊임없이 변화하는 기업 환경에 대응하기 위한 인사이트를 찾고 있는 경영진이라면 반드시 읽어야 할 필독서다.

- 카우식 마니Kaushik Mani, 아마존Amazon 총괄 관리자

학자이자 실무자인 재능 있는 두 저자가 자신들의 업무를 제쳐두고, 현명한 위험 감수 및 성장에 대한 인사이트를 공유한 것은 매우 흥미로운 일이다!

- 애스워드 모한Aswath Mohan, 구글 프로덕트 매니저 리더

안야, 다니엘, 엘리자베스에게
I. A. S.

마샤, 팀에게
A. D.

일러두기
본문의 각주는 모두 옮긴이의 것입니다.

산업의 판도를 완전히 뒤바꾸고, 기존 기업을 쓸모없는 것들로 만들며, 세상을 바꿀 차세대 혁신은 무엇일까? 이 책은 이런 질문에 답하는 것을 업으로 삼은 사람들의 이야기다. 그들은 벤처 캐피털리스트venture capitalist, VC, 즉 우리 주변에서 가장 혁신적인 조직을 뒷받침하는 이들이다. 벤처 캐피털리스트는 매일 혁신적인 아이디어를 추구하고 찾는다. 그리고 그 과정에서 눈부신 성공을 거둔다. 이들은 대단한 아이디어와 놀라운 팀을 알아보고, 그들이 아마존Amazon, 애플Apple, 구글Google, 테슬라Tesla, 넷플릭스Netflix, 모더나Moderna, 스페이스XSpaceX로 변신하도록 돕는다. 벤처 캐피털리스트는 미래를 찾아 자금을 댄다.

하지만 이 책은 성공적인 벤처 투자자가 되는 방법을 이야기하지 않는다. 이 책은 분야를 막론하고 모든 의사결정권자가 혁신의 대가인 벤처 투자자들로부터 배움을 얻어, 자신의 성과와 능력을 향상시키고 회사를 한계 너머로 도약하게 만드는 방법을 이야기한다. 이 책은 새로운 기회를 포착하고, 적절한 인재를 육성하고, 혁신적인 문화를 조성하고, 계산된 위험을 감수해 눈부신 성장을 달성하는 방법을 가르친다. 어떻게 그렇게 할 수 있을까? 그 답은 벤처 사고방식, 즉 '벤처 마인드셋 Venture Mindset'을 개발하고 활용하는 데 있다.

벤처 마인드셋은 실패를 필수 불가결한 것으로 여기고, 철저한 조사와 분석을 중시하며, 반대 의견을 권장하고, 단 하나의 승자를 찾기 위해 무수히 많은 아이디어를 버릴 줄 알고, 가능성이 보이지 않을 때는 과감하게 중단하고, 결과를 보기까지 인내심을 발휘하는 새로운 정신 모델이다.

스탠퍼드 교수와 기술 기업 임원인 우리 두 사람은 오랫동안 벤처 마인드셋을 연구해 왔으며, 도약을 이뤄 경쟁에서 앞서고자 하는 조직에 이 벤처 마인드셋을 적용할 수 있는 방법을 찾아왔다. 지난 10년 동안 우리는 벤처 마인드셋의 9가지 원칙을 개발하고 이 원칙을 모든 조직에 도입할 수 있는 전술을 만들었다.

우리는 혁신의 심장 박동이 크고 명확하게 들리는 실리콘밸리에서 이 책을 썼지만, 이 책은 혁신의 진원지인 이곳 너머에 있는 많은 사람을 염두에 두고 쓰였다. 와해적 혁신disruptive innovation[*]에는 국경이 없으며 벤처 캐피털과 벤처 캐피털의 지원을 받는 기업만의 이야기가 아니다.

어느 업계에 있든 세계 어디에 있든 벤처 마인드셋을 활용해 차세대 혁신적 성공 사례를 찾아 자금을 지원해야 할 때가 왔다. 장소는 작은 공장이나 오피스 타워가 될 수도, 마케팅이나 공급망일 수도 있다. 어쨌든 그 과정에서 가장 중요한 것은 적절한 마인드셋이다. 벤처 마인드셋 말이다.

- 전통적 기대와 전혀 다른 기능이나 내용으로 새로운 시장에 진출하거나 기존 시장에서 우위를 점하는 혁신. 파괴적 혁신이라고도 쓰인다

목차

사스비_{Saasbee}가 무엇이며
그것이 왜 중요한가?

2012년 11월, 3명의 벤처 캐피털리스트 사친 데쉬판데Sachin Deshpande, 패트릭 에겐Patrick Eggen, 나그라즈 카샤프Nagraj Kashyap가 결정의 순간에 직면했다. '사스비라는 작은 스타트업에 50만 달러를 투자할 것인가?'

그해 초, 카샤프는 실리콘밸리의 유명 엔젤 투자자_{angel investor}* 빌 타이Bill Tai를 통해 사스비의 창업자를 소개받았다. 그는 포스트 PC 시대에 화상회의 방식을 혁신할 것으로 기대를 모으고 있는 인물이었다. 사스비라는 이름은 '서비스로서의 소프트웨어_{Software as a service}'를 뜻하는 SaaS에 열심히 일하는 '꿀벌_{bee}'을 조합한 것이다. 카샤프는 대형 반도체 제조업체의 투자 부문인 퀄컴 벤처스_{Qualcomm}

• 창업 초기 단계의 벤처 기업에 투자하는 개인 투자자

Ventures를 이끌며 유망한 스타트업에 자금을 대는 일을 맡고 있었다. 카샤프와 그의 팀은 샌디에이고에 있는 퀄컴 본사에서 전 세계 300여 개의 스타트업에 투자를 했다. 그들은 하루는 한국의 나노 기술을 평가하고, 다음 날은 브라질의 소프트웨어 스타트업에 대해 파악하려 애쓴다. 카샤프는 만나는 모든 기업가로부터 '꼭 해내겠노라'는 성공을 보장하는 엄청난 주장을 듣는 데 익숙해져 있었다. 그런데 사스비에는 뭔가 다른 게 있었을까?

2012년에는 이미 영상 커뮤니케이션 분야의 경쟁이 치열했다. 통신 대기업 시스코Cisco의 계열사 웹엑스WebEx, 즉 수백만 명의 정규 사용자를 거느린 강력한 기존 업체가 자리 잡고 있는 상황이었다. 그외에도 스카이프Skype는 2011년 마이크로소프트Microsoft에 인수되었고, 구글은 구글 플러스Google Plus의 행아웃Hangout* 기능을 개선하기 위해 노력하고 있었다. 웹호스팅 서비스인 고투미팅 GoToMeeting은 더 많은 사용자를 수용하기 위해 막 확장한 시기였다. 그로부터 얼마 전 넉넉한 자금을 지원받은 블루진스 네트워크 BlueJeans Network와 퓨즈박스Fuzebox와 같은 스타트업들도 경쟁을 벌이고 있었다.

사스비의 창업자는 자신의 작은 스타트업이 모든 업체를, 심지어는 가장 큰 웹엑스도 능가할 수 있을 것이라고 주장했다. 하지만

---

* 최대 10명의 화상회의가 가능한 구글 플러스의 메신저

벤처 마인드셋

2012년 11월 당시 사스비에는 단 한 명의 유료 고객도 없었다. 게다가 때는 2012년이었다. 사람들은 직접적인 만남이나 전화 통화를 선호했다.

중국 태생으로 십여 년 전 실리콘밸리로 이주한 사스비의 창업자는 영어가 유창하지 못했다. 미국에 도착한 그를 웹엑스가 영입했고, 2007년 시스코가 그 회사를 인수한 후에도 그는 그곳에서 계속 근무했다. 하지만 경영진이 스마트폰 친화적인 화상회의 도구를 개발하자는 그의 제안을 거절하자 그는 회사를 떠났다.

사스비는 창업자의 주장만큼 좋은 제품이었을까? 더 자세한 조사를 위해 카샤프는 동료인 사친 데쉬판데에게 도움을 구했다. "이것 좀 봐줄 수 있겠어?" 그가 물었다. "영상과 관련된 건 자네가 잘 알잖아. 자세히 좀 살펴봐 줘." 데쉬판데는 2010년 퀄컴이 인수한 틱톡TikTok** 스타일의 동영상 스타트업을 공동 창업했으며, 급성장하고 있는 동영상 분야에 큰 열정을 갖고 그에 대해 파악하는 데 많은 시간과 에너지를 투자하는 사람이었다.

후에 한 인터뷰에서 데쉬판데는 "창업자와 통화를 한 번 하고 난 뒤 바로 반해버렸습니다"라고 말했다. 그는 통화 후 이틀 뒤에 창업자를 만나기 위해 샌프란시스코 베이 지역으로 갔다. 그는 영상 분야에서의 경험 덕택에 사스비가 경쟁사와 어떻게 다른지 바

•• 15초~1분 길이의 짧은 영상을 제작, 공유할 수 있는 중국의 숏폼 플랫폼

로 알아볼 수 있었다. 동영상은 모바일 인터페이스를 통해 작동하기가 가장 어려운 애플리케이션이었지만, 그가 버튼을 클릭하자 끊김이나 지연 없이 선명한 동영상이 펼쳐졌다. 이후 휴대폰으로 애플리케이션을 실행해 보았고, 화면은 작았지만 노트북에 있는 것과 화질이 동일한 것을 확인했다. 제품은 성능이 우수했다. 화상 회의 시장에 대한 창업자의 해박한 지식에 감탄한 데쉬판데는 샌디에이고로 돌아가 카샤프에게 이렇게 말했다. "이건 특별한 걸 넘어섰어. 사스비에 500만 달러를 투자해야 할 정도야."

데쉬판데는 이 회의에 동료인 패트릭 에겐과 함께 했다. 인문학 전공에 금융에 대한 지식이 전혀 없던 에겐은 런던의 대형 투자은행에서 주당 100시간씩 일하며 혹독한 시련의 시간을 보냈다. 그 후 그는 MBA를 취득하기 위해 다시 학교로 돌아갔다. MBA 출신들은 대개 헤지펀드나 전통적인 투자 관리 회사에서 일자리를 구했다. 퀄컴 벤처스의 하급직을 제안받은 데쉬판데는 이후 그곳에서 가능성 있는 벤처 발굴에 재능이 있는 '시드 파이낸싱 전문가'로 불리게 된다.

퀄컴은 샌디에이고에 있었지만, 2010년 에겐은 실리콘밸리로 자리를 옮겼고 동료들이 실사할 스타트업을 발굴하는 열정적인 '거래 중독자'가 되었다. 에겐은 우수한 제품을 만들겠다는 사스비 창업자의 집념에 깊은 인상을 받았다. 샌프란시스코 소마 지구의 필즈Philz 커피숍에서 두 번째 만남을 가진 후, 에겐은 사스비의 창업자가 꽤 훌륭한 세일즈맨이라고 생각했다. 몇 년 후 에겐은 그를 '타고난 영업 감각을 지닌 기술의 거장'이라고 칭찬했다.

한편 2012년 10월 초, 카샤프가 이끄는 팀은 샌디에이고에서 퀄컴의 실리콘밸리 사무실로 가 하루에 6곳의 스타트업을 만나는 일정을 소화했다. 그중에는 사스비도 있었다. 참가자들이 전한 바에 따르면 시연을 시작하려고 할 때 접속에 실패했다고 한다. '사무실이 바로 근처에 있다'는 창업자의 말에 모두가 사스비의 작은 사무실로 이동했다. 그리고 카샤프는 여러 기기를 이용한 매끄러운 시연을 통해 잠재 시장이 엄청날 수 있다는 것을 바로 깨달을 수 있었다.

이제 세 사람 모두 퀄컴 벤처스가 300만 달러 이상의 큰 금액을 투자해야 한다는 데 의견을 같이하게 되었다. 일주일도 되지 않아 데쉬판데와 카샤프는 회사의 투자위원회에 이 기회를 선보였다. 하지만 그들 외에는 선뜻 응하는 사람이 없었다. 다른 팀원들은 모두 사스비에 투자하는 것을 거북하게 여겼다. 카샤프, 데쉬판데, 에겐은 실망하긴 했지만 동료들의 의구심에 크게 놀라지는 않았다. 그들 또한 너무 많은 불확실성과 위험 신호를 보았기 때문이다. 화상회의 시장은 이미 포화 상태였을 뿐만 아니라 사스비는 진입하기 까다로운 중소기업 시장을 공략하려 하고 있었다. 다른 업체와의 기술적 차별점도 명확하지 않았다. 창업자의 불완전한 영어 구사 능력도 문제였다. 2,000만 달러로 제안된 사스비의 기업

가치 역시 창업자 한 명과 중국에 기반을 둔 엔지니어팀, 그리고 고객이 전혀 없는 스타트업으로서는 너무 높게 느껴졌다. 최소 8곳의 다른 벤처 캐피털 회사가 사스비에 대한 자금 지원을 거절했다는 불편한 사실이 회의론에 힘을 실었다.[1] 그들이 투자를 거절한 이유는 무엇이었을까? 기업들이 저마다 사내에 초고속 인터넷을 갖춘 값비싼 시스코 텔레프레즌스Telepresence* 룸을 갖추고 있었기 때문이다. 개인 운전기사를 둔 사람이라면 우버Uber의 잠재력을 과소평가하기 쉬운 법이다.

퀄컴 벤처스 운영에 독특한 특징이 존재하지 않았다면, 즉 이런 종류의 색다른 거래를 위한 경로가 따로 마련되어 있지 않았다면 이 이야기는 투자 거절로 끝을 맺었을 것이다. 2010년에 퀄컴 벤처스에는 더 작고 종종 더 위험한 투자를 위한 초기 단계 펀드가 만들어졌다. 카샤프는 몇 년 후의 인터뷰에서 이렇게 회상했다. "기술적으로 엄밀하게 따지자면 펀드라고 할 수 없겠지만, 개념적으로는 펀드라고 볼 수 있겠죠." 이 펀드의 근본이 되는 아이디어는 많은 요식 절차 없이 적은 금액을 빠른 속도로 투자하는 것이었다. 에겐은 이 초기 단계 펀드를 이끌고 있었기 때문에 사전 승인된 자본 풀에서 최대 50만 달러까지 직권으로 투자가 가능했다.

* 참가자들이 실제로 같은 방에 있는 것처럼 느낄 수 있는 가상 화상회의 시스템

물론 이런 자유에는 선택한 투자가 실패할 때의 큰 책임이 뒤따랐다.

어쨌거나 세 사람에게는 정통에서 벗어난 거래를 추진할 수 있는 막후의 방법이 있었던 것이다. 이렇게 그들은 다른 팀원들의 반대에도 불구하고 사스비에 퀄컴의 자금 50만 달러를 투자할 수 있었다.

그래서 거기에는 그만한 위험을 감수할 만한 가치가 있었을까?

마침내 카샤프와 에겐은 데쉬판데의 지원을 받아 베팅에 나섰다. 이 투자는 퀄컴 벤처스 역사상 유래를 찾기 힘든 최고의 투자가 되었으며, 전 세계 수억 명의 일상을 변화시켰다. 당신도 그런 변화 속에서 혜택을 본 사람 중 하나일 것이다.

왜 사스비라는 이름을 들어보지 못했을까

당신은 이 화상회의 회사를 알고 있다. 다만 이름이 다르다. 이 회사는 2011년에 사스비라는 이름으로 설립되었지만 2012년 말 퀄컴이 참여를 결정할 무렵 창업자 에릭 유안Eric Yuan이 사명을 줌 비디오 커뮤니케이션Zoom Video Communications으로 변경했기 때문이다.

그렇다. 당신이 알고 있는 그곳이 맞다. 수백만 명의 사람들이 COVID-19 봉쇄의 암울한 시기를 이겨낼 수 있게 해준 '줌' 말이다.

줌이 2019년 90억 달러가 넘는 가치로 상장했을 때 퀄컴은 2퍼센트의 지분을 소유하고 있었다.[2] 통찰력 있는 3명의 투자자 덕분이었다. 2020년 한때 줌의 시가총액은 1,500억 달러에 달했다.

이후 줌은 현대의 가장 위대한 혁신 중 하나라는 평가를 받게 되었으며 창업자 에릭 유안은 놀라울 만큼 야심 찬 기업가, 미래를 내다보는 기업가로 찬사를 받고 있다. 예산과 인력이 매우 적었던 이 신생 기업이 어떻게 비디오 커뮤니케이션 분야에서 혁신적인 발전을 이룰 수 있었을까? 막대한 예산과 수많은 유능한 엔지니어를 보유한 시스코, 마이크로소프트, 구글과 같은 거대 기업을 어떻게 이길 수 있었을까? 다른 성공적인 혁신 기업에 비해 줌의 스토리는 얼마나 특별할까? 무엇이 그들을 차별화했을까? 단순히 퀄컴의 벤처 캐피털리스트들이 운이 좋았던 걸까?

줌이 기막힌 성공을 거두기는 했지만 그 회사가 유일한 성공 사례는 아니다. 줌은 지난 50년 동안 자신들의 한계를 엄청나게 높은 곳까지 밀어붙여 세상을 실질적으로 변화시킨 수많은 젊은 혁신 기업 중 하나일 뿐이다. 애플, 시스코, 페이스북Facebook, 구글, 넷플릭스, 아마존, 우버, 테슬라, 스페이스X를 생각해 보라. 퀄컴이 투자한 눔Noom*, 크루즈Cruise**, 링Ring***은 또 어떤가! 줌이 온라인 상에서 상호 작용을 하고 소통하는 방식에 혁명을 일으킨 것처럼,

---

• 맞춤형 식단, 운동 계획, 코칭을 제공하는 모바일 헬스케어 기업

이들을 비롯한 많은 회사는 각자의 분야에서 전 세계의 산업과 전통을 와해하고 혁명을 일으켰다. 아직 들어본 적 없는 여러 주목할 만한 회사들 역시 이미 누군가의 차고나 침실에서 그 길을 가고 있을 것이다.

지금은 유명해진 이들의 성공 스토리에는 공통점이 있다. 모두 소규모 기업가팀이 만든 비상장 기업이며 모두 아주 최근에 설립되었다는 것이다. 앞서 언급한 기업 중 가장 오래된 애플은 1976년 설립되었다. 그리고 이들 중 상당수는 성장 주기 초기의 가장 민감한 시기에 캘리포니아 실리콘밸리에 위치했거나 실리콘밸리와 연결되어 있었다.

그러나 이들 기업의 궤적에서 무엇보다 중요한 특징은 자금 조달 방식이다. 기업가들은 훌륭한 아이디어를 가졌지만 그것을 실행에 옮길 자금이 턱없이 부족한 것이 보통이다. 에릭 유안이 그 좋은 예다. 줌을 설립할 당시 유안은 결코 돈이 없다고 할 만한 사람이 아니었다. 하지만 경쟁이 치열한 시장에서 살아남을 만한 제품, 더구나 시스코의 웹엑스를 누를 수 있는 제품을 만들려면 개인의 재산보다 훨씬 더 많은 자금이 필요했다. 말처럼 쉬운 일이 아니다.

금융 시스템은 자본을 필요로 하는 기업에게 다양한 옵션을 제

•• 자율주행 기술 회사
••• 비디오 초인종과 보안 카메라를 취급하는 보안 회사

공한다. 주식 시장에서 자본을 조달하는 기업도 있지만, 주식 시장은 현금 흐름이 존재하고 미래 수익에 대한 합리적인 기대가 가능한 성숙한 기업을 선호한다. 데쉬판데와 에겐이 에릭 유안을 처음 만났을 때 줌은 그런 것들은 갖고 있지 않았다. 사실 줌이 스탠퍼드대학의 스탠퍼드 평생교육원Standford Continuing Studies을 첫 유료 고객으로 받아들인 것은 2021년 12월에 이르러서였다. 계약 금액은 불과 2,000달러였다. 그 정도의 매출(혹은 매출이 제로인 상태)로는 많은 투자자의 초기 테스트조차 통과할 수 없다. 물론 기업들은 은행과 채권 시장에서 일상적으로 부채를 조달할 수 있다. 하지만 어떤 은행 대출 담당자가 줌에 대출을 승인하려 했다면 그의 상사는 그 자리에서 그를 해고했을 것이다. 그리고 상사의 그런 행동은 현명한 조치였을 것이다. 당시 줌은 매출이 없었고 파산할 경우를 대비한 담보도 없었기 때문이다. 은행은 유형의 물리적 자산, 매출, 보증이 없는 회사에 돈을 빌려줄 수 없다. 보조금을 받는 회사들도 있고, 2011년 줌이 그랬듯이 가족, 친구, 개인 투자자(이들을 '엔젤 투자자'라고 부른다)로부터 초기 자본을 얻는 회사들도 많다. 하지만 이런 자본은 확장 단계를 거치는 기업에 자금을 대기에는 충분치가 않다.

간단히 말해 2012년 당시의 줌에 투자할 수 있는 자본과 배짱을 모두 갖춘 사람은 찾기 힘들었다. 그러나 한 유형의 투자자가 그 두 가지를 갖추고 있었다.

벤처 캐피털에 입성하기

에겐이 퀄컴 벤처스를 대신해 50만 달러를 투자하는 계약을 체결한 후, 2014년에는 또 다른 실리콘밸리 기반의 회사인 이머전스 캐피털Emergence Capital이 줌에 3,000만 달러를 투자했다. 2년 후, 줌이 두각을 나타내긴 했지만 아직 이렇다 할 수익을 내지 못하고 있을 때 세쿼이아 캐피털Sequoia Capital을 비롯한 다른 곳에서 1억 1,500만 달러를 추가로 투자했다.[3]

퀄컴 벤처스, 이머전스 캐피털, 세쿼이아 캐피털은 벤처 캐피털 펀드다. 최근까지 벤처 캐피털은 대부분 눈에 띄지 않게 운영되었다. 전체 금융 시스템의 거대한 규모와 비교하면 상대적으로 규모가 작은 벤처 캐피털들은 절대 다수가 캘리포니아, 특히 실리콘밸리에 위치해 있다. 이들은 규모가 작고 기업가적 정신을 가진 신생 기업을 전문적으로 다룬다. 이들은 사람들의 입에 잘 오르내리지 않는다.

비교를 위해 덧붙이면, 이머전스 캐피털은 2014년 줌에 투자할 당시 관리하는 자금이 6억 달러에 못 미쳤다. 규모가 큰 벤처 캐피털 중 하나인 세쿼이아는 약 20억 달러 기반의 펀드에서 줌에 투자했다. 그에 비해 뮤추얼 펀드* 계열사 뱅가드Vanguard는 2012년

•   유가증권 투자를 목적으로 설립된 법인회사

관리 자산이 2조 달러가 넘었고, 이는 이머전스와 세쿼이아 펀드의 자산을 합친 것보다 약 800배나 많다. 10여 년 전까지만 해도 전문가와 투자자들은 전 세계 금융의 중심으로부터 먼 곳에 감춰져 있는 틈새 분야인 벤처 캐피털 펀드에 대해 들어본 적도 거의 없었다.

하지만 벤처 캐피털리스트들이 있었기에 줌, 우버, 스페이스X와 같은 기업이 존재할 수 있었다. 그들은 말도 안 되는 것처럼 보이는 아이디어에 초기 자금을 투자하는데, 이런 아이디어들이 때로 눈부신 성공을 거둔다. 지난 수십 년 동안 구글, 시스코, 페이스북, 넷플릭스, 아마존, 테슬라를 비롯한 미국의 가장 화려한 성공 사례의 뒤에는 벤처 캐피털들이 있었다. 더욱이 이제 벤처 캐피털은 전 세계적인 현상이 되었다. 벤처 캐피털은 호주의 캔바Canva와 아틀라시안Atlassian*, 중국의 알리바바Alibaba와 텐센트Tencent, 싱가포르의 쇼피Shopee**, 아르헨티나의 메르카도 리브레Mercado Libre***, 인도네시아의 고젝Gojek****과 같은 기업이 있게 했다. 벤처 캐피털리스트들은 전혀 알려지지 않은, 보통 몇 안 되는 경영진과 종이 냅

- 캔바는 사용자가 시각적 콘텐츠를 만들 수 있는 그래픽 디자인 플랫폼이며, 아틀라시안은 협업과 생산성 도구 모음을 공급하는 소프트웨어 회사이다
- •• 동남아시아와 대만의 선도적인 전자상거래 플랫폼
- ••• 라틴 아메리카 최대의 전자 상거래·온라인 마켓 플레이스 플랫폼
- •••• 차량 공유 서비스로 시작해 운송, 음식 배달, 디지털 결제 등의 다양한 주문형 서비스를 제공하는 기술 기업

킨에 끄적인 사업 계획서만으로 이루어진 스타트업 기업을 찾아 자금을 지원한다.

그러나 벤처 캐피털과 그 중요성에 대한 인식이 높아졌음에도 불구하고(특히 기술 업계에서) 실리콘밸리 밖 대부분의 사람은 물론 내부의 많은 이들마저 벤처 캐피털이 실제로 어떻게 작용하는지 파악하지 못하고 있다. 자금을 두고 다투는 수백 아니 수천 개의 스타트업 중에서 가장 유망한 업체를 선정하는 것은 겨우 첫 번째 단계에 불과하다. 벤처 캐피털리스트는 기업에 투자할 때 피델리티Fidelity를 비롯한 다른 많은 투자사와 달리 적극적으로 투자에 참여하고 신생 업체의 성공을 돕기 위해 노력한다. 퀄컴 벤처스가 줌에 투자한 뒤 사친 데쉬판데는 줌 이사회의 일원이 되었다.[4] 2014년 12월 이머전스 캐피털의 산티 수보토프스키Santi Subotovsky 역시 이머전스의 투자 후 데쉬판데의 뒤를 이어 이사회에 합류했다. 실제로 한 기업에 큰 규모의 투자를 하는 벤처 캐피털들은 거의 언제나 투자 조건으로 이사직을 요구한다. 이렇게 그들은 업체의 경영에서 매우 적극적인 역할을 한다. 또한 많은 벤처 캐피털이 업체의 성장에 연료를 공급하기 위해 더 많은 자본을 가진 다른 투자자를 끌어들인다.

몇 가지 별스러운 점이 있긴 하지만 줌의 사례가 유일무이한 것은 아니다. 사실 줌은 성공적인 스타트업의 전형에 가깝다. 에어비앤비Airbnb, 우버, 세일즈포스Salesforce*, 테슬라를 떠올려보면 알 수 있다. 모두가 초기에는 자금이 풍부한 경쟁사들에 비해 자금도, 자원도, 지원도, 경험도 적었지만 그들과 겨루어 승리했다.

그렇다면 등장한 지 50년이 조금 넘은 벤처 캐피털들은 그동안 얼마나 중요한 역할을 했을까? 2015년에 일리야와 스탠퍼드에서 박사 과정을 밟던 윌 고르날Will Gornall은 1970년대 중반 이후 설립되어 연구 당시 미국 증권시장에 상장되어 있던 모든 기업의 자금 조달 내역을 조사했다. 그들은 각 기업이 증권시장에서 기업 공개IPO를 하기 전 어디에서 자금을 조달했는지 알아내고자 했다.

조사 결과, 1970년대 이후 설립된 상장 기업 100곳 중 50곳이 벤처 캐피털의 지원을 받은 것으로 밝혀졌다. 우리는 각 기업의 시가총액을 측정의 기준으로 삼을 때, 전체 기업의 시가총액에서 벤처 캐피털의 지원을 받은 기업의 비중이 4분의 3에 이르는 것을 발견했다. 이와 관련해 2016년 7월 29일, 비즈니스 업계에 엄청난 (상대적으로 크게 눈에 띄지는 못했지만) 사건이 일어났다. 이날 페이스북의 시가총액이 버크셔 해서웨이Berkshire Hathaway**를 뛰어넘으면서, 벤처 캐피털의 지원을 받은 경력이 있는 미국 기업들(애플,

---

• 클라우드 컴퓨터 솔루션 제공 업체
•• 세계적인 투자자 워런 버핏Warren Buffett이 이끄는 투자 전문 회사

마이크로소프트, 알파벳Alphabet/구글, 아마존, 페이스북)이 시가총액 상위 다섯 자리를 모두 차지하게 된 것이다. 2016년 이래 수년간에 걸친 시장의 소용돌이 속에서도 상위권은 언제나 이 기업들(최근 엔비디아Nvidia와 테슬라라는 벤처 캐피털리스트 지원 기업 두 곳이 더 합류했다)의 차지였다.

일리야와 월은 국가 간 비교도 시행했다. 미국에 거대 신생 기술 기업이 왜 그렇게 많은지 궁금하게 여긴 적은 없는가? 독일판 구글, 프랑스판 테슬라, 일본판 아마존, 이탈리아판 페이스북, 영국판 애플, 캐나다판 마이크로소프트가 있다는 얘기를 들어보았는가? 아닐 것이다. 왜일까? 그 답은 바로 벤처 캐피털에 있다. 미국의 벤처 캐피털 산업은 1970년대 후반부터 급성장했지만, 다른 G7*** 국가에는 최근까지도 벤처 캐피털 산업이라 할 만한 것이 존재하지 않았다(일부 국가에는 아직도 존재하지 않는다). 1970년대에 미국 벤처 캐피털 부문이 부상한 후 미국은 다른 G7 국가를 모두 합친 것보다 두 배나 많은 신생 기업을 배출했다. 일리야와 월의 연구는 현존하는 미국 300대 상장 기업 중 5분의 1이 벤처 캐피털의 직접적인 영향을 받았다는 것을 보여준다. 더욱이, 벤처 캐피털의 지원이 없었다면 대형 미국 기업의 4분의 3은 존재하지 않았거나

*** 주요 7개국 정상회담Group of Seven Summit의 참여 국가. 프랑스, 미국, 영국, 독일, 일본, 이탈리아, 캐나다가 포함된다

지금의 규모에 이르지 못했을 것으로 추정된다. 최근 벤처 캐피털이 세계적으로 부상한 것이 글로벌 경제의 미래에 대단히 중요한 이유가 여기에 있다.

이 데이터는 벤처 캐피털 산업이 미국 비즈니스 성장의 주요 동력임을 설득력 있게 전달한다(워싱턴 D.C.와 새크라멘토에도 여기에 주목하는 사람들이 많아지길!). 하지만 이 책의 목적은 벤처 캐피털리스트를 칭찬하는 것이 아니다. 벤처 캐피털리스트들이 연마하고 적용해 세상을 변화시킨 기술을, 어떻게 하면 당신을 포함한 오늘날의 의사결정권자들이 이해하고 적용할 수 있을지를 말하는 책이다.

세상은 변하고 있다. 지금까지는 익숙한 이야기(개인용 컴퓨터, 상용 인터넷, 스마트폰, 소셜 네트워크, 식물성 고기, 민간 우주 로켓의 개발)에서 주목받은 것은 언제나 창업자였다. 우리는 미래에 대한 비전이 현실화되도록 몰아붙이는 기업가정신을 가진 특별한 사람들에게 매료된다. 하지만 그들도 그들의 비전에 자금을 댄 투자자들이 없었다면 그런 일을 해내지 못했을 것이다. 벤처 캐피털은 단순히 세상을 바꾸는 기업들의 성장에 자금을 지원한 것이 아니라, 성공과 실패에 대한 독특한 접근방식을 전수했고, 이는 그들이 지원한 모든 기업의 본질에 스며들었다. 우리는 이런 독특한 사고방식과 업무 방식을 '벤처 마인드셋'이라고 부른다.

벤처 마인드셋

우리는 경험을 통해 벤처 사고방식이 전 세계 대기업의 사고방식과 얼마나 다른지 알게 되었다. 이런 차이는 채용 프로세스, 투자 프로젝트 선정부터 아이디어 인큐베이팅과 의사결정에 대한 태도에 이르기까지 기업이 직면하는 거의 모든 의사결정의 범위에 걸쳐 있다. 벤처 마인드셋은 기존의 비즈니스 관리자, 정부 지도자, 규제 기관, 비영리 단체와는 다른 방식으로 의사결정에 접근한다.

벤처 마인드셋은 하루아침에 생겨난 것이 아니라 실리콘밸리에 기반을 둔 여러 세대의 의사결정권자들이 시행착오를 거치며 수십 년에 걸쳐 발전시킨 것이다. 벤처 캐피털리스트가 이런 사고방식을 발전시킨 것은 극도의 선별성과 극도의 유연성이 요구되는 환경에서 적응하고 생존하며 성공하기 위해서 차별화된 접근 방식이 필요했기 때문이다. 이 책에서는 벤처 캐피털리스트의 미묘하면서도 효과적인 방식을 실례를 들어가며 보여줄 것이다. 수천 개의 스타트업 생태계에서 성공을 일군 벤처 캐피털리스트의 이런 독특한 행동 중 일부는 산업을 와해시키고 완전히 새로운 산업을 창조하기도 했다. 우리는 벤처 마인드셋을 성공적으로 도입함으로써 천문학적인 성공을 거둔 기업들을 관찰해, 어떻게 하면 그들의 경로를 따라 보기 드문 성과를 거둘 수 있는지 보여줄 것이다. 우리가 직면한 불확실성이 높은 환경에서 전통적인 사고방식이 작동하지 않는 이유와 그럴 수 없는 이유도 설명할 것이다.

역사적으로 뉴욕에서 런던, 뭄바이, 시드니에 이르기까지 전 세계에 걸쳐 성공은 연속성, 보수주의, 전통을 바탕으로 이루어졌다. 안정적인 성장은 수십 년 동안 기업과 정치권의 모토였다. 작고 점진적이며 단계적인 혁신의 세계에서는 안정성과 연속성이 대단히 중요했다. 당신이 하는 사업이 이런 속성을 가지고 있다면 당신에게는 벤처 마인드셋이 필요치 않다(적어도 안정성과 연속성이 목표인 비즈니스 부분에서는 필요치 않다). 하지만 안정성과 연속성은 더 이상 기업의 '유일한' 목표가 될 수 없다. 기술의 급속한 발전(대부분 벤처 캐피털의 지원을 받는 기업에서 비롯된)은 어떤 산업도 더 이상은 안정적일 수 없다는 것을 의미한다. 누구도 와해의 가능성에서 벗어날 수 없다.

물론 기업 리더들은 이에 대해 잘 알고 있다. 실제로 지금은 압도적인 수의 리더들이 자신의 산업에서 와해적 혁신이 일어날 것을 '예상'하고 있다. 그들을 이러한 예측에 대응하게 만드는 것은 주로 두려움과 기회다. 한편에는 와해의 맹공으로 많은 비즈니스 모델과 기업이 쓸모없는 것이 될 것이란 두려움이, 다른 한편에는 경쟁에서 앞서 나가고 업계의 선두를 지킬 수 있게 할 절호의 기회가 있는 것이다. 그러나 우리는 회사 내 여느 사업 부문과 동일한 방식을 추구하고, 또 그런 방식을 기반으로 하는 혁신 아이디어를 자주 접한다. 이는 실패의 지름길이다. 오늘날의 리더들이 너무 자주 놓치는 것이 있다. 와해적 혁신은 기존과 다른 사고방식에서 시작해야 한다는 점이다.

벤처 마인드셋의 9가지 원칙

우리는 이 책에서 어떤 조직인지와 관계없이 현대의 의사결정권자들이 벤처 마인드셋을 효과적으로 적용할 수 있는 방법을 보여준다. 우리는 9개 장에 걸쳐 벤처 마인드셋을 성공으로 이끄는 방법, 즉 대부분의 사람은 실패하거나 시도조차 하지 않는 9가지 원칙을 제시할 것이다(그림 1 참조). 각 장에서 우리는 기존 환경에서 즉각적인 효과를 발휘할 수 있는 구체적인 가르침과 실용적인 조치를 제안한다(부록으로 수록된 벤처 마인드셋 전술의 30가지 메커니즘 참조). 또한 조직이 목표를 향해 가는 경로를 구성하는 방법에 대해 재고하는 보다 근본적인 접근 방식도 소개한다. 덧붙여 벤처 마인드셋을 삶의 다양한 개인적 결정에 적용할 수 있는 방법도 제시한다.

줌의 사례를 돌아보면 거기에도 이 원칙들이 작용하고 있는 것을 확인할 수 있다. 줌의 투자자가 가장 신경 쓴 부분은 그 회사가 얼마나 크게 성장할 수 있는가였다. 이 회사에 베팅한 사람들은 막대한 수익을 상상했고, 결국 엄청난 수익을 만끽했다. 벤처 캐피털

그림 1. 벤처 마인드셋의 9가지 원칙

리스트들은 그들의 세계에서 (1) 홈런이 중요하고, 삼진은 중요하지 않다는 것을 알고 있다. 대부분의 벤처 캐피털 투자는 실패한다. 성공적인 벤처 투자자이냐 아니냐를 결정짓는 것은 실패가 아니라 그 사람이 발굴한(혹은 놓친) 것이 엄청난 성공으로 이어지는 가다. 대부분의 기업 환경에서는 한 번의 실패가 경력을 망칠 수 있지만 이와 정반대로, 벤처 투자자들은 '실패는 선택지 중 하나일 뿐'이라는 강력한 주장을 편다. 심지어 많은 벤처 캐피털리스트들은 자주 실패하지 않으면 걱정이 된다고까지 말한다. 어쩌면 이들에게 실패는 선택이 아닌 필수다. 우리는 이들이 이 놀라운 원칙을 어떻게 실천에 옮기는지, 그리고 어떻게 하면 당신도 성공적인 실패를 통해 더 자주 혁신에 이를 수 있는지 알아볼 것이다.

에겐과 그의 동료 벤처 캐피털 투자자들은 사무실에서 시간을 많이 보내지 않는다. 에겐은 커피숍에서 줌의 창업자 유안을 만난 뒤 30분 거리에 있는 그의 사무실을 방문했다. 사실 벤처 캐피털리스트는 근사한 사무실보다는 커피숍에서 만나게 될 가능성이 더 높다. 이는 간단하지만, 전통적인 기업 환경에서는 실행하기 쉽지 않은 또 다른 핵심 원칙을 보여준다. 벤처 캐피털리스트는 (2) 4개의 벽에서 벗어나야 한다. 우리는 아이디어를 찾고 창업자를 만나는 일에 대한 벤처 캐피털리스트의 방식을 당신의 환경에 어떻게 수익성 있게 적용할 수 있는지 살펴볼 것이다.

벤처 캐피털리스트 출신이 아닌 많은 중역에게도 그만큼 중요한 원칙은 (3) 마음을 준비하는 것이다. 데쉬판데는 허름한 사무실에서 유안과 만난 뒤, 비디오 분야에 대한 자신의 배경지식을 바탕으로 바로 줌에 투자하기로 결정했다. 줌의 또 다른 초기 투자자

는 유안이 피치 덱pitch deck*을 보여주기도 전에 수표를 썼다.[5]

에겐은 일찍부터 줌에 열의를 보였지만, 다른 유망한 스타트업의 창업자 수십 명에게는 무심한 태도를 취했다(그는 못 말리는 거래 중독자였다). 앞서 살펴보았듯이 그의 동료들도 줌에 대해 별다른 흥미를 보이지 않았다! 벤처 캐피털 비즈니스는 계속해서 "노no"를 외치는 일이다. 벤처 투자자들은 그럴듯하게 보이는 기회를 예상보다 더 자주 외면하고, 마침내 누군가에게 "예스yes"라고 대답하기까지 (4) "노"라고 100번 말한다. 물론 그들이 거절에 있어 성공적일 수 있는 것은 그들이 "예스"라고 말하기로 결정하는 데 특별한 방법이 있기 때문이다. 우리는 그 방법을 알아낼 것이다.

줌에서 스페이스X, 페이스북까지, 벤처 캐피털 투자자들은 (5) 말보다는 기수에 베팅하는 것을 선호한다. 데쉬판데는 고객에 강박적으로 집중하는 유안의 태도와 화상회의 분야에 대한 그의 지식에 매료되었다. 한 전설적인 벤처 캐피털 투자자의 표현대로, A라는 아이디어를 추구하는 B팀에 투자하기보다는 B라는 아이디어를 추구하는 A팀에 투자하는 것이다. 우리는 이런 접근법이 다른 많은 환경에서 어떤 효과를 내는지, 그것을 성공적으로 이행하는 방법은 무엇인지 살펴볼 것이다.

합의에 의해 움직이는 조직에서는 줌이 탄생하지 않는다. 퀄컴

• 투자를 유치하기 위한 프레젠테이션이나 자료

벤처스의 투자위원회는 줌에 대한 투자를 거절했지만, 우회적인 경로를 이용해 결국 그 회사에 투자했다. 벤처 캐피털리스트들은 여러 가지 까다로운 메커니즘을 사용해 (6) 의견의 차이를 인정한다. 이 원칙은 의사를 결정하는 대부분의 그룹 회의에 적용할 수 있다.

줌은 번창했고 투자자들은 열심히 더 많은 돈을 쏟아부었다. 정원사가 가장 좋고 강한 식물만 남기기 위해 다른 식물들을 솎아내듯이, 투자자들은 줌과 같이 유망한 기업에 투자할 자본을 확보하기 위해 다른 여러 사랑스런 식물을 죽여야 한다. 이런 (7) 밀어붙이느냐 그만두느냐의 결정은 벤처 마인드셋의 중심이며, 우리는 이 원칙이 전통적인 환경에서도 성공적으로 적용되는 모습을 보여줄 것이다.

줌이 큰 규모의 성공한 기업이 된 후 에릭 유안이 내린 초기 결정 중에는 스타트업에 투자하는 1억 달러 규모의 자체 벤처 캐피털 펀드를 조성하는 것이 있었다.[6] 이를 통해 유안은 투자자들이 줌에 대한 투자를 결정할 때와 같이 벤처 원칙을 적용하기 시작했다. 이제 유안은 수십억 달러의 자산가가 되었는데도 엔지니어팀 바로 옆에 임시 책상을 끌어다 놓고 새로운 프로젝트에 몰두하곤 한다. 이들 모두는 단순한 직원이 아니라 줌을 더 크고 가치 있는 회사로 만들기 위한 결단을 내리는 주주들이다. 결국, (8) 파이를 더 크게 만드는 것도 벤처 마인드셋의 또 다른 중요한 부분이다.

에겐은 줌에 50만 달러를 투자할 당시 이 회사가 결국 얼마나 성공할지 알지 못했다. 그저 그가 알고 있었던 것은 확실한 성공이 바로 눈앞에 있지는 않다는 점이었다. 벤처 마인드셋은 (9) **위대한 일에는 시간이 필요하다는 것을** 잘 안다. 장기적인 사고를 할 수 있도록 벤처 캐피털리스트들이 개발한 다양한 혁신 메커니즘은 당신에게도 유용할 것이다.

벤처 마인드셋이 주는 교훈 중에는 쉽게 실행할 수 있고 결과가 즉각적인 것도 있지만, 다 그런 것은 아니다. 하지만 각 교훈은 자기 조직 내에서 사고하고 행동하는 방식을 바꿀 수 있는 강력한 기회를 제공한다.

벤처 마인드셋으로 가는 길

이 책에 대한 아이디어는 공통의 취미와 열정에서 시작되었다. 벤처 캐피털이 아닌 와인이었다. 일리야의 와인 저장고에는 상당수의 귀한 와인이 있다. 어느 날 그는 제자이자 친구인 알렉스에게 와인 저장고에서 와인을 정리하고 분류하는 일을 도와달라고 부탁했다. 자연스레 이어진 다양한 테루아terroir*, 유명 와인 메이커,

---

* 포도주가 만들어지는 자연 환경, 자연 환경으로 인한 포도주의 독특한 향미

훌륭한 빈티지 이어vintage year**에 대한 토론은 어느새 벤처 캐피털리스트의 의사결정에 대한 이야기, 도전과 경쟁의 비즈니스 환경 내에서 혁신 비즈니스를 시작한 이야기들로 바뀌었다.

벤처 캐피털리스트에 대한 논의로 시작된 토론은 곧 엔젤 투자자, 기업가, 기업 혁신가, 대형 기술 기업의 중역, 심지어 규제 당국자 등 다른 의사결정권자들로 확대되었다. 대화를 나누며 우리 두 사람 모두 명확한 패턴을 발견했다. 특히 눈에 띈 것은 성공한 벤처 투자자와 성공한 기업 혁신가들 사이에 많은 공통점이 존재한다는 점이었다. 이런 기업 혁신가들은 벤처 캐피털의 지원을 받았던 기업 출신이 많았다. 이들 모두는 대체로 매우 유사한 전술을 따랐다. 우리는 다른 많은 사례, 결정이 그 전술에서 벗어난 사례들의 경우 대부분 비참한 결과를 맞는다는 사실도 깨달았다. 성공적인 벤처 캐피털은 특정한 사고방식을 따른다. 우리는 이 사고방식을 벤처 마인드셋이라고 부른다. 성공한 기업 혁신가들도 이 사고방식을 사용한다. 그만큼 성공적이지 못한 기업가들은 이 사고방식을 적용하지 않는다.

스탠퍼드 교수이며 스탠퍼드 경영대학원 벤처 캐피털 이니셔티브Venture Capital Initiative 설립자이고 여러 기업의 고문이기도 한 일리

** 양조 연도, 포도의 작황이 좋았던 해

야는 정기적으로 전 세계의 경영진들에게 강연을 한다. 알렉스는 혁신 실천가이다. 그는 아마존의 제품 책임자, 맥킨지앤컴퍼니 McKinsey & Company의 파트너, 기술 스타트업의 CEO로서 다양한 경험을 쌓았다.

우리 두 사람은 강의, 워크숍, 회의, 기업 외부 행사에서 고객과 학생들을 대상으로 벤처 마인드셋 전술Venture Mindset Playbook을 소개해 왔다. 청중은 우리의 메시지에 바로 공감했다. 이 아이디어에 대해 이야기하면 기업 중역들의 얼굴은 환해졌다. 세계의 중역들에게 이야기를 전할수록 벤처 캐피털리스트가 사고하고 의사결정을 내리는 방식의 독특하고 반직관적인 특성에 놀라움을 표하는 사람들이 늘어났다. 워크숍의 한 참가자가 이를 정확하게 표현했다. "벤처 캐피털리스트는 다르게 생각합니다. 이전에 무엇을 배웠든, 뒤돌아보지 마세요!"

우리는 의미 있는 것을 발견했다는 확신을 얻었다. 우리는 더 많은 리더들이 벤처 마인드셋을 적용해 혁신의 게임에서 한 발 앞으로 진전하도록 돕고 싶었다. 이 때문에 책을 쓰게 되었기에 우리는 이것이 비즈니스계에서 하나의 운동이 되기를 희망한다. 하지만 셜록 홈즈의 명언처럼 데이터 없는 이론화는 의미가 없다. 데이터 확보는 많은 연구자와 실무자 모두가 부딪히는, 극복하기 어려운 문제다. 밴치 캐피털 업계는 극도의 비밀주의를 고수하며, 공개적으로 이용할 수 있는 데이터는 매우 적다. 벤처 투자자들은 자신이 체결한 투자 계약을 공개하려 하지 않는다. 그들은 혁신적인 아이디어(그중에는 수십억 달러 가치에 이르는 것도 있다)를 어떻게 찾아내고 평가하는지 이야기하는 법이 없다. 대기업 내의 혁신 이니셔티브도 마찬가지로 닫힌 회사 문 뒤에 가려져 있다.

이런 비밀스러운 벤처 캐피털 문화에도 불구하고 일리야와 그가 이끄는 스탠퍼드 연구팀은 스타트업부터 벤처 캐피털 펀드까지, 기업 벤처 캐피털 투자자에서 벤처 캐피털의 지원을 받는 기업이 경제에 미치는 영향까지, 벤처 캐피털 세계의 모든 측면을 10년 넘게 연구한 끝에 그 문 뒤를 엿볼 수 있게 되었다. 여기에 기업 환경에서 아이디어를 설계하고 실행해 온 알렉스의 직접적인 경험을 결합하면 예상치 못한 식견, 새로운 실용적 시사점으로 이어지는 훌륭한 협업이 가능하다.

'유니콘unicorns'에 대한 일리야의 연구도 이 책의 또 다른 기반이 되어준다. 한 번 이상의 사모 펀딩을 받은, 벤처 캐피털이 지원하는 성공적인 혁신 기업으로 기업 가치가 10억 달러가 넘는 유니콘에는 줌, 스페이스 X. 인스타카트Instacart*, 캔바, 오픈 AIOpenAI, 도어대시DoorDash, 모더나 등이 있다.

일리야와 연구 조교, 박사과정 학생, 변호사 등으로 구성된 팀은 2015년부터 미국의 모든 스타트업에 대한 정보를 힘겹게 수집

•   세계 최대 규모의 식료품 배송 업체

해 왔다. 연구팀은 빠뜨리는 것이 없도록 온갖 수단을 동원했다. 각 유니콘에 대해, 유니콘 또는 상장 기업이 되기까지의 기간은 물론 창업자의 배경과 나이까지 조사했다. 우리는 오래지 않아 유니콘의 특징을 파악함으로써 극적인 성공에 이르는 혁명적인 아이디어와 기업을 조기에 쉽게 알아볼 수 있다는 것을 깨달았다.

유니콘에 대한 우리의 연구는 벤처 업계의 올림푸스산에 이르는 데 관심을 둔 벤처 캐피털과 창업자에게만 주목받은 것은 아니다. 단 몇 년 만에 수십억 달러 가치의 혁신적인 아이디어가 부화하고 성장하는 방식을 궁금해하는 전형적 기업의 리더와 규제 기관들로부터도 많은 주목을 받았다.

기업들 사이에서는 사내의 유니콘을 찾기 위한 물색 작업이 시작되었다. 기업이 내부에서 키워낸 유니콘의 가치를 가늠하는 것은 쉽지 않은 일이다. 하지만 새로운 대규모 프로젝트들 중에는 독립 기업이었다면 유니콘 리스트에 오를 수 있었을 만한 것들이 많이 있다. 대형 은행 컨소시엄이 설립한 즉시 결제 서비스인 젤Zelle을 생각해 보라. 아시아의 전자상거래 업체인 쇼피가 만든 새로운 남미 사업은 또 어떤가. 마이크로소프트의 클라우드 컴퓨팅 플랫폼 애저Azure 역시 그런 사례다.

알파벳, 아마존, 애플은 단순한 검색 엔진, 온라인 서점, PC 대체품 제조업체에 그치지 않는다. 그들은 혁신 공장이다. 회사 이름이 'A'로 시작되어야만 하는 것은 아니다. 줌은 자신의 모습을 화상회의 도구에 제한하지 않고 하드웨어, AI 기반 번역, 콜센터까지 실험하는 혁신적인 플랫폼으로 구상하고 있다. 줌 벤처스Zoom Ventures가 챗봇부터 가상 업무 공간 솔루션에 이르기까지 수십 개의 스타트업에 투자하고 있다는 점을 잊지 말라. 이렇듯 큰 성장을 원하는 기업이라면 벤처 마인드셋을 활용해야 한다는 것이 분명해졌다.

일리야와 그의 동료들은 벤처 캐피털의 사무실 안팎에서 어떤 일이 일어나는지 속속들이 파악하기 위해 1,000곳 이상의 벤처 캐피털을 조사하고 수백 명을 인터뷰했다. 그 결과, 언뜻 광기처럼 보이는 행동에도 그들만의 방법이 담겨 있다는 것을 배웠다.

우리는 이 책을 통해 우리가 배운 것을 공유하고, 실용적이고 이해하기 쉬우며 관련성이 높은 조언을 제공할 것이다. 벤처 캐피털과 실리콘밸리의 세계에서 멀리 떨어져 있을수록, 그리고 자신의 업계가 벤처 캐피털 영역에서 일어나는 일의 영향을 덜 받는다고 생각하는 사람일수록 이 책이 더 필요하다. 당신의 생각이 틀렸을 가능성이 높기 때문이다. 아는 것이 힘이라는 말이 있다. 이 말이 오늘날보다 절실히 필요한 때는 없었다.

1

HOME RUNS MATTER, STRIKEOUTS DON'T

1장

홈런이 중요하다, 삼진은 중요치 않다

왜 벤처 캐피털리스트는 실패의 챔피언인가?
그리고 왜 당신도 그렇게 되어야 하는가?

모든 역경에 맞서

'투자하시겠습니까?Would You Invest?'라는 게임을 해보기로 하자.

    2013년 초, 몹시 유망한 전자상거래 스타트업 하나가 명성 높은 벤처 캐피털 투자사들의 문을 두드렸다. 이 스타트업의 창업자는 추가 투자 자금을 구하고 있었다. 이미 그의 사업은 자랑해도 좋을 만한 상태였다. 2011년 출시 후 단 5개월 만에 100만 명의 회원이 이 플랫폼에 가입했다. 이 수준까지 도달하는 데 페이스북의 경우 10개월, 트위터의 경우 2년이 걸렸다. 이 스타트업은 거기에서 멈추지 않았다. 1년 후인 2012년 12월에 회원 수는 1,000만 명을 넘어섰다. 창출하고 있는 매출도 상당했다. 출시 18개월 만에 매출 1억 달러를 돌파한 것이다. 창업자가 자금을 확보하려는 것

    벤처 마인드셋

은 이미 놀라운 이 성장세를 더 확장하기 위해서였다. 당신이라면 여기에 투자하겠는가?

현명한 투자자라면 먼저 다른 어느 곳에서 이 거래에 관심을 보였는지 알고 싶을 것이다. 2년도 채 되지 않아 앤드리슨 호로위츠 Andreessen Horowitz(줄여서 a16z라고도 한다), 멘로 벤처스Menlo Ventures 등 실리콘밸리의 유명 벤처 캐피털 기업들이 이 스타트업에 4,000만 달러를 쏟아부었다. 2012년 7월에 이 회사는 다시 추가 자금을 조달하면서 그 기업 가치가 6억 달러에 이르게 되었다.

이 스타트업의 창업자는 어떤 사람일까? 그는 스탠퍼드대학을 졸업하고 2000년대 초에 첫 회사를 창업한 연쇄 창업가였다. 지금 이야기하고 있는 전자상거래 회사는 2010년에 설립되었으며, 독특한 디자이너 제품에 초점을 맞추고 있다.

이 스타트업은 '세계 1위의 디자인 스토어가 되자'라는 단순하고도 야심찬 목표를 갖고 있다. 자체 제품 라인을 만들고 디자이너들과 제휴해 자체 플랫폼을 통해 독점적으로 제품을 제조, 판매했다. 이 창업자는 알리바바, 이베이eBay, 아마존, 라쿠텐Rakuten이 제공하는 비교적 건조한 고객 경험과의 차별화를 위해 '감성 상거래 emotional commerce'라는 용어까지 만들었다. 그리고 전 세계 고객들은 이 컨셉을 좋아했다. 2013년에는 27개국에서 주문이 들어오고 있었다.

이 회사에 투자하는 것은 아주 쉬운 결정처럼 보인다. 분명 투자자들도 그렇게 생각했던 것 같다. 2013년 초, 이 스타트업의 은행 계좌에 1억 5,000만 달러의 투자금이 더 쌓였다.

이 좋은 기회를 놓쳤다고 화를 내고 있다면 잠깐 멈춰라. 우리가 빠뜨린 사실이 하나 있다. 이 스타트업의 이름은 팹닷컴Fab.com이다.[1] 2013년 10월, 설립자이자 CEO인 제이슨 골드버그Jason Goldberg가 1억 5,000만 달러의 자금을 조달한 지 불과 3개월 만에 회사는 대부분의 직원을 해고하고 죽음의 소용돌이에 휘말렸다.[2] 실패 이유는 유럽에서의 연이은 인수 실패와 극도로 높은 현금 소진율로 밝혀졌다. 회사는 극적으로 실패했고 유명 벤처 캐피털 투자자들은 돈을 잃었다. 수십억 달러 규모의 기업이 불과 3년 만에 파산하고 막대한 현금을 소진한 것이다. 이보다 더 명백한 실패 사례를 찾기가 어려울 정도다.

이 투자자들은 무슨 생각을 하고 있었을까? 그 미스터리를 풀기 위해 '범죄'의 현장인 뉴욕으로 가보자. 목적지는 버려진 그래머시 파크의 팹닷컴 본사 건물이 아닌 박물관이다. 우리는 현대판 셜록 홈즈와 왓슨 박사가 된 듯 단서와 자료의 세계에 빠져들었다.

뉴욕은 박물관으로 유명하다. 하지만 이 박물관에 대해서는 들어본 사람이 많지 않을 것이다. 브루클린의 옛 산업 지구에 위치한 이 박물관은 150여 개의 혁신적인 제품을 자랑스럽게 전시하고 있다. 입구 바로 옆에는 유리로 차단된 선반에 빨간 무비패스MoviePass

카드가 놓여 있다. 조안나라는 사람이 소유했던 이 카드는 2024년 10월까지 유효하며, 소유자는 단돈 9.95달러로 지역 영화관에서 하루에 한 편의 영화를 볼 수 있다. 그리고 몇 개의 방을 거쳐 들어가면 모든 직불카드와 신용카드를 대체할 수 있도록 설계된 코인Coin이라는 일체형 전자 카드가 있다. 그 근처에는 강력한 게임 콘솔과 휴대폰을 결합한 노키아의 N게이지N-Gage라는 기기가 있다. 그다음에는 버튼 하나만 누르면 신선한 주스를 만들어 주는 주서로Juicero라는 기기를 볼 수 있다. 박물관에는 특수 '촉진제' 성분이 함유된 퍼실 파워Persil Power라는 세제와 듀폰Dupont의 코팸Corfam이라는 합성피혁 대체품도 있다.

이 모든 물건의 공통점은 무엇일까? 이들은 모두 실패작이다. 실패 박물관Museum of Failure이라는 적절한 이름을 가진 이곳에서 달리 무엇을 기대하겠는가? 코인 카드는 너무 부피가 크고 버그가 많았다. 주서로의 경우, 고객들이 이 기기를 쓰지 않고도 주서로 브랜드의 주스팩을 직접 손으로 짜낼 수 있다는 사실을 알게 되자 그 매력은 사라졌다. 퍼실 파워 세제는 너무 강력해서 먼지만 없애는 것이 아니라 옷까지 망가뜨렸다. 무비패스는 사람들이 회사가 예상했던 것보다 훨씬 더 많은 영화를 보는 지나친 인기 때문에 실패했다.

놀라운 점은 주요 전시품 중 대다수가 유명 벤처 캐피털의 투자를 받은 것들이다. 코인에는 Y 컴비네이터Y Combinator, 스파크 캐피털Spark Capital, 레드포인트Redpoint가 투자했다. 무비패스는 트루 벤처스True Ventures와 AOL 벤처스AOL Ventures로부터 자본을 지원받았다. 주서로는 구글 벤처스Google Ventures와 클라이너 퍼킨스Kleiner Perkins의 지원을 받았다. 실패 박물관의 가이드 앱은 "그들은 대체 무슨 생각을 한 것일까요?"라고 질문한다.

성공 가능성에 베팅한 이 투자자들은 아마 실패할 수 있다는 것도 잘 알고 있었을 것이다. 그들은 페버Fever(우리를 그 박물관으로 이끈 앱), 페이팔PayPal(우리가 티켓을 결제하는 데 사용한), 우버(우리를 박물관으로 데려다준)를 생각했을 것이다. 페버, 페이팔, 우버는 벤처 캐피털의 지원을 받은 회사에서 만들어졌고 모두 엄청난 성공을 거뒀다. 하지만 그들 역시 실패 박물관에 보관될 수 있었다. 실패는 드문 결과가 아니다. 사실 벤처 캐피털리스트가 예상하는 것은 실패다. 실패는 벤처 캐피털리스트 업무의 버그bug*가 아니라 오히려 그 업무의 특징이다. 벤처 캐피털리스트는 어떤 아이디어가 실패할지 미리 알지 못한다.

잦은 실패를 예상하는 것이야말로 벤처 캐피털 업계를 정확히 설명한다. 팝닷컴의 몰락에도 불구하고 이 프로젝트에 참여한 두 주요 벤처 캐피털 회사인 멘로 벤처스와 a16z는 투자자들로부터

---

* 본래는 컴퓨터 프로그램이나 시스템에서의 오류만을 뜻했으나, 의미가 확장되어 이제는 일반적인 착오를 뜻한다

더 많은 자금을 유치했다. 그리고 설립자인 제이슨 골드버그는 다음 스타트업을 위한 자본을 성공적으로 조달했다. 그의 다음 작품은 실패 박물관에 들어갈 수도 있지만 벤처 캐피털리스트 명예의 전당에 오를 수도 있다.

한 방을 노리다

벤처 캐피털리스트들이 실패에 대한 강한 회복 탄력성을 지닌 이유는 무엇이고, 투자 성공에 목을 매지 않는 이유는 무엇일까? 스마트폰이 그 질문에 답하는 데 도움을 준다. 휴대폰을 열어보라. 당신은 어떤 차량 공유 앱을 사용하는가? 미국에 살고 있다면 우버나 리프트Lyft일 가능성이 높다. 다른 지역에 있다면 디디DiDi, 올라Ola, 카림 Careem일 수도 있다. 경영진 대상의 워크숍에서 우리는 그 지역에서 세 번째로 인기 있는 차량 공유 앱이 무엇인지 물어보곤 한다. 아무도 답을 내놓지 못한다. 다른 카테고리도 마찬가지다. 벤처 캐피털의 자금 지원을 받는 새로운 영업 부문마다 명확한 승자가 한 곳 있고, 2위 업체가 그 뒤를 쫓을 뿐, 2위의 뒤에는 아무도 없다. 시도가 없어서가 아니다. 수십, 수백 개의 차량 공유 스타트업이 벤처 캐피털의 지원을 받지만 거의 모두 실패하고 홈런을 치는 건 단 두 곳뿐이다. 최고가 아니라면 나머지가 되고 마는 세계인 것이다.

어떤 산업이든 와해적인 혁신과 새로운 비즈니스 모델은 홈런과 그 외의 것들로 구분된다. 이는 기술 산업뿐만 아니라 다른 산업에서도 마찬가지다. 미국 전체 커피숍의 약 40퍼센트가 스타벅스다.[3] 3위 업체는? 점유율이 스타벅스의 20분의 1 수준이다. 벤처 캐피털리스트는 항상 '최고와 나머지'라는 원칙의 압박을 느껴왔으며, 이는 오늘날 점점 더 많은 산업에 영향을 미치고 있다. 당신이 속해 있는 분야도 마찬가지다.

벤처 캐피털리스트는 승자가 모든 것(또는 거의 모든 것)을 독식하는 끊임없는 경쟁 환경에서 살아남고 성공하는 메커니즘을 찾아내는 데 더 많은 시간을 쏟았다. 실리콘밸리의 경우 최고의 스타트업은 같은 공간에 있는 다른 모든 스타트업을 합친 것 이상으로 성공하고, 2위의 스타트업은 그 나머지 모든 스타트업을 합친 이상으로 성공한다. 4위에 오른 스타트업은 아예 살아남지 못할 수도 있기 때문에, 3위 스타트업 역시 나머지 모든 스타트업을 합친 것보다 더 나을 가능성이 높다. 스마트폰 앱을 다시 한번 살펴보라.

우리가 홈런과 삼진의 개념을 빌린 야구를 살펴보자. 야구 팬들은 자신이 좋아하는 선수의 홈런을 기대하지만, 알렉스 로드리게스Alex Rodriguez나 레지 잭슨Reggie Jackson과 같은 역대 최고의 홈런 타자들은 삼진으로 악명이 높았다. 1920년 라이브볼 시대live-ball era*가 시작된 이래 홈런에 대한 삼진의 비율은 약 6.4로 안정적으로 유지되고 있다. 흥미롭게도 야구 전문가들이 삼진의 중요성을 깨닫는 데는 시간이 걸렸다. 한 세대 전, 야구계에서 가장 재능 있는 선수 중 하나로 꼽혔던 에릭 데이비스Eric Davis는 메이저리그에서 초반에 힘든 시간을 보냈다. 24퍼센트라는 그의 삼진 비율을 전문가들이 터무니없다고 생각했기 때문이었다. 하지만 2019년 시즌 피트 알론소Pete Alonso가 메츠Mets의 신인 홈런 기록을 경신했을 때에는 누구도 그의 삼진 비율(데이비스보다 높은 26퍼센트)을 문제 삼지 않았다.[4] 삼진과 홈런은 동반 상승한다.

벤처 캐피털리스트는 이런 홈런 접근 방식을 택했다. 대부분이 실패할 것을 예상하지만, 성공했을 때는 큰돈을 번다. 벤처 캐피털 투자자들은 실패, 혼란, 불확실성을 관리하는 독특한 방법을 마련했고, 그 방법은 날이 갈수록 유용해지고 있다. 예측이 불가능한 벤처 캐피털리스트 세계에서는 누가 경쟁에서 이기고 질지 알 수 없다. 다만 당신은 극소수의 승리하는 것들이 있다는 점을 알고 있다. 나머지는 실패, 때로는 처참하게 실패하겠지만 말이다.

벤처 캐피털리스트가 직면하는 성공과 실패의 비율을 제대로 이해하려면, 초기에 벤처 캐피털의 지원을 받은 스타트업 20곳을

• 이전에 투수에게 유리했던 특정 투구의 사용을 금지하는 중요한 규칙 변경에 따라 홈런과 공격 통계가 증가한 시기

무작위로 선정해 살펴보라. 이 20곳 중 대부분은 실패해 투자금 전부를 날린다. 스타트업은 유형 자산이 거의 없기 때문에 투자자들은 그런 경착륙에서 한 푼도 건지지 못하는 경우가 많다. 사무실 의자와 책상을 팔아서는 많은 돈을 건질 수 없다. 간혹 특허와 같은 가치 있는 것이 남는 경우도 있지만, 투자가 실패하면 투자금 전체를 잃을 가능성이 매우 높다.

이 20개 스타트업 중 일부는 「월스트리트 저널The Wall Street Journal」 의 1면을 장식하는 징도까지는 아니더라도 꽤 괜찮은 성과를 낼 것이다. 평균적으로 20개 중 3~4개는 본래의 투자금을 회수하며 어쩌면 소폭의 수익을 낼 것이다. 예를 들어, 애플은 음악 검색 앱 샤잠Shazam을 약 4억 달러에 인수했다.[5] 인수 전 1억 5,000만 달러를 투자한 샤잠의 투자자들은 이 성공으로 극적이지는 않지만 상당한 수익을 얻었다.

일반적으로 20개의 스타트업 중 '단 한 곳'만이 벤처 캐피털 투자자에게 10배 또는 100배의 수익을 안기는 예외적인 성공 사례가 된다(그림 2 참조). 이 한 번의 100배 성공이 모든 실패를 만회하고도 남는다. 벤처 캐피털리스트는 이런 홈런을 위해 모든 것을 바친다. 이들에게 홈런이 중요하고 삼진이 중요치 않은 것은 그 때문이다.

'최고와 나머지'의 원칙이 작동하는 것을 확인하는 가장 좋은 방법은 가장 성공적인 초기 단계의 벤처 캐피털 펀드, 즉 벤처 캐

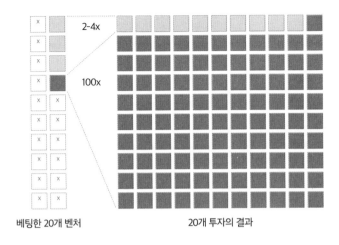

베팅한 20개 벤처   20개 투자의 결과

그림 2. 100배 '홈런'이 벤처 캐피털 포트폴리오 성과에 미치는 영향

피털 펀드 중 상위 10퍼센트를 살피는 것이다. 각 펀드의 포트폴리오에서 가장 성공적인 투자를 제외한다고 가정해 보자. 극히 성공적인 스타트업을 하나만 제외해도, 비슷한 규모의 벤처 캐피털 펀드 10개 중 9개를 능가하던 펀드의 성과가 갑자기 중간값보다 조금 더 나은 정도에 그치게 된다. 한 단계 더 나아가 포트폴리오에서 두 번째로 성공한 스타트업까지 제거하면, 최고의 성과를 내던 벤처 캐피털 펀드들은 투자자들에게 손실을 입히기 시작한다.[6]

벤처 마인드셋을 얻으려면 우선 흔히들 생각하는 것처럼 벤처 캐피털리스트의 성공이 생각처럼 순수한 운에서 비롯되는 것이 아니라는 점을 알아야 한다. 성공적인 벤처 캐피털리스트는 계속

해서 좋은 성과를 낸다. 와해적 혁신은 이상치outliers*에 관한 것이다. 와해적 혁신은 엄청난 수익, 비대칭적인 수익에 관한 것이다. 일상에서 우리는 평균, 즉 평균 수익률, 평균적인 성과, 평균적인 평판에 둘러싸여 살아간다. 하지만 혁신적인 아이디어는 그 패턴을 깨뜨린다. 더 이상 우버, 왓츠앱WhatsApp**, 스포티파이Spotify***가 없는 삶을 상상할 수 없는 세상이 되었다. 벤처 캐피털리스트는 그런 획기적인 아이디어를 체계적으로 알아보고 실패한 시도는 무시한다. 그들은 개별적인 베팅보다는 아이디어의 포트폴리오에 관심을 둔다. 기업도 마찬가지다. 실패로 가득한 세상에서 꾸준히 성공하려면 어떻게 해야 할까? 벤처 캐피털리스트가 채택하는 첫 번째 원칙은 '홈런은 중요하지만 삼진은 중요하지 않다'이다. 물론 다른 사람들과 마찬가지로 벤처 캐피털리스트도 잠 못 이루는 밤을 보낸다. 하지만 그들의 악몽은 다른 사람들의 것과 다르다.

벤처 캐피털리스트가 꾸는 최악의 악몽

실리콘밸리 외부의 사람들을 대상으로 벤처 캐피털리스트 투자에

- 일반적인 경향에서 벗어난 데이터
- •• 모바일 메시지 서비스
- ••• 음악 스트리밍 서비스

관해 설명할 때면 청중에게 종종 이런 질문을 한다. "벤처 캐피털리스트가 가장 두려워하는 것이 무엇이라고 생각하시나요?", "그들의 가장 큰 고충은 무엇일까요?", "그들로 하여금 밤잠을 설치게 하는 것은 무엇일까요?" 참가자들은 대개 자신의 경험에 이끌린 직관적인 대답을 한다. 벤처 캐피털리스트는 패자에 투자해 돈을 잃는 잘못된 결정을 두려워할 것이라고 말이다. 이렇게 전통적인 사고방식에서는 실패의 회피를 우선한다.

실리콘밸리 벤처 캐피털은 그와 정반대로 생각한다. 유명한 벤처 캐피털 투자자이자 벤치마크 캐피털Benchmark Capital의 파트너 빌 걸리Bill Gurley는 "효과가 없는 회사에 투자하면 1배의 손실을 입지만, 구글을 놓치면 1만 배의 돈을 잃는다"라고 말한다.[7] a16z의 뛰어난 벤처 캐피털리스트 알렉스 램펠Alex Rampell은 우리에게 이렇게 말했다. "벤처 캐피털리스트의 세계에서는 작위의 오류보다 부작위의 오류가 주는 피해가 훨씬 큽니다."

절름발이 말에 베팅을 하면 투자금을 잃게 된다. 안타까운 일이지만 이 경우는 많이 잃어봐야 투자한 돈뿐이다. 이것이 작위의 오류다. 하지만 전체 펀드 또는 경력 전체에서 최고의 투자가 될 수 있었던 거래를 놓친다면, 그것은 정말 고통스러운 일이 된다. 그런 거래 한 번이면 천천히 누적되어 오던 손실을 한 번에 모두 만회할 수 있었을 것이다. "벤처 캐피털리스트 비즈니스 모델에서는 위험을 실패의 가능성이 아니라 성공의 기회로 생각해야 합니다." 플러드게이트 벤처 캐피털Floodgate VC의 설립자 마이크 메이플스Mike Maples의 말이다.

이런 비대칭적인 역학으로 인해 벤처 캐피털 생태계에는 위험과 실패에 대해 대부분 사람들의 접근 방식과는 다른 독특한 문화와 사고방식이 부상했다. 많은 벤처 캐피털 투자자들은 10년에 한 번 오는 정도의 성공 스토리로 밝혀진 거래를 놓친 경험들을 떠올린다. 투자 대상 기업이었으나 투자를 거절한 뒤 큰 성공을 거둔 사례를 '안티 포트폴리오'라는 이름으로 기록해 두는 벤치 캐피털도 많다. 긴 역사를 자랑하는 벤처 캐피털 업체, 베세머 벤처 파트너스Bessemer Venture Partners는 투자하지 않기로 결정한 회사를 나열한 전용 페이지를 회사 웹사이트에 만들어두었다. 가장 눈에 띄는 실패 사례로는 애플, 에어비앤비, 구글, 페덱스FedEx, 페이팔, 줌 등이 있다. 그러나 이런 실패가 쇼피파이Shopify*, 트위치Twitch**, 링크드인LinkedIn, 핀터레스트Pinterest***, 옐프Yelp****, 스카이프와 같은 다른 대어들을 잡는 것을 막지는 못했다.

안티 포트폴리오 리스트를 만든 베세머의 데이비드 카원David Cowan은 베세머가 이런 훌륭한 스타트업들을 발굴할 기회를 놓친

---

* 캐나다의 다국적 전자상거래 기업
** 게임, 엔터테인먼트, 스포츠, 음악 등의 콘텐츠를 다루는 양방향 생방송 서비스
*** 이미지나 사진을 공유, 검색, 스크랩하는 이미지 중심의 소셜 네트워크 서비스
**** 크라우드 소싱 기반의 리뷰 서비스 플랫폼

것이 부끄럽다고 말했다. 하지만 그는 이를 투명하게 공개하는 일을 자랑스럽게 여긴다. 그는 "자신의 실수를 고백하지 못한다면 어떻게 더 나아질 수 있겠습니까?"라고 말한다. 물론 그런 실수를 만회할 만한 대히트를 기록해야 한다는 것이 전제가 되어야 한다(그렇지 않으면 곧 실패를 알릴 웹사이트조차 존재하지 않게 될 테니까!).

실수는 피할 수 없으며 벤처 캐피털리스트도 자신들이 모든 것을 알 수는 없다는 것을 인정한다. 카원은 "안티 포트폴리오에 기록된 실수들이 같은 실수를 반복하지 않도록 도와줍니다"라고 설명한다. 잠시 말을 멈춘 그는 "대신 우리는 새로운 실수를 저지릅니다"라고 덧붙인다.

그렇다면 벤처 캐피털리스트들은 어떻게 홈런을 치는 것일까? 벤처 캐피털리스트는 비교적 작은 베팅을 하고, 대부분의 베팅이 실패하리라고 미리 인정함으로써 홈런을 친다. 현명한 벤처 캐피털리스트는 승자를 확실하게 골라낼 수 없다는 것을 알고 있다. 대신 그들은 다각화를 통해 베팅을 분산한다. 물론 다각화는 새로운 전략이 아니다. 다각화는 많은 투자 자문가들이 외치는 구호다. 하지만 벤처 캐피털이 추구하는 다각화는 그 종류가 다르다. 벤처 캐피털리스트는 시장 전체가 아닌 개별 기업에 투자한다. 그들의 전략은 '의미 있는 다각화'라고 부르는 것이 좋을 것이다. 베팅 금액은 상대적으로 작지만 각 베팅이 성공할 경우 전체 포트폴리오의 수익에 의미 있는 영향을 미칠 수 있다. 단, 이 전략으로 성공하려면 홈런을 치기 전에 무수한 삼진을 받아들여야 한다.

　우리 대부분은 실패는 선택 사항으로 두지 않는 교육을 받았고, 이런 사고방식은 자연스럽게 위험을 감수하려는 의지를 막는다. 벤처 캐피털 투자자들은 정반대로 생각한다. 그들은 다각화에서 더 나아가 한 방을 위해 온 힘을 다한다. 10배, 100배의 성과로 여러 실패를 보상해 줄 거래를 찾는 것이다. 금융계나 대기업 등의 일반적인 시장에서 점진적인 이익을 추구하는 경우라면, 이런 벤처 마인드셋은 유용하지 않으며 심지어 위험할 수 있다. 그러나 기업이 이례적인 성장을 달성하고 경쟁자를 따돌리고자 할 때, 산업이 와해되고 새로운 시장이 갑자기 기존 시장을 잠식할 때라면, 유일하게 효과를 발휘하는 사고방식은 벤처 사고방식이다. 이런 맥락에서 위험 감수는 초기 투자자들이 큰 성공을 달성하는 데 도움을 준다.

실패를 위한 혁신이냐, 혁신을 위한 실패냐

벤처 마인드셋은 기업 세계에서 버티기 어려운 사고방식임에도 불구하고 기업 곳곳에 항상 존재해 왔다. 2001년, 제프 니콜슨Geoff Nicholson 박사는 38년간 근무한 3M에서 은퇴하기로 결심했다. 그의 팀에서 발명한 제품은 아이폰이 새롭게 시장에 소개되었을 때만큼 언론의 화제를 불러일으키지 못했다. 하지만 당신은 분명 사무실이나 가정에서 그 발명품을 사용해 보았을 것이다. 바로 어떤 곳이든 쉽게 붙였다 뗄 수 있는 작고 알록달록한 종잇조각, 포스트 잇Post-it이다. 현재 포스트잇은 3M이 연간 10억 달러 이상의 매출을 올리게 해주는 큰 사업 아이템이다. 비교를 위해 예를 들면, 이 수치는 미국 최대 오프라인 사무용품 판매업체 오피스 데포Office Depot의 월 매출을 넘어선다.[8] 포스트잇의 성공이 우연이라는 것은 믿기 어려운 일이지만 실제다.

이 모든 일은 1968년 시작되었다. 당시 3M 중앙 연구소에서는 항공기 제작에 사용될 새로운 초강력 접착제를 개발하고 있었다. 그러던 중 한 선임 연구원이 실수로 약하고 압력에 민감한 접착제를 만들었다. 유감스럽게도 과학자들은 이 발명품의 실용적인 용도를 찾지 못해 그에 대한 자료를 '문제가 존재하지 않는 해법'이라는 이름의 서랍에 보관했다.

6년 후, 니콜슨의 동료 중 하나인 아트 프라이Art Fry가 이 발명품이 해결할 수 있는 문제를 발견했다. 그가 교회 성가대에서 찬송을 할 때면 찬송가집에 위치를 표시해 둔 작은 종잇조각이 계속 떨어졌던 것이다. "다른 사람들은 모두 찬송을 시작했는데 저는 몇 페이지인지를 찾고 있었습니다. 그래서 옆에 있는 남자의 어깨 너머로 넘겨다 보고 어디인지 확인하곤 했죠." 프라이가 설명했다. 끈적거리지만 떼어낼 수 있는 종이가 해결해 줄 실제적인 문제가 나타난 것이다. 프라이는 동료 몇 명과 함께 접착식 메모를 테스트해 보기로 마음먹었다. 놀랍게도 모두가 이 제품을 좋아했다. 그의 상사는 프라이의 발명품에 대한 보고서에 자신의 의견을 적을 때 바로 이 스티커 메모를 이용했다! 프라이는 '강렬한 유레카의 순간'이었다고 회상했다.[9]

이 이야기를 들으면 포스트잇이 그저 우연에 의한 발명품이라는 결론을 내릴 수도 있다. 따로 떼어서 생각하면 그럴지도 모르겠다. 하지만 포스트잇은 3M이 틀에서 벗어난 혁신적인 제품을 개발한 유일한 사례가 아니다. 3M은 작은 광산 벤처기업(3M이라는 이름은 미네소타 광업·제조 회사Minnesota Mining and Manufacturing Company에서 비롯되었다)으로 시작해 성공과 실패를 거듭하며 글로벌 제조 대기업으로 성장했다. 경영진 주도의 체계적인 지원과 실패를 용인하는 문화는 절대 운만으로 이루어진 것이 아니다. 심지어 3M의 이사 리처드 칼튼Richard Carlton은 1925년 회사 내부 매뉴얼에 이런 기업 특성을 다음과 같이 기록했다.[10] "도출된 모든 아이디어는 그 가치를 증명할 기회를 가져야 한다. 좋은 아이디어라면 택한다. 좋지 않은 아이디어인 것이 증명되었을 때는, 보험을 든 것과 마찬가지로 귀중한 아이디어를 놓칠 위험으로부터 자신을 보호했다는, 잠재적인 혁신을 탐구하기 위해 필요한 모든 조치를 취했다는 생각에 안심할 수 있을 것이다."

이런 점에서 분명 칼튼은 (1925년에 이미!) 벤처 마인드셋을 지넀으며, 현대 벤처 캐피털 시대가 시작되기 훨씬 전부터 이를 적용한 내부 프로세스를 개발했다. 3M은 위험과 실패를 명시적으로 장려했고, 이 전략은 큰 성과를 거뒀다. 이 회사는 100년 이상 투자자들에게 배당금을 지급해 왔으며 50년 이상 배당금을 줄인 적이 없다.[11] 월스트리트에서는 이런 기업을 '배당왕dividend king'이라고 부르며, 이런 이름을 받을 자격을 갖춘 기업은 수십 개에 불과하다. 심지어 금융 분석가들은 3M을 '발명 기계invention machine'라고 부른다.[12] 3M의 직원들은 스카치Scotch 테이프, 청소용 패드 도비Dobie, 에이스ACE 밴드를 비롯한 많은 제품을 발명했다(3M은 10만 개 이상의 특허를 보유하고 있다).[13] 그만큼, 아니 그보다 더 놀라운 것은 3M이 이런 발명품들을 상업화하는 데 엄청나게 성공적이었다는 점이다. 3M은 이전 5년 동안 출시된 제품이 전체 매출의 25~30퍼센트를 차지하게 하겠다는 목표로 '혁신성'을 측정하는 혁명적인 지표를 사용했다.[14] 포스트잇은 브레인스토밍과 디자인 세션에 널리 사용되면서 혁신이라는 개념을 연상시키는 도구가 되기에 이르렀다.

하지만 결국 이런 혁신의 전통은 버려졌다. 2000년 12월, 내부 승진이라는 100년의 전통을 깨고 전설적인 CEO 잭 웰치Jack Welch의 팀원이기도 했던 제너럴 일렉트릭General Electric의 베테랑 제임스 맥너니James McNerney가 3M의 CEO로 임명되었다.[15] 그는 취임하자

마자 재무 성과 문제에 집중해, 운영 간소화, 비용 절감, 재무 규율 확립으로 이루어진 GE 전술을 3M에 도입하고 엄격한 재무 규율을 확립했다. 맥너니는 바로 통제를 강화했고, 성과 검토 프로세스를 심화하고, 그 유명한 식스 시그마Six Sigma* 프로그램을 도입했다.

제조 공정 개선으로 전 세계적 찬사를 받으며 다양한 산업에 적용되는 식스 시그마는 프로세스의 변동성을 제거하는 데 목적이 있다. 예를 들어, 제조 공정에 결함이나 오작동이 증가하면 식스 시그마는 즉시 문제 해결에 나선다. 실패라고 생각할 만한 결함을 막으면 효율성이 근본적으로 개선되면서 시간과 비용을 절약할 수 있기 때문에 보다 예측 가능한 결과를 달성할 수 있다. 제너럴 일렉트릭이 제조 공정에 식스 시그마를 적용해 큰 성공을 거둔 것은 놀라운 일이 아니다.

3M이 맥너니의 임명을 발표했을 때, 비용 절감이 새로운 CEO의 중요한 목표가 될 것이라고 믿은 주주들은 그 결정에 환호를 보냈다. 그런데 불확실성 감소와 비용 최소화에만 초점을 맞춘 식스 시그마가 창의적이고 혁신적인 환경에서 효과가 있을까? 일각에서는 의구심을 가졌다.

일리야의 스탠퍼드 동료인 찰스 오라일리Charles O'Reilly는 "혁신으

• 정의define, 측정measure, 분석analyze, 개선improve, 관리control를 거쳐 최종적으로 식스 시그마 기준에 도달하는 품질경영기법

로 먹고살던 회사를 인수했다면 분명히 비용을 쥐어짤 구석이 있을 것이다"라고 말한 적이 있다. 맥너니가 3M의 CEO로 부임한 처음 몇 년 동안 한 일이 바로 그런 일이었다. 그는 자본 비용을 줄이고 연구·개발 비용을 엄격하게 통제하기 시작했다. 하지만 오라일리 교수의 이야기는 거기에서 끝이 아니다. "문제는 그것이 그 회사에 장기적으로 어떤 손해를 끼치느냐다."[16]

3M 안팎의 많은 이해관계자는 맥너니가 이끄는 동안 회사가 창의력을 잃었다고 생각한다.[17] 연구자 메리 베너Mary Benner와 마이클 투시먼Michael Tushman은 3M이 맥너니식 접근법의 유일한 피해자는 아니라는 결론을 내렸다.[18] 특허를 분석한 그들은 상당한 성과 개선으로 이어지는 식스 시그마와 같은 프로그램이 한편으로는 획기적인 근본적 혁신에서 점진적인 혁신으로의 급격한 전환을 일으킨다는 사실을 확인했다.

이러한 분석 결과를 본 우리는 비판적 관찰을 통해 벤처 마인드셋과 식스 시그마 접근법 모두 장점이 있지만, 특정 환경에서의 유용성은 목표가 무엇인지에 따라 달라진다는 것을 발견하게 되었다. 벤처 마인드셋으로 조성된 문화적 분위기와 조직 프로세스는 근본적으로 새로운 제품과 아이디어를 만들도록 직원들을 장려해야 할 때라야 생산적이다. 반면 식스 시그마는 '알려진 불확실성Known Unknown'의 환경에서 가장 좋은 효과를 낸다. 접착제를 붙였다 뗄 수 있는 책갈피로 사용하자는 아이디어를 처음 생각해 낸 아트 프라이가 말했듯이, 혁신은 '숫자 게임'이다.[19] 하나의 성공적인 사업 아이디어를 찾으려면 5,000개의 발상을 거쳐야 한다. 한편 식스 시그마는 '그 모든 낭비를 없애고 처음부터 적절한 아이디어를 만들 수는 없을까?'라는 질문을 던진다.

참으로 안타깝게도 비즈니스 세계에서는 두 유형의 과정을 설명하는 데 '혁신'이라는 같은 단어를 사용한다. 포스트잇의 탄생과 시장에서의 기막힌 성공으로 이어진 것도, 식스 시그마처럼 기존 제품의 제조에 있어서 비용 절감을 이루는 것도 혁신이라고 불린다. 대부분의 경우 후자의 형태의 혁신이 좋은 효과를 낸다. 하지만 이런 형태의 혁신이 오히려 해로운 때도 있다.

3M의 이야기는 대규모 조직의 경우 벤처 마인드셋이 대단히 드물고 손상되기 쉽다는 것을 보여준다. 장기간에 걸쳐 다양한 기업을 살펴본 결과 3M은 다른 기업과는 확연히 다른 전략을 추구하면서 100년 이상 살아남았다. 그 유명한 「포춘Fortune」 '500대 기업' 리스트가 처음 발표된 1955년과 2022년을 비교하면, 지난해와 같이 리스트에 자리를 지키는 기업은 전체 기업의 약 10퍼센트에 불과한 것을 알 수 있다.[20] 3M은 그런 운이 좋은 기업 중 하나다. 오늘날, 기업들은 그 어느 때보다 빠르게 이 리스트에서 사라지고 있으며, 그 대부분이 훨씬 더 젊은 신생 기술 기업으로 대체되고 있다. 1958년 S&P 지수에 포함된 기업들은 평균 61년 동안

자리를 지켰지만, 2012년의 평균은 20년에 불과했다.[21] 블랙베리BlackBerry[*], 노키아Nokia[**], 시어스Sears[***] 등 최근 사라진 기업의 리스트는 대단히 길다.

잘 자리 잡은 성공적 기업에서 해가 갈수록 혁신이 줄어들고 출시 제품이 줄어드는 데에는 여러 가지 이유가 있다. 그 첫 번째 이유는 기업의 프로세스와 문화가, 실패를 제거해야 할 결함으로 여기는 식스 시그마와 더 비슷해지는 데 있다. 다시 말하지만, 많은 경우 식스 시그마는 비용을 절감하고 효율성을 높이는 대단히 우수한 관리 기법이며, 그 과정에서 주주들을 만족시키는 경우가 많다. 그러나 혼란과 불확실성의 시대를 사는 기업은 시도와 실험에 대한 개방성이 필요하며, 이는 곧 실패를 받아들여야 한다는 의미다.

기업 문화에 내재된 한 가지 위험은 관리자가 몸을 사리고 대담한 아이디어를 피하는 것을 장려하는 분위기다.[22] 기업 환경에 있는 의사결정권자의 머릿속에서는 무위의 오류보다 작위의 오류가 훨씬 위협적으로 보인다. 경영진이 유망한 이니셔티브initiative를 추진하지 않았다고 해고되는 경우는 찾기 힘들지만, 실패한 프로젝트의 희생양이 되기는 쉽다. 사람들은 실패를 두려워하고 더 잘 기억한다. 시작되지 않은 프로젝트는 대차대조표에서 볼 수 없고 기

* 스마트폰과 관련 서비스 제품군을 생산했던 캐나다의 통신 회사
** 다양한 모바일 기기를 생산했던 핀란드의 다국적 기업
*** 미국의 통신 판매 회사

업의 기억에도 잘 남지 않는다. 막대한 이익을 얻을 수 있는 기회였다고 해도 말이다. 따라서 관리자는 위험을 감수하고 실패하기보다는 현상 유지에 매달리느라 기회를 놓치는 편을 택한다.

여기서 배울 수 있는 것은 조직의 목표를 신중하게 정해야 한다는 점이다. 조직이 성공적으로 달성한 목표만을 인정하고 보너스를 지급한다면, 직원들은 애초에 위험도가 낮고 쉽게 달성할 수 있는 목표를 정하는 일을 반복할 것이다.

당신은 직원들의 실패를 용인해야 한다. 사무실 벽에 성공적으로 출시한 제품과 실패한 제품을 게시하도록 하라. 3M 포스트잇과 같은 혁신에 베팅하기 위한 예산을 따로 마련하라. 대부분은 실패할 것으로 예상하라. 하지만 그중 한두 개는 대박을 터뜨릴 수 있다. 팀원들에게 일상적인 아이디어보다는 큰 아이디어를 내놓도록 독려하라. 과감한 베팅 없이는 큰 성공을 거둘 수 없다.

매번 성공하는 것을 목표로 삼아서는 안 된다. 목표는 최소한 한 번이라도 큰 성공을 거둘 기회를 놓치지 않는 것이어야 한다.

일리야는 한 대기업의 CEO와 그의 직원들에게 벤처 마인드셋에 대해 설명한 적이 있었다. CEO는 벤처 캐피털의 실패 통계에 깊은 인상을 받았다. 그는 기업 혁신 부서의 책임자에게 이렇게 물었다. "우리의 실패율은 얼마나 되지?" 그는 자랑스럽고 약간은 잘난 척 하는 듯한 대답을 들었다. "거의 없습니다. 우리는 정말 잘하고 있습니다."

기업 혁신 부서가 실패를 많이 기록하거나 인정하지 않는다면 그 회사의 혁신들은 그리 혁신적이지 않을 가능성이 높다. 슬픈 진실은 많은 기업이 실패를 인정하지 않는다는 점이다. 그 이유를 파악하기 위해 전형적인 기업의 투자 예산 책정 프로세스를 관찰해 보자.

모든 일에는 때가 있다

전형적인 기업은 원활하게 굴러가는 기획 프로세스를 갖춘, 기름이 잘 쳐진 기계다. 그들은 스위스 시계처럼 오차 없이 돌아간다. 새로운 투자를 승인할 때는 특히 더 그렇다. 예산 책정 프로세스에는 투자 수익률ROI과 같은 일련의 미래 지향적인 재무 지표들을 제출해야 한다. 소규모 프로젝트는 논의할 가치가 있을 만한 규모가 아니라고 판단해 초기에 걸러낸다. 그 후 프로젝트들을 서로 비교해 가장 영향력이 크고 지표가 가장 인상적인 프로젝트에 예산을 할당한다. 예산 편성 주기는 보통 1년이며 예산은 분기별로 업데이트된다. 일단 예산이 승인되면 중대한 외부적 사유가 없는 한 연중에 개편되는 경우는 드물다. 분기별 업데이트는 계획을 미세하게 조정하는 정도로 그치는 조용한 회의로 치러진다.

하지만 가장 실험적인 프로젝트도 처음 시작할 때는 송사리에 불과하지 않은가? 아무리 혁신적인 아이디어라고 한들 그런 초기 단계라면 측정할 수 있는 지표가 있을까? 이런 아이디어들은 불충분한 정보로 인해 초기에 반려당하거나 충분한 검증을 거치지 않았다는 비판을 받는 경향이 있다. 또한 예측하기 힘든 성격으로 인해 기획 부서를 난감하게 만들기도 한다. 기업 예산 할당 프로세스는 기업이 규모가 지나치게 작거나 예측이 지나치게 어렵거나 단 몇 달 만에 완전히 실패로 돌아갈 수 있는 프로젝트에 투자하는 것을 막기 위해 고안되었다. 물론 벤처 캐피털의 사고방식에서라면 이 프로젝트들은 탐색의 기회다. 전형적인 기업의 경영진과 관리자가 벤처 캐피털리스트와 같은 사고를 부자연스럽게 느끼는 것도 이런 이유 때문이다. 프로젝트가 너무 작고 위험하며, 빠른 방향 전환을 위해 즉각적인 개입이 필요할 수도 있다. 그러나 전통적인 기업 조직은 그렇게 하기 위한 구조, 프로세스, 사고방식을 갖추고 있지 못하다.

회사 자산을 소중하게 관리하면서 위험을 회피하는 것은 나쁜 일이 아니다. 그리고 자본과 자원을 잘 관리하는 것은 고위 경영진의 책무다. 기업의 메커니즘은 주주를 보호하기 위해 설계되어 있으며, 주주를 보호한다는 것은 종종 실패, 특히 비용이 드는 실패를 피하는 것을 의미한다. 예를 들어 프록터 앤 갬블Procter & Gamble, P&G이 매년 고객들에게 면도날이나 세제를 사도록 하는 방법을 생각해 보라. 새로운 면도날이나 세제의 출시는 집중적인 테스트, 가격 책정 모델, 포커스 그룹을 통한 매우 체계적이고 조직적인 프로세스를 거친다. 대형 칩 제조업체인 인텔Intel은 또 어떤가? 인텔이 세운 200억 달러 규모의 새로운 칩 공장은 모험이나 도박이 아니다. 여기에는 철저한 예산 수립과 투자 과정이 뒷받침되어 있다. 이런 사례의 공통점은 알려진 불확실성을 다룬다는 것이다. 시장 환경은 예측 가능하고, 회사는 소비자를 잘 알고 있으며, 제품 수정은 200억 달러의 비용이 든다 해도 커다란 혁신이 아닌 점진적인 변화 수준이다.

그렇지만 산업 지각 변동이 일어나는 격동의 시기라면 이런 프로세스는 심각한 문제의 전조가 된다. 이런 배경에서는 실패를 능숙하게 피하고 세밀하게 계획을 세우는 것이 장점이 아닌 저주가 될 수 있다. 전통적인 기업들은 갑자기 방향을 바꾸기 어렵다. 그들이 안전을 추구하는 동안, 규모가 작고 큰 위험 감수가 가능한 (종종 벤처 캐피털의 지원을 받으며 일반 주주에 대한 책임이 없는) 기업들은 새로운 시장 기회를 포착하기 위해 새로운 방법을 개발한다. 이런 시도의 대부분은 실패하지만(기업 자체가 실패하기도 한다) 일부는 성공을 거둔다. 성공한 기업은 기존 기업의 시장 지배력을 약화시키고 비즈니스 모델을 혼란에 빠뜨리기 시작할 것이다.

이것이 보더스Borders와 같은 오프라인 서점 체인이 겪은 일이다.[23] 오프라인 서점 체인들은 아마존이 온라인 도서 판매에 진출하면서 무너졌다. 보더스는 2000년대에 접어들 무렵 미국에서 두 번째로 큰 서점 체인이었다. 그들은 시애틀의 작은 기술 스타트업이 이렇게 강력한 펀치를 날릴지 예상하지 못했다. 하지만 대수롭지 않았던 이 스타트업으로 인해 보더스는 결국 모든 매장을 폐쇄하고 파산 신청을 해야 했다. 비슷한 스토리가 이 업계 저 업계에서 계속해서 들려온다. 구글과 넷플릭스는 전통 미디어와 광고업계의 거물들을 혼란에 빠뜨렸다. 스카이프와 이후의 줌은 기존 통신업체에 도전했다. 기업 리더들이 이 책을 계속 읽어야 하는 이유 중 하나는 조만간 자신이 몸담은 업계에도 아마존이 등장할 것이기 때문이다. 어쩌면 벌써 실리콘밸리의 차고나 서부 해안 어딘가, 베를린이나 상하이의 작은 사무실에 도사리고 있는지도 모른다.

불행한 기업은 모두 나름의 방식으로 불행하다

회사가 피할 수 없는 수많은 실패를 받아들이고 홈런을 치기 위해서는 무엇이 필요할까? 기업 리더들과 이야기를 나눌 때면 우리는 몇 가지 간단한 질문부터 던진다. 당신이 속한 조직은 큰 영향력을 발휘하기 위해 야심 차고 대담한 베팅을 정기적으로 하는가? 위험을 분산하기 위한 아이디어 포트폴리오가 있는가? 회사에 효과가 없는 이니셔티브의 자금을 회수하고 그 계획을 종료시키는 메커니즘이 있는가? 이 각 요소들은 대단히 중요하다. 어느 하나라도 빠뜨리면 실패의 힘을 활용하기 힘들다. 다음은 당신이 피해야 할 3가지 함정이다.

안전에 집착한다

베팅을 하되 안전지대에서만 한다면? 즉, 위험과 대담함이 부족하다면? 안전에 지나치게 집착하는 것은 우리가 자주 관찰하는 함정이다. 많은 경영진이 '베팅', '실험'이라는 단어를 들으면 즉시 A/B 테스트나 몇 개의 테스트 장소에서 새로운 기술이나 기기를 도입하는 상황 정도를 떠올린다. 분명 A/B 테스트는 유용하다. 「뉴욕타임스New York Times」가 기사 헤드라인에 대한 A/B 테스트를 통해 같은 기사로 유입되는 독자의 수가 3배나 차이 나는 것을 발견했다면, 이는 편집자가 이후 고객에게 회사 제품을 최적화하여 전달하는 데 사용할 수 있는 중요한 결과다.[24] 그러나 A/B 테스트는 P&G가 새로운 면도날에 대한 포커스 그룹을 만들거나 3M이 일부 시장에서 새로운 색상의 포스트잇을 테스트하는 것과 같은 점진적인 혁신에 불과하다. 그보다 더 대담하고 위험한 시도를 해야 한다.

모든 것을 건다

당신이 한 대담한 베팅이 회사의 유일한 베팅이라면? 우리가 자주 목격하는 두 번째 함정은 대기업의 모 아니면 도 식의 행동이다. 이는 작은 베팅을 많이 하는 벤처 캐피털리스트의 다각화 원칙과는 정반대다. 이런 식이다. 기업의 고위 리더는 대단한 아이디어를 찾고서 오랜 고민 끝에 그 아이디어에 모든 칩을 걸기로 결정한다. 하지만 큰 성공에 항상 큰 베팅이 필요한 것은 아니다.

　경영대학원에서 공부하는 사례들 중에는 하나의 대담한 베팅 때문에 이후 방향 전환이 어려워진 기업들의 이야기가 가득하다. 에어버스Airbus가 세계 최대 여객기 A380 슈퍼점보A380 superjumbo의 설계와 제작에 전념한 것은 아마 경영진이 대박을 기대했기 때문일 것이다. 그들은 A380이 세계 8대 불가사의 중 하나가 될 것이라고 생각했다. 하지만 불행히도 이 프로젝트는 한 회사가 가진 달걀을 전부 한 바구니에 담은 상황을 보여주는 교과서적인 사례이자, 유럽 컨소시엄이 250억 유로(초기 예산은 100억 유로 미만이었으나) 이상의 손해를 본 극적인 실패작이 되었다. 이 항공기는 수차례의 지연과 상당한 비용 초과를 맞닥뜨렸고, 거의 20년이 지나 개발을 마쳤을 때는 구매를 원하는 항공사가 거의 없었다. 게다가 프로젝트가 시작된 후 몇 년 사이 승객들의 선호도가 대형 공항 허브를 거치지 않는 직항 쪽으로 기울면서 항공 여행은 근본적인 패러다임의 변화를 겪었다. 에어버스가 A380의 고객이 될 것으로 예상했던 항공사들은 대신 훨씬 더 작고, 연료 효율이 높고, 예산 친화적인 보잉의 787 드림라이너787 Dreamliner를 택했다.[25] 경영진은 에어버스의 경우처럼 '실패는 선택지에 없다'는 사고방식과 모

아니면 도의 분위기에 이끌려 나쁜 계획에 계속해서 돈을 쏟아붓곤 한다.

우리는 이미 일상에서 한 번의 큰 베팅보다 여러 번의 작은 베팅이 더 안전한 전략이라는 것을 무의식적으로 이해하고 있다. 기다렸다가 결과를 확인한 뒤 가능성이 보이는 승자를 골라 유망한 대안 쪽으로 칩을 옮기는 것이다. 물론 이런 접근법을 기업 환경에 적용하는 것은 여러 가지 이유로 쉽지 않다. 여러 이니셔티브를 저글링하듯이 운용하는 것보다는 하나에 집중하는 것이 더 쉽다. 그래서 작은 아이디어들로 이루어진 포트폴리오에 자금을 할당하는 것보다 눈에 띄는 하나의 프로젝트에 예산을 확보하는 것이 훨씬 쉽다. 그래서 결과적으로 경영진은 종종 하나의 아이디어에 자신의 경력을 거는 경우가 많다. 기업도 마찬가지다. 하지만 그런 방식으로는 때로 돌이킬 수 없는 지점에 이르게 된다. 이를 미래의 승자를 아는 것처럼 행동하지 않고, 항상 '지켜보고 배우기' 모드를 유지하는 벤처 캐피털리스트의 사고방식과 비교해 보라.

아이디어의 정원을 방치한다

무수히 많은 아이디어가 떠다니는 아이디어의 강을 만든다면 어떨까? 안타깝게도 이 방법도 효과를 보지는 못할 것이다. '천 송이 꽃이 모두 피게 두는', 즉 성공적이지 못한 아이디어를 죽이지 않고 너무 많은 베팅을 끌고 가면 어느 하나에도 충분히 집중하지 못하게 된다. 이는 하나의 대단한 프로젝트가 회사의 모든 자원과 관심을 빨아들이는 모 아니면 도의 함정과 정반대라고 할 수 있다. 이 경우 혁신적인 아이디어는 자금을 지원받기는 하지만 기업 환경 내에서 제작자를 만족시킬 정도에 그칠 뿐, 영향력을 발휘하기에는 충분치 않다.

지나치게 많은 아이디어는 경영진의 주의를 분산시키고 그들이 갈피를 잡지 못하게 한다. 레고Lego는 어느 순간 혁신이 '지나치게 많아진' 기업의 좋은 사례다.[26] 테마파크부터 모든 레고 요소의 디지털화, 맥도날드 해피밀 파트너십, TV 프로그램과 새로운 캐릭터, 심지어 조립식 액션 피겨인 갈리도르Galidor에 이르기까지 아이디어가 줄을 이었다. 하지만 놓친 것이 있었다. 바로 '집중'이다. 2003년 어려움에 처한 이 회사는 새로운 리더를 영입했다. 새로운 리더들이 가장 먼저 취한 조치는 혁신에 대한 체계적인 접근 방식을 확립하는 것이었다. 체계는 100년 역사를 가진 '장난감계의 애플'이라 불리는 레고에 활력을 불어넣은 첫 단계였다.

차고에서 스타트업 창업자가 갓 졸업한 이들을 이끌고 "빨리 실패하고, 자주 실패하라"고 말하기는 쉽다. 하지만 규모가 큰 기존 조직을 이끌고 있는 사람에겐 쉬운 일이 아니다. 때문에 이 3가지 함정을 피하는 것이 중요하다. 스스로를 망치지 않고 실패하는 방법을 아는 것이 중요하다.

혁신의 챔피언이 되려면 먼저 실패의 챔피언이 되어야 할 수도
있다.

실패의 챔피언, 홈런 사냥꾼

40~50대의 성인 50명이 일어나 손을 든다. 모두 성공한 사람들이
다. 대부분은 글로벌 대기업의 중역들이다. 이후 미소를 띤 채 한
명씩 "나는 실패했다!"라고 외친다. 공간 전체가 "나는 실패했다!"
라는 반복되는 외침으로 가득 찬다. 이것은 종교 모임도, 자책 연
습도 아니다. 댄 클라인Dan Klein이 가르치는 스탠퍼드의 즉흥 수업
방식이다.[27] 유치한 방식이지만 이 연습을 통해 우리의 몸과 마음
은 실패라는 개념을 받아들이게 된다. 인간은 누구나 실수와 위험
을 피하는 본성을 지니고 있으며 사회에서도 그런 훈련을 받는다.
때문에 우리는 실패를 두려워한다. 이로부터 벗어나고, 실패를 비
롯한 큰 위험은 큰 보상이 가져오는 자연스러운 부작용임을 인정
하려면 추가적인 노력이 필요하다.

　조직을 변화시키는 것은 수업 시간에 사람들이 손을 들고 실패
를 외치도록 하는 것보다 훨씬 더 어렵다. 지금쯤이면 대기업과 기
존 조직에는 소규모 기업이나 벤처 캐피털과 같은 유연함과 혁신
을 막는 제도적 장애물이 너무 많다는 결론을 내렸을지도 모르겠

다. 그러나 적절하게 설계된 프로세스가 있다면 오히려 기업의 성공 가능성이 스타트업보다 훨씬 더 높을 수 있다. 스타트업은 성공할 수도, 실패할 수도 있는 소규모 단독 실험과 같다. 각 스타트업 팀은 제한된 자원을 가지고 있으며, 스타트업이 실패할 수 있는 방식은 다양하다. 제품과 시장이 조화되는 부분을 찾기 전에 자금이 바닥나면 스타트업은 실패한다. 제품이 시장에 출시되지 못하면 스타트업은 실패한다. 창업자가 유능한 직원을 유치하지 못하면 스타트업은 실패한다. 스타트업은 종종 희박한 성공 가능성에 모든 것을 건다. 반면에 대기업에는 혁신 게임을 할 수 있는 충분한 자원이 있다. 그들은 많은 스타트업 실험을 실행할 수 있다. 그들에게는 실험에 필요한 자원, 인재, 고객이 있으며 여러 번의 실패에서도 살아남을 수 있다. 앞서 살펴본 바와 같이 대부분의 기업이 이 패러다임을 사용하지 않는 이유는 이것이 기업의 성격과 충돌하기 때문이다. 그럼에도 이 패러다임을 사용하는 기업이 있다.

오늘날 어떤 기업을 가장 혁신적인 기업으로 꼽을 수 있을까? 뛰어난 혁신에도 여러 부문이 있으며, 다양한 순위와 방법론을 두고 논쟁을 끝도 없이 벌일 수 있다. 하지만 실리콘밸리의 벤처 캐피털들이 투자한 기술 기업들이 최상위를 점한다는 데에는 반론의 여지가 없다.

이런 기술 혁신 기업들의 성공을 이끈 공통적인 특징, 당신의 회사가 배우고 적용할 수 있는 공통적인 특징은 무엇일까? 기술 자체보다 더 중요한 것은 기술적 우위를 만든 다른 요소들이다. 이들 기업은 모두 자금을 지원한 벤처 캐피털로부터 의식적으로 또는 무의식으로 받아들인 벤처 마인드셋을 지속적으로 적용해 왔다. 이들은 미래의 성공을 결정지을 차세대 성장 동력을 끊임없이 찾는다. 이들은 많은 위험을 감수하고 많은 베팅을 한다. 이들은 실패에 대한 준비가 되어 있으며, 많은 베팅이 실패할 것을 예상하고 있다. 이들은 종종 무모해 보이는 이들 베팅 중 하나 이상이 기존의 사업보다 더 커질 것이라는 기대에 의해 움직이며, 그중 하나가 성공할 가능성이 보이기 시작하면 거기에 전력을 다하고, 실패할 것이 분명한 프로젝트들은 버린다. 요약하면, 그들은 자신들을 탄생시킨 모델을 효과적으로 내면화하고 복제하는 것이다.

애플은 PC업계에서 출발했지만 현재 애플 매출의 40퍼센트 이상은 아이폰이 차지한다. 모두가 아이폰의 성공을 알고 있지만, 애플은 그 외에 수많은 실패를 경험했다. 애플의 초기 태블릿 뉴턴 Newton을 기억하는가? 모를 수도 있다. 첫해에 100만 대가 판매될 것이라는 기대하에 1993년에 출시된 뉴턴은 첫 3개월 동안 5만 대가 판매되는 데 그쳤고 1997년에 공식적으로 단종되었다.[28] 그리고 뉴턴 외에도 대중의 눈에 들지 못한 많은 다른 제품들이 있다. 마찬가지로 아마존의 경우 클라우드 부문 AWS와 광고 사업에서 발생하는 수익이 전체 영업이익의 절반을 넘어선다. 하지만

AWS와 아마존의 광고 사업 모두 출시 당시에는 논란의 여지가 있는 작은 아이디어였다. 물론 아마존도 출시했다가 극적인 실패를 기록한 제품들이 많다.

2014년 큰 인기를 모으며 출시된 파이어폰Fire Phone이 그런 극적인 사례다.[29] 아마존의 창립자이자 CEO인 제프 베이조스Jeff Bezos는 시애틀 프리몬트 예술 지구에 있는 회사 스튜디오에서 직접 이 제품을 소개했다. 수백 명 직원들의 4년에 걸친 노력이 빛을 보는 순간이었다. 하지만 650달러로 출시된 이 휴대폰에 대한 고객들의 반응은 잔인할 정도였다. 출시 후 2주 동안 겨우 3만 5,000대가 판매되었다. 같은 해, 애플의 아이폰은 출시 24시간 만에 400만 대가 판매되었다(가격은 파이어폰과 비슷했다). 아마존의 굴욕이었다. 650달러짜리 파이어폰은 할 수 있는 것에 비해 너무 비쌌고, 비평가들은 불필요한 기능들과 투박한 사용자 인터페이스에 불평을 쏟아냈다. 몇 달 후, 아마존은 파이어폰의 실패를 인정했고 이 프로젝트를 중단했다.

파이어폰과 같은 실패 스토리는 전혀 드문 것이 아니다. 우리가 이 스토리에서 주목해야 할 점은 실패에 대한 아마존 경영진의 태도다. 전통적인 조직이었다면 제품 담당 부사장이 좌천되거나 해고되었을 것이고, CEO는 이 이야기를 덮어두고 잊어야 할 악몽으로 취급했을 것이다. 하지만 아마존에서는 그 반대의 일이 일어났다. 제프 베이조스는 아마존이 하는 다른 어떤 일보다 파이어폰을 자주 언급한다. 심지어 그는 기자들에게 "우리는 지금 훨씬 더 큰 실패작을 연구하고 있습니다. 농담이 아니에요. 그것들 중에는 파이어폰을 아주 작은 실수처럼 보이게 만드는 것도 나올 겁니다"라고 말하기도 했다.[30]

물론 파이어폰과 같은 실패는 아마존의 스마트 스피커인 에코Echo와 같은 성공과 균형을 이루어야 한다.[31] 에코는 대히트를 기록했다. 현재 수천만 가정에서 에코를 사용하고 있다. 그 이유가 무엇일까? 두 제품의 출시를 이끈 것은 같은 사람인 이언 프리드Ian Freed다. 제품이 출시된 후 제프 베이조스는 프리드에게 이렇게 말했다. "단 1분도 파이어폰에 대해 후회하는 데 쓰지 말게. 그 때문에 단 1분도 잠을 설치지 않겠다고 나와 약속하는 거야."[32] 아마존이 보여주는 초고속 성장과 지속적인 성공의 상당 부분은 베이조스와 그의 팀이 실패에 대한 접근 방식에 벤처 마인드셋을 적용한 덕분이다. 전형적인 조직도 아마존으로부터 배울 수 있다.

자신의 피라미드를 구축한다

이 홈런 사냥꾼들은 위험한 모험과 같은 베팅만 할까? 물론 그렇지 않다. 아마존은 물류 창고 공간을 계속 늘리고, 구글은 서버 용량을 확장하며, 애플은 계속 새로운 기능과 서비스를 도입해 제품

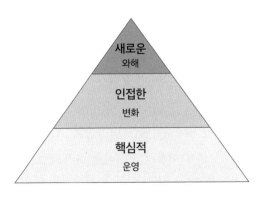

그림 3. 균형 잡힌 기업 포트폴리오. 이니셔티브, 프로젝트, 베팅의 3가지 유형

을 개선한다. 이런 것들은 상대적으로 리스크가 낮은 투자로, 수익성이 높은 핵심 비즈니스의 점진적인 혁신에 해당한다. 이런 투자는 고위험 벤처 투자와는 거리가 멀다. 이들 기업은 위험한 투자와 보다 전형적인 투자를 혼합하는 방법을 이해하고 있다.

기업의 리더는 투자 포트폴리오를 3가지 유형의 프로젝트가 포함된 피라미드로 보아야 한다(그림 3 참조)는 것이 우리의 생각이다. 가장 밑의 가장 넓은 부분에는 핵심 비즈니스가 모여 있다. 핵심 제품에는 항상 점진적인 혁신(제품 색상 변화, 사소한 기능 추가, 새로운 국가에 출시하기 위한 제품의 미세한 수정 등)이 있지만 급진적인 변화는 일어나지 않는다. 이런 프로그램에는 잘 정의된 매뉴얼과 같은 청사진이 있다. 이들 프로그램은 포트폴리오에서 가장 위험도가 낮으며 비용과 기간의 예측가능성이 높은 것이 보통이다.

수용하는 위험의 수준을 조금 더 높이면, 기존 기술과 비즈니스 모델을 기반으로 하거나 기존 제품이나 서비스에 변화를 가져오는 새로운 프로그램과 서비스(예를 들어, 고객의 쇼핑 방식을 바꾸는 개인화 엔진 또는 새로운 석유 시추 기술)가 있다. 우리는 이 피라미드의 중간 부분을 '인접형 혁신'이라고 부른다. 구글 경영진은 이런 점진적인 인접형 혁신을 '문샷moonshot(대단히 야심 찬 계획)'과 대비해 '루프샷roofshot'이라고 부르기도 한다.

마지막으로 피라미드의 꼭대기에는 와해적 혁신이 있다. 이들은 AWS 클라우드 사업, 알리바바의 알리페이Alipay, 넷플릭스의 스트리밍 서비스(우편 DVD가 주요 사업이었던 시절) 등과 같이 성공할 경우 회사와 그 사업을 근본적으로 뒤바꿀 수 있는 베팅이다. 출시 시점의 그들은 본질적으로 위험하고 불확실하다. 값비싼 실패가 될 수도 있고, 반대로 업계를 와해시키고 완전히 새로운 비즈니스 모델을 세상에 선보이거나 새로운 고객을 창출할 수도 있다. 피라미드의 최상단에 있는 이 단계에서는 벤처 마인드셋을 적용하는 것이 대단히 중요하다. 구글은 에릭 슈미트Eric Schmidt의 지휘 아래 이 3가지 유형의 프로젝트에 시간과 노력을 70/20/10의 비율로 배분한다는 원칙을 마련했다. 최소한 자원의 10퍼센트는 진정한 문샷 이니셔티브에 투입해야 한다는 것이다. 구글은 이런 문샷 베팅들을 비밀 혁신 부문인 구글 X에 모아두고 있다. 구글 X는 거의 혁신 공장처럼 운영된다. 이 부문의 임무는 차세대 구글이 될 수 있는 새로운 회사를 만드는 것이다. 이것은 과장이 아니다. 구글의 모회사인 알파벳이 설립될 당시 래리 페이지Larry Page와 세르게이 브린Sergey Brin은 이해관계자들에게 "기존 사업과 비교하면 매우 투기적이거나 이상하게 보일 수 있는 분야에 작은 베팅을 할 것"이라고 알렸다.[33] 구글 X는 청정 에너지에서 인공 지능에 이르기까지 매년 수백 개의 아이디어를 평가한다. 그리고 그중 소수에만 직원과 자금의 지원이 이루어진다. 그렇게 뿌려진 씨앗 중에는 전체 운송 산업을 바꿀 수 있는 자율주행 자동차 회사 웨이모Waymo와 같이 큰 나무가 된 것들도 있다.[34] 어떤 면에서 구글 X는 기업 내부에서 운영되는 벤처 캐피털 펀드와 유사하다.

물론 구글 X에도 아픔이 있다. 가장 두드러지는 것은 구글 글래스Google Glass다. 이 제품의 첫 번째 버전은 큰 비웃음을 사고 곧 단종됐다. 하지만 다른 회사와는 대조적으로 구글 X의 직원들은 실패에 '보상'을 받는다.[35] 타타TaTa*의 창업자 라탄 타타Ratan Tata도 최고의 실패를 기록한 아이디어에 상을 수여한다. 인튜이트Intuit**는 직원들에게 최고의 실패상을 수여할 뿐 아니라 '실패 파티'까지 개최한다. 이 회사들은 수많은 작은 베팅 가운데 한 번의 큰 성공

* 인도의 다국적 자동차 기업
** 금융 소프트웨어를 전문으로 하는 미국의 다국적 비즈니스 소프트웨어 기업

이 다른 모든 실패를 만회할 수 있다는 것을 알고 있다.[36]

벤처 마인드셋은 여러 산업 분야에서 성공적으로 채용되고 있다. 할리우드가 그 대표적인 예다. 성공과 실패가 반복되는 영화 산업은 벤처 캐피털의 세계와 놀라울 만큼 비슷하다. 영화 역시 실패율이 높다.[37] 할리우드 유명 스튜디오가 사들이는 영화 대본 10편 중 실제로 영화화되어 개봉되는 것은 단 한 편에 불과하다. 개봉된 모든 영화 중 제작비를 회수하는 것은 절반에 불과하다. 벤처 캐피털 세계와 마찬가지로 영화 산업도 블록버스터 게임이다. 〈왕좌의 게임Game of Thrones〉이나 〈하우스 오브 카드House of Cards〉 같은 히트작은 압도적인 성공을 거둔다. 전체 수익의 80퍼센트를 상위 20퍼센트의 영화가 올린다.[38] 또한 영화는 제작에 긴 시간이 필요하다. 〈스파이더맨Spider-Man〉의 경우 판권을 구입해 흥행에 성공하기까지 17년이 걸렸다.[39] 이는 매우 긴 기간이다. 17년은 데이터 분석 소프트웨어 회사 팔란티어Palantir가 상장해 설립자와 투자자들에게 200억 달러의 수익을 안겨주는 데 걸린 것과 같은 시간이다.[40]

영화 회사의 똑똑한 경영진은 대히트를 노리며 벤처 마인드셋을 활용한다. 이들은 실패를 용인하고 실험을 장려한다. 심지어 넷플릭스의 CEO는 히트작의 비율이 너무 높다며 자기 팀을 비판하기도 했다.[41] 리드 헤이스팅스Reed Hastings는 이렇게 말했다 "저는 항상 콘텐츠팀에게 압력을 넣습니다. 더 많은 위험을 감수해야 하고, 취소율이 더 높아지도록 더 미친 짓을 시도해야 한다고 말입니다."

넷플릭스 역시 벤처 캐피털의 지원을 받은 스타트업이다. 당시 픽사Pixar의 사장인 에드 캣멀Ed Catmull은 "영화 제작 초기에는 그 영화가 성공할지 모른다"고 말한 뒤 "우리 경영진은 위험을 피하거나 최소화하고 싶은 본능과 싸워야 했다"고 덧붙이며 이 접근법에 공감했다.[42]

벤처 마인드셋을 채용하는 또 다른 산업은 제약 산업이다. 이 분야에서 성공한 기업들은 큰 성공을 거두기 위해 과감한 베팅을 한다. 기술 스타트업이라면 몇 달 안에 아이디어를 테스트할 수 있지만, 생명공학팀이 특정 질병에 사용될 특정 분자에 대한 아이디어가 성공인지 실패인지 알아내는 데는 긴 시간이 필요하다. 페니실린penicillin, 발륨Valium*, 비아그라 등 잘 알려진 많은 약물은 우연히 발견되었다. 높은 진입 비용, 시장 출시까지의 매우 긴 시간, 낮은 성공률 때문에 제약 회사는 생존을 위해 높은 위험과 실패를 용인하는 문화를 구축해야 했다.

벤처 마인드셋을 조직 전반의 홈런과 삼진에 적용하는 것을 고려해야 한다. 누군가 어디서부터 시작해야 할지 묻는다면 실패부터 시작하라.

이런 농담이 있다. 제이콥이라는 사람이 회당에 들어가 "하나님, 당신은 제가 얼마나 가난하고 불행한지 아시겠죠. 부디 제가

---

* 신경 안정제나 골격극 이완제로 쓰이는 약물

복권에 당첨되게 해주세요"라고 기도한다. 추첨일이 됐지만 제이콥은 당첨되지 못한다. 다음 주에 그는 다시 회당을 찾는다. "하나님, 저는 지금 너무 절박합니다. 복권이 아니면 저는 망해요. 복권에 당첨되게 해주십시오." 하지만 이번에도 그는 아무것도 얻지 못한다. 이런 일이 몇 주나 반복되었고 제이콥은 복권에 당첨되지 않았다. 그가 또다시 기도를 올리자 하나님이 번개와 천둥과 함께 나타났다. "제이콥, 나는 너를 정말 도와주고 싶은데 너는 복권을 사지 않는구나! 제발 복권을 사렴." 현대의 많은 기업 리더들은 제이콥처럼 혁신이라는 복권을 사지 않는다.

**마인드셋
점검**

1. 당신의 조직은 성공했을 때의 10~100배 효과를 기대하며 과감한 베팅을 하는가?

2. 당신의 조직은 실패할 수 있다는 것을 알면서도 많은 작은 베팅을 할 수 있는 환경인가?

3. 당신의 조직은 어떤 대가를 치르더라도 실패를 피하고자 하는가, 아니면 실패를 정상적인 결과로 보는가?

2

GET OUTSIDE
THE FOUR WALLS

2장

4개의 벽에서
벗어난다

다음의 큰 기회를 놓치지 않는 방법

카펫을 사러 온 것인가,
펀딩을 받으러 온 것인가?

당신이라면 샌프란시스코 유니언 스트리트에 있는 정통 이탈리안 레스토랑 파네 에 비노Pane e Vino에서 먹는 저녁 한 끼에 120만 달러짜리 수표를 쓰겠는가? 아무리 맛있는 식사라 하더라도 너무 큰 금액이다. 하지만 그 수표에 이븐플로Evenflow Inc.라는 회사에 대한 비교적 적은 금액의 시드 단계 투자금도 포함되어 있다면? 일부 벤처 캐피털리스트들은 꽤 괜찮은 거래라고 생각했다. 그들은 당시 알려지지 않았던 기술 스타트업에 대한 이 소액의 초기 투자를 약 10년 만에 20억 달러라는 입이 떡 벌어지는 수익으로 전환시켰다.[1]

2007년 9월의 어느 저녁, 파네 에 비노에서 건네진 120만 달러 짜리 수표의 명의자는 실리콘밸리에서 가장 유명한 벤처 캐피털 투자사 중 하나인 세쿼이아 캐피털이었다. 이들이 지분을 매입한 스타트업은 이후 고객, 동료, 동급생과 파일을 공유할 수 있게 하는 서비스로 인기를 얻은 드롭박스Dropbox가 된다. 투자 계약은 당시 세쿼이아의 파트너였던 사미르 간디Sameer Gandhi가 드롭박스의 창립자인 MIT 졸업생 아라쉬 페르도시Arash Ferdowsi와 드루 휴스턴Drew Houston이 저녁 식사를 하는 자리에서 이루어졌다.[2]

실리콘밸리의 예상 범위에서 벗어나는 특이한 벤처 캐피털리스트 중 한 사람인 페즈만 노자드Pejman Nozad가 아니었다면 그날의 저녁 식사는 존재하지 않았을 것이다.

1992년, 노자드는 이란에서 대학을 중퇴하고 미국으로 이민을 왔다. 요거트 가게에서 일하며 가게의 다락방에서 살던 그는 15년 만에 실리콘밸리의 주목받는 투자자 중 하나로 성장했다. 유명 벤처 캐피털 회사의 파트너들이 항상 그의 전화를 기다린다.

파네 에 비노에서의 식사 며칠 전, 노자드는 스탠퍼드대학이 있고 미국에서 가장 물가가 비싼 지역 중 하나로 꼽히는 베이 지역의 작은 마을 팔로알토 시내의 한 양탄자 가게에서 드롭박스의 창립자 아라쉬 페르도시와 그의 친구 휴스턴을 페르시아어로 맞이했다. 두 사람이 러그 매장을 찾은 이유는 새로 빌린 아파트를 꾸미기 위함이 아니었다. 노자드는 그 며칠 전 유망한 창업자들이 잠재적인 엔젤 투자자와 벤처 캐피털 투자자들에게 프레젠테이션을 할 수 있는 기회를 마련하는 Y 컴비네이터yc 주최 데모데이에서 이들을 만났다.[3]

노자드는 YC 피치 행사의 참가자가 되기까지 색다른 길을 거쳐 왔다.[4] 몇 년 전, 그는 팔로알토에 있는 메달리온 러그 갤러리 Medallion Rug Gallery의 TV 광고를 봤다. 영업 사원을 구한다는 내용이었다. 노자드는 거기서 일자리를 구했다. 그는 이 고급 러그 매장에서 일하면서 2만 달러가 넘는 값비싼 러그를 판매히는 방법은 고객과 신뢰 관계를 구축하는 것임을 깨달았다. 노자드는 수년 동안 이런 관계를 구축하고, 고객의 집에 찾아가 그들의 삶과 일에 대해 배우면서, 실리콘밸리에서 개발되고 있는 놀라운 기술에 친숙해졌다. 어느 날 그는 러그 매장 주인에게 가서 가게 뒤편에 기술 벤처 펀드를 만들자고 설득했다. 이렇게 YC 행사에 참석하게 된 노자드는 두 명의 MIT 졸업생이 제시한 아이디어에 흥미를 느꼈다.

2007년의 세상은 지금 우리가 알고 있는 세상과 많이 달랐다. 최초의 아이폰이 막 출시되었을 때였다. 사람들은 여전히 USB 플래시 드라이브(심지어 플로피 디스크도)에 크게 의존했고 다른 컴퓨터를 사용하려면 늘 USB를 가지고 다녀야 했다. 하지만 USB 플래시 드라이브가 더 이상 필요치 않을 날이 빠르게 다가오고 있었다. 실리콘밸리의 낳은 사람은 파일 공유와 파일 동기화가 거대한 시장이 되리라는 확신을 갖고 있었다.

벤처 마인드셋

많은 신생 기업가가 파일 공유라는 아이디어에 영향을 받고 있었다. 2007년 7월, 기술 분야 블로그 '마셔블Mashable'은 데이터 스토리지와 가상 공유 공간 부문에서 활동하는 기업 리스트를 게재했다.[5] 이 리스트에는 서로 경쟁 중인 솔루션이 80개나 있었다! 이들 중 상당수는 엔젤 투자자와 벤처 캐피털 투자자로부터 투자를 받았다. 그중 절반 이상이 실패했고 지금까지 남아 있는 것은 소수에 불과하다. 그중 두 곳은 누구나 아는 회사가 되었다. 바로 박스Box와 구글 드라이브Google Drive다. 드롭박스나 이븐플로(드롭박스의 원래 이름)는 '마셔블'의 리스트에 없었다. 이 스타트업은 아직 사람들의 눈에 띄지 않았기 때문이다.

페즈만 노자드는 진한 홍차를 마시며 휴스턴과 페르도시(역시 이란 출신)가 소개하는 기회에 대해 듣고 몹시 들떴다. 그는 즉시 친구이자 세쿼이아 캐피털의 파트너인 더그 레오네Doug Leone에게 메모를 보냈다. 이틀 후, 전설적인 벤처 캐피털리스트 중 한 사람인 세쿼이아의 마이크 모리츠Mike Moritz(그는 구글, 유튜브, 자포스Zappos 등 헤아릴 수 없이 많은 스타트업을 발굴했다)가 빈 피자 상자가 가득 찬 작은 아파트로 휴스턴과 페르도시를 찾아왔다.[6] 얼마지 않아 그 유명한 파네 에 비노 저녁 식사 자리가 마련되었고 곧 거래가 성사되었다. 우연처럼 보이는 이 일련의 사건 덕분에 많은 사람이 드롭박스를 통해 파일을 공유하는 편리한 서비스를 누리게 되었고, 이들은 놀라운 성공을 이루었다.

투자를 하려면 벤처 캐피털리스트는 우선 투자처를 찾아야 한다. 벤처 마인드셋이 기업 의사결정권자를 비롯한 거의 모든 사람의 사고방식과 큰 차이를 만드는 일련의 과정 중 첫 단계가 바로 이것이다.

세쿼이아가 드롭박스에 투자하게 된 스토리는 임의적인 것도 예외적인 것도 아니다. 이는 기업 세계에서 지배적인 사고방식과 크게 다른 벤처 마인드셋의 자연스러운 결과다. 기업의 의사결정권자들은 4개의 벽으로 둘러싸인 사내에서 많은 인력과 리소스를 마음대로 사용할 수 있다. 그 결과, 아이디어는 '조직 내'에서 사용할 수 있는 것으로부터 나온다. 실제로 300개 이상의 대기업에 대한 연구를 통해 혁신 리더 7명 중 6명 이상이 내부 혁신 소스를 가장 중요한 것으로 간주한다는 점을 발견했다.[7] 이는 벤처 캐피털리스트에게는 불가능한 일이다. 이들에게 새로운 아이디어를 찾을 수 있는 유일한 장소는 작은 사무실 밖, 4개의 벽 밖이기 때문이다. 이들은 사무실 밖의 차고와 아파트, 커피숍과 데모데이, 밋업meetup*과 대학 연구실 등에서 드롭박스와 같은 거래가 이루어진다는 사실을 잘 알고 있다. 노자드, 레오네, 모리츠, 간디의 이야기가 그저 신기하기보다는 보편적이고, 멋지다기보다는 교훈적인 이유가 바

---

* 비슷한 관심사나 취미를 가진 사람들이 함께 모여 친목을 도모하고, 네트워크를 형성하며 공통 관심사와 관련된 주제를 토론하는 모임

로 여기에 있다.

멘로 벤처스의 벤처 캐피털리스트 마크 시겔Mark Siegel은 순 프로모터 점수(사람들이 회사를 호의적으로 추천할 가능성을 계산하는 지표)가 애플보다 높은 소비자 스타트업을 모두 찾았다.[8] 이런 식으로 그는 최근 설립된 안경 스타트업인 와비 파커Warby Parker를 찾아 그 첫 번째 투자자가 되었다.

베이스라인 벤처스Baseline Ventures의 벤처 캐피털리스트 스티브 앤더슨Steve Anderson은 한 바에서 우연히 케빈 시스트롬Kevin Systrom을 만났다.[9] 그 자리에서 시스트롬은 자신의 아이폰을 꺼내 자신이 만들고 있는 버븐Burbn(그가 좋아하는 음료의 이름을 딴)이란 앱을 보여주었다. 며칠도 되지 않아 앤더슨은 소액의 수표를 송금했고, 현재 우리가 인스타그램Instagram으로 알고 있는 회사의 첫 번째 투자자가 되었다.

또 다른 벤처 캐피털 회사 라이트스피드Lightspeed의 제러미 리우Jeremy Liew는 벤처 캐피털 파트너의 딸과 그 친구들이 주방 테이블에 옹기종기 모여 휴대폰을 들여다보느라 여념이 없는 모습을 보았다.[10] 제러미는 그들을 사로잡은 앱을 보여달라고 부탁했다. 그는 그 앱의 배후에 누가 있는지 알아내 공동 창업자 에반 스피겔Evan Spiegel에게 페이스북 메시지를 보냈고, 곧 스냅챗의 투자를 주도하게 되었다.

이와 같은 사례는 수없이 많다. 관심만 가지면 쉽게 찾을 수 있다.

돌들 가운데에서 다이아몬드 원석을 알아볼 수 있는 능력은 매우 중요하다. 벤처 캐피털리스트들은 이를 '고르기picking' 기술이라고 부른다. 식용 꾀꼬리버섯chanterelle과 독성 웹캡webcap을 구분하고자 하는 버섯 채취자를 떠올려보라. 하지만 버섯 사냥꾼에게 물어보면 올바른 버섯을 찾기 위해서는 우선 버섯이 가득한 숲을 찾아내는 방법을 알아야 한다고 말할 것이다. 벤처 캐피털 업계에서는 이를 '소싱sourcing'이라고 부른다.

유명 벤처 캐피털 a16z의 파트너인 크리스 딕슨Chris Dixon은 "벤처 캐피털리스트 성공의 10퍼센트는 고르기에, 90퍼센트는 적절한 거래의 소싱에 의해 좌우된다"고 말했다.[11] 딕슨은 거래 소싱이 가치 창출과 성공에 가장 중요한 기여를 한다고 여기는 일단의 벤처 캐피털리스트들을 이끌고 있다. 드롭박스의 초기 투자자들 모두는 파일 공유가 지닌 시장 기회를 알아봤지만, 투자할 만한 창업팀을 찾는(소싱) 데에는 시간이 필요했다. 그래서 간디는 수십 개는 되는 파일 공유 스타트업을 만났다. 어떤 스타트업에 투자할지 결정하기 위해서는 가능한 한 많은 스타트업을 만나보고 가장 유망하다고 생각되는 스타트업을 선택하는 방법을 찾아야 한다. 이런 스타트업을 예상치 못한 곳에서 찾게 될 수도 있다는 점을 잊지 말라.

전형적인 기업의 사람들은 아이디어와 거래를 소싱하는 데 능숙하거나 뛰어날까? 이 질문에 대해 생각해 보자. 기업 임원이 MIT를 막 졸업한 학생 둘과 러그 가게 안에 앉아 있는 것이 쉽게 상상할 수 있는 일일까? 최고경영자가 보여줄 시제품도, 심지어는 프로토타입도, 아니 프로토타입의 그림자조차 없는 두 명의 창업가와 함께 작은 아파트에 어울려 앉아 그들의 아이디어를 들으며 시간을 주말을 보낼 가능성은 얼마나 될까? GM이나 AT&T와 같은 기업이 아이디어를 지닌 사람을 만나고 단 몇 주 만에 그 아이디어에 자원을 투입하는 일의 실현 가능성은 얼마나 될까(투자의 규모가 매출에 비교하면 미미한 수준이더라도)? 우리와 함께 일했던 많은 기업의 의사결정권자들은 "우리는 그렇게 못한다"며 불신에 가득 차 손사래를 쳤다.

소싱은 대부분의 관리자와 리더에게 큰 도전 과제다. 사무실 밖에서 거래를 소싱하지 못하는 것, 그 일을 빠르게 해내지 못하는 것은 많은 기업에서 혁신이 억눌린 주된 이유 중 하나다. 기업 내부에는 아이디어 파이프라인이 충분히 크지 않다. 문제는 자원이나 똑똑한 사람이 없는 것이 아니라 아이디어의 임계 질량이 부족하거나 아이디어들이 너무 비슷하다는 것이다. 조직은 내부적으로 가능한 소수의 옵션 중에서 이니셔티브를 선택하는 경우가 너무 많다. 조직이 이미 잘하고 있는 일을 조금 개선하는 것이 목표라면 이것도 효과를 거둘 수 있다. 하지만 이 방법으로는 회사를 획기적으로 성장시킬 완전히 새로운 아이디어를 소싱할 수는 없다. 벤처 캐피털은 매년 수천 개까지는 아니더라도 수백 개의 스타트업을 검토해 수십 개의 투자를 결정한다. 어떤 기업의 의사결정권자가 매년 그렇게 많은 내부 프로젝트를 검토할 수 있을까? 우리의 경험으로 보면 그럴 수 있는 사람은 거의 없다.

그렇다면 벤처 캐피털리스트들은 잠재적인 거래를 어디에서 소싱하는 것일까? 팔로알토에는 이란 러그 가게가 그렇게 많지 않다.

인맥을 넓힌다

팜빌FarmVille과 같은 인기 소셜 게임의 개발사 징가Zynga는 공동 창업자 마크 핀커스Mark Pincus와 리드 호프먼Reid Hoffman 사이의 연결 고리가 없었다면 번창하지 못했을지도 모른다. 2002년 두 사람이 알게 되었을 당시 호프먼은 페이팔의 고위 임원이었고(링크드인을 공동 창립하기 전), 핀커스는 자신의 스타트업(징가가 아닌) 아이디어에 대한 조언을 구하고 있었다. 5년 후인 2007년, 핀커스는 페이스북 플랫폼에 소셜 포커 게임을 출시하는 아이디어를 떠올리고 호프먼에게 전화를 걸어 프로젝트에 대해 이야기했다. 호프먼은 곧바로 징가의 투자자로 합류했다. 마찬가지로 호프먼이 링크드인을 만들기 위해 자금을 조달하고 있을 때에는 페이팔의 동료인 피터 틸Peter Thiel이 도움을 주었다.[12]

핀커스는 호프먼을 만나기 이전에 이미 프리로더Freeloader라는 회사의 창립자였고, 1995년 아직 고등학생이던 숀 파커Sean Parker를 인턴으로 고용했다. 파커는 이후 냅스터Napster, 아이튠즈iTunes의 창립자가 되었다. 그는 2004년 스탠퍼드 재학 중에 룸메이트 여자 친구의 노트북을 보고 페이스북에 대해 알게 되었다.[13] 당시 페이스북은 초기 단계였지만 네트워킹에 열성적이었던 파커는 호기심을 느끼고 즉시 사이트 주소로 이메일을 보내 20살이었던 마크 저커버그Mark Zuckerberg와 연락을 취했다. 얼마지 않아 두 사람은 뉴욕의 한 중국 식당에서 함께 저녁 식사를 했다. 다음 이야기는 당신의 짐작대로 펼쳐진다. 파커는 자신의 인맥을 연이어 소개했고 틸, 호프먼, 핀커스는 모두 지금은 세상 사람이 다 아는 저커버그의 스타트업에 투자를 하게 되었다.

이 인맥에서 연결 고리가 하나만 빠졌어도 우리는 페이스북이나 링크드인과 같은 소셜 네트워크를 통해 사람들과 연락하거나 징가에서 만든 게임을 함께 즐길 수 없었을 것이다.

당연하게 들릴지 모르지만, 네트워킹의 중요성에는 변함이 없다. 일리야와 그의 동료들은 벤처 캐피털리스트들의 의사결정 과정을 자세히 살펴보기 위해 여러 연구를 수행했다. 한 연구에서는 1,000명 이상의 벤처 캐피털 투자자(전체 벤처 캐피털리스트의 약 6분의 1에 해당!)를 대상으로 그들이 투자한 스타트업의 주요 정보원을 확인했다. 전체 거래의 약 절반이 회사의 다른 투자자 또는 투자자의 직업 관련 네트워크에서 비롯되었다(그림 4 참조).[14] 이처럼 벤처 캐피털리스트들은 기업 경영진들과 달리 직업 관련 네트워크를 확장하고 유지하기 위해 끊임없이 노력한다.

일리야의 또 다른 연구에서는 기관 벤처 캐피털리스트(예: 세쿼이아 및 벤치마크의 파트너)의 링크드인 인맥과 팔로워를 대기업에서 근무하는 벤처 캐피털리스트의 인맥과 비교했다.[15] 기업의 벤처 캐피털리스트는 독립 스타트업에 기업 자금을 투자하기 때문에 외부로 눈을 돌려야 하는데도, 그들의 링크드인을 통한 네트워크는 평균적으로 기관 벤처 캐피털리스트의 절반 정도에 불과했다! 기업 내 다른 내부 팀의 상황은 더욱 심각할 것이 분명하다. 물론 대기업에서 일하는 사람들이 벤처 캐피털리스트만큼 외부 활동이

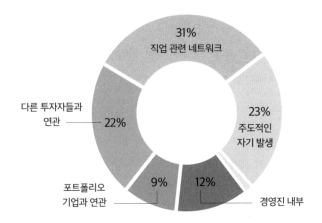

그림 4. 초기 벤처 캐피털 투자 거래의 정보원

벤처 마인드셋

활발하지 않은 것은 당연한 일이다. 하지만 이것이 이들 기업의 사업 계획이 실리콘밸리 등지의 벤처 캐피털이 지원하는 작은 팀의 방해를 받는 경우가 많은 이유다. 인맥과 네트워크는 특출한 거래와 아이디어로 구체화되기까지 시간이 걸리며, 다음 거래가 어디에서 시작될지는 누구도 알 수 없기 때문이다.

하지만 네트워킹에서 중요한 것은 단순한 인맥의 수가 아니다. 1,000명의 사람을 알더라도 그들이 모두 같은 배경을 가지고 있거나 직무, 업계, 회사가 비슷하다면 다양성이 부족해 아이디어의 흐름이 제한적일 것이다.

벤처 캐피털리스트는 다채로운 네트워크를 개발한다. 그들은 다른 투자자, 포트폴리오 기업의 경영진, 변호사, 회계사, 교수나 학계의 조언자, 대기업의 지인, 은행가, 학창 시절의 친구 등 다양한 사람들로부터 거래의 기회를 얻는다.

네트워킹 모임은 벤처 캐피털리스트에겐 일의 일부다. 오랜 역사를 자랑하는 벤처 캐피털 회사 벤록Venrock의 파트너인 카미 새뮤얼스Cami Samuels를 예로 들어보자. 새뮤얼스는 20년 이상 헬스케어 · 생명공학 스타트업에 투자한 경력을 지니고 있다. 그녀는 망막 질환, 신경 퇴행성 질환, 대사 질환에 대한 유전자 치료법을 개발하는 소규모 스타트업 리젠X바이오RegenXBio에 투자했다. 사람들은 그녀가 감정을 배제한 채 임상시험에 대한 과학적 분석에 모든 시간을 할애할 것이라고 생각한다. 하지만 현실은 그와 거리가 멀다. 물론 새뮤얼스는 유망한 신약에 대한 과학적 세부 사항을 열심히 연구하지만, 그녀의 일과는 전문가, 학자, 기업 중역, 직원, 과거에 투자했던 회사의 창업자들과 만나는 일로 빼곡하다. 식사를 함께 하면서 신생 트렌드와 기회, 그리고 이들을 개발하는 기업에 대해 배운다. 이런 식으로 그녀는 획기적인 아이디어나 투자로 이어질 수 있는 복잡한 인적 네트워크를 구축한다.

그녀는 다양한 직업 네트워크 내에서 관계를 만들고 오래 지속되는 파트너십을 구축하는 데 상당한 관심을 기울이고 있다고 말했다. 그녀의 이런 전략은 좋은 성과를 거뒀다. 주니어 벤처 캐피털리스트이자 이사회 참관인인 그녀는 젊은 창업가 네드 데이비드Ned David와 인연을 맺고 관계를 발전시켜 나갔다. 새뮤얼스는 벤록의 팔로알토 사무실에서 퇴근하는 길에 종종 데이비드에게 전화를 걸어 새로운 아이디어를 논의했다. 그녀는 데이비드의 회사 중 5곳에 자금을 댔다. 새뮤얼스가 네드 데이비드와 파트너 관계를 맺지 않았다면 이 바이오메디컬 기업들은 시작조차 되지 못했을지도 모른다.

비범한 네트워커조차 놀라게 만드는 인맥도 있다. 경영자 코칭을 담당하던 사람이 세계 최대의 전자상거래 회사를 구축하도록 돕는 역할을 할 수 있을까? 1996년 바로 이런 일이 일어났다.[16] 빌 캠벨Bill Campbell 코치가 클라이너 퍼킨스의 존 도어John Doerr를 당시 아마존이라는 이름을 가진 신생 스타트업의 마케팅 책임자 레슬리 코흐Leslie Koch와 연결해 준 것이다. 이 인맥은 도어를 역대 최고의 투자로 안내했다. 이번에는 스탠퍼드 컴퓨터공학과 교수 데이비드 체리턴David Cheriton의 이야기를 해보자.[17] 그는 무명의 스탠퍼드 대학원생 두 명을 썬 마이크로시스템즈Sun Microsystems의 공동 창업자 앤디 벡톨샤임Andy Bechtolsheim에게 소개했고, 벡톨샤임은 이들에게 10만 달러짜리 수표를 써 주었다. 이 야심 찬 두 청년이 훗날 구글의 창업자가 될 줄 누가 알았을까? 체리턴은 이 투자 결정으로 약 100억 달러 가치의 재산을 보유한 세계적으로 손꼽히는 부유한 교수가 되었다.

스타트업 펀딩 장소로 라커룸보다 더 특이한 곳이 있을까? 필립 윈터Philip Winter가 애플의 CEO 팀 쿡Tim Cook을 만난 것은 팔로알토의 한 헬스장이었다. 당시 윈터는 네비아Nebia라는 환경 친화적인 샤워헤드를 막 발명해, 자신이 다니는 헬스장에 이 제품을 사용해 보라고 설득하던 중이었다.[18] 그가 샤워실 밖에서 고객들에게 새로운 샤워헤드가 어떤지 물어보고 있던 때, 팀 쿡이 샤워실에서 나왔다. 보통 애플 이외의 회사에는 투자를 하지 않는 쿡은 네비아의 투자자가 되었다.

유별난 아이디어를 가진 사람을 소개받았다면 어떻게 하겠는가? 사람들은 혁신가가 될 사람을 만나도 그들의 아이디어를 묵살해 버린다. 이 문제는 「포춘」 500대 기업의 임원, 다양한 분야의 전문가, 일반 투자자 등 모든 사람에게 해당되는 문제다. 당신은

'지저분한 검은 티셔츠에 남색 후드티를 입은 이 괴짜가 내가 15분을 할애해야 할 만한 중요한 사람일까?'라고 생각할 것이다. 보통 '아니야. 난 너무 바빠'라는 결론을 내린다. 하지만 성공적인 벤처 캐피털리스트들은 다르다. 그들은 다양한 인맥을 만들고 흥미로운 사람들과 소통하며 그들의 아이디어를 듣기 위해 노력하는 등 그들은 이례적인 만남에 마음을 연다. 세쿼이아의 투자자인 돈 발렌타인Don Valentine은 스티브 잡스Steve Jobs를 알게 되어 새로운 애플 컴퓨터를 살펴보러 갔을 때, 어깨 길이의 머리와 염소 수염에 무릎 길이로 자른 청바지를 입고 샌들을 신은 잡스의 모습을 발견했다.[19] 발렌타인은 나중에 잡스를 소개해 준 사람에게 이렇게 물었다. "인류로 보이지 않는 이 사람을 제게 보낸 이유가 뭐죠?" 하지만 발렌타인은 기업 실사를 이어갔고 결국 투자자가 되었다.

빠르게 변화하는 불확실성과 혼란의 세상에서는 최고의 기회가 어디에서 찾아올지 알 수 없다. 오래전에 형성된 인맥은 친숙하다는 장점은 있되 너무 비슷하며, 또 비슷하게 시대에 뒤떨어졌을 수 있다. 직업 네트워크가 배경과 경험이 같은 사람들로만 이루어져 있다면 색다르고 혁신적인 아이디어를 만날 가능성이 낮고, 설사 그런 아이디어를 마주쳤더라도 당신의 네트워크에 속한 사람들이 하나같이 거부하는 상황에 부딪힐 것이다.

우리는 한 워크샵에서 유럽 대형 은행의 고위 임원 그룹에게 그들 자신의 리더십팀을 평가해 달라고 했다. 이렇게 생각해 본 시간을 가진 그들은 서로의 배경이 얼마나 비슷한지 깨달았다. 대부분 같은 회사에서 성장해 왔고 오랫동안 함께 일을 한 사람들이었다. 외부인은 없었다. 심지어 새로 채용된 사람들도 직접적인 경쟁사에 몸담았던 사람이었다. 새로운 아이디어를 얻기 힘든 것이 당연하지 않은가?

참신한 아이디어를 도출할 수 있으려면 직원의 배경을 다각화해야 한다. 배경이 다르다는 것은 다른 생각, 다른 문화, 다른 관점을 의미한다. 이 은행의 리더들에게는 변화를 시도할 용기가 있었다. 새로 영입한 임원은 소비재 업계의 혁신 기업에서 근무한 경험이 풍부한 사람으로, 역사가 긴 이 은행이 처음으로 외부에서 채용한 인재였다.

이례적이고 비현실적인 기회일수록 예상치 못한 곳에서 비롯될 가능성이 높다. 자신의 조직과 자신의 네트워크를 점검해 보라. 명함 지갑을 열어 업무적으로 교류하는 수백 명의 사람들을 살펴보라. 지금쯤이 당신이 몸담은 업계와 조직 외부의 사람에게 전화를 걸어 커피 한 잔을 마시며 대화를 나눠야 할 때일지도 모른다.

새로운 땅을 발견하려면 먼저 자기 땅에서 나서야 한다.

기회를 기다리지 않고, 직접 만든다

건설 현장에서 새로운 기회를 찾을 수 있을까? 호기심을 갖고, 주의를 기울이고, 예상치 못한 것을 기대한다면, 대답은 분명 "예스"다. 세일즈포스를 비롯한 여러 혁신적인 서비스형 소프트웨어 스타트업에 투자한 벤처 기업 이머전스 캐피털의 공동 창업자 브라이언 제이콥스Brian Jacobs에게 물어보라. 세일즈포스가 샌프란시스코에 건설한 1,070피트 높이 타워에 사용된 제품 중 하나는 빌딩 로보틱스Building Robotics라는 소규모 스타트업의 제품이었다. 세일즈포스가 구매한 이 소프트웨어는 대형 상업용 건물의 냉난방을 최적화하는 데 도움을 주었다. 브라이언과 이머전스의 동료인 제이크 세이퍼Jake Saper는 클라우드 '사물 인터넷internet of things*' 분야에서 기회를 찾고 있었다. 세일즈포스 타워 건설 현장을 방문한 브라이언과 제이크는 이 첨단 온도 제어 기술이 가진 잠재력을 바로 알아차렸다. 그들은 설립자를 소개해 달라고 부탁했고, 빌딩 로보틱스는 곧 이머전스의 투자를 받았다. 이후 독일 기업 지멘스Siemens가 이 회사를 인수했다. 브라이언은 기회가 오기를 기다리지 않고 직접 만들었다.

좋은 벤처 캐피털리스트는 좋은 어부다. 브라이언 제이콥스와

• 사물을 인터넷으로 연결해 정보를 주고받는 기술 및 이러한 기술을 활용한 서비스

같은 훌륭한 벤처 캐피털리스트는 훌륭한 사냥꾼이기도 하다. 그들은 앞장서서 편안한 사무실을 벗어나 모험을 즐기며 끊임없이 새로운 아이디어를 찾는다.

미 공군 조종사 출신으로 1999년 벤처 캐피털 메리테크Meritech를 공동 창립한 폴 마데라Paul Madera의 경우를 생각해 보자. 메리테크는 설립 초기에 앞서 언급한 스타트업 세일즈포스가 지닌 고객 리소스 관리customer resource management, CRM 시스템의 잠재력에 베팅했다. 이 투자는 단순한 성공의 수준을 넘어섰다. 엄청난 성공이었다. 세일즈포스는 배포와 사용이 간편한 최초의 클라우드 기반 솔루션으로 영업 사원들의 마음을 단숨에 사로잡았다. 이후 그들은 어떤 분야가 차세대 CRM 시장, 제2의 세일즈포스가 될지 늘 자문했다.

그 답은 소셜 미디어였다. 마데라는 이미 2005년부터 소셜 미디어가 미디어 생태계 전체를 변화시킬 것이고 CNN이나 「뉴욕타임스」 같은 기존 거대 기업은 온라인 커뮤니티를 따라잡기 어려워질 것이라고 예상했다. 2005년 당시 소셜 네트워킹 웹사이트를 사용하는 인구는 미국 성인의 7퍼센트에 불과했다.[20] 하지만 마데라는 이 수치가 곧 폭발적으로 증가할 것이라고 생각했다. 메리테크는 모든 소셜 미디어 스타트업을 적극적으로 조사하기 시작했다 (지금으로서는 상상하기 어렵지만 당시에는 소셜 미디어 업체가 몇 개 되지 않았다). 그들이 집중한 것은 반박의 여지가 없는 선두 주자 마이스페이스MySpace였다.[21] 설립 2년차로 산타모니카에 본사를 둔 마이스페이스는 2005년 6월 당시 2,000만 명 이상의 사용자를 갖고 있었다. 마데라와 그의 파트너들은 예비 타당성 검토를 실시하고, 창업자를 찾아낸 뒤, 비벌리 힐스로 가서 그들을 만났다.

그들은 투자 협상을 했고 거래는 거의 마무리된 상태였다. 하지만 불과 며칠 후, 마데라는 루퍼트 머독Rupert Murdoch의 뉴스 코퍼레이션News Corporation이 5억 달러가 넘는 가격에 마이스페이스를 인수했다는 신문 헤드라인을 아쉬운 마음으로 읽어야 했다.[22] 이 새로운 소셜 미디어 현상을 알아차린 것이 메리테크의 파트너들만이 아니었던 것이다.[23] 마데라의 예감은 정확했다. 1년 후 마이스페이스는 구글과 야후를 넘어서 미국에서 방문자 수가 가장 많은 웹사이트가 되었고, 곧 전 세계 사람들을 끌어들인 최초의 소셜 네트워크가 되었으며, 2008년에는 사용자 수가 1억 명을 돌파했다.[24]

하지만 마데라는 과거를 돌아보며 마음 아파하는 데 시간을 낭비하지 않았다. 그는 소셜 네트워크 분야에서 찾아낸 모든 스타트업을 철저히 검토했다. 그러던 중 소규모 스타트업 하나가 그의 레이더에 포착되었다. 페이스북TheFacebook이라는 업체였다. 페이스북은 몇몇 명문 대학의 학생들에게만 개방된 상태였고 마이스페이스보다 규모가 훨씬 작았다. 하지만 마데라는 페이스북이 더 나은 기능과 뛰어난 사용자 인터페이스를 갖추고 있다는 사실을 바로 알아차렸다. 그는 특히 학생들이 '페이스북이란 것'에 빠져 있다는

「스탠퍼드 데일리Stanford Daily」기사에 깊은 인상을 받았다.[25] 기사
는 이렇게 이어졌다. '수업은 건너뛰고 공부는 뒷전이다. 더페이스
북닷컴Thefacebook.com의 열풍이 캠퍼스를 휩쓸고 있다.' 특히 '인기
가 많고 트렌디한 학생들은 모두 페이스북을 하고 있다'라는 헤드
라인이 흥미를 끌었다. 첨부된 표가 그 열풍을 설명하고 있었다.
페이스북이 캠퍼스에 등장한 지 7일 만에 스탠퍼드 학생 참여자가
2,815명으로 늘어났다.[26]

마데라는 페이스북의 CEO인 마크 저커버그와 만나 회사의 지
분 약 2퍼센트를 넘기는 조건으로 1,000만 달러를 투자하기로 결
정했다.[27] 몇 년 후 마데라가 우리에게 말했듯이 일부 다른 투자자
들은 가격에 '거품이 심하다'고 생각했다. 그러나 굳이 재무학 교
수가 아니더라도 메리테크가 상당한 보상을 받았음은 쉽게 짐작
할 수 있을 것이다.

일부 벤처 캐피털리스트들은 수천 년 동안 모든 인류가 했던 일
을 하고 있다. 사냥과 채집 말이다. 오늘날에는 많은 사람이 데이
터 과학을 사용해 대상을 식별한다. 폴 아놀드Paul Arnold는 스타트
업을 찾는 데 데이터 기반 접근 방식을 적용하기 위해 스위치 벤처
스Switch Ventures를 설립했다. 이 알고리즘 접근법 덕분에 그는 가치
가 덜한 것과 가치가 우수한 것을 분리하는 색다른 탐사가가 되었
다. 그의 데이터과학팀은 매주 수백 명의 신생 스타트업 창업자들

을 분석한다. 아놀드는 10만 명 이상의 창업자 데이터세트를 기반으로 삼는 모델을 사용해 각 창업팀이 유니콘 스타트업을 만들 가능성에 점수를 매긴다. 이후 상위 1~5퍼센트에 속하는 창업자들과 상호 연결고리를 찾거나 콜드 콜cold call*로 창업자의 관심을 끈다. 최근 이 모델이 아놀드를 안내한 곳은 스웨덴 기반의 스타트업 리븐Ribbn의 창업팀이었다. 아놀드는 리븐을 재판매resale 시장의 쇼피파이라고 묘사한다. 그의 접근 방식이 아니었다면 아놀드는 이 스타트업에 대해 들어보지도 못했을 것이다. 리븐이 모델 평가 시스템에서 최상위권에 오를 수 있었던 요인 중 하나는 팀의 구성이다. 아놀드는 "경험의 다양성은 점수에 큰 영향을 줍니다"라고 말한 뒤 미소를 지으며 이렇게 덧붙였다. "모든 요소를 다 공개할 수는 없지요."

벤처 캐피털리스트들은 관심 있는 스타트업 창업자의 눈에 들기 위해 각별한 노력을 한다. 세쿼이아와 그 파트너 짐 괴츠Jim Goetz는 앱스토어의 활동을 추적하고 떠오르는 리더를 조기에 알아채기 위해 '얼리 버드Early Bird'라는 시스템을 구축했다. 그리고 2010년의 어느 날 이 새가 유난히 힘차게 울기 시작했다. 한 앱이 수십 개국에서 다운로드 수 1위 자리를 차지하기 시작한 것이다. 바로 왓츠앱이다. 오늘날 왓츠앱은 전 세계 인구 4명 중 한 명이 사용하는

• 사전 접촉 없이 이루어지는 전화나 방문

벤처 마인드셋

메신저이지만, 당시만 해도 미국에서는 앱 순위가 낮았기 때문에 지나치기가 쉬웠다. '얼리 버드' 시스템은 짐 괴츠가 목표물을 발견하는 데에는 도움을 주었지만 벌레를 잡으려면 여전히 발품을 팔아야 했다. 말 그대로의 발품을 말이다.

세쿼이아는 왓츠앱에 투자하기로 결정했다.[28] 하지만 어떻게 해야 그것을 가능하게 할 수 있을까? 창업자들은 자본을 구하지 않고 부트스트래핑bootstrapping** 또는 자체 자금 조달에 의존했다. 그들은 세쿼이아에서 보낸 이메일에 답을 주지 않았고, 잠재 투자자들이 방문할 사무실 주소도 없었다. 심지어 샌프란시스코 베이 지역 내 인구 8만 명이 거주하는 교외 지역 마운틴 뷰, 구글 본사가 있기도 한 그곳에 사무실이 있다는 소문은 있었으나 정확한 위치는 알려지지 않았다. 그래서 세쿼이아 파트너들은 위험을 무릅쓰고 마운틴뷰의 거리를 직접 돌아다녔다. 당신이 제대로 읽은 것이 맞다. 세쿼이아의 벤처 캐피털리스트들은 오로지 왓츠앱의 창업자들을 찾아 만나겠다는 목표로 12평방 마일(약 31.1제곱킬로미터, 약 94만 평)의 마을을 돌아다녔다. 몇 달 후, 세쿼이아는 이 스타트업에 800만 달러를 투자해 약 11퍼센트의 지분을 확보했다. 오래지 않아, 2014년, 페이스북이 왓츠앱을 190억 달러에 인수했다.

•• 기업가가 외부 자본을 유치하지 않은 상태로 혹은 소규모 자본만을 가지고 회사 경영을 시작하는 것

세쿼이아의 파트너들은 벤처 마인드셋의 전형을 보여준다. 일리야와 그의 동료들은 전체 거래의 약 4분의 1에서는 벤처 캐피털리스트가 추격자 역할을 맡는다는 것을 발견했다. 이들은 좋은 아이디어가 어떤 것인가에 대한 가설을 세우고 그 아이디어를 발전시키고 있는 스타트업을 찾으러 다닌다. 그들은 데모데이부터 무역 박람회까지 다양한 행사에 참여해 아무도 주목하지 않는 유망한 스타트업을 만난다. 그들은 멋진 AI 알고리즘을 사용해 만나고자 하는 창업자를 찾아낸 뒤 사신의 인맥에 의지해 만남을 성사시킨다.

의외의 장소에서 떠오르는 아이디어나 얻게 되는 자본이 얼마나 많은지 알면 당신은 크게 놀랄 것이다. 핀란드에서는 혁신과 유망한 기술 와해에 대한 논의가 화씨 200도(섭씨 약 93.3도)에서 이루어진다.[29] 단테가 말하는 불지옥이 아니라 세계에서 가장 행복한 나라로 묘사되는 핀란드의 '사우나 파티'에서 벌어지는 일이다. 슬러시Slush는 기업가, 투자자, 기술 전문가 대상의 주요 컨퍼런스로, 혹독한 북부의 겨울이 찾아오는 핀란드에서 열린다. 컨퍼런스 주최 측은 2017년 이색적인 네트워킹을 촉진하기 위해 슬러시 사우나 빌리지라는 매력적인 장소를 만들었다. 8월 네바다주 리노 인근에서 열리는 버닝맨Burning Man 페스티벌에도 네트워킹의 기회를 찾는 수많은 벤처 캐피털리스트와 기술 혁신가들이 모인다.[30] 샌프란시스코의 「SF게이트SFGate」 신문에서 설명하듯이, 버닝맨은

'기술 거물들이 모이는 핫스팟'이다.

벤처 캐피털리스트처럼 생각하려면 추위와 더위에 용감히 맞서야 한다. 새로운 아이디어가 나오는 낯선 곳에 대해 열린 마음을 가져야 한다. 하지만 꼭 핀란드 사우나를 순례하거나 멋진 의상을 입고 네바다 사막의 축제를 찾아야 하는 것은 아니다. 탐색할 만한 평범한 행사들이 많이 존재한다. 실제로 페즈만 노자드가 드롭박스의 창립자들을 만난 것도 데모데이지 않은가.

성공한 대기업의 리더들과 이야기를 나눌 때면 우리는 그 기업이 속한 업계를 뒤흔들려는 신생 스타트업의 예를 들곤 한다. 그런데 혁신과 개발을 책임진다는 사람들을 비롯한 리더나 그 동료들은 이런 스타트업을 들어본 적도 없는 때가 많다. 당신이 이런 스타일이라면 조심할 필요가 있다.

아이디어가 당신 사무실의 문을 두드릴 것이란 기대는 버려라. 아이디어는 문이다. 그리고 문을 두드려야 하는 사람은 당신이다.

모든 반응이 중요하다

"교수님, 구글이 우리 계정을 바로 차단하지 않을까요?" 한 연구 조교가 실리콘밸리의 주요 벤처 캐피털 펀드 투자자들에게 가상의 이메일을 보내달라는 요청을 받고 이렇게 물었다. 아마 그럴 수도 있을 것이다. 하지만 모험이 없으면 얻을 수 있는 것도 없다. 뿐만 아니라 대부분의 이메일은 스팸 폴더에 들어간다. 그럼에도 불구하고 이 실험은 벤처 캐피털리스트의 의사결정 방식에 대한 일리야의 연구 중 가장 성공적인 실험이 되었다.

2018년, 우리의 데이터베이스에 있는 3만 명 이상의 엔젤 투자자와 벤처 캐피털리스트들은 한 스타트업 창업자로부터 짧은 소개 메일을 받았다. 이 메일은 창업자와 (초기 단계의) 스타트업에 대한 간략한 소개가 담겨 있었고, 투자에 대해 논의하기 위한 미팅을 요청하는 것으로 끝맺었다. 이런 콜드 피치cold pitch●는 특별할 것이 없는 일이다. 벤처 캐피털리스트들은 이런 접근을 하루에도 수십 번씩 마주한다.

하지만 한 가지 다른 점이 있었다. 이 이메일에 등장하는 기업가와 스타트업은 과학의 영광을 꿈꾸는 가상의 존재들이었다. 일리야와 그의 동료 윌 고르날이 이 실험을 위해 웹사이트, 로고, 설립자, 이메일 주소, 피치까지 갖춘 50개의 가짜 스타트업을 만든 것이다. 짐작이 가겠지만, 일리야의 벤처 캐피털 수업을 듣는 스탠퍼드 MBA 학생들과 연구원들은 무척 재미있어하면서 서로 다른 가상의, 그러나 매우 그럴듯하게 들리는 50개의 스타트업 피치를 만들었다. 다음은 그 한 가지 예다.

● 사전의 소개나 연결 없이 투자자, 고객에게 다가가는 것

수신: 존 스미스

발신: 에리카 스나이더

날짜: 2018년 8월 28일

주제: 미스틱게임에 대한 투자

존 스미스 씨께

안녕하십니까?

저는 스탠퍼드에서 공학을 전공하는 에리카 스나이더이며 '미스틱게임'이라는 스타트업의 공동 창업자입니다. 이렇게 연락드린 것은 저희가 시드 펀딩 라운드의 투자자를 찾고 있기 때문입니다.

저희는 미스틱게임을 통해 사람들이 단순한 소셜 미디어가 아닌 현실 세계에서도 서로 다시 관계를 맺을 수 있도록 돕고 싶습니다. 이를 위해 저희는 친목 모임에서 주문형 '게임 마스터' 서비스를 제공합니다. 우리의 게임 마스터는 다양한 연령과 규모의 그룹을 대상으로 즐거움을 주면서 지적으로도 도전적인 일련의 게임을 이끌도록 훈련받았습니다. 저희의 서비스는 공동체 의식을 키우기 위한 회사 외부 행사를 개최하는 기업뿐만 아니라 함께 즐거운 시간을 보내고 싶은 가족 및 친구들에게도 적합합니다.

저희 팀은 행동 과학자, 게임 개발자, 스토리텔러와 협력해 게임을 개발했으며, 여러 그룹을 통해 게임을 성공적으로 테스트했습니다.

앞으로 다음 1~2주 내에 잠깐 통화가 가능하실까요? 시간을 내 메일을 읽어주셔서 감사합니다.

미스틱게임 창립자 겸 CEO

에리카 스나이더 드림

[웹사이트 링크]

연구에서 종종 그렇듯이 예상치 못한 흥미로운 결과가 도출되었다. 먼저 우리의 의도는 투자자들이 다양한 성별과 인종의 창업자들에게 어떤 반응을 보이는지 살펴보는 것이었다. 하지만 다양한 인종의 실제 여성과 남성이 설립한 스타트업에 대한 정보를 보내면 피치 자체에서 큰 차이가 나기 때문에 응답률만으로는 많은 것을 알 수 없다. 사과는 사과와 비교해야 했다. 때문에 모든 가짜 스타트업에 대한 동일한 프레젠테이션을 4개의 다른 창립자 이름과 연결했다. 예를 들어, 미스틱게임의 창립자는 에리카 스나이더, 그레고리 스톤, 제임스 우, 그레이스 웡으로 각각 달라졌다. 이런 식으로 창립자가 백인 여성, 백인 남성, 아시아계 남성, 아시아계 여성으로 인식되는 데 따른 투자자들의 반응을 연구할 수 있었다.

연구 결과, 우리는 엔젤 투자자와 벤처 캐피털리스트들이 여성과 아시아계 창업자에게 조금 더 긍정적인 반응을 보이는 것을 발견했다.[31] 여기에 보너스로 콜드 메일이 생각보다 더 효과적이라는 예상치 못한 결과도 얻었다. 콜드 콜은 평판이 좋지 않기 때문에 사람들은 전화를 끊거나 메일을 휴지통에 버리거나 즉시 삭제 버튼을 클릭하는 등 무시하는 경향이 있다. 이 실험을 계획할 때(수신자가 미리 알기를 원하지 않았기 때문에 극비리에 진행되었다) 가장 큰 걱정은 투자자가 전혀 답을 하지 않아 모든 노력이 헛수고가 되지 않을까 하는 것이었다. 이전 연구를 통한 벤처 캐피털리스트의 보고에 따르면 성사되는 거래의 10퍼센트가 창업자가 연락을 해오는 경우라고 했지만, 우리에게 조언을 해주는 몇몇 벤처 캐피털리스트 친구들(비밀을 보장하기로 맹세한)은 가상의 창업자들이 답장을 전혀 받지 못할 것이라고 예측했다. 한 저명한 투자자는 이렇게 의견을 밝혔다. "많은 루저들이 답장을 보내겠지만 합리적인 벤처 캐피털리스트는 단 한 명도 없을 것"이란 것이었다.

몇 달에 걸친 준비와 계획 끝에 우리는 첫 번째 이메일을 발송하고 받은 편지함 폴더 옆에서 끈기 있게 기다렸다. 몇 분 후, 받은 편지함에 새로운 메일이 도착했다. 실험이 조금 더 희망적으로 보이기 시작했다. 답장이 10개, 20개 이후 100개를 돌파했다. 몇 시간 후 우리는 스스로의 눈을 믿을 수 없었다. 긍정적이고 의미 있는 답장이 계속 들어왔기 때문이다. 이메일 12건 중 한 건이 진지한 응답이었고, 그중 3분의 2는 미팅이나 전화 또는 화상 통화, 프레젠테이션 자료와 같은 추가 정보를 요청하거나, 실사를 맡은 투자 파트너를 소개하는 내용이었다.

12건의 이메일 중 한 건 비율로 응답이 있었다는 것은 놀라운 수치다. 이메일의 상당 부분이 스팸 폴더로 넘어간다는 것을 고려하면 특히 더 그렇다. 더욱 인상적인 것은 응답이 가장 많았던 5건의 피치 이메일은 15퍼센트의 벤처 캐피털로부터 긍정적인 반응을 얻었다는 점이다. 즉, 벤처 캐피털리스트 6명 중 한 명이 이 스타트업의 콜드 피치에 응답한 것이다! 연구진이 접촉한 투자자 10명 중 한 명이 적어도 하나의 피치에 관심을 갖고 답장을 보냈다(대부분의 투자자는 1~3개의 피치를 받았으며, 4개 이상의 피치를 받은 투자자는 없었다). 검증된 실적과 투자의 높은 질을 자랑하는 성공적인 벤처 캐피털리스트도 똑같이 높은 응답률을 보였다. 회의적이었던 우리의 친구 벤처 캐피털리스트가 틀렸다는 것이 증명되었다.

투자자들은 왜 이런 반응을 보일까? 콜드 피치의 전반적인 품질은 추천을 받거나 직접 적극적으로 개발을 유도한 것들에 비해 낮지만, 이런 콜드 피치 가운데에서도 '여전히' 유니콘을 발견할 수 있기 때문이다. 엄청난 기회라면 놓쳤을 때 큰 손해를 보기 때문에, 결과적으로 벤처 캐피털리스트들은(공개적으로 콜드 피치의 가치를 경시하는 이들조차) 이런 초대받지 않은 접근에도 촉각을 세운다. 이후 적신호 접근법(다음 장 참조)을 적용해 이런 기회를 빠르고 효율적으로 걸러낸다.

　전형적인 조직의 사람들은 메일함에 무작위로 들어오는 이메일에 지쳐 회사 내 아는 사람이 보낸 이메일을 먼저 열어보는 경향이 있는 반면, 벤처 마인드셋은 정반대의 전제에서 출발한다. 벤처 캐피털리스트에게 가장 후회되는 일이 무엇인지 물어보면, 돈을 모두 잃은 실패한 투자를 언급하는 사람은 없다. 그들은 자신들이 놓친, 엄청난 성공을 거둔 스타트업을 언급한다. 그들은 그 스타트업을 처음 만난 투자자인 때가 많으며 이런 기회는 대부분 콜드 콜의 형태를 띤다.

　베세머 벤처스의 데이비드 카원은 친구인 수전 워치츠키Susan Wojcicki의 집을 방문했고 그녀는 그에게 '검색 엔진을 만드는 정말 똑똑한 스탠퍼드 학생 두 명'을 소개해 주려 했다.[32] 그녀는 세르게이 브린과 래리 페이지에게 차고에 있는 공간을 빌려주었다. 카원의 반응은 이랬다. "학생들이라고?" 그는 차고 근처에도 가지 않겠다고 선언하고 내뺐다. 구글의 첫 번째 벤처 캐피털 투자자가 될 기회를 놓친 것이다. 그 후 수십 년이 지난 지금도 카원은 그때를 기억한다. 슬픈 기억이 아닐 수 없다. 그렇다, 벤처 캐피털리스트도 실수를 한다. 사실은 꽤 자주. 많은 벤처 캐피털리스트들이 모든 이메일이 제2의 구글로 이어질 수 있다고 생각하는 것은 이 때문인지도 모른다.

　이렇게 제멋대로인 콜드 메일 게임에서 대박을 터뜨린 투자자가 있을까? 2012년 3월에 contact@bitbank라는 주소로 온 콜드 메일에 응답한 개리 탄Garry Tan이 그 주인공이다.[33] 이 이메일에는 0.05BTC가 동봉되어 있었다. BTC란 지금은 유명해진 '비트코인'의 약자다. 악명 높은 '나이지리아의 왕자' 명의의 사기 이메일*처럼 의심스러워 보였다(이런 메시지에 주의를 기울이지 않는 것이 좋다는 것 정도는 누구나 알고 있다). 하지만 탄은 메일을 계속 읽었다. 오래지 않아 탄은 비트뱅크Bitbank에 30만 달러를 투자했고, 이 회사는 나중에 최대의 디지털화폐 거래소 코인베이스Coinbase가 되었다.[34] 그가 투자한 30만 달러는 단 몇 년 만에 5억 달러를 넘어섰다!

이번에는 전통적인 회사의 기업 마케팅 책임자가 모르는 사람이 내세우는 마케팅 기술에 투자하려 한다면 어떤 일이 일어날지 생각해 보자. 기회를 잡았다며 그를 칭찬해 줄 사람이 있을까? 우리의 전통적이고 상식적인 사고방식으로는 이런 기회는 잡는 게 아니라고 말하지 않을까? 우리 모두는 다이아몬드 원석을 발견할 가능성을 과소평가한다. 하지만 와해에 직면한 조직은 구성원들이 외부로부터 자신을 보호하기보다는 호기심을 갖도록 장려해야한다.

• 이메일로 은행 수수료를 보내주면 반란군 때문에 찾지 못하고 있는 아버지의 유산을 나누어주겠다는 내용의 이메일 사기

수많은 유니콘 기업을 탄생시킨 투자자이자 TV 프로그램 〈샤크 탱크Shark Tank**〉에 자주 출연하는 마크 큐반Mark Cuban은 서던캘리포니아대학교를 중퇴하고 처음으로 창업에 나선 21세의 에런 레비Aaron Levie가 보낸 콜드 메일에 답장을 보냈다. 큐반은 곧 박스, 즉 이 장 초반에 소개한 드롭박스의 주요 경쟁자로 부상하게 될 레비의 회사에 대한 시드 라운드 투자를 이끌었다.[35] 큐반은 특히 바쁜 일정 중에도 시간을 쪼개어 무작위로 온 이메일을 읽는 계획적인 사람이다. 올해 25세인 더 지브라The Zebra의 창업자 애덤 라이언스Adam Lyons는 큐반의 이메일 주소를 추측해 '보험 업계를 뒤흔들고 싶으신가요?'라는 제목의 짧은 이메일을 보냈다.[36] 20분 후 라이언스는 답장을 받았다. 큐반은 현재 고객들이 200개 이상의 국내 보험사가 제공하는 1,800개의 자동차 보험 상품에 실시간으로 접근할 수 있는 더 지브라에 투자하고 창업자의 고문 역할을 맡고 있다. 2021년 4월 기준, 이 스타트업의 기업 가치는 11억 달러로 평가되고 있다.

뜻밖의 행운은 늘 우리 주변에 있다. 과학의 역사에서 가장 감동적인 이야기 중 하나를 생각해 보자. 20세기 초, 인도 남부 시골 마을의 가난한 사무원 스리니바사 라마누잔Srinivasa Ramanujan은 독학으로 수학을 공부했다.[37] 그는 세계적인 수학자들에게 자신이 발견

●● 전문가들이 출연자의 창업 아이디어를 평가하는 프로그램

한 증명이 담긴 무거운 소포를 보냈다. 스타트업 창업자가 투자자들에게 콜드 피치를 보내는 것과 비슷한 일이다. 역시나 모두 개봉도 되지 않은 채 반송되었다. 그러나 케임브리지의 유명한 수학자 G. H. 하디G. H. Hardy는 소포를 열어 보았고 이후 비로소 라마누잔은 관심을 받게 되었다. 소포를 열어 본 하디는 그날 내내 상자에 든 이상한 공식, 증명, 낯선 수학 표기법에 대한 생각을 멈출 수 없었다. 라마누잔은 많은 중요한 수학적 결과를 혼자 재발견했다. 그 과정에는 놀라운 발견도 있었다. 이미 알려진 것이 무엇이고 그렇지 않은 것이 무엇인지 알지 못했던 탓이다. 그의 천재성을 알아본 하디는 라마누잔을 영국으로 초청했다. 몇 년 후 라마누잔은 영국 왕립학회에 들어가 역사에 남는 수학자가 되었다.

하디는 죽는 날까지 자신이 라마누잔을 발견한 것이 수학계에 대한 자신의 가장 큰 공헌이라고 생각했다. 벤처 캐피털리스트들은 라마누잔을 놓치지 않으며 콜드 피치를 보낸 기업가의 회사가 차세대 유니콘이 될 수 있다는 가능성에 기대 그들에게 답장을 한다.[38]

당신도 무슨 일을 하든 라마누잔을 놓치지 않도록 하라.

복사기 같은 게 왜 필요해?!

회사 이름이 영어 사전에 동사로 등장했다는 것은 진정으로 와해적인 기술로 세상을 정복했다는 의미로 보아도 좋을 것이다. 오늘날 우리는 정보를 찾기 위해 구글링을 하고, 청구서는 페이팔을 하며, 저녁 식사를 함께한 후 친구에게 내 몫의 식사 비용을 벤모Venmo* 하고, 사진을 포토샵Photoshop한다. 제록스Xerox는 이런 것들보다 앞서 '복사'를 지칭하는 대명사가 된 혁신적인 기업의 이름이다.

제록스의 기술은 가능성이 낮은 성공의 길을 걸어왔다. 오늘날에는 복사기가 없는 세상을 상상하기 어렵지만, 이 기술이 버려져 빛을 보지 못할 뻔한 시절이 있었다. 시애틀에서 태어나 캘리포니아에서 자란 체스터 칼슨Chester Carlson은 불운하게도 1930년대 대공황 시기에 사회생활을 시작하게 되었다.[39] 캘리포니아 공과대학과 로스쿨을 졸업한 그는 뉴욕의 벨 전화 연구소Bell Telephone Laboratories에 연구 엔지니어로 취직했다. 업무가 너무 지루하고 틀에 박혀 있다고 생각한 그는 특허 부서로 자리를 옮겼지만 결국 해고당했다. 이후 뉴욕의 전기 장비 회사인 P. R. 말로리P. R. Mallory에서 특허 부서의 관리자가 된 그는 사무실에 중요한 문서 사본이 충분하지 않다는 것을 발견했다.[40] 이 우연한 관찰은 곧 유레카의 순간으로 이어졌다.[41] 칼슨은 제로그래피xerography(건식 복사 기술을 뜻하는 과학 용어)를 발명했다.

이렇게 탄생한 제록스는 1961년 뉴욕증권거래소에 상장한 후

• 모바일 결제 플랫폼

첫 4년 동안 1,500퍼센트에 가까운 주가 상승률을 기록하며 투자자들의 사랑을 독차지했다.[42] 1961년부터 1971년까지 제록스는 미국에서 다섯 번째로 빠르게 성장한 기업이었다. 복사기 914는 '역사상 가장 성공적인 단일 제품'이 되었다.[43] 하지만 이 회사는 성공에 이르기까지 고통스러운 길을 돌아가야 했다.

1939년부터 1944년까지 5년 동안 RCA, GE, 코닥, IBM 등 대기업들이 칼슨의 발명품을 잇달아 거절했다.[44] 칼슨은 '크게 관심이 가지 않는다'는 그들의 반응을 '다른 일로 너무 바쁘다'는 뜻으로 해석했다. 이 대기업의 의사결정권자들은 칼슨을 조용한 변리사이자 성공적이지 못한 엔지니어라고 생각하며 그리 인상적이지 못한 그의 배경에 회의적인 반응을 보였겠지만, 시간이 흐른 뒤에는 제로그래피에 투자하지 못한 것을 후회했을 것이 분명하다.

제록스의 이야기가 예외적일까? 전혀 그렇지 않다! 애플의 공동 창업자인 스티브 잡스는 아타리Atari*의 마흔 번째 직원으로 아케이드 게임 제작을 도우며 사회생활을 시작했다. 1976년 새로운 회사를 설립하기 위해 자본금을 모금하던 그는 전 직장의 사장인 아타리 창립자 놀란 부쉬넬Nolan Bushnell에게 연락했다. 부쉬넬은 애플 컴퓨터의 지분 3분의 1(!)을 조건으로 5만 달러를 투자해 달라는 제안을 거절했다.[45] 부쉬넬은 이후 "그때 생각을 하면 재미있어

---

* 미국의 컴퓨터 제조업체

요. 눈물이 나지만 않는다면 말이죠"라고 말했다.[46] 한편, 휴렛팩커드Hewlett-Packard, HP의 성실한 직원이었던 애플의 공동 창업자 스티브 워즈니악Steve Wozniak은 8비트 데스크톱 컴퓨터 애플 IApple I에 대한 아이디어를 경영진에게 제출했지만 회사는 5번이나 거절했다.[47] 회사에서는 개인용 컴퓨터가 필요한 이유를 알 수 없었고, "HP의 누구도 그 아이디어에 관심이 없었다." 대신 워즈니악은 HP 법무 부서로부터 회사 밖에서 자신의 발명을 계속 개발해도 좋다는 승인을 받았고, 곧 애플은 성공 가도를 달려 사상 최초로 시가 총액 1조 달러를 달성했다. 1984년, 애플이 성장세를 이어가던 중 아타리 코퍼레이션Atari Corporation의 새 주인은 2억 4,000만 달러에 회사를 인수한 후 조직 전체에 대규모 정리 해고를 명령했다.[48] 두 회사의 운명은 이렇게 극적으로 달라졌다.

내부 발명가가 시장 판도를 바꿀 혁신적인 아이디어를 갖고 경영진에게 접근했다가 실패하는 이야기는 계속된다. 이러한 기업의 리더는 외부에 적극적으로 연락을 취할 필요도, 콜드 콜을 할 필요도 없었다. 기업가가 되고 싶은 사내의 사람들이 문을 두드리고 있었으니 말이다. 하지만 상사들은 이들을 무시했고 심지어 문 밖으로 밀어냈다. 체스터 칼슨, 스티브 워즈니악, 에릭 유안과 달리 회사를 떠나지 않은 혁신가들이 수십, 수백 명 더 있었을 것이다. 그러나 그들의 아이디어는 사라졌기 때문에 우리는 그들의 이야기를 알 수 없다. 새로운 아이디어를 가장 먼저 손에 넣기 위해 네바다 사막이나 핀란드 사우나에서 기업가들과 땀을 흘리는 벤처 캐피털리스트들과 이들을 비교해 보라.

사무실 밖에서는 좀처럼 눈에 띄지 않는 기업 경영진은 물리적, 정신적 '벽' 안에 스스로를 가둔다. 그 결과 외부에서 들어오는 아이디어를 거부하는 경향이 있다. 이런 흔한 사고방식에는 'NIH not invented here(여기서 발명된 것이 아닌) 증후군'이라는 이름까지 있다. NIH는 "우리 회사는 이런 일은 할 수 없을 것 같아"에서부터 "그건 우리가 일하는 방식이 아니야", "우리가 훨씬 더 잘해"에 이르기까지 다양한 형태로 나타나며 "우리는 하지 않을 거야"라는 사고방식으로 이어진다. 이것이 질병이란 것을 알았다면 치료법을 찾아야 하지 않을까? 우리는 NIH가 만연한다는 것을 알고 있다. 토론토대학교의 아제이 아그라왈Ajay Agrawal과 공저자인 이언 콕번Iain Cockburn, 카를로스 로젤Carlos Rosell은 거의 100만 건의 특허를 대상으로 한 연구에서, 대기업에 고용된 발명가들의 경우 회사의 이전 발명품에서 아이디어를 얻는 경향이 불균형적으로 높다는 사실을 발견했다.[49] 이 '창의 근시creative myopia(연구자들이 만든 용어)'는 대기업 발명가들이 같은 분야나 업계 내 기업의 동료들이 하는 일에 주의를 덜 기울이거나 무시한다는 것을 의미한다. 많은 기업에서 나온 이런 증거를 현장 경험이 잘 뒷받침한다. 일리야는 IBM 벤처 캐피털 그룹IBM Venture Capital Group(IBM은 아그라왈과 그의 동료들이 연구한 기업 중 하나였다)의 창립자이자 수년간 상무이사를 역임한 클라우디아 팬 먼스Claudia Fan Munce와 긴밀하게 협력했다. 20년 동안 팬 먼스가 직면한 가장 큰 문제는 NIH였다. 그녀가 놀라운 스타트업에 대한 제안을 하면 회사 내부의 기술 전문가들은 "우리가 훨씬 더 잘할 수 있다"고 말하곤 했다. 정말 그럴 수도 있었을 것이다. 하지만 그 아이디어는 우선순위를 차지한 100가지 일에 밀려 영영 실현되지 못했다.

비엔나대학의 마르쿠스 라이치히Markus Reitzig와 예일대학의 올라브 소렌슨Olav Sorenson은 규모가 큰 한 다국적 소비재 기업 내부에서 제출된 약 1만 2,000건의 혁신 제안을 분석해 또 다른 흥미로운 연구 결과를 발표했다.[50] 이 제안들은 회사의 중간 관리자들로부터 평가를 받았다. 연구 결과, 이 평가자들은 해당 관리자와 같은 부서에서 일하는 직원들이 제출한 아이디어에 편향되어 있는 것을 발견했다. 유유상종인 법이다.

따라서 NIH 증후군은 조직 외부에서 비롯된 새로운 아이디어뿐만 아니라 같은 조직의 다른 곳에서 비롯된 아이디어에도 적용된다. '여기에서 발명된 것이 아닌'이라는 말에서 '여기'가 되는 것은 무척 까다로운 일이다.

이런 태도에 대해 기업 리더와 기술자를 비난하기는 어렵다. NIH 증후군은 근시안적이기는 하지만 적어도 조직 내 일부에게는 합리적일 수 있다. 내부 기술자는 힘겹게 분투하는 스타트업의 기술자들보다 더 많은 지식을 갖고 있으며 기술적으로도 능숙하다. 다만 그들은 우선순위가 다르고 사고방식이 다른 것이다. 많은 고위 임원들은 수십억 달러 규모의 기업 리더로서 제품 개발의 정당성을 증명하기 위해 매년 매출을 10~30억 달러씩 늘려야 하는 경우가 많다고 말한다. 이런 전략이라면 성공적인 기업 분리로 수천만 달러의 수익을 얻은들 재정적으로 큰 의미가 없을 것이다. 또한 줌 아이디어가 시스코의 웹엑스와 경쟁해야 했던 것처럼, 새로운 제품이 현재 수익을 내고 있는 내부 제품과 경쟁해야 하는 경우도 있다. 코닥Kodak이 디지털화를 위해 노력하는 과정에서 자사의 아날로그 필름과 경쟁해야 했던 것처럼 말이다. NIH 증후군의 또 다른 일반적인 이유는 내부 사람들이 서로 더 많은 시간을 함께 보낼수록 자신의 말에만 귀를 기울이게 되는 데 있다. 이를 흔히 '반향실echo chamber*' 효과라고 한다. 반향실은 사람들이 자신의 생각을 반영하고 강화하는 정보나 의견만 접하게 되는 환경을 말한다. 지구가 평평하다는 믿음을 예로 들어보자. 당신의 네트워크가 지구가 평평하다고 믿는 사람들로만 구성된 것이 아니라면 이 믿음은 기괴하게 느껴질 것이다. 하지만 친한 친구들이 모두 지구가 평평하다고 믿는다면 당신도 곧 그렇게 믿게 될 것이다. '평평한 지구'라는 사고의 영향은 비즈니스 세계에서도 무척 위험하다.[51]

---

* 흡음성이 적은 재료로 벽을 만들어 소리가 잘 울리도록 한 방

노텔Nortel은 '창조 근시' 연구자들이 연구한 또 다른 회사다.[52] 캐나다의 다국적 통신·데이터 네트워킹 장비 제조업체인 노텔은 한때 업계를 선도했다. 2000년 전성기에는 직원 수가 9만 4,000명이 넘었고, 토론토 증권거래소 주요 시장 지수의 3분의 1 이상을 차지했으며, 세계에서 가장 가치가 높은 15대 기업 중 하나였다. 하지만 지금 이 이름을 들은 사람들은 "노… 뭐?"라고 되물을 가능성이 높다.

노텔의 사례는 여러 차례 트렌드를 놓치고, 잘하는 것에만 초점을 맞춰 지나치게 전문화되는 경우, 시장을 주도하는 기업조차 무너질 수 있다는 것을 보여준다.[53] 1982년 초, 자체 혁신 담당자가 노텔의 경영진에게 셀룰러 기술을 제안했다. 그러나 그들은 이를 거절했다. 한 고위 임원은 "누가 전화를 손에 들고 돌아다니고 싶어 한단 말입니까?"라고 말했다. 1997년 내부 혁신가들이 스마트폰이라는 개념을 제시했을 때도 같은 이야기가 되풀이되었다. 노텔의 경영진은 벽 너머를 바라보고 생각하기보다는 연구·개발 자원을 기존 제품을 개선하는 데 집중했고 그렇게 장기적인 이니셔티브는 점점 줄어들었다. 놀랍게도 2000년부터 2008년까지 노텔은 주요 신제품을 단 하나도 출시하지 않았다. 노텔이 셀룰러 기술과 스마트폰에 막대한 투자를 시작했을 때는 이미 너무 늦은 시점이었다.

NIH와 반향실 문화에 오만과 자만까지 합쳐져 노텔은 종말을 맞았다. 그들의 사고방식은 반-벤처 캐피털anti-venture capital 마인드 셋을 뚜렷이 보여주는 사례다. 상업적으로 실행 가능하고 파괴적인 아이디어가 다른 시장보다 먼저 내부에 존재했고, 진화했고, 개발됐지만 그 아이디어가 조직이 갇혀 있던 가상의 벽(때로는 물리적 벽)을 넘지 못했다는 사실을 생각하면 특히 더 안타까워지는 스토리다.

더 가슴 아픈 사례는 1973년에 개발된 알토Alto다. 알토는 여러 분야에서 '최초'인 컴퓨터였다. 그래픽 사용자 인터페이스graphical user interface, GUI를 가진, 즉 마우스로 클릭할 수 있는 화면과 마우스로 작동하는 최초의 시스템이었다. 객체 지향 프로그래밍object-oriented programming*을 사용한 최초의 컴퓨터였으며 이메일을 전송한 최초의 컴퓨터이기도 하다. 알토가 없었다면 인터넷이 발전하는 데 훨씬 더 오래 걸렸거나 아예 불가능했을 것이라고 주장하는 사람들도 있다.

알토의 이야기에는 '차고'가 등장하지 않는다. 알토는 기업의 발명품이기 때문이다. 이 혁신적인 미니 컴퓨터는 스탠퍼드대학 캠퍼스와 가까운 팔로알토의 연구소에서 설계되고 개발되었다. 이런 혁신 하나만으로도 연구소의 존재를 정당화하기에 충분했지만 같은 연구소에서 시작된 프로젝트는 그 외에도 수십 개에 달했다.

• 데이터를 하나의 물체처럼 취급해 프로그래밍하는 방법

벤처 마인드셋

이 중 최소 10개가 상장되었고, 그중에는 어도비Adobe(어도비 애크로뱃Adobe Acrobat의 제조업체)와 3콤3Com(1980년대에 엄청나게 성공한 컴퓨터 네트워크 제품을 만든 기업)도 포함되어 있었다.[54]

알토를 만든 이 회사의 경영진은 사내 발명가들을 위한 좋은 여건을 조성하고, 우수한 인재를 유치해 수십 개의 와해적인 아이디어에 접근했다. 하지만 아이러니하게도 그들은 그 아이디어를 실행에 옮기는 것을 철저히 피했다. 연구소에서 나온 10개의 성공적인 프로젝트는 분할하거나 상용화시켜 회사 외부로 내보냈다. 회사는 이렇게 분리한 업체에 투자하지 않았고 그로부터 이익을 얻지도 못했다. 그 이유는 회사의 핵심 기술과는 너무 달랐고 초기수익이 주력 사업 단위의 수익에 비교해 너무 보잘것없었기 때문이다. 여기에서도 NIH 증후군이 등장한 것이다.

그렇다면 알토는 어땠을까? 그 혁신은 성공했을까? 알토는 약 2,000대만 제작되었고 일반 판매도 이루어지지 않았다. 연구소의 소유주들이 잠재력을 보지 못했고 제품 상용화가 너무 느렸기 때문이다. 차세대 알토(스타Star)가 출시될 즈음에는 가격이 10배나 저렴한 IBM 개인용 컴퓨터가 시장에 나와 있었다. 결국 승리는 IBM에게 돌아갔다.

스티브 잡스는 한 인터뷰에서 알토를 개발한 회사가 "오늘날 컴퓨터 산업 전체를 손에 쥐고 있는 것도 충분히 가능한 이야기다"라고 말한 적이 있다.[55] 그 회사는 IBM이 될 수도 마이크로소프트가 될 수도 있었다. IMB, 마이크로소프트, 애플의 기업 가치를 합치면 수조 달러에 이른다. 이들의 기업 가치는 팔로알토에 연구소를 둔 회사의 시가총액의 1,000배가 넘는다. 그럼에도 불구하고 그 회사는 지금도 여전히 존재한다. 어떤 회사인지 짐작이 가는가?

제록스다.

그렇다, 제록스는 수많은 발명을 했지만 그런 역사에도 불구하고 그 많은 발명의 혜택을 누리는 데에는 실패했다.[56] 제록스가 스탠퍼드 캠퍼스 인근에 연구소를 설립한 것은 1970년이었다. 팔로알토 연구 센터Palo Alto Research Center, PARC는 뉴욕 로체스터의 제록스 본사로부터 3,000마일(약 4,828킬로미터) 떨어진 곳에 있었다.[57] 팔로알토 연구 센터는 놀라운 발명품들을 끊임없이 내놓았다. 당시 한 기술 잡지에서 'IT 분야의 12대 성지' 중 하나라고 이야기할 정도로 혁신적이었다.[58] 안타깝게도 오만함 때문에 벌어지는 극적인 사건을 막을 수 있는 기업은 없었다. 제록스는 진흙 발의 거상 a colossus with feet of clay*처럼, 체스터 칼슨을 거절하고 제로그래피를 무시했던 기업들과 같은 실수를 저질렀다.

NIH 증후군은 침입자로부터 자신을 보호하는 면역 체계의 반응과 같다. 조직은 유기체와 마찬가지로 경쟁자, 규제 기관, 활동

---

* 구약성서에서 느부갓네살이 꿈에 본 신상. 표면적으로는 인상적이고 강해 보이지만 기초에 흠이 있는 것을 말한다

가 등의 형태를 띤 외부 세력으로부터 자신을 보호한다. 방어 기능이 작동하면 조직은 문화를 보존하고 내부 인재를 지원한다. 사람들은 자신의 팀이나 회사가 다른 조직보다 우월하다며 자랑스럽게 여긴다. 하지만 면역 체계는 무너질 수 있으며, NIH 증후군이 그 대표적인 예다. 과거에는 자신을 보호하던 면역력이 이제는 알레르기 반응을 일으킨다. 조직이 와해의 가능성을 가진 변화에 직면할 때라면 특히 더 위험하다. NIH 증후군은 곰팡이처럼 조직 전체로 퍼지는데, 특히 조직이 오래되고 수익성이 높아지며 위험 회피 성향이 강해질수록 심해진다. 이런 패턴에 유의해 초기부터 NIH를 뿌리 뽑아야 한다. 형식은 중요치 않다. 사고방식을 바꿔야 한다.

항상 안테나를 세워둔다

이 말을 실천하기 위해 조직이 실행할 수 있는 몇 가지 구체적인 메커니즘이 있다.

많은 커피 체인점이 초기에 벤처 캐피털의 지원을 받았다는 것을 알고 있는가? 스타벅스, 블루보틀Blue Bottle, 필즈 등은 오늘날 흔한 커피숍이지만, 처음에는 참신하고 위험한 아이디어였다. 실제로 많은 위대한 일들이 커피 한 잔에서 시작되며, 아이디어를 자극하는 이 음료는 아이디어를 찾는 데 사용할 수 있는 몇 가지 구체적인 메커니즘도 보여준다. 다음은 그중 하나다.

당신 회사의 파브르를 지지하라

로마에 갈 기회가 있다면 판테온에서 걸어서 갈 수 있는 작은 커피숍, 카페 산 에우스타키오Caffè Sant'Eustachio를 들러보라. 알렉스는 2022년 여름에 이 커피숍에 방문해 이탈리아 사람들이 스페셜티 델라 카사specialità della casa*라고 부르는 '그란 카페Gran Caffè'를 주문했다. 그는 일반적인 작은 에스프레소가 나올 것이라고 예상했지만, 이 음료는 상당한 독특한 음료였다. 에스프레소 위에 얹힌 살짝 공기가 들어간 향기로운 거품은 마법과 같았다. 다른 커피숍, 심지어는 이탈리아의 커피숍에서도 이런 경험을 하기란 쉽지 않을 것이다.

이 커피의 진가를 알아본 것은 알렉스만이 아니었다. 스위스에서 온 한 손님도 이 커피에 관심을 갖게 되었다. 알렉스가 그란 카페를 즐기던 때로부터 거의 50년 전인 1975년 여름, 공기역학 엔지니어였던 에릭 파브르Eric Favre는 이탈리아의 에스프레소 문화를 탐험하며 휴가를 보내고 있었다. 그는 세계 최고의 에스프레소를 찾고 있었다. 이탈리아 출신인 에릭의 아내 안나 마리아Anna-Maria는 스위스인인 남편에게 스위스 커피가 싱겁고 이탈리아의 기준

• 대표 메뉴

벤처 마인드셋

에 훨씬 못 미친다고 말한 적이 있었다. 아내의 이런 말에 그는 맛있는 커피를 찾아 로마의 카페 산 에우스타키오까지 오게 됐다. 에릭은 바리스타로부터 그란 카페를 만드는 비결을 알아내려고 노력했지만 "버튼만 누르면 된다"는 대답만 들을 수 있을 뿐이었다.[59] 까다로운 공학자를 만족시키기에는 부족한 대답이었다. 마침내 에릭은 산 에우스타키오가 가진 우수한 크레마의 비결이, 커피에 물을 넣는 동안 반복적으로 공기를 주입하는 데 있다는 사실을 알아냈다. 바리스타는 머신의 피스톤을 한 번만 펌핑하는 대신 레버를 여러 번 빠르게 당겼다. 파브르는 인터뷰에서 이 간단한 규칙을 설명했다.[60] "화학이죠. 산화**는 모든 맛과 향을 끌어냅니다."

이야기는 여기서 끝날 수도 있었을 것이다. 하지만 한 가지 작은 디테일이 남아 있다. 에릭 파브르는 단순한 엔지니어가 아니었다. 그는 네슬레Nestlé의 포장 부서에서 막 일을 시작한 참이었다. 19세기에 설립된 식음료 회사 네슬레는 인스턴트 커피, 분유, 냉동 식품으로 유명했다. 당시 네슬레는 인스턴트 커피, 네스카페Nescafé의 캡슐 개발을 고려하고 있었다. 에릭은 스위스 브베의 네슬레 사무실로 돌아와 시제품 에스프레소 기계를 개발했다.[61] 그 과정에서 그는 물이 통과하기 전에 공기를 가둬 거품이 가득한 에스프레소를 추출하는 밀폐 캡슐을 발명했다. 이 제품은 커피의 맛

** 여기에서는 공기와의 접촉을 의미한다

과 향을 담은 작은 캡슐이었다. 이렇게 전 세계 수백만이 사랑하는 전설적인 브랜드 네스프레소Nespresso가 탄생했다.

네슬레의 네스프레소는 커피를 마시는 문화 전체를 재해석했다. 이제 인터넷에서 몇 번의 클릭으로 전용 기계와 다양한 커피 캡슐을 살 수 있다. 오늘날 네스프레소 캡슐은 수십억 달러 규모의 글로벌 비즈니스가 되었다. 결국 성공했지만 본사 외부에 있는 내부 혁신가가 제안한 발명에서 시작된 이 사업이 밟은 길은 길고 험난했다.

네슬레의 상사들이 처음부터 이 발명에 기뻐했을 거라고 상상한다면 오산이다. 네슬레는 이미 네스카페를 만들고 있었고 매출도 증가하고 있었다. 네슬레의 경영진은 발명 후 몇 년이 지나도록 확신을 갖지 못했다. 파브르의 인내가 성과를 내기까지 10년이라는 시간이 필요했다. 수많은 도전과 우여곡절 끝에 네스프레소는 세계적인 인기를 누리는 브랜드가 되었다.

다음에 네스프레소 캡슐을 보게 된다면, 그것이 본사 외부의 한 직원이 만든 혁신이라는 사실을 기억하라. 당신이 기업의 의사결정권자라면 외부에서 모험을 하고, 자신을 위험한 아이디어에 노출시키고, 새로운 성장 동력을 만들어내는 에릭 파브르와 같은 사람들을 지원하는 일에 대해 생각해 보라.

혁신 정찰대를 통해 내·외부 혁신의 균형을 맞춘다

네스프레소 캡슐처럼 본사에서 멀리 떨어진 곳에서 커피 때문에(이번에는 흘린 커피) 탄생한 발명이자 상업적으로도 큰 성공을 거둔 또 다른 사례가 있다. 독일 화학 회사 BASF에서 일하는 한 영업사원이 일본 건설회사에서 전화 통화를 하던 중 커피를 쏟았다.[62] 그가 처음으로 집어 든 것은 단열재 바소텍Basotect이었다. BASF에서 제조한 이 발포 수지는 녹음실, 영화관, 전시 시설 등에 사용된다. 영업사원은 이 소재가 좋은 효과를 내는 데 몹시 놀랐다. 액체를 흡수할 뿐만 아니라 표면을 부드럽게 닦아주었기 때문이다. 방음재로 개발되었던 이 소재의 놀라운 또 다른 용도가 드러난 것이다.

곧 일본 고객들은 지역 소매점에서 얼룩 제거용 스펀지를 구할 수 있게 되었다. 하지만 또 다른 반전이 없었다면 이 놀라운 발견은 일본 부모들만이 알고 있는 비밀로 남을 수도 있었다. 여기에서 P&G가 등장한다. P&G에 근무하는 일본의 한 기술 기업가는 오사카의 한 식료품점에서 이 스펀지를 발견하자마자 이 소재가 가진 세계적인 잠재력을 알아봤다. 한때 단열재에 불과했던 것이 이제는 수백만 명의 고객에게 미스터 클린 매직 이레이저Mr. Clean Magic Eraser로 알려진 P&G의 블록버스터 제품이 되었고, 크레용으로 더럽혀진 벽을 닦으려는 수많은 부모의 구세주가 되었다.[63]

매직 이레이저는 뜻밖의 발견이었을까? 무작위적인 행동의 결과물에 불과한 것일까? 그렇지 않다. 이 제품은 P&G가 회사 밖에서 찬찬히 찾아낸 수많은 발명품 중 하나다. 올레이Olay의 재생 크림 리제너리스트Regenerist, 스위퍼Swiffer의 먼지 제거용 솔과 티슈인 더스터,[64] 글래드Glad의 다용도백 포스플렉스ForceFlex는 P&G의 전 CEO 앨런 조지 'A. G.' 라플리Alan George 'A. G.' Lafley가 시작한 '연계 개발Connect and Develop, C&D' 전략의 결과로 탄생한 또 다른 혁신적인 제품들이다. 라플리는 2000년 취임 후 연구·개발팀에게 혁신 비즈니스 모델을 완전히 재발명해 새로운 혁신을 외부에서 찾으라는 도전 과제를 주었다.[65] P&G는 재능 있는 수많은 사내 과학자들을 두고 있다. 하지만 라플리는 사내에 능력이 좋은 엔지니어 한 명이 있다면, 외부에는 그 못지않은 역량을 가진 엔지니어가 200명 쯤 있을 것이라고 지적했다. 라플리는 모든 제품 혁신의 절반을 회사 외부에서 얻겠다는 야심찬 목표를 세웠다. P&G의 경영진으로 일했던 이들은 회사의 태도를 'NIH'에서 'PEFProudly Found Elsewhere(자랑스럽게도 다른 곳에서 발견된)'으로 전환하는 것이 가장 큰 과제였다고 말했다.[66]

이런 전환을 위해 P&G는 수십 명의 직원을 기술 정찰대로 지정해 대학, 공급업체 및 기타 업계의 잠재적 협력 업체의 연구원들과 외부 인맥을 만들고 거기에서 배운 것을 본사와 즉시 공유하도록 했다. 이 기술 정찰대가 찾은 아이디어는 총 1만 개가 넘으며, 그 결과 P&G가 도입한 신제품은 100개가 넘는 것으로 전해진다.

결과는 자명하다. C&D 전략을 도입하고 몇 년이 지나, 회사의 고위 경영진은 "시장에 있는 신제품의 35퍼센트 이상이 P&G 외부에서 도입한 요소를 지니고 있으며, 제품 개발 포트폴리오에 포함된 이니셔티브의 45퍼센트는 그 핵심 요소가 외부에서 발견됐습니다"라고 자랑스럽게 발표했다.[67] P&G는 기업 경계나 부서별 사일로가 아이디어 소싱을 제약해서는 안 된다는 점을 인식하고 R&D 모델과 C&D 모델을 결합했다.

P&G만 그럴까? 그렇지 않다. 거대 제약회사 존슨앤존슨Johnson & Johnson, J&J의 최고 과학 책임자였던 폴 스토펠스Paul Stoffels는 '내부 혁신과 외부 혁신의 비중을 같게 한 것'을 혁신의 성공 원인으로 꼽았다.[68] 이 말은 최고의 과학과 기술은 내부에서뿐만 아니라 외부에서도 나올 가능성이 높다는 단순하지만 중요한 사실을 강조한다. J&J가 효과적으로 활용하는 도구로 회사의 인큐베이터 J랩스JLABS가 있다. 이곳에서는 엄정한 심사 과정을 거친 수백 명의 외부 혁신가들이 J&J의 다양한 자원, 전문가, 서비스를 활용하고, 궁극적으로 파트너십을 심화해, 그들의 제품을 J&J에서 상용화하는 기회를 얻는다. 그들의 혁신 제품은 산모 건강 솔루션과 정밀 스킨케어 플랫폼부터 암 수술 도구와 경구용 mRNA 백신에 이르기까지 다양하다.[69]

J랩스의 리더들은 초기 단계 기업의 운영 방식을 모방해 혁신

아이디어의 개발과 생산을 지원하는 모델을 만들었다. 이론적으로는 외부 혁신과 내부 혁신의 성공 가능성이 같다고 주장하기 쉽지만, 현실에서는 어려운 일이다. 외부에서 비롯된 아이디어라면 실행 가능한 상업적 실체가 되어 환자에게 전달되기까지 넘어야 할 장애물이 더 많아진다. 외부인에게는 도움이 필요하다. 외부 아이디어는 지원 없이는 실현되지 않는다.

J&J는 이런 문제를 해결하기 위한 방법을 떠올렸다. J&J는 전 세계 직원들을 초청해 혁신적인 외부인의 세르파 역할을 하며 도움을 준다. 이런 셰르파를 J팔JPAL이라고 한다. J팔은 주로 R&D 부서에서 일하는 J&J의 전문가이자 멘토로, 외부인을 돕고 그들에게 힘을 실어주는 내부자들이다.

이 베팅은 상당한 성과를 냈다. 외부인들은 800개의 신규 회사 설립, 47건의 IPO, 40건의 인수, 690억 달러 규모의 거래 및 파트너십으로 이어진 인상적인 아이디어 파이프라인을 열어주었다.[70] 이런 놀라운 통계 뒤에는 수많은 생명을 구하는 제품이 있다. 이 모든 것은 성공한 대기업이 아이디어를 얻기 위해 기꺼이 외부로 나서면서 얻게 된 결과물이다. 당연하게도 J&J는 2023년 「포춘」이 선정한 미국에서 가장 혁신적인 기업 목록의 상위 20위에 올랐다.

군중의 지혜에 의지한다

넷플릭스는 사람들의 영화 평점을 예측하도록 설계된 시네매치Cinematch 알고리즘을 개선하기 위해 경연을 시작했다.[71] 지금은 유명해진 넷플릭스 프라이즈Netflix Prize는 〈뷰티풀 마인드A Beautifu Mind〉를 좋아하는 사람이라면 '〈글래디에이터Gladiator〉를 선호할까, 〈아멜리에Amélie〉를 좋아할까?'와 같은 모호하고 까다로운 문제에 대한 답을 찾기 위해 아이디어를 크라우드소싱crowdsourcing*했다. 그 결과 3만 명 이상의 데이터 전문가와 컴퓨터 과학 팬들이 이 문제에 달려들었고, 수만 개의 해법이 접수되었다. 원래의 넷플릭스 알고리즘보다 훨씬 더 정확한 추천 결과를 내는 알고리즘으로 수백만 명의 사용자의 경험을 개선하게 한 팀에게 100만 달러의 상금을 수여했다. 많은 정보와 열의를 지닌 아마추어가 전문가를 상대로 승리를 거뒀다. 놀랍게도 경연이 시작된 지 6일 만에 한 외부 팀이 이미 시네매치를 이겼고, 2주 후에는 우승 팀을 포함해 세 팀이 시네매치를 능가하는 성적을 거뒀다. 더구나 이 경연으로 넷플릭스에 입사하려는 지원자가 증가했으며, 많은 인맥이 새롭게 형성되었다. 일반 대중이나 보다 전문적인 커뮤니티에 문제에 대한 피드백과 의견을 요청하는 것은 새로운 아이디어를 얻는 효과적인 방법이 될 수 있다.

• 기업 활동의 전 과정에 소비자나 대중이 참여할 수 있도록 하는 것

위의 3가지 메커니즘은 벤처 마인드셋에서 빠질 수 없는 부분이다. 회사 밖으로 나가 정보원과 정찰대 네트워크를 구축하고, 대규모 프로젝트에 대중을 끌어들이고, 오사카의 식료품점이나 로마의 커피숍에서 일어날 수 있는 뜻밖의 발견을 기대하라.

예측할 수 없는 것의 힘

현재 연애 중인가? 만약 그렇다면 애인은 어디서 만났나? 당신의 친구는 애인을 어디에서 알게 되었는가? 스탠퍼드대학교와 뉴멕시코대학교의 연구진은 이 문제를 탐구했다.[72] 연구진은 수천 명의 참가자에게 애인을 어떻게 만나고 알게 되었는지에 대한 이야기를 써달라고 요청했다. 벤처 캐피털 업계에서와 마찬가지로 사람들은 직장, 학교, 교회 등 다양한 네트워크를 통해 파트너를 만났다. 배우자를 찾는 데에는 '인바운드inbound' 방식과 '아웃바운드outbound' 방식이 있다. 물론 언제나 뜻밖의 장소가 존재한다. 많은 큐피드(약 40퍼센트)가 데이트 웹사이트, 소셜 미디어 앱, 토론 포럼, 심지어 게임 등 온라인에서 사랑의 화살을 쏜 것으로 드러났다. 예측할 수 없는, 그렇지만 잠재적으로 인생을 바꿀 수 있는 만남의 매력은 언제 어디서 일어날지 정확히 내다보기 어렵다는 점이다. 우리는 우연히 배우자를 찾을 수 있다는 생각은 굳게 믿으면서, 사업적인 결정에 관해서는 그런 개념을 받아들이지 않는 경우가 많다.

직장을 찾는 것도 마찬가지다. 전체 일자리의 85퍼센트는 네트워킹을 통해 채워진다고 한다.[73] 사람들의 3분의 2는 네트워킹 인맥이 있는 회사에 고용된다.[74] 반면에 회사에 대한 직접 접근(즉, 콜드 콜)을 통해 채워지는 일자리는 10개 중 하나에 불과하다.[75] 혁신적인 아이디어 역시 그렇다. 아이디어를 찾을 수 있는 정확한 장소를 짚어낼 수는 없다. 하지만 그 자체가, 즉 혁신적인 아이디어의 위치나 방법을 특정할 수 없다는 사실 자체가 유용한 중요한 정보가 된다. 아이디어는 종종 네트워킹에서 도출된다. 예측할 수 없는 방식으로 말이다.

당신이 가진 네트워크의 누가 죽여주는 아이디어를 가져다줄지는 알 수 없다. 하지만 최고의 원천은 내부가 아닌 외부에 있을 가능성이 더 높다. 새로운 마케팅 아이디어, 새로운 공급망 솔루션, 새로운 금융 파트너는 회사 인트라넷이 아닌 다양한 네트워크, 심지어는 인도 남부의 한 마을에서 온 메일에 들어 있을 수 있다.

벤처 캐피털리스트들은 네트워크를 다각화하기 위해 열심히 노력한다. 당신도 그렇게 해야 한다. 그들은 한 분야에 자신을 가두지 않으며 하나의 아이디어 출처에만 의존하지도 않는다. 이 장의 앞부분에서 만났던 브라이언 제이콥스는 스탠퍼드대학교의 벤처캐피털 관련 강좌에서 일리야와 함께 교단에 서기도 한다. 브라이언은 학생들에게 직업적 네트워크를 확장하는 일을 하는 데 가장 좋은 때는 어제라고 말한다. 하지만 물론 너무 늦은 때란 없다. 오늘이 바로 오랫동안 연락을 하지 못한 지인들에게 이메일을 몇 통 보내거나 네트워크에 있는 사람들에게 어떤 가치를 제공할 수 있을지 적극적으로 생각하는 데 적절한 때일 수 있다.

드롭박스의 이야기는 생뚱맞은 연결로부터 얼마나 큰 일이 시작될 수 있는지를 보여주는 좋은 예다. 페즈만 노자드가 없었다면 많은 기업가들은 세쿼이아로부터 투자를 받지 못했을지도 모른다. 그렇디면 페즈만은 어떻게 세쿼이아의 파트너 레오네를 알게 되었을까?

세쿼이아 캐피털의 더그 레오네는 페즈만 노자드로부터 러그를 구입하던 고객이었다. 어느 날, 2시간 동안 러그를 살펴본 후 레오네의 집을 나서던 노자드는 이란 출신의 박사들을 많이 알고 있는 자신이 세쿼이아에게 도움을 줄 수 있지 않겠느냐고 이야기했다. 레오네는 가장 순수한 벤처 마인드셋으로 "월요일 아침 7시에 사무실에서 뵙는 건 어떨까요?"라고 제안했다.[76] 그렇게 노자드는 그의 사무실을 찾아갔다.

우연히 받은 이메일에서, 또는 좋은 러그를 고르다가 최고의 아이디어를 얻게 될지 누가 알겠는가?

↑ ↓ ↑ ↓

**마인드셋
점검**

1. 당신이 속한 조직은 오로지 내부에서만 아이디어를 얻는가, 아니면 외부 네트워크에서 들어오는 아이디어의 흐름을 갖고 있는가?

2. 당신의 팀은 당신이 몸담은 분야의 스타트업, 연구소, 전문가와 시간을 보내는가?

3. 당신 회사의 문화와 조직은 외부에서 들어오는 예상치 못한 아이디어에 얼마나 열려 있는가?

3

PREPARE
YOUR MIND

3장

마음을
준비한다

당신이 기회를 평가하는 방식을
변화시킬 질문은 무엇일까?

투자하고 싶지 않은 이유가 뭘까?

"예스"냐 "노"냐, 그것이 문제로다! 매년 하루, 스탠퍼드 경영대학원 강당은 초청된 스타트업이 학생들을 대상으로 피치를 선보이는 아이디어의 박람회장이 된다. 당신을 이 수업에 초대한다!

당신은 벤처 캐피털 펀드의 파트너 역할을 맡은 스탠퍼드 MBA 학생 6명 중 한 명이다. 당신은 스타트업 투자 기회를 승인하거나 거절할 수 있다. 144명의 학생들이 가장 유망한 스타트업이 어디인지 찾고 투자하려 경쟁을 벌이면서, 사람들로 붐비는 강당 안의 긴장은 고조된다. 5명의 창업자가 차례로 벤처 캐피털 파트너들에게 자신의 스타트업에 대한 피치를 진행한다.

일리야 수업의 스타트업 피치는, 학생들이 맡은 벤처 캐피털 회사는 가상이지만 스타트업은 실제라는 면에서 매우 특별하다. 숙고하여 선정한 이 유망 스타트업들은 수업이 이루어지는 시점에 실제 벤처 캐피털 투자자들로부터 자본을 조달하는 과정에 있다. 그 때문에 우리는 이것을 라이브live 사례라고 부른다. 학생, 일리야, 일리야와 같이 수업을 진행하는 브라이언 제이콥스, 스타트업 창업자를 비롯한 누구도 이 중 어떤 회사가 성공할지 모른다. 우리는 현실성을 더하기 위해 학생 벤처 캐피털 파트너들에게 제한된 예산을 부여해 그들이 5개 스타트업 중 단 한 곳에만 투자할 수 있도록 한다.[1]

자, 그럼 피치를 시작하자. 마음에 드는 곳을 골라보라!

우선, 휴대폰 크기의 스트레스 완화 치료 기기를 가슴에 올려놓으면 마음이 차분해지고 정신적인 문제를 해결할 수 있다고 상상해 보라. 센세이트Sensate라는 이름의 이 기기는 이미 온라인에서 구입할 수 있다. 공동 설립자 안나 구드먼드슨Anna Gudmundson의 설명대로 센세이트는 헤드폰과 페어링하면 음파를 생성하는데 이 음파가 신체에 진정 효과를 준다.

다음으로, 학생들은 퀴어 스페이스Queer Spaces의 설립자 크리스토프 비티히Christof Wittig의 이야기를 듣는다. 이 회사는 온라인에 성소수자 커뮤니티를 위한 안전한 공간을 만든다. 「포브스Forbes」가 '급속히 발전하고 있는 스타트업'으로 묘사한 퀴어 스페이스는 사용자가 공통의 관심사와 믿을 수 있는 인간관계를 중심으로 보다 안전한 커뮤니티를 구축할 수 있도록 도와준다.

이어서 학생들의 관심은 블롯아웃Blotout의 만다르 신데Mandar Shinde에게로 향한다. 이 회사는 소규모 기업의 온라인 광고를 개인 정보 침해 없이 지원한다.

다음은 클리어리Cleary의 공동 창립자이자 CEO인 토마스 쿤자 푸Thomas Kunjappu가 자신의 스타트업이 어떻게 기업의 직원 디지털 온보딩* 경험을 간소화하는지 열정적으로 설명한다.

마지막으로 스탠퍼드 졸업생이자 매치닷컴Match.com의 공동 창업 자인 프란 마이어Fran Maier의 이야기를 듣는다. 마이어는 학생들 중 자녀가 있는 사람이 몇 명이나 되는지 묻는다. 몇 명이 자녀가 있다 고 대답하자 마이어가 묻는다. "무거운 아기 용품 없이 여행을 할 수 있다면 정말 편하지 않을까요?" 그녀의 회사 베이비큅BabyQuip 은 1,000개 이상의 도시에서 유모차, 카시트, 유아용 침대 기타 유 아용품을 대여할 수 있게 해 부모들이 아이와 더 쉽게 여행할 수 있도록 하겠다고 약속한다.[2] 이 회사는 유아용품계의 에어비앤비 가 될 수 있을까?

이들은 최근 몇 년 동안 스탠퍼드 수업에서 피치를 한 수십 곳 의 스타트업 중 일부에 불과하다.[3]

• 온라인 도구와 소프트웨어를 통해서 신규 직원을 회사의 데이터베이스 또는 CRM에 등 록하는 과정

당신은 어떤 피치가 가장 좋았나? 당신은 어떤 회사에 투자하기로 결정했나?

학생들은 티저 덱 teaser deck** 을 읽고, 팀원들과 짧게 토론하고, 피치 중에 창업자를 관찰한 뒤 그것을 기반으로 빠르게 하나만을 선택하고 그 외에는 "노"라고 답해야 한다. 학생들은 당혹스런 표정이다. 회사와 창업자에 대한 정보가 얼마 없는 상황에서 어떻게 결정을 내린단 말인가? 그러나 모든 스타트업이 대단해 보여도 하나를 선택해야만 한다.

스타트업 창업자들의 20분 피치에 참석하기 전, 학생 팀들은 스타트업의 소개서와 투자자 자료를 검토하고, 조별로 사전 토론을 진행하며, 경험이 많은 발표자도 어쩔 줄 모르게 만들 만한 수많은 질문을 생각해 낸다. 그런 다음 더 면밀히 살피고 싶은 스타트업을 결정한다. 많은 결정을 충분한 정보 없이 그때그때 내려야한다. 피치를 하는 모든 스타트업을 자세히 실사할 시간이 없기 때문에 아직 후보에 대해 모든 것을 알지 못한다는 점을 인식한 채로 첫눈에 든 스타트업을 하나 선정해야 한다. 더 자세히 탐색할 스타트업을 선정한 후, 학생들은 자료(재무 전망, 고객 리뷰, 상세한 투자자 자료)를 세세히 읽고, 창업자를 다시 만나고, 제품을 사용해

** 비즈니스, 제품 또는 서비스에 대한 개요를 제공하기 위해 만든 간결한 프리젠테이션 또는 문서

보고, 그들의 작업을 요약한 투자 보고서를 작성한다.

그런데 이 학생들이 실제 벤처 캐피털리스트보다 '많은' 정보를 갖고 있다고 말하면 많은 이들이 놀랄 것이다. 벤처 캐피털리스트들은 종종 창업자를 만나지도, 티저 덱을 보지도 못하고 스타트업 아이디어에 대해 결정을 내려야 하기 때문이다. 또한 실제 벤처 캐피털리스트들에게는 하루에 5개가 아닌 수천 개의 기회가 쏟아진다. 그 결과 벤처 캐피털리스트는 하나를 선택할 때 따르는 희생을 고려해서 힘겹게 균형을 잡아야 한다. 그들은 끊임없이 좋은 아이디어가 유입되도록 하기 위해 부단히 노력한다. 모든 아이디어를 꼼꼼히 조사할 시간은 없기 때문에 품질을 과도하게 희생하지 않으면서 처리 속도를 높여야 한다. 몇 가지 질문을 헤드램프로 삼아 어떤 아이디어가 금광이고 어떤 것이 함정인지 빠르게 판단해야 한다.

벤처 캐피털 투자자들은 정보가 눈앞에 있어도 모든 잠재적인 기회가 될 만한 데이터 포인트를 조사하지 않는다는 사실에 학생들이 놀라곤 한다. 벤처 캐피털 투자자들은 반대로 행동한다. 기회를 '거절'하도록 이끄는 하나의 신호를 찾는 것이다. 이것이 바로 '치명적 결함 접근법' 또는 '적신호 접근법'이라고 부르는 벤처 마인드셋의 지름길 중 하나다. 투자자는 초기 심사 결정을 내릴 때 적신호를 찾고 스스로에게 한 가지 질문을 던진다. "투자하고 싶지 '않은' 이유가 뭘까?"

샤크, 드래곤 그리고 치명적 결함

이런 빠르게 거절하는 사고방식은 보통 사람들에게 이질적으로 느껴질 수 있다. 결정을 내리는 보통의 방식과 다르게 느껴지기도 한다. 하지만 정말 그럴까? 여행으로 새로운 도시에 도착해 가족들이 저녁을 먹을 식당을 골라야 한다고 상상해 보라. 식당 평점 사이트인 옐프나 구글을 열면 수백 개의 선택지를 볼 수 있다. 모든 선택지를 같은 수준으로 꼼꼼히 살핀다면 밤새 밥을 먹지 못하게 될 것이고, 아기는 옆에서 숨넘어가듯 울 것이다. 모든 선택지를 세심히 살피기보다는 적신호 접근법을 적용해 선택지를 버릴 수 있다. 예를 들어, 너무 비싸거나 리뷰의 별이 4개 미만이거나, 아기와 가기에 적합지 않은 레스토랑을 제거하는 것이다. 후보를 몇 개로 축소하기 위해서는 '모든' 사실을 다 알 필요가 없다. 하나의 적신호만으로도 대부분의 선택지를 거절할 수 있다. 당신은 곧 안전벨트를 매고 마음에 드는 곳으로 향할 수 있게 된다.

호텔을 예약하거나 친구에게 선물할 책을 고르거나 아마존에서 주방용품을 구입할 때 등 지나치게 많은 수의 옵션을 다룰 때면 대충 상황을 봐가면서 결정을 내리곤 한다. 인식은 못하지만 이미 당신은 이런 치명적 결함 접근법을 매우 효과적으로 사용하고 있을 것이다. 하지만 왜인지 우리는 비즈니스나 직업적인 의사결정에 있어서는 이 접근법을 신뢰하지 않는다. 하나만 확인해도 충분한데도 모든 상자를 확인하려고 드는 것이다.

전통적인 비즈니스 환경에서 목격하게 되는 것이 바로 이런 상황이다. 매우 제한된 아이디어 리스트에서 시작해 각각의 아이디어를 하나하나 자세히 분석한다. 이런 방법은 일상적인 상황에서는 괜찮지만 혼란의 시기에는 효과를 내지 못할 수 있다. 그렇다면 이 지루한 프로세스에서 어떻게 살아남을 수 있을까? 모든 옵션을 고려하려 들어서는 안 된다. 벤처 캐피털리스트들은 다루기 힘들 만큼 광범위한 거래 깔때기deal funnel에서 시작해서, 가장 유망한 거래에 집중하기 위해 깔때기를 민첩하고 효과적으로 줄여나간다. 이런 사고방식을 채택하면 초기 기회들을 늘릴 수 있게 되는데, 이는 벤처 캐피털리스트 성공의 필수 요소다.

벤처 캐피털리스트는 다음 단계로 넘어가기 전에 거절할 결정적인 이유를 찾아 지나치게 복잡해 보이는 거래의 선택을 단순하게 만든다. '거절'은 벤처 마인드셋의 핵심어이자 뚜렷한 특징이다. 벤처 캐피털리스트는 투자해야 할 매력이 아니라 투자에서 벗어날 길을 찾는 것부터 시작하기 때문이다. 벤처 캐피털 거래 깔때기의 이 단계에서는 거절률이 매우 높다. 따라서 투자자의 관심을 받았던 스타트업의 대부분은 다음 단계로 넘어가지 못한다. 투자자들은 간단한 검토 후 곧바로 투자를 포기한다. 몇 분이면 투자 거절 결정이 내려지는 경우가 많다. 믿어지지 않는다면 함께 LA로 가보자.

조명, 카메라, 액션! 여기는 엄청난 인기를 구가하고 있는 유명 쇼 〈샤크 탱크〉가 촬영되는 소니 픽처스Sony Pictures 스튜디오다. 기업가들은 자본을 조달하겠다는 희망을 안고 엔젤 투자자('샤크shark, 상어'라고 한다)에게 자신의 스타트업에 대한 피치를 한다. 기업가들은 자신과 아이디어의 성격에 대해 간단히 소개한다. 이후 샤크는 기업가의 경험과 세부 사항에 대해 질문한다. 이런 상호작용은 모든 샤크가 투자를 철회하거나(즉, 투자를 거절하거나) 한 명 이상의 샤크가 투자를 제안할 때까지 이어진다. 베이비쿱(유아용품 대여 스타트업)의 프란 마이어는 스탠퍼드 학생들 앞에서 피치를 진행하기 전, 샤크들 앞에서 피치를 했다. 그 과정을 살피고 베이비쿱이 자금 조달에 성공했는지 살펴보자. 마이어는 베이비쿱의 지분 5퍼센트를 조건으로 50만 달러를 조달하고자 했다.

샤크들 중에는 마크 큐반과 카트리나 레이크Katrina Lake 같은 경험 많은 기업가와 투자자들이 있었다. 이들은 처음부터 프란과 공동 창업자 조 마이어에게 질문을 퍼부었다. "더블 유모차 가격은 얼마인가요?", "이 거래에서 얼마의 수익을 얻나요?", "당신의 배경에 대해 말씀해 주세요.", "고객과 공급 업체를 얻는 데 비용이 얼마나 드나요?" 얼핏 들으면 마구잡이로 던지는 질문 같다. TV 시청자들은 샤크들이 차례로 빠져나가는 것을 지켜본다. 샤크들의 반응을 주의 깊게 분석하면, 각 샤크가 '치명적인 결함'이라고 믿는 요소를 찾는 경우 바로 흥미를 잃는다는 것을 깨닫게 된다. 마지막 남은 샤크인 케빈 오리어리Kevin O'Leary(바비 인형 제조업체인 마텔Mattel이 그의 회사를 인수한 적이 있다)는 회사의 지분 20퍼센트를 인수하겠다고 제안한다(창업자들이 거절).[4]

이것이 전형적인 사례일까? 우리는 확인에 나섰다. 우리는 〈샤크 탱크〉 다른 시즌의 피치 수십 개를 무작위로 골라 각 피치에서 나온 모든 질문과 샤크의 반응을 기록했다.[5] 평균적으로 샤크들은 12개 정도의 질문을 하고 결정을 내린다. 같은 패턴이 반복된다. 투자자들은 적신호로 간주되는 치명적 약점을 파악할 때까지 창업자들을 파헤치고 질문을 던진다. 보통 일반적인 질문으로 시작해 창업자가 이런 일련의 초기 질문에서 살아남으면 회사에 따른 더 구체적인 질문으로 나아간다. 치명적인 결함이 발견되면 샤크는 거의 즉시 피치를 거절한다. 벤처 캐피털의 '적신호' 사고방식은 이런 식으로 움직인다.

'성패를 좌우하는' 구체적인 요소가 존재할까? 캐나다의 한 연구진은 〈샤크 탱크〉와 유사한 캐나다의 리얼리티 TV 프로그램인 〈드래곤즈 덴Dragons' Den〉에서 엔젤 투자자와 기업가 간의 상호작용을 조사했다.[6] 연구진은 창업자와 투자자 사이의 상호작용을 녹화하고 주의 깊게 분석했다. 그들은 언어적 단서와 비언어적 단서를 사용해 투자자의 근거를 코드화하고 투자자의 의사결정 과정을 주의 깊게 진단했다.

그 결과, 연구진은 투자자들이 치명적 결함 접근법을 사용한다는 것을 발견했다. 그들은 '치명적 결함'이 되는 8가지 요소를 찾았다. 그중 하나는 채택률, 즉 목표 시장의 고객이 기업가가 제안하는 제품을 쉽게 채택할 수 있는지였다. 드래곤들은 고객 입장에서 명확한 혜택이 보이지 않거나, 선택지에서 바로 설명이 되지 않는 중요한 문제를 발견하면 다른 요소에 시간을 할애하지 않고 즉시 거래를 중단했다. 이 주요 요소들이 합격점을 받으면 드래곤들은 시장 진출 전략, 기업가의 관련 경험, 목표 시장의 규모 등 다른 많은 요소를 고려한다. 대부분의 경우, 사업 아이디어나 기업가가 이런 중요한 요소를 충족시키지 못하면 드래곤들은 바로 발을 뺐다.

이러한 신속한 의사결정 방식은 각 요소를 면밀히 고려한 후에야 균형 잡힌 결론을 종합하는 전형적인 의사결정 과정과는 확연히 다르다. 전통적인 경영대학원 수업에서는 이점과 비용(장단점)을 평가하고, 모든 사실을 수집하고, 모든 결과를 조사하는 접근 방식을 강조한다. 시간이 무한할 때는 이런 방법도 실행할 수 있겠지만 지금 같은 세상에 시간이 무한한 사람이 있을까? 기회의 수가 적을 때라면 이런 방법이 올바른 접근 방식일 수 있다. 이제 전통적인 사고방식에서 기회를 찾기 위해 외부로 나가는 데 관심이 없는 이유를 알 것 같지 않은가? 그들은 제대로 평가할 수 있는 것 이상으로 더 많은 옵션을 끌어들이길 꺼리는 것이다. 하지만 혁신, 와해, 불확실성, 혼란의 세계에 있다면, 이런 접근 방식은 효과가 없다. 벤처 캐피털리스트가 적신호 접근법을 사용해 빨리 거절하고 다음 기회로 이동하는 것도 그런 이유에서다(때때로 몇 년 후에는 자신의 결정을 후회할 수 있다는 것을 알지만).

불확실성이 큰 상황에서는 속도와 정확성의 균형을 잡는 것이 필수적이다. 빠른 속도를 추구하면 의사결정권자는 많은 잠재적 기회를 빠르게 심사할 수 있다. 높은 정확성을 추구하면 투자자는 가능한 한 많은 정보를 수집하고 처리해 더 나은 결정을 내릴 수 있다. 자연히 속도와 정확성은 긴장 관계에 있다. 정확성을 높이려면 더 많은 정보를 수집하고 처리해야 하기 때문에 시간이 더 걸리고 속도가 떨어진다. 새로운 기회를 다루는 데 매년 1,000시간을 투자할 수 있다고 가정하면, 연간 거래 당 50시간을 할애해 20개의 거래를 천천히 신중하게 평가할 수도 있고, 수천 개의 거래를 대단히 빠르게 검토할 수도 있다. 그렇기 때문에 벤처 마인드셋을 가진 사람들은 이 단계에서 지나치다 싶을 정도로 속도에 집중하는 것이다. 결정적으로, 벤처 캐피털리스트들은 아직 투자에 대한 최종 결정을 하지 않는다. 그들은 투자하지 '않는다'는 결정만을 내린다.

다음에 결정을 내려야 하는 상황이 되면 이렇게 자문해 보라. 나는 속도와 정확성 중 어느 쪽에 우선순위를 두고 있나? 정확성에 너무 많은 시간을 할애하느라 기회를 놓치고 있지는 않은가? 의사결정 속도를 높이고 효율적으로 일찍 거절하는 방법을 찾아 더 많은 아이디어를 빠르게 평가할 수 있는 편이 더 나은 때가 있다.

벤처 캐피털리스트가 유망한 스타트업을 선정하는 행운을 만나게 하는 것은 무엇일까? 이 이야기는 우리를 19세기 프랑스의 연구실에서 스탠퍼드 바로 옆에 자리한 혁신 연구실로 데려간다.

보 면 알 수 있 다

2007년 실리콘밸리의 벤처 캐피털리스트인 사미르 간디가 파일 공유라는 미래를 꿈꾸던 드롭박스의 창립자들을 어떻게 만났는지 기억하는가? 간디와 그의 파트너들이 거의 즉각적으로 투자를 결정한 것이 행운으로 보일지도 모르겠다. 하지만 사실 그는 그 미팅을 위해 완벽한 준비를 갖추고 있었다. 그는 파일 공유에 대해 잘 알고 있었고 조만간 파일 공유가 현실화될 것이란 확신을 갖고 있었다.

간디는 더 깊은 지식을 얻기 위해 노력하는 과정에서 파일 공유를 연구하는 수십 개의 기업가팀을 만났고, 때문에 드롭박스에 대해 듣기 전부터 이 주제에 대해 자세히 알아보고 있었다. 간디는 이 과정에서 '이전의 모든 온라인 스토리지 제품들이 실패한 이유는 사용자들이 제품을 채택하고 싶을 만큼 간단하게 만들 방법을 몰랐기 때문'임을 발견했다.[7] 드루 휴스턴과 아라쉬 페르도시를 만나기 전, 그는 온라인 스토리지 제품에 대한 투자 제안을 여러 번 거절했었다. 그는 이렇게 말한다. "드롭박스 창업자들 이전에는 기술적 문제와 디자인적 문제 모두를 해결한 사람이 없었습니다. 그들 역시 당시에는 이 두 가지 문제를 해결하지 못하고 있었지만, 적어도 그런 두 가지 문제가 있다는 것을 파악하고 있었죠." 간디가 운이 좋았던 걸까? 물론 그렇다! 하지만 휴스턴과 페르도시가 '문제를 모두 파악하고 있다'는 것을 알아보는 일에는 많은 노력이 필요했다. 토머스 제퍼슨Thomas Jefferson은 "열심히 일할수록 운이 좋아지는 듯하다는 걸 발견했다"는 명언을 남겼다.[8] 이 격언은 간디와 벤처 마인드셋에도 동일하게 적용된다.

간디는 파일 공유 문제에 대한 해결책이 존재한다는 것을 알고 있었다. 아직 발명되지 않았을 뿐이었다. 마치 드미트리 멘델레예프Dmitri Mendeleev가 화학 원소 주기율표를 내놓으면서, 당시에는 알려지지 않은 원소 사이에 약간의 틈을 남겨두었던 것과 같은 맥락이다. 매버릭 벤처스Maverick Ventures의 데이비드 싱어David Singer는 미래가 기대되는 이런 부분을 '여백'이라고 부른다. 그는 간극을 메우기 위해 그 '여백' 영역에 있는 수많은 스타트업을 만나며 '표'의 빈틈에 완벽하게 맞는 기업을 발견할 때까지 노력한다. 이렇게 간디와 싱어는 우리가 '준비된 마음'이라고 부르는 것을 개발했다.

성공적인 벤처 캐피털리스트의 준비된 마음은 아이디어에 연이어 삼진 아웃을 선언하거나 '우연히' 가장 유망한 아이디어를 더 깊이 조사하기로 결정할 때 가장 좋은 효과를 낸다. 벤처 캐피탈리스트들은 수많은 창업가들과 만나고, 수백 시간에 걸쳐 피치덱과 업계 연구 자료를 연구하고, 스타트업 환경의 다양한 정보를 분석하고 상관관계를 조사하고, 스타트업과 관련된 여러 가지 사실과 결과를 종합하는데, 이를 토대로 패턴을 인식하는 기술을 개발한 뒤 그것에 의존한다. 이것이 그들의 프론트로딩frontloading˙ 방식이다. 그 결과, 벤처 캐피털리스트들은 투자 결정의 순간이 왔을 때 이미 갖추어 둔 적절한 준비를 기반으로 몇 분 안에 결정을 내릴 수 있다. 직감적인 결정처럼 보일 수 있지만(스스로도 그렇게 생각할 수 있지만), 이는 오랫동안 이어진 꾸준한 노력이 바탕이 된 것이다.

그런 준비성 덕분에 세쿼이아는 역대 최고의 거래를 얻어내게 되었다. 에어비앤비 상장 당시 세쿼이아의 에어비앤비 지분 총액은 120억 달러에 달했다. 신생 스타트업에 60만 달러의 시드 라운드를 주도한 세쿼이아의 투자자 그렉 맥아두Greg McAdoo가 아니었다면 에어비앤비의 기하급수적인 성장은 불가능했을지도 모른다.[9] 엔젤 투자자 데이비드 로젠탈David Rosenthal은 이렇게 말한다.[10] "그렉은 이전에 숙박 공유 플랫폼 홈어웨이HomeAway, 브르보Vrbo, 휴가용 임대업을 살펴보았습니다. 그러한 경험과 지식을 바탕으로 그는 '이 사람들(에어비앤비)은 뭔가 다른 일을 하고 있는 것 같네요'

˙ 앞으로 발생할 만한 잠재적 문제를 사전에 파악해 미리 해결하는, 선제 대응 전략

라고 말했어요." 동료 투자자 폴 그레이엄 Paul Graham은 "그렉은 에어비앤비의 가능성을 이해한 유일한 벤처 캐피털리스트였을 것"이라고 말한다.[11] 그 후 그레이엄은 이렇게 덧붙인다. "그는 그 이전 해의 대부분을 관련 사업을 연구하는 데 할애했어요." 준비된 마음은 바로 이렇게 작동한다.

물론 준비된 마음에서 혜택을 얻는 것은 벤처 투자자만이 아니다. 과학의 역사에는 준비된 마음의 사례가 가득하다. 알렉산더 플레밍 Alexander Fleming이 기적적으로 페니실린을 발견한 것이 그 대표적인 사례다.[12] 플레밍은 여름 휴가를 떠나면서 박테리아가 가득한 페트리접시를 작업대에 놓아두었다. 돌아온 그는 특정한 접시, 즉 곰팡이로 오염된 접시에는 박테리아가 없는 것을 보았다. 흔히들 이야기하듯 그 이후의 이야기는 역사가 되었다. 사실 플레밍은 지칠 줄 모르는 실험 끝에 그 몇 년 전 자연적으로 발생하는 살균 물질, 라이소자임 lysozyme을 발견했었다. 그는 이 주제에 관한 많은 논문을 발표했지만 동료들은 그 논문들에 관심을 보이지 않았다. 플레밍은 흔들리지 않고 박테리아 군집의 미세한 변화를 관찰하기 위해 수천 개의 샘플을 준비했다. 우연이 개입했을 때 플레밍은 이미 준비를 갖춘 상태였다. 그는 이후 이렇게 언급했다. "이전의 경험이 아니었다면 많은 세균학자들이 분명 그럴 것처럼 저 역시 그 접시를 버렸을 것입니다… 아마 비슷한 것을 발견한 세균학자들도 있었겠죠… 하지만 자연적으로 발생하는 항균 물질에 관심이 없었기 때문에 배양액을 그냥 버렸을 겁니다."[13] 플레밍이 보았던 것을 다른 과학자들도 보았을 가능성이 높다. 그들은 그것을 무시했을 것이다. 그러나 플레밍의 마음은 준비가 되어 있었다. 벤처 마인드셋과 비슷하지 않은가?

과학적 발견과 스타트업 투자는 불확실성이 높은 상황에서 의사결정이 이루어진다는 점에서 매우 유사하다. 연구자들은 이런 획기적인 발견을 '우연'이라고 부르지만, 실제로는 그렇지 않다. 엑스레이, 전자레인지, 심장박동조율기는 모두 수개월, 수년간의 노력이 없었다면 이루어질 가능성이 매우 낮은 마법 같은 우연의 결과물이다.[14] 19세기 과학계의 거인 루이 파스퇴르Louis Pasteur는 1854년 릴대학 강연에서 과학자들의 준비된 마음을 이렇게 한마디로 요약했다.[15] "관찰 분야에서라면 우연은 준비된 마음에게만 호의를 보인다."

준비된 마음이 과학계에서 혁신을 낳는 것처럼, 상업적 영역에서도 잠재력을 발휘하는 경우가 많다. 1979년 애플의 성공적인 기업 공개 직전, 스티브 잡스와 엔지니어들은 앞서 언급했던 제록스사의 PARC 사업부를 방문했다. 방문을 위한 협상 과정에서 잡스는 이런 제안을 했다. "비공개였던 PARC의 문을 열어준다면 애플에 100만 달러를 투자할 수 있게 해드리겠습니다." 제록스는 이 제안을 받아들였고, 경영진은 애플에게 자신들의 신기술을 보여주는 데 동의했다.[16] 그 대가로 제록스는 애플의 주식 10만 주를 주 당 10달러에 매입할 수 있었다.

그날 실험실에서 정확히 어떤 일이 있었는지에 대해서는 여러 이야기가 있다. 미래의 많은 제품(훗날 애플을 성공하게 만든)이 PARC 연구소에서 시작되었거나 적어도 애플의 엔지니어들이 PARC에서 관찰한 것에서 영감을 얻었다고 주장하는 사람들도 있 다. 잡스와 그의 팀은 레이저 프린터부터 상용 버전의 마우스에 이 르기까지 연구소에서 개발 중인 다양한 기기에 빠져들었고, 많은 소프트웨어에 깊은 인상을 받았다. 잡스 역시 여러 발명품의 잠재 력을 바로 알아보고 "대단해! 이건 혁명이야!"라고 외쳤다. 그는 이후 이렇게 말했다. "계시의 순간과도 같았어요. 겨우 10분이 지 났을 뿐인데… 언젠가는 모든 컴퓨터가 이런 식으로 움직일 거란 생각이 들었던 게 기억납니다." 그리고 이렇게 덧붙였다.

"한 번 보고 나니 그 잠재력이 너무나도 명백해졌습니다."[17]

잡스의 눈에 잠재력이 이토록 명확하게 보였던 이유는, 그가 수 년간 개인용 컴퓨터 사업에 몰두했기에 컴퓨터가 미래에 어떻게 작동할지에 관한 시나리오를 생각하고 동료들과 자신의 예측에 대해 논의하면서 마음을 준비해 왔기 때문이다. 이런 배경 덕분에 잡스는 단 10분 만에, 그날의 할 일 목록을 작성하는 데 드는 시간 보다 짧은 시간 안에 PARC 발명의 혁신적 잠재력을 알아차린 것 이다.

그런데 왜 PARC가 아닌 잡스였을까?[18] PARC의 소유주인 제록스는 왜 연구소에 있는 금광으로 수조 달러의 기업 가치를 일궈내지 못했을까? PARC의 직원들은 지식이 풍부하고 꼼꼼했지만, 이런 관점에서의 준비된 마음을 갖추지 못했다. 그것이 끝이 아니다. 그보다 더 심각한 문제가 있었다. '제록스는 어떻게 개인용 컴퓨터를 발명하고 그것을 무시했는가How Xerox Invented, Then Ignored, the First Personal Computer'라는 도발적인 부제가 붙은 더글러스 스미스 Douglas Smith와 로버트 알렉산더Robert Alexander의 흥미로운 저서 『미래를 더듬다Fumbling the Future』에 따르면, 제록스의 모든 고위 경영진은 공학적으로 무지했다. 제록스는 대부분의 수익이 프린터기와 복사기에서 나오는 탄탄하고 수익성이 높은 회사였다. 한 고위 임원에 따르면, 제록스는 연구, 개발, 엔지니어링에 매년 수억 달러를 지출하고 있었지만, 최고 경영진 중에는 엔지니어들에게 이런저런 제품은 비용을 줄이거나 더 빨리 작동해야 한다고 설명할 수 있는 사람은 한 명도 없었다고 한다.

대부분의 관찰자는 컴퓨터 기술이 없는 제록스 경영진이 잠재력을 깨닫지 못했던 것이라고 생각한다. 컴퓨터는 제록스의 주요 사업 분야가 아니었기 때문에 말이다. 하지만 우주 기술이나 자동차 제조 기술이 없던 일론 머스크Elon Musk가 스페이스X와 테슬라로 어떤 일을 했는지 생각해 보라. 제록스의 주된 문제는 경영진에게 벤처 마인드셋이 없었다는 점이다. 그들은 PARC에서 벌어지는 일에 전혀 관심이 없었다. PARC에서 수많은 혁신적 발명품을 만들었지만 그들은 어떤 발명품도 제록스의 '생과 사'를 가른다고 여기지 않았다.

컴퓨터 마우스를 생각해 보라.[19] PARC에서 만든 버전은 제작 비용이 350달러가 넘었고, 버튼이 3개였으며, 설계 결함으로 인해 부드럽게 굴러가지 않았다. PARC의 엔지니어들과 제록스의 상사들은 이 발명품을 상용화할 기회를 세심히 살피지 않았다. 반면 잡스는 즉시 디자인팀에 버튼이 하나인 15달러짜리 마우스를 만들라고 지시했다. 그는 어떤 표면에서든, 심지어 '내 청바지 위에서도' 부드럽게 움직이는 마우스를 원했다. 잡스는 백색 소음 가운데에서 유망한 신호를 포착할 줄 아는 능력을 갖추고 있었다. 이런 준비된 마음 덕분에 잡스는 작은 불꽃을 큰 혁신으로 바꿀 수 있었던 것이다.

봐야지 알 수 있다고들 말한다. 이 말은 이전에 본 적이 있기 때문에 알 수 있다고 해야 하는 것인지도 모른다.

언뜻 보면 벤처 캐피털리스트와 벤처 마인드셋을 갖춘 사람들이 너무 빨리, 너무 즉흥적으로 결정을 내리는 것처럼 보일 수 있다. 그러나 이런 빠른 속도는 패턴을 인식하도록 훈련되어 있고 중요한 결함과 예상치 못한 변수를 빠르게 찾을 수 있도록 잘 준비된 두뇌에 의해 주도되는 것이다. 해당 분야에 대한 주의 깊은 연구가 없었다면 간디나 맥아두와 같은 투자자들은 드롭박스와 에어비앤비 같은 미래의 챔피언을 알아보지 못했을 것이다. 잡스는 이런 사안들에 대해 수없이 많은 날을 고민해 왔기 때문에 다른 사람들이 놓친 연결성을 '보고', '느낄' 수 있었다. 넷스케이프Netscape의 공동 창업자이며 유명한 벤처 캐피털 업체 a16z의 공동 창업자인 마크 앤드리슨은 스탠퍼드 학생들에게 스타트업 선정과 관련해 다음과 같은 이야기를 했다.[20] "한동안 이 일을 하다 보니, 이 팀과 회사가 최고의 벤처 캐피털로부터 투자를 받을 수 있을지를 쉽게 구분할 수 있더군요. 놀라웠습니다." 안드레센은 다년간의 투자를 통해 키워온 준비된 마음 덕분에 이런 회사들을 찾는 일이 쉬웠던 것이다.

그렇다면 그런 사고방식은 어떻게 훈련해야 할까? 우선 효과가 '없는' 것은 분명히 드러나 있다. 흔히 전문가가 되려면 1만 시간의 연습이 필요하다고 말한다. 우리가 모르는 것이 있다는 사실조차 모르는unknown unknowns 세상에서라면 이런 식의 연습은 그리 도움이 되지 않는다. 오히려 너무 적은 것에 대해서 너무 많이 아는 늪에 빠지는 수가 있다. 패턴을 인식하기 위해 필요한 것은 1만 시간이 아니라 1만 피트의 시야다. 그런 시야를 얻으려면 하늘로 날아가 새에게 배워야 하는 걸까? 파일럿에서 벤처 캐피털리스트로 전환한 사람에게 배워보는 건 어떨까?

전문성은 이륙의 연료

새로운 아이디어가 나타나면, 전형적인 기업들은 수많은 전형적인 도구를 사용해 아이디어를 평가한다. 분석가들은 시장, 경쟁사, 고객에 대한 정보를 모은다. 재무 부서에서는 상세한 모델을 만든다. 공급망 전문가는 조달 모델의 신뢰도를 평가한다. 우리는 이를 '분석 마비analysis paralysis'라고 부른다. 이는 지연을 초래할 뿐 아니라 기업이 다른 아이디어들을 검토하지 못하게 만든다. 어떤 아이디어는 시장 환경에 매우 적합해서 여러 기업에서 빠르게 채택되고 활용된다. 당신이 틱톡이 유망한 채널임을 보여주는 분석 보고서를 만들어 상사를 설득하는 사이, 민첩한 스타트업은 이미 틱톡을 이용한 마케팅을 시작한다.

하지만 더 빨리 움직인다는 것이 방향성 없이 맹목적으로 움직이는 것을 의미하지는 않는다. 경쟁에서 앞서 나가기 위해 벤처 마인드셋은 다음의 3가지 핵심 메커니즘에 의존한다.

기초 작업은 4개의 벽 밖에서

"저를 보러 여기까지 오실 필요는 없습니다." 당시 페이스북 CFO였던 유기돈Gideon Yu이 유리 밀너Yuri Milner에게 한 말이다. 페이스북에는 열성적인 투자자들이 줄을 섰고 밀너도 그중 하나일 뿐이란 뜻이었다. 하지만 몇 달 후, 당시 실리콘밸리에서는 잘 알려지지 않았던 밀너의 DST 펀드는 페이스북 내 더 수용적인 사람을 설득했고, 페이스북과 계약을 체결했다. 바로 마크 저커버그였다. 밀너는 자신의 성공을 준비성과 전문성의 결과로 보았다.

2000년대 중반, 그는 소셜 미디어 분야에 대한 확고한 신념을 갖게 되었고 전 세계에서 성공작을 찾기 시작했다. 그의 목표는 기업가들을 만나 최고의 솔루션을 실행할 잠재력 있는 팀을 선택하는 것이었다. 밀너가 다른 투자자들과 달랐던 점은 인도와 같은 신흥국과 헝가리 같은 작은 나라를 포함한 전 세계 소셜 네트워크의 데이터를 보여주는 대규모 스프레드시트를 부지런히 작성했다는 점이다.[21] 밀너는 이런 접근 방식으로 플립카트Flipkart*와 올라Ola** 등 다른 많은 거래를 준비할 수 있었다. 그는 이 전략을 '소스를 활용하고, 관계를 구축하고, 스프레드시트를 준비하는 것'이라고 설명한다. 활용하고, 구축하고, 준비하라.[22]

그러자 당연하게도 2008년 DST의 투자 레이더에 페이스북이 모습을 드러내기 시작했다. 밀너는 곧바로 대서양을 건너 마크 저커버그와 그의 리더십팀을 만났다. 당시 페이스북은 최고의 인기를 구가하며 열성적인 투자자들에게 둘러싸여 있었기 때문에 그의 성공 가능성은 희박했다. 밀너는 단순히 자본만으로는 부족하

* 인도의 전자상거래 업체
** 인도의 다국적 승차 공유 업체

다고 생각하고, 소셜 미디어에 대한 전문 지식과 통찰력도 챙겼다. 그중 하나가 그가 이후에 '저커버그의 법칙'이라고 명명한 것이다. 그 유명한 무어의 법칙Moore's law과 비슷하게, 웹에서 사람들이 공유하는 정보의 양이 12~18개월마다 두 배로 증가한다는 것이다. 저커버그는 나중에 DST에 대해 이렇게 이야기했다.[23] "이들의 태도는 정말 특이했습니다. 끌어들일 만한 많은 경험을 가지고 있었죠."

"저는 그런 회의에 참석할 준비를 갖추는 데 많은 시간을 투자합니다."[24] 밀너의 말이다. 이런 준비성은 DST의 2억 달러 투자를 40억 달러의 수익으로 바꾸었다. 대서양을 건너 날아갈 가치가 충분하지 않은가!

비행 전에 업계에 대한 전문 지식을 쌓는다

제트블루 항공JetBlue Airways을 이용할 기회가 생긴다면 엔터테인먼트와 생방송 TV 프로그램으로 가득한 눈앞의 스크린에 주목하라. 3만 피트 상공을 비행하는 동안 인기 프로그램, 주식 시장 업데이트, 뉴스 속보를 즐길 수 있다. 믿기 어렵겠지만 2000년 4월 이전까지 생방송 TV 시청은 개인 제트기 소유자만 누릴 수 있는 사치였다.[25] 제트블루는 모든 좌석에 평면 모니터를 도입하고 고객에게 추가 비용 없이 다이렉TVDirecTV 채널을 실시간으로 시청할 수 있도록 한 최초의 상업 항공사다.

제트블루는 항상 다양한 첨단 기술을 사업에 도입하는 혁신적인 업체였지만, 접근 방식에 획기적인 변화가 시작된 것은 2016년 회사가 항공업계 최초로 기업 벤처 펀드, 제트블루 테크놀로지 벤처스JetBlue Technology Ventures, JTV를 설립하면서부터였다. JTV는 일리야의 스탠퍼드 제자인 보니 시미Bonny Simi가 설립해 이끌었다. 스탠퍼드 졸업생의 기준에서 보더라도, 시미의 경력은 특별하다. 파일럿, 올림픽 3관왕, TV 리포터, 마지막으로 벤처 캐피털리스트까지! 다음은 무엇이 될까? 〈우주가족 젯슨The Jetsons〉의 하늘을 나는 택시를 현실화하는 것은 아닐까?

제트블루가 직면한 문제는 항공사로서는 규모가 작다는 것이었다.[26] 제트블루의 미국 시장 점유율이 아메리칸American Airlines, 델타Delta Air Lines, 유나이티드United Airlines에 이어 5퍼센트에 불과했기에, 기존 업체와는 다른 창의적 사고와 계산된 위험을 감수하는 많은 수의 베팅을 통해 혁신과 경쟁에서 앞서 나가지 않고서는 장기적인 영향력을 기대하기 어려웠다. 시미의 상사들은 항공사가 외부인의 창의성을 활용할 필요가 있다는 사실을 깨달았고, 이에 시미가 제트블루의 벤처 업무를 맡게 되었다.

시미는 성공하려면 준비된 마음과 벤처 캐피털리스트의 사고방식이 필요하다는 것을 잘 알고 있었다. 이미 항공 산업에 대한 수많은 식견을 갖고 있었던 그녀는 이번에는 벤처 캐피털 생태계와 파괴적 혁신에 성공한 기업과 실패한 기업의 사례 연구에 뛰어들었다. 불과 몇 년 만에 그녀와 그녀의 팀은 거의 모든 여행 관련 스타트업을 검토하고 분석했으며, 수십억 건의 여정과 여행 검색에 대한 데이터 분석을 마쳤다.[27] 그 결과, 보니 시미는 JTV의 명성을 높이고 깊이 있는 전문성을 활용해 벤처 캐피털 업계 명예의 전당에 올랐다. 항공 운송 분야의 모든 스타트업은 JTV와의 제휴를 꿈꾼다.

시미와 그녀의 팀은 대단히 까다로웠다. 거기에는 그만한 이유가 있었다. 그들은 업계와 업계의 니즈를 잘 알고 있었기 때문에 가능한 모든 결함을 바로 알아차릴 준비가 되어 있었던 것이다. 그들이 발견한 아이디어 중에는 파일럿이 비행 전에 연료 소비 계획을 더 잘 세우도록 돕는 것이 있었다. 하지만 시미는 이것이 상업 항공사가 직면한 고충점이 아니라는 것을 바로 깨달았다. 또 한 번은 시미가 루모Lumo라는 스타트업과 마주친 적이 있었다. 개인이나 기업을 대상으로 항공편 지연을 예측, 추적, 관리하는 솔루션을 구축한 업체였다. 시미는 "우리가 원하는 일이 바로 이거야"라는 반응을 보였지만 다른 사람들은 열의를 보이지 않았다. 시미의 준비된 마음은 항공 교통의 상황을 예측하는 루모의 역량을 바로 알아차렸다. 비행 전에는 준비를 갖춰야 하는 법이다.

전장을 선택한다

액셀 파트너즈Accel Partners(페이스북의 또 다른 초기 투자자)와 같은 많은 벤처 캐피털은 자신들의 접근 방식을 '준비된 마음Prepared

Mind'이라고 부른다. 파트너들은 다음에 무엇이 등장할지에 대해 끊임없이 고민하고 그런 개념에 맞는 기업을 찾는다. 이런 준비성은 액셀 파트너즈가 팀과 아이디어를 극히 초기 단계부터 지원하는 데 도움이 된다.

2005년 구글이 검색 부문을 거의 지배하고 있었지만, 골리앗이 있으면 다윗도 있는 법이다. 실리콘밸리의 대표적 벤처 캐피털리스트 테레지아 구우Theresia Gouw는 우리에게 다윗을 발견한 흥미로운 이야기를 들려주었다. 과학자들은 연구를 통해 마음을 단련한다. 벤처 투자자들은 만남을 통해 마음을 갈고닦는다. 그들은 관심 분야의 스타트업, 전문가, 학자들과 모임을 갖는다. 액셀의 파트너였던 구우가 만나던 전문가 중 한 사람은 당시 액셀의 사내 기업가이며 검색 엔진 분야의 세계적 권위자였던 필립 넬슨Philip Nelson이었다. 구우는 넬슨과의 대화를 통해 구글의 아킬레스건이 '매개변수화된' 검색이라는 사실을 깨달았다. 실제로 사용자가 보스턴의 명소에 대해 알고 싶은 경우 몇 번의 클릭만으로 목록을 얻을 수 있다. 하지만 애틀랜타에서 보스턴으로 가는 여행의 종류를 검색해야 할 경우 구글 검색 엔진은 도움이 되지 않았다. 특정 날짜, 시간대, 선호하는 항공사와 같은 세부 정보는 검색어에 넣기에는 너무 복잡했다. 구글은 이런 검색 요청에 맞게 설계되어 있지 않다. 구직, 부동산 등의 분야에서도 마찬가지다. 구우는 이런 계시와도 같은 순간을 떠올리며 우리 앞에서 미소를 지었다. 그녀가 포착한 기회는 바로 업종별, 니즈별 검색이었다. 이것이 그녀가 공략하기로 한 개념이었다.

개념을 찾은 구우는 일터로 향했다. 그녀는 부동산 업종의 검색 엔진을 선택했다. 여기저기서 단서들(잠재적인 기회나 정보원)이 나왔고 일부는 그녀가 직접 구글에 검색하기도 했다. 그녀는 수십 개의 회사와 접촉했고, 많은 것을 배울수록 성공하는 데 무엇이 필요한지 더 잘 알게 되었다. 온라인 부동산 마켓플레이스 트룰리아Trulia의 창립자를 만났을 때, 그녀는 이미 준비된 상태였다. 몇 년 후 트룰리아는 상장하게 되었다. 이 성공은 가설 중심의 준비된 마음의 덕분이었다. 이후 액셀은 코스믹스Kosmix(쇼핑을 위한 분야별 솔루션)와 카약Kayak(온라인 여행 플랫폼) 등 업종별 검색 엔진에 투자했다.

기업의 마인드셋은 이런 원칙을 통해 혜택을 누릴 수 있다. 평가하고 결정해야 할 아이디어는 수백, 수천 가지다. 바다를 끓이는 것은 최적의 전략이 아니다. 집중력을 유지하는 것이 마음을 준비하는 한 가지 방법이다.

특정 영역에 노력을 집중하는 한편, 틀에 갇히지 않고 벽 밖으로 눈을 돌리는 것이 수천 개의 아이디어를 평가하는 효율적인 방법이다. 3,000여 개의 후보 기업 중 수십 개의 기업을 가려내는 것은 어떤 벤처 캐피털리스트도 거치기 힘든 과제였을 것이다. 혁신적인 아이디어를 추구하려면 돌 가운데에서 원석을 빨리 구분해야 한다. 빠른 속도는 벤처 캐피털 세계 밖에서도 중요하다. 그렇다면 아이디어를 평가하는 측면에서 빠르다는 것은 어떤 의미일까?

1초가 중요할 때

가상의 학생 벤처 캐피털리스트들 앞에서 기업가들이 피치를 선보이는 스탠퍼드의 수업으로 잠시 돌아가 보기로 하자. 20분의 피치가 종종 성공과 실패를 좌우한다. 이 시간은 운 좋은 기업가가 진짜 벤처 캐피털리스트들 앞에서 피치를 하는 시간과 거의 같다. 왜 이들을 운이 좋은 기업가라고 하는 것일까? 대부분의 기업가는 초대조차 받지 못하고, 그들의 제안은 수신자 메일함의 휴지통으로 들어가 버릴 수도 있기 때문이다. 하지만 물론 우리는 이들 기업가가 단순히 운이 좋은 것이 아니라 준비가 되어 있다는 것을 알고 있다.

앞서 스타트업 투자자들에게 가상의 콜드 이메일을 보낸 우리의 실험 결과를 공유했다. 긍정적인 응답률이 2퍼센트 미만에서 15퍼센트 이상까지 다양한 상황에서 다른 이메일보다 더 큰 반향을 일으킨 이메일들이 있었다. 이런 큰 격차가 발생한 것은 정곡을 찌르는 적절한 키워드를 신중하게 선택했기 때문이다.

물론 벤처 캐피털리스트들에게 피치를 하는 것은 쉽지 않은 일이다. 하지만 그런 도전도 시나리오 작가 앞에서는 무색해진다. 매년 5만에서 100만 개의 시나리오가 매우 좁은 할리우드의 문을 통과하기 위해 경쟁한다.[28] 경쟁이 몹시 치열하지 않은가? 그러나 '시나리오 깔때기'도 기업가들의 피치 깔때기와 비슷하다. 치명적 결함 단계를 통과한 시나리오 피치는 약 15분에서 20분 정도 진행된다. UC 데이비스의 킴벌리 엘스바흐Kimberly Elsbach와 스탠퍼드의 로더릭 크레이머Roderick Kramer가 수행한 연구 덕분에, 우리는 의사결정권자의 머릿속에서 어떤 일이 일어나는지 알 수 있다.[29] 엘스바흐와 크레이머는 작가를 인터뷰하는 것은 물론이고 프로듀서에게 하는 피치를 비디오로 녹화해 작가와 스튜디오 임원 간의 상호작용 결과까지 연구에 포함시켰다. 그 결과 프로듀서들은 몇 분, 심지어 몇 초 만에 결정을 내린다는 것이 드러났다.[30] (다른 연구에서는 보통의 결정 시간이 45초라는 것을 발견했다.)

인생에 중요한 결정을 내리는 데 15분은 너무 짧다고 생각하는가? 그렇다면 연애 상대를 선택하는 것보다 더 나은 예를 찾을 필요는 없을 것이다. 잡지 「타임 아웃Time Out」은 전 세계 도시에 거주하는 1만 1,000명을 대상으로 두 번째 데이트를 할 이유가 있는지 판단하는 데 시간이 얼마나 걸리는지 물었고, 응답자의 거의 절반이 2~3분 이상은 필요치 않다고 답했다.[31] 카푸치노 한 잔을 마시기도 힘든, 겨우 주문이나 할 수 있는 시간이 아닌가!

속도의 측면에서라면 패션계도 할리우드에 지지 않는다. 패션

쇼는 패션 하우스들이 새로운 컬렉션을 선보이는 화려한 행사다. 프로듀서는 수천 명의 지원자 중 단 몇 명의 모델만을 선발해 무대에 설 기회를 준다. 프로듀서들에게 모델을 캐스팅하는 데 얼마나 걸리는지 물은 연구원들은 프로듀서들의 대답을 듣고 놀라지 않을 수 없었다. 심지어 한 프로듀서는 "순식간이죠! 아시잖아요?"라고 말하기도 했다. 그들은 인도한 것은 무엇일까? 그들의 준비된 마음이다! 프로듀서들은 '좋은 안목'이라는 기술을 개발하기 위해 패션 잡지와 정기 간행물을 둘러보는 데 수많은 시간을 할애한다. 또한 프로듀서들은 모델 선택과 기준에 대한 귀중한 정보를 얻기 위해 패션 업계의 다른 사람들과 활발하게 네트워크를 구축한다.[32] 이것이 벤처 캐피털리스트들이 투자자의 연단에 올릴 스타트업을 찾아다니며 하는 일이다.

그렇다면 속도에서 최고 기록을 보유하고 있는 것이 할리우드의 프로듀서나 패션 프로듀서들일까? 그렇지 않다. 우리는 복잡한 시선 추적 연구를 통해 채용 담당자가 지원자의 이력서를 훑어보고 패턴 매칭 활동의 한 유형으로 특정 핵심어를 찾아 '적합/부적합' 결정을 내리는 데 평균 7.4초(!)가 소요된다는 것을 알게 되었다.[33] 채용 담당자는 벤처 캐피털리스트와 마찬가지로 제한된 양의 정보를 검색해 지원자를 원하는 직무에 연결시키거나 바로 탈락시킨다. 우선 이름, 학력, 현재와 이전 직책 또는 회사, 현재나 이전 직장의 업무 시작일과 종료일 등 주요 데이터 포인트를 검토한다. 그런 다음 키워드를 살핀다. 끝! 좋은 직원을 채용하는 데 7초라는 시간으로 충분할까? 전혀 그렇지 않다. 하지만 목표는 가망이 없는 후보자를 제외해 이후 더 적은 수의 후보자를 보다 신중하게 검토할 수 있게 만드는 것이다. 다음에 이력서를 준비하거나 입사 지원을 할 때는 이력서를 7초 만에 검토해 당신의 미래를 결정할 채용 담당자의 입장이 되어보라.

주의를 당부하며 이 장을 마무리할까 한다. 준비가 되어 있다는 것이 '사고의 지름길mental shortcut*'에 의존하거나 사실을 무시하라는 의미는 아니다. 힘든 노력과 끝없는 준비 시간을 건너뛴다면 바로 편견이 드러나고 선입견이 끼어든다. 단, 준비된 마음에도 선입견이 개입할 수 있으니 주의해야 한다. 특이한 스타트업을 무시하고, 패턴에 맞지 않는 사람을 피하고, 흔치 않은 아이디어를 간과하는 일을 경계해야 한다. 편견은 근절하기 어려운 바이러스처럼 퍼질 수 있다. 인종, 성별, 배경은 사고방식을 왜곡할 수 있다. 준비된 마음을 성급한 반응과 혼동해서는 안 된다. 올바른 결정을 내리기 위해서는 속도를 늦춰야 할 때도 있다.

• 의식적인 인식 없이 신속하고 효율적으로 결정이나 판단을 내리기 위해 뇌가 사용하는 인지 전략 또는 경험적 방법

↑ ↓ ↑ ↓

마인드셋
점검

1. 기업가, 경영진, 전문가와 정기적으로 직접 교류하며 업계 발전에 대한 식견을 넓히고 있는가?

2. 기업가와 다른 기업들이 당신의 전문성과 네트워크에 접근하기 위해 아이디어를 가지고 찾아오는가?

3. 조직에서 집중하거나 넘어가야 할 영역, 주제, 여백이 정의되어 있는가?

4

SAY NO
100 TIMES

4장

"노"라고
100번 말한다

까다로워야 하지만
당신이 생각하는 방식은 아닌 이유

돼지 저금통을 부수는 방법

"부수세요, 교수님! 같이 세봐요!"

당신은 돼지 저금통 주위를 둘러싸고 있는 30명의 참가자 중 하나다. 회의 전에 우리는 돼지 저금통을 1센트 동전으로 채웠다. 가득 차서 동전을 더 넣을 수 없을 정도로 말이다. 우리는 기업 워크숍에서 이 게임을 정기적으로 진행하며 참가자들에게 간단한 질문을 던진다. 돼지 저금통에 들어 있는 돈은 얼마일까? 당신도 맞춰보라(그림 5 참조).

우리는 사람들에게 몇 분의 시간을 주고 제각각 흥미로운 전략을 펴는 것을 지켜본다. 돼지 저금통을 응시하는 사람들이 있는가 하면, 돼지 저금통을 손에 들고 무게를 추측한 다음 온라인에서 동

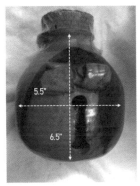

그림 5. 저금통은 동전으로 '채워져' 있다. 동전의 지름은 0.75인치(약 1.9센티미터)다.

전의 무게를 찾아보는 사람도 있다. 어떤 이들은 돼지 저금통의 사진을 찍고 또 어떤 이들은 휴대폰의 계산기 앱을 켠다.

저금통 경매가 시작된다! 규칙은 다음과 같다. 각 참가자가 돼지 저금통에 지불할 가격에 대한 입찰을 진행한다. 모두가 종이에 입찰가를 적은 뒤 가장 높은 입찰가를 적은 사람이 낙찰을 받는다.

돼지 안에 3,000페니, 즉 30달러가 들어 있고 당신의 입찰가가 20달러라고 가정해 보자. 입찰가가 20달러가 넘는 사람이 있다면 당신은 낙찰을 받을 수 없다. 이제 당신의 입찰가가 20달러고, 다른 모든 참가자의 입찰가는 20달러 미만이라고 가정해 보자. 이 경우에는 당신이 낙찰받을 것이다. 당신은 우리에게 20달러를 주고, 우리는 당신에게 30달러를 준다. 당신은 차액 10달러의 이득을 본다. 하지만 당신의 입찰가는 40달러인데, 다른 모든 사람의 입찰가가 40달러 이하라면? 당신은 낙찰을 받고도 10달러의 손해를 본다. 우리로부터 30달러를 받지만, 입찰가 40달러를 내놓아야 하니까. 따라서 이 게임은 이기는 동시에 돈을 잃을 수도 있다.

모두가 입찰가를 적고 나면 비로소 진짜 재미있는 일이 벌어진다. 우리는 모든 사람에게 입찰가가 적힌 종이를 높이 들어달라고 요청한다. 30명이 손을 머리 위로 높이 들어 입찰가를 흔들면 방안의 긴장은 고조된다. 이후 우리는 1달러 이상 입찰한 사람만 손을 들고 있으라고 요청한다. 그다음에는 5달러, 그다음에는 10달러⋯ 50달러⋯ 100달러. 하나둘 손이 내려오기 시작하면서 사람들은 놀라며 주위를 둘러본다. 아직 손을 들고 있는 사람들의 예상 금액이 자신의 예상 금액보다 훨씬 높기 때문이다. 마지막으로 진한 파란색 셔츠에 은테 안경을 쓴 신사가 큰 글씨로 '125'라고 적은 입찰지를 든 채 남는다. 그가 낙찰자가 되고 모두가 박수를 보낸다. 과연 그는 진정한 승자일까? 돼지 저금통에는 12.74달러가 들어 있었다. 은테 안경을 쓴 신사의 예측에는 정확히 112.26달러의 오차가 있었다! 이 신사는 이겼지만 금전적으로는 손해를 봤다.

우리 두 사람은 돼지 저금통 경매 게임을 수백 번 했지만, 게임에서 돈을 잃은 적은 단 한 번도 없다. 한편 20~30명으로 이루어진 학생이나 고위 임원 그룹 중에서는 항상 저금통 안에 있는 것보다 더 높은 금액을 입찰하는 사람이 있다. 다른 사람보다 높은 입찰가를 제출해야 승자가 되지만, 승리의 기쁨은 오래가지 못한다.

당신이 방금 목격한 것은 '승자의 저주'로 알려진 현상이다.[1] 많은 연구가 다룬 이 강력한 현상에는 불확실성이 중요한 역할을 한다. 모든 참가자는 저금통 안에 있는 돈의 액수를 추측해야 한다. 혁신적인 아이디어를 평가하는 일과 마찬가지로 이런 예상치는 모두 가정을 기반으로 한다. 모두 불완전한 것이다. 결국 가치 평가는 간단한 일이 아니다! 어떤 이들은 실제 가치보다 훨씬 낮은 추정치를 내놓는 반면, 어떤 이들은 실제 가치보다 훨씬 높은 추정치를 내놓는다. 가상 현실 아이디어가 인터넷처럼 크게 성공할까, 아니면 클럽하우스Clubhouse*처럼 실패할까? 아직 아무도 모른다. 돼지 저금통 속에 든 돈과 마찬가지다. 결국 이 게임은 최대 추정치와 최대 입찰에 관한 것이다(그림 6 참조).

승자의 저주는 우리 주위 어디에나 있다. 눈에 보이지는 않지만 그 영향은 크다. 예를 들어 수많은 인수합병M&A 거래의 실패를 설명하는 데 도움이 된다. 또한 벤처 캐피털 업계에서도 중요한 역할을 한다. 벤처 캐피털이라는 배경에서 승자의 저주는 놓치는 것에 대한 두려움, FOMOfear of missing out와 밀접한 관련이 있다. 투자자는 스타트업에 투자 제안을 할 때, 경쟁사가 더 높은 입찰가를 부를까 봐 걱정하곤 한다. 제2의 아마존이나 마이크로소프트를 차지

* 소셜 네트워킹 앱, 사용자가 가상 회의실에 참여해 실시간 토론, 패널 또는 강의에 참여할 수 있는 독특한 오디오 기반 플랫폼

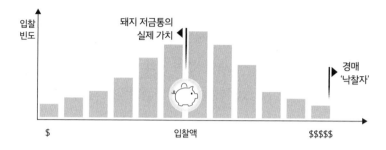

그림 6. 돼지 저금통 경매 결과의 예시

하려면 입찰가를 높여야 하지 않을까? 그렇게 하지 않으면 이 투자를 영원히 놓치는 것은 아닐까? 스타트업은 돼지 저금통과 같다. 다만 스타트업의 경우 그 진정한 가치가 드러날 때까지 긴 시간이 필요하다. 벤처 캐피털리스트는 잠재적 가치를 추정하려고 노력하는 과정에서 기회를 놓칠까 하는 걱정으로 너무 많은 돈을 거는 경우가 있다.

투자자가 불안해할수록 당연히 스타트업의 잠재적 가치를 과대평가할 가능성은 높아진다. 불확실성이 높아지고 전체 벤처 캐피털 시장이 과열될수록 FOMO는 더욱 심해져 승자의 저주는 더 커진다. 이목을 끌었으나 결국 눈물로 끝난 벤처 캐피털 투자는 대부분이 FOMO에 굴복한 결과다. 2022년 암호화폐거래소 FTX의 갑작스러운 부상과 더 가파른 하락, 투자자들의 사랑을 독차지했던 위워크WeWork의 초기 상승과 하락을 생각해 보라.[2] 중국의 자전거 공유 회사 오포ofo는 또 어떤가.[3] 오포는 전성기에 투자자들로부터 20억 달러가 넘는 돈을 조달했지만, 곧바로 지나치게 부푼 타이어처럼 터져버렸고 그 여파로 자전거들이 길거리에 쓰레기로 버려졌다. FOMO는 벤처 캐피털 업계에서 흔한 현상이다.

돼지 저금통 경매 게임의 경우, 입찰자가 많을수록 승자의 저주는 심해진다. 100명의 입찰자를 누르고 낙찰을 받을 경우, 큰돈을 잃게 될 가능성이 높다. 또한 입찰을 고민할 수 있는 시간이 극단적으로 줄어드는 경우에도 승자의 저주는 극단적으로 커진다. 참가자들에게 더 신중하게 계산할 수 있는 30분의 시간을 준다면, 동전 12.74달러가 들어 있는 돼지 저금통에 125달러라는 입찰가를 써낼 사람은 아무도 없을 것이다.

시간의 압박이 심한 경쟁 상황에서는 감정이 고조된다. 심리적으로 우리는 입찰 경쟁에서 이기는 것을 실제 전쟁에서 이기는 것과 연관시키는 경향이 있다. 우리는 일생일대의 기회를 놓칠까 봐 두려워서 그 기회처럼 보이는 것에 서둘러 달려든다. 그러나 돼지 저금통 경매와 같은 상황에서 가장 좋은 반응은 한 발 물러서서 얻을 수 있는 모든 정보를 평가하고 대개의 경우 거래를 거절하는 것이 최선의 행동 방침임을 아는 것이다.

승자의 저주와 FOMO가 벤처 캐피털 투자자들에게만 해당되는 위험 경고라고 생각한다면, 마지막으로 연간 예산에 대한 논의에서 나오는 '지금이 아니면 못한다'와 같은 주장을 생각해 보라.

여러 곳에서 눈독을 들이는 전문가를 채용하려는 때 인사 담당자가 더 매력적인 제안을 하자고 부추기던 기억을 떠올려보라. 인수에 대해 논의하고 있는데 이사회와 고위 경영진이 특정 가정을 조작하거나 과장해 회사의 가치를 과대평가했을 때를 떠올려보라. 이런 상황에서 한 발 물러서서 생각하고 필요한 경우 기회를 거절하는 일을 주저하면 막대한 대가를 치를 수 있다.

누구나 동전으로 가득 찬 돼지 저금통을 차지하고 싶은 심리를 가지고 있다. 돈을 더 내는 한이 있더라도 말이다. 우리 삶에 승자의 저주가 만연해 있다는 것을 깨닫는 일은 올바른 방향으로 나아가는 첫걸음이다. 와해적 혁신의 세계에서는 승자의 저주가 특히 비일비재하다. 훌륭한 아이디어가 가뭄에 콩 나듯 나오기 때문이다. 벤처 캐피털리스트들은 승자의 저주를 억제하기 위한 경험 법칙과 프로세스를 개발해 왔다. 그들은 당신이 생각하는 것보다 훨씬 더 자주 "노"라고 말할 만큼 단련이 되어 있다.

그들의 핏속에는 거절이 흐른다

어떻게 100억 달러 가치의 회사에 투자할 수 있는 기회를 거절하고도 큰 성공을 거둘 수 있는 것일까?

구글의 벤처 캐피털 부문인 구글 벤처스의 빌 마리스Bill Maris는 신경과학을 전공했다.[4] 그는 듀크대학교의 신경생물학센터에서 연구원으로 일하다가 생명공학 투자자, 스타트업 엔지니어, 창업자로 변신했다. 구글 초기에 입사해 2009년에 구글 벤처스를 설립한 그는 DNA 검사로 유명한 23앤드미23andMe와 암 분야에 특화된 플랫아이언 헬스Flatiron Health, 파운데이션 메디슨Foundation Medicine 등 의료 부문 스타트업의 잠재력을 발견했다. 마지막 두 회사는 각기 약 20억 달러에 로슈Roche에 인수되어 구글 벤처스에 큰 수익을 선사했고 마리스에게도 큰 명성을 안겨주었다.[5]

2013년 마리스에게 또 다른 기회가 찾아왔다.[6] 한 의료 기술 스타트업이, 아이폰이 휴대전화 업계를 뒤흔들었듯이 기존의 의료 진단 산업을 뒤흔들 수 있다고 주장했다. 가장 최근에 혈액 채취를 위해 검사실에 들어섰던 때를 한번 떠올려보라. 혈액을 채취하는 여러 개의 튜브가 기억이 나는가? 그럼 이번에는 의사나 투박한 의료 장비가 필요 없다고 상상해 보라. 손바닥에 올릴 수 있는 장치에 혈액 한 방울만 떨어뜨리면 된다고 말이다. 이후 사용자 친화적인 앱에서 옵션을 선택해 원하는 혈액 검사를 진행할 수 있다.

지금은 사라진 이 회사, 테라노스Theranos는 10년 전 스탠퍼드 중퇴자가 설립한 회사다. 테라노스는 2013년까지 슈퍼마켓 체인 세이프웨이Safeway, 약국 체인 월그린Walgreen과 같은 화려한 파트너 리스트를 자랑했다. 이 회사의 투자자 피치 덱은 대형 제약회사의 로고들로 눈길을 사로잡았다. 많은 이들이 1조 달러 규모의 기회가 될 수 있다고 이야기하면서 분위기가 고조되었다. 실제로 이 회사는 전형적 벤처 투자자가 요구하는 많은 조건에 맞아떨어졌다. 하지만 마리스의 눈에 한 가지 적신호가 포착되었다. 테라노스의 이사회에는 미국 국무장관을 역임한 헨리 키신저Henry Kissinger와 조지 슐츠George Shultz, 합동 군사령부 사령관 제임스 매티스James Mattis 장군, 웰스파고Wells Fargo 은행의 전 CEO 리처드 코바세비치Richard Kovacevich 등 대단한 유명인들이 포함되어 있었다. 어느 모로 보나 인상적인 명단이다. 하지만 이상하게도 이 생명과학 기업의 이사회에는 단 한 명의 의료 전문가도 없었다.[7] 게다가 테라노스는 이미 상당한 자금을 조달했음에도 불구하고, 평판 좋은 생명공학 전문 벤처 캐피털의 투자자는 이사회에 포함되어 있지 않았다. 이 모든 것이 마리스의 벤처 마인드셋에 어긋났다.

다음 단계는 테라노스의 제품의 테스트였다. 당시로서는 아직 장비가 손바닥에 올릴 만큼 작지 않지만 한 방울의 혈액으로 여러 가지 검사를 동시에 진행할 수 있다는 것이 회사의 주장이었다. 그것만으로도 기적과 같았다. 마리스는 내부의 생명과학투자팀 직원을 미스터리 쇼퍼로 월그린에 보내 혈액 검사를 받게 했다. 결과는 고무적이지 못했다. 약국을 방문한 직원은 예상했던 대로 한 방울의 혈액을 뽑는 대신 정맥을 채혈해야 했다. 그가 거부하자 일주일 후에 다시 와서 채혈하라는 안내를 받았다.

마리스의 걱정은 더 커졌다. 과학적 질문에 대한 대답은 피하고 혁신적인 기술의 세부 내용은 공개하지 않는 테라노스 경영진의 비밀주의 때문이었다. 마리스는 이후 이렇게 회상했다. "누구라도 그리 어렵지 않게 겉보기와 다르다는 판단을 내릴 수 있는 상황이 었습니다." 그는 테라노스에 투자할 기회를 포기한 것을 다행으로 여겼을 것이 분명하다. 몇 년 후 연방 검사 로버트 리치Robert Leach 는 테라노스 사건을 '실리콘밸리에서 벌어진 가장 지독한 화이트 칼라 범죄'라고 묘사했으니 말이다.[8] 2022년, 테라노스의 설립자 엘리자베스 홈즈Elizabeth Holmes는 4건의 사기 혐의로 유죄 판결을 받고 11년 징역형을 선고받았다.

좋은 돈벌이처럼 보이는 테라노스와의 거래를 거절한 것이 구글 벤처스뿐이었을까? 2006년 하이랜드 캐피털 파트너스Highland Capital Partners의 또 다른 의료 부문 투자자 비잔 살레히자데Bijan Salehi-zadeh 역시 테라노스에 대한 투자 기회를 거절했다. 그는 기술에 대해 자세히 파악하려 노력했지만 홈즈가 대부분의 질문에 답을 하려 하지 않거나 대답하지 못하는 느낌을 받았다.[9] 홈즈가 수십 년 동안 의료 장비에 투자해 온 전문 벤처 캐피털 메드벤처 어소시에이츠MedVenture Associates를 만났을 때도 비슷한 상황이 펼쳐졌다.[10]

매버릭 벤처스의 파트너 데이비드 싱어는 테라노스의 초기 투자 라운드 슬라이드 자료를 보고 "유럽을 공략하고자 한다면 적절한 사람들이겠지만, 정교한 의료 사업을 구축할 만한 전문성을 갖춘 것으로는 보이지 않는다"는 결론을 내렸었다고 말했다. 많은 사람의 생각과는 달리, 테라노스에 투자한 벤처 캐피털은 거의 없었다. 테라노스에 대한 투자를 검토했다가 거절했던 벤처 캐피털 투자자들의 공통점은 무엇일까? 그들은 어떻게 해서 FOMO에 굴복하지 않은 것일까? 테라노스는 많은 벤처 캐피털리스트들의 예비 평가에서 '치명적 결함'을 노출했고, 따라서 벤처 캐피털리스트들은 더 상세한 조사를 시작했다. 한 방울의 피로 진단이 되는 혁신이 진짜라면 정말 좋은 기회가 아닌가? 벤처 마인드셋을 가진 투자자들은 그 아이디어를 면밀히 조사하고 기술의 모든 세밀한 부분을 파악하려 애썼다. 상세한 실사를 통해 적신호가 하나둘씩 드러나자 기회를 좇던 투자자들의 마음은 회의주의로 뒤바뀌었다.

3장에서 우리는 신속하게 초기 평가를 마쳐 더 고려할 가치가 없는 프로젝트를 빠르게 잘라낼 수 있게 훈련하는 방법에 대해 설명했다. 프로젝트가 치명적 결함 단계를 통과하면 벤처 캐피털리스트는 기어를 바꾼다. 이제 잠시 멈춰 숨을 고르고 승자의 저주와 FOMO에 압도되지 않도록 세부 사항을 자세히 파헤쳐야 할 때다. 이는 주요 전제를 확인하고, 전문가, 고객, 파트너에게 검증을 받고, 경영진에게 피드백을 받고, 심지어는 미스터리 쇼퍼를 파견해서 제품을 테스트한다는 것을 의미한다. 이것이 바로 벤처 캐피털 스타일의 실사다.

유명 벤처 캐피털리스트 마크 앤드리슨은 자신의 벤처 캐피털 회사 a16z의 사업을 다음과 같이 설명해 스탠퍼드대 학생들을 놀라게 했다.[11] "우리가 일상적으로 하는 일은 기업가들의 희망과 꿈을 뭉개버리는 것입니다. 우리는 '아니오'라고 말하는 데 능숙해지는 일에 집중합니다." 벤처 마인드셋은 대부분의 아이디어를 '빠르게' 거절하는 결정을 내리지만, 좀 더 검토가 필요한 아이디어는 '천천히' 검토하기 위해 최선을 다한다. 빠른 초기 검토 후의 느린 의사결정은 생명줄 역할을 한다.

벤처 캐피털 투자자들은 모험을 건 시도 하나를 찾기 위해 얼마나 많은 거래를 거부해도 괜찮다고 생각할까? 벤처 캐피털리스트들은 한 번의 "예스"를 위해 얼마나 자주 "노"라고 말할까? 일리야 팀의 연구 덕분에 우리는 이 질문에 대한 답을 알고 있다. 한 번의 투자를 위해 벤처 캐피털리스트가 고려하는 거래는 평균 101개다.[12] 그리고 이것은 상한선이 아니다. IT 분야에 특화된 실리콘밸리 초기 벤처 캐피털리스트들은 한 번의 투자를 위해 약 150건의 거래를 고려한다.

그림 7은 우리가 벤처 캐피털 '거래 깔때기'라고 부르는 것이다. 윗부분은 이미 살펴본 적이 있다. 벤처 캐피털리스트는 가능한 한 많은 기회를 소싱해 깔때기의 입구가 넓어지게 해야 한다. 그러나 깔때기가 넓을수록 각각 기회를 세부적으로 고려하는 것이 어려워진다. 그렇기 때문에 벤처 캐피털리스트들은 이 단계에서 치명적 결함 접근법을 사용한다. 벤처 캐피털리스트는 100개의 기회를

소싱한 기회들
2장

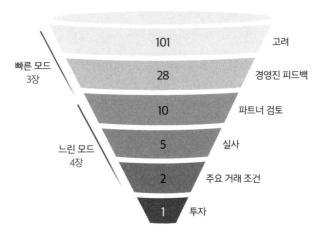

주: 데이터의 출처는 폴 곰퍼스Paul Gompers, 윌 고르날, 스티븐 N. 캐플런Steven N. Kaplan, 일리야
A. 스트레볼라예프Ilya A Strebulaev의 「벤처 캐피털리스트는 어떻게 결정을 내리는가?How Do
Venture Capitalists Make Decisions?, (2020)」다.

그림 7. 성사된 거래 1건 당 각 단계에 이르는 잠재 투자 아이디어

두고 스타트업에 대해 간단히 알아보고, 피치를 검토하고, 팀과 한 번 만난 후 최대 90개의 기회를 거절한다. 경영진과의 논의에는 한 시간 정도가 소요되며, 대부분의 기회는 이 단계에도 도달하지 못한다. 회사의 파트너들과 진지하게 논의하는 것은 100개 중 약 10개의 아이디어뿐이다. 이제 남겨진 기회들은 깔때기 상단에서의 치명적 결함 접근법과 달리 신중하고 상대적으로 느린 실사 프

로세스를 거친다. 이 모든 일이 결국 단 하나의 투자로 클라이맥스에 이른다. 100대 1! 나머지는 결승점을 통과하지 못한다.

이 수치를 다른 방식으로 생각해 보자. 벤처 캐피털리스트의 일은 10건 중 9건의 거래를 빠르게 거절하는 것에서 시작된다. 이후 다시 10건 중 9건을 탈락시킨다는 예상 하에 나머지 거래를 더 상세히 조사한다! 잔인하게 보일지 모르지만, 이것이 큰 불확실성을 다루면서 소싱을 최적화하는 초기 단계의 투자자들이 비즈니스 모델을 작동시키는 방법이다. 의사결정에 있어 불확실성이 높은 환경에 처해 있다면 이 거래 깔때기 전략을 도구로 활용하는 것이 좋다.

이런 정보를 염두에 두면 유럽 출신인 일리야의 친구 안드레아스의 이야기에 공감할 수 있을 것이다. 일리야가 실리콘밸리에 대해 모르는 것이 없다는 사실을 알고 있던 안드레아스는 일리야에게 스타트업 투자에 대한 불만을 털어놓았다. 안드레아스는 그 얼마 전 유망한 의료 스타트업에 투자했다가 회사가 완전히 망하면서 큰 손실을 입었다. 일리야는 우선 실리콘밸리의 스타트업들은 항상 실패한다는 이야기를 꺼냈다. 초기에 대단히 유망해 보여서 투자자들의 아드레날린을 자극했던 스타트업조차도 말이다. 그다음으로 일리야는 안드레아스에게 이 스타트업에 돈을 베팅하기 전에 얼마나 많은 스타트업을 조사했냐고 물었다. 안드레아스는 못마땅한 투로, 창업자들을 만나서 그들이 마음에 들고 아이디어가 유망해 보여 투자를 결심했다고 말했다. 다시 말해, 그의 투자 거래 깔때기는 1대 1이었던 것이다. 운을 기대한 것과 다름없다.

우리는 이런 실수를 저지르는 많은 이들을 보았다. 특히 실리콘밸리 외부의 사람들이 이런 실수를 많이 저지른다. 만약 수십 개의 유사한 스타트업을 조사하고 관련 분야의 창업자 수십 명을 만났다면 일리야의 친구는 더 유망한 기회를 찾을 수 있었을 것이다. 혁신적인 비즈니스에 투자하는 투자자가 제안서를 충분히 검토하지 않고 결정을 내리는 것은 복권을 사는 것과 나를 바가 없다. 적은 돈을 걸면 큰돈을 벌 확률은 낮고, 전 재산을 걸면 파탄을 맞게 된다.

기업 환경에서는 이런 실수가 훨씬 더 흔하다. 우리의 조언은 간단하다. 불량품을 피하려면 더 많은 제품을 평가해 보아야 한다. 아이디어 깔때기를 확장하고 각 단계마다 다른 기준을 사용해 이 과정을 거치는 방법을 훈련으로 익힌다. 물론 이 조언은 말로는 간단하지만 실행하기는 어렵다. 지독히 말이다.

리스크를 줄이는 엔지니어

대부분의 상품은 온라인에서 찾고 구매하는 데 몇 분이면 충분하다. 넷플릭스 사용자가 영화 한 편을 고르는 데에는 20분 미만이 소요된다.[13] 자동차를 구입할 경우 대리점에 들어서는 순간부터 차를 몰고 떠나는 순간까지 3~6시간이 걸린다.[14] 하지만 벤처 캐피털리스트의 실사 과정은 평균적으로 투자 건당 무려 118시간이 걸린다.[15] MBA 학생, 창업자, 기업 임원들이 이 수치를 들을 때의 반응은 충격 그 자체다. 벤처 캐피털리스트가 최종적으로 승인하는 각각의 투자에만 118시간이 걸린다는 것을 깨달으면 사람들의 충격은 더 깊어진다. 성사되지 않는 거래에 들이는 시간까지 더하면 투자자들은 잠재적 투자처들을 분석하는 데 250시간 이상을 할애할 가능성이 높다.

일리야의 동료 브라이언 제이콥스는 이머전스 캐피털(브라이언이 공동 설립한 벤처 캐피털 회사)에서 각각의 신규 투자에 걸리는 시간을 400시간으로 추정했다. 이 400시간에는 그들이 거절하기로 결정한 각 투자 기회들에 할애한 20분도 포함된다.

그들은 결정을 내리기 위해 이 수백 시간을 '투자 보고서investment memorandum'라고 부르는 하나의 간결한 문서로 압축한다. 투자 보고서는 투자 논리를 체계적으로 설명한다. 이 문서는 벤처 캐피털 회사가 과거에 고려했거나 현재 포트폴리오에 보유하고 있는 다른 유사한 기회와 관련해 잠재적인 투자 기회를 분석한다. 가장 중요한 것은 투자 금액에 관계없이 주요 질문에 대한 답변을 모으고, 리스크를 부각하며, 추가 실사 항목을 제안하고, 투자가 이루어질 때까지 알 수 없는 부분을 강조한다는 점이다. 이 보고서의 목적에서 배울 수 있는 벤처 마인드셋의 교훈은 이런 것이다.

'위험을 숨기지 말라. 빨리 부각시켜라.'

투자 보고서는 도구이지 골대가 아니다. 투자 보고서는 간결하다. 투자 보고서는 결정의 장단점, 혜택과 비용을 저울질한다. 투자 보고서는 아이디어에 대한 압박 테스트다. 투자 보고서는 주요한 위험, 가정, 미지의 사항을 확인한다. 투자 보고서는 논쟁을 억누르지 않고 균형 잡힌 방식으로 포지셔닝한다. 투자 보고서는 열정적인 옹호자가 아닌 증인이다. 이 문서는 모든 의사결정권자를 염두에 두고 작성되며 집단이 회합을 갖기 전에 읽도록 만들어진 것이다. 이 문서는 논란을 촉발하는 출발점이다. 이 보고서는 "노"라는 결정으로 이어지는 경우가 많다. 마지막으로 그런 보고서를 작성하거나 읽어본 것은 언제였나?

예를 들어, 2006년 12월 베세머의 파트너 제러미 레빈Jeremy Levine이 당시 급성장하던 신생 직업 소셜 네트워크 링크드인에 대한 투자 제안을 설명하기 위해 작성한 투자 보고서를 생각해 보자.[16] 가장 두드러지는 특징은 보고서의 간결성이다. 이 보고서는 8페이지에 불과하다. 레빈은 경영진과 시장과 같은 사실에 대해 논의한 후, 투자의 주요 위험을 확인하고 완벽한 재앙부터(모든 것이 무너지는) 가장 밝은 것까지(링크드인이 지배적인 글로벌 비즈니스 소셜 네트워크가 되는) 다양한 시나리오를 그린다. 그 목적은 파트너들에게 정보를 제공하고 토론을 유도하는 것이다. 이 보고서는 기회에 대한 정직하고 상세하며 구체적인 평가가 인상적이지만, 읽는 사람에게 투자를 설득하려는 시도는 전혀 없다. 보고서의 목적은 조기에 취약점을 파악하고 전체 파트너 간의 솔직한 토론을 독려하는 것이다.

이런 설정이 아이디어에 이의를 제기하고 토론을 유발하기보다는, 아이디어를 방어하기 위해 비즈니스 사례를 분석하는 기존 기업의 태도와 얼마나 다른지 알겠는가? 안타깝게도 기업 내에서 프로젝트에 대한 승인을 얻어내려면 그 프로젝트를 추진하는 사람은 극도로 낙관적인 척해야 한다. 더 놀라운 것은 모두가 이런 낙관론에 근거가 없다는 것을 알면서도 낙관론을 옹호하는 분위기가 확산된다는 점이다.

벤처 캐피털리스트는 큰 리스크를 감수하는 사람으로 묘사되곤 하기 때문에 벤처 캐피털리스트가 스스로를 '리스크를 줄이는 엔지니어risk-reduction engineer'라고 부른다는 사실에 놀라는 이들이 많다. 벤처 캐피털리스트는 실사의 본질인 리스크를 이해하고 그것을 줄이는 방법을 찾도록 훈련되어 있다.[17] 이런 일이야말로 실사의 정수다. 벤처 캐피털리스트는 창업자와의 첫 만남부터 경영진, 비즈니스 모델, 제품, 경쟁사, 스타트업의 자본 수요를 평가하기 위해 자세히 파고든다. 하지만 그들은 거기서 멈추지 않는다. 고객, 공급업체, 이전 투자자, 창업자의 전 직장 상사, 동료, 동창, 교수들에게 전화를 건다. 벤처 캐피털리스트는 준비된 문서를 기반으로 한 일반적인 질문(예: 제품의 전체 시장 또는 잠재적 경쟁자에 대한)에 해당 스타트업에 대한 구체적인 질문을 섞는다. 한 스타트업의 창업자가 얇은 필름으로 신선한 굴을 비롯한 부패하기 쉬운 농산물의 보존 기간을 몇 주까지 연장할 수 있다고 주장하는 경우를 생각해 보자. 이 제품과 관련된 규제 리스크에는 어떤 것이 있을까? 경영진은 이런 리스크를 어떻게 해결할까? 벤처 마인드셋을 사용하려면 리스크를 줄이는 엔지니어의 역할을 해야 한다.

벤처 캐피털 업계 외부의 다른 기업들도 벤처 마인드셋에 따라 작성한 보고서의 이점을 경험했다. 아마존은 혁신적인 아이디어에 대한 이런 체계적인 접근 방식의 혜택을 이해하고 일상적인 의사 결정 과정에 비슷한 관행을 도입했다. 'PR FAQ(보도 자료Press Release 와 자주 묻는 질문Frequently Asked Questions)'라는 6페이지짜리 문서는 벤처 캐피털 투자 보고서를 모방한 구조와 의도를 갖고 있다.[18] 알렉스는 아마존에서 근무하는 동안 이런 보고서를 많이 작성했으며, 검토는 더 많이 했다. 첫 페이지는 제안된 제품이 방금 출시되었다는 가정 하에 쓰는 가짜 보도 자료다.[19] 여기에는 실제 보도 자료의 모든 속성, 발표 날짜(예상 출시일을 나타내는), 마음에 드는 기능을 구체적으로 설명하는 만족한 고객의 댓글, 담당 부사장의 논평이 포함된다. 한 페이지에 전체 아이디어에 대한 최종 사용자 관점의 설명이나 묘사를 제시하고 팀이 기대를 거는 이유를 덧붙인다. 보도 자료는 재무 지표나 기업의 이익을 언급하기보다는 고객에 초점을 맞춘다.

보도 자료는 재미를 주는 것이 목적인 반면, 5페이지의 FAQ는 제품을 둘러싼 중요하거나 까다로운 문제, 혹은 격론이 벌어지고 있는 사안을 다룬다. 제품이 고객의 삶을 눈에 띄게 개선할 수 있을까? 왜 이 문제를 지금 당장 해결해야 하는가? 성공을 어떻게 가늠할 것인가? 제품의 가장 논쟁적인 측면은 무엇인가? 주요 위험 요소는 무엇이며 팀은 이를 어떻게 해결할 계획인가? 시장의 규모는 얼마나 되는가? 제품을 구축하는 데 얼마나 많은 시간과 자본이 필요한가?

보고서는 대단히 강력한 도구이기 때문에 우리는 기업 워크숍을 진행할 때 각 팀에게 조직을 위한 아이디어를 보고서로 작성하도록 요청한다. 벤처 캐피털 투자 보고서와 같이 장점뿐만 아니라 리스크와 우려 사항도 파악하는 한편, 가장 중요한 가정과 시나리오에 대한 공개적인 논의도 있어야 한다. 이런 접근 방식은 참가자들이 수개월의 작업과 수백만 달러를 투입하기 전에 알아차리지 못했던 리스크나 결함을 조기에 확인하는 데 도움을 준다.

투자 보고서는 종종 과소평가되는 또 다른 목적, 즉 사후 분석을 용이하게 하는 역할도 한다. 투자에 실패한 경우, 보고서를 면밀히 검토하면 잠재적인 이유와 놓친 징후를 찾아내어 패턴을 파악하고 미래의 의사결정을 개선하는 데 도움을 받을 수 있다. 마찬가지로, 거절한 기회가 엄청난 성공을 거두었다면 투자자는 보고서의 모든 세부 사항을 면밀히 검토해 절호의 기회를 놓친 이유를 파악한다. 잘 기록된 문서는 항상 기억을 앞선다. 사후에 "이 아이디어가 성공하지 않을 것을 알았다"고 말하기는 쉽다. 문서가 없다면 우리의 줏대 없는 기억은 그 주장을 믿게 될 것이다. 보고서를 작성하고 논의에 대해 기록을 남기는 것을 습관으로 만든 뒤에는 실패했거나 놓친 기회를 검토하는 시간을 마련해야 한다. 많은 벤처 캐피털리스트가 그렇듯이 성공보다는 실패로부터 더 많은 것을 배울 수 있다.

다양한 조직의 의사결정권자들을 만나다 보면, 빠르게 혹은 느리게 생각하는 벤처 캐피털리스트들의 능력에 감탄하게 된다. 두 가지 모드를 갖추는 것 외에도 적절한 순간에 한 모드에서 다른 모드로 기어를 전환하는 것도 대단히 중요하다. 가속이나 감속 없이 항상 똑같이 중간 속도를 유지해서는 안 된다. 이 두 가지 속도 접근법은 벤처 마인드셋이 어마어마한 양의 정보를 처리하면서도 여전히 집중력을 유지할 수 있게 해준다.

깔때기를 막지 않는다

캘리포니아에서는 지나치게 느리게 운전하는 사람에게 238달러의 벌금과 벌점 1점을 부과한다. 비즈니스 세계에서는 지나치게 느린 속도로 모든 리스크를 피하려 하는 방식 때문에 훨씬 더 큰 대가를 치러야 할 수도 있다. 벤처 캐피털리스트는 리스크를 줄이려고 노력하지만, 리스크를 완전히 제거할 수 있다고 기대하지는 않는다. 그들은 리스크를 감수하지, 피하지 않는다. 그들이 피하는 것은 분석 마비 모드다. 그들의 회의는 짧고 집중적이다. 가장 긴 베세머 보고서는 15페이지 정도다. 아마존은 PR FAQ 문서를 예외 없이 최대 6페이지로 제한한다. 벤처 캐피털 세계에서는 투자 제안서가 몇 주 이상 돌아다니는 경우가 거의 없는 데 반해, 기업들에서는 프로젝트를 몇 달 또는 몇 년 동안 검토하기도 한다. 건강하지 않은 음식이 동맥을 막듯 기업의 깔때기는 막혀버리곤 한다. 관료주의와 우유부단함은 반-벤처 마인드셋의 치명적인 측면이다.

IBM의 사례를 살펴보자. 1993년 IBM은 전형적인 벤처 펀드를 모방해 멀티미디어 컴퓨팅 분야의 스타트업에 투자하기 위해 150명의 직원으로 구성된 '파이어웍스 파트너스Fireworks Partners'라는 조직을 만들었다.[20] 이는 80년 역사의 초대형 기업이 새로운 유망한 분야에서 혁신을 주도하기 위해 시도한 대담한 조치였다. 하지만 몇 년 후 파이어웍스 파트너스는 조용히 사라졌다. 하버드대학교의 조쉬 러너Josh Lerner 교수가 발견했듯, 이 펀드의 초기 투자제안 중 일부는 파이어웍스가 사라지기 직전까지도 내부 검토 과정에 남아 있었다.

단 한 번의 기회가 결승선을 통과하는 데 대단히 많은 시간과 노력이 필요하다는 것을 알고 있는 기업의 의사결정권자는 이런 고된 여정을 100번 반복한다는 사실을 몹시 고통스럽게 여긴다. 그래서 검토를 포기해 버린다.

일리야와 그의 스탠퍼드 연구원 아만다 왕Amanda Wang은 전 세계 160개 이상 대기업의 벤처 캐피털 부서를 상세히 연구하는 동안 이런 전형적 사고방식을 직접 경험했다.[21] 다음은 한 기업의 미래 지향 혁신 리더로 벤처 캐피털 부서를 책임지고 있는 사람이 한 전형적인 발언이다. "모회사가 벤처의 생리를 잘 알고 있다 하더라도 기한이 짧은 전혀 새로운 프로젝트라면 저는 맡지 않을 겁니다. 모두가 지지하는 확실한 프로젝트가 아닌 한, 괜히 할 수 있는 척하면서 평판을 망치는 일은 하지 않을 겁니다. 그건 우리에게 맞는 일이 아니라고 확실히 전할 거예요." 그 임원은 운이 좋았다. 적어도 모회사가 벤처 업계의 규범을 이해하고 있다고 믿었으니 말이다. 일리야와 아만다는 60퍼센트 이상은 그렇지 않다는 사실을 발견했다. 회사에서는 최고의 투자 기회와 새로운 성장 동력이 이런 식으로 낭비되는 경우가 많다.

때로는 보도 자료만으로도 리스크를 알릴 수 있다. IBM이 파이어웍스 파트너스 사업부에 대한 정보를 공개했을 때, 한 기사가 앞으로 닥칠 문제를 암시했다.[22] '모든 불꽃놀이의 이유!The Reason for All the Fireworks!*'라는 제목에 단 129개의 단어로 이루어진 한 단락짜리 소식이었다. 놀랍게도 이 기사에는 이 새로운 사업부를 감독할

벤처 마인드셋

책임이 있는 5명의 IBM 임원이 나열되어 있었다. 10개 단어마다 다른 임원의 이름이 하나씩 등장한다는 사실이 믿기지 않을 정도 였다. 더욱이 이 기사는 이 회사가 '익숙하지 않은 위계'에 따라 책임을 나누고 있기 때문에 '훨씬 더 많은' 혼란이 있을 가능성이 높다고 말하고 있었다. 아만다와 일리야의 연구를 통해 기업의 혁신 부서를 담당하는 기업 임원진이 어지러울 정도로 많다는 것이 드러났다. 당연하게도 이는 의사결정 속도를 더 늦춘다. 유명한 속담이 떠오른다. 사공이 많으면 배가 산으로 간다!

우리는 대부분의 기업 내 벤처 캐피털 부서에서는 수많은 승인 단계를 헤쳐나가야 하고 기업 벤처캐피털투자팀, 해당 부서장, 다른 기업 고위 임원, 투자위원회(일부 위원에게는 거부권이 있다), 본사 등 그 과정의 여러 지점에서 지체될 가능성이 있다는 것도 발견했다. 이는 짧은 보고서를 두고 토론하는 벤처 캐피털 업계의 관행과 대조된다.

전형적인 조직은 큰 뜻을 가지고 있다. 기업들은 혁신 연구소를 설립하고, 장황한 아이디어 리스트를 만들고, 혁신가들을 내부로 끌어들이기 위해 열심히 노력한다. 하지만 아이디어가 깔때기를 막아버린다. 법무 부서에서 또 다른 검토를 요청한다. 재무팀에서

- 파이어웍스는 IBM 벤처 사업부의 이름으로 본래는 불꽃놀이 등의 뜻이 있지만 이 기사에서는 부서 내부의 관료적 문제 등으로 인한 혼란, 무질서, 내부갈등을 의미하고 있다.

는 또 다른 시나리오 모델링을 요구한다. 마케팅팀은 새로운 아이디어가 브랜드를 약화시키는 상황을 걱정하며 컨설턴트를 고용해 영향을 분석하라고 제안한다. 이처럼 지옥으로 가는 길은 좋은 의도로 포장되어 있다. 안전한 항구를 건설하기 위한 도구가 결과적으로는 치명적인 늪이 된다.

관료주의는 곰팡이처럼 조직 전체에 퍼져 있다. 혁신에 성공하려면 잡동사니를 치워야 한다. 계층을 줄여야 한다. 어떤 조직이든 혁신을 책임지는 임원이 너무 많으면 문제가 된다. 관계자가 너무 많고, 회의가 너무 많고, 결재 과정이 너무 길다. 그리고 혁신은 충분치 않다.

전형적인 의사결정 프로세스는 벤처 캐피털 프로세스와는 다르게 작용한다. 일반적인 의사결정권자는 벤처 캐피털리스트와 같은 수준의 불확실성을 일상적으로 다룰 필요가 없기 때문에 수백 개의 아이디어를 검토할 필요가 없고, 선택 과정은 집중적이고 예측 가능하며 점진적으로 이루어진다. 혁신 및 연구·개발 부서의 프로세스 역시 위험도가 낮은 프로젝트와 아이디어에 맞추어 고안되어 있다. 점진적인 혁신이 특징인 안정적인 환경에서는 많은 기회를 검토하고 빠른 결정을 내리는 것이 그리 유용하지 않다. 사실 선택의 폭이 너무 넓은 경우, 역효과를 낼 수 있다.

회사의 주력 제품인 전동 톱을 개선할 수 있는 100가지 제안에 대한 실사 요청을 받았다고 가정해 보라. 혁신 경진대회를 거쳐 정성스럽게 작성된 모든 제안서가 당신의 책상 위에 놓여 있다. 한 가지 제안을 몇 시간 동안 연구한 결과, 이 제안을 실행하면 회전 속도를 10퍼센트 높일 수 있다는 사실을 발견한다. 상당히 괜찮아 보인다. 여기서 멈춰야 할까 아니면 나머지 99개의 제안을 고려해야 할까? 나머지 99개 중 가장 좋은 방법이 첫 번째로 고려한 것보다 더 날렵하고 약간 더 효율적이고 약간 더 저렴한 전동 톱으로 이어질 수도 있다. 하지만 아무리 좋은 제안이라도 비즈니스 모델을 완전히 뒤집고 회사를 경쟁사보다 훨씬 앞서게 할 혁신적인 새 도구는 아닐 것이다(물론 모든 제안을 살피지 않는 한 확신할 수는 없지만). 점진적인 작은 변화의 세상에서라면, 전동 톱에 대한 최고의 아이디어를 찾기 위해 수백 시간을 쓰는 것은 의미가 없다. 대신 처음의 좋은 아이디어를 골라 전담 엔지니어링 부서에 실행을 요청하는 것이 더 효율적이고 비용 효과가 높게 느껴질 것이다. 단점은 작고 점진적인 아이디어에 지나치게 집중하고 더 큰 아이디어를 찾는 데 투자하지 않으면 체스판을 엎어야 하는 전략만 남는 날이 앞당겨질 수 있다는 것이다.

과거 수십억 달러 규모의 회사였던 R. H. 도넬리R. H. Donnelley, RHD를 생각해 보라.[23] 대부분의 미국 가정은 RHD에 대해 들어본 적이 없겠지만, 얼마 전까지만 해도 이 회사의 제품은 거의 모든 가정에 존재했고 많이 사용되었다. 이름대로 노란색 표지를 가진 두꺼운 책, 옐로우 페이지Yellow Page를 기억하는가? 옐로우 페이지는 사람들이 지역 사회에서 원하는 서비스를 찾을 수 있도록 도와주고 서비스 제공업체가 광고를 할 수 있게 해주는 상용 전화번호부였다. 이 이름은 고객뿐 아니라 투자자들 사이에서도 전설이었다. 50만 명 이상의 광고주가 연 3,500달러를 지불하고 옐로우 페이지에 광고를 냈다. 2006년, RHD는 투자자 프레젠테이션에서 불과 3년 만에 미국 내 발행 부수가 200부에서 600부 이상으로 꾸준히 증가세를 보였다고 자랑스레 발표했다. 총 발행 부수는 8,000만 부라는 놀라운 수치에 도달했다. 2006년 3월 투자자들을 대상으로 한 RHD CEO의 프레젠테이션 제목이 '지속적인 성공을 위한 포지셔닝'인 것은 놀랄 일도 아니었다. 옐로우 페이지는 수년에 걸쳐 여러 차례 점진적인 변화를 겪었다. 예를 들어, '풍수', '보톡스Botox', '곰팡이 제거' 등의 새로운 카테고리가 추가되었다. RHD가 혁신 경진대회를 개최하는 것이 적절한 일일까? 실행과 평가에 들어가는 비용과 시간을 고려하면 그렇지 않을 수도 있다. 실제로 2006년 투자자들을 대상으로 한 100여 페이지의 프레젠테이션에서 혁신은 거의 언급되지 않았다. '제품 혁신'에 대한 한 슬라이드에는 '화이트 페이지 컬러'와 '작은 스파인 광고spine advertising*'와 같이 인상적으로 들리는 새로운 기능이 포함되어 있었다. 하지만 RHD 경영진은 제품에 대한 작은 확장 기능으로 가득한 긴 자료를 만드는

• 책이 묶이는 경계의 가장자리에 들어가는 광고

대신 밖을 내다보고 다가오는 폭풍을 눈치 챘어야 했다. 그랬다면 그들은 2006년에는 온라인 검색으로 구동되는 전혀 새로운 비즈니스 모델이 이미 강력한 상승세를 타기 시작했으며, 곧 그들의 시장을 잠식하게 되리란 점을 깨달았을 것이다. 그들이 벤처 마인드셋에서 영감을 받은 위험을 줄이는 엔지니어처럼 행동했다면 그런 위험부터 우선적으로 해결했을 것이다.

불과 3년 후인 2009년 5월, RHD는 파산했다. 직구는 다 맞히지만 커브볼은 놓치는 것은 벤처 마인드셋을 무시할 때 항상 발생하는 위험이다. RHD의 의사결정권자들은 전형적인 점진적 변화에는 정통했지만 쓰나미처럼 부딪치는 디지털 와해의 파도를 완전히 놓쳤다. 점진적 혁신과 와해적 혁신에는 서로 다른 접근 방식이 필요하며, 두 가지 모두에 관심을 두고 있어야 한다. 너무 많은 작은 아이디어와 점진적 혁신, 너무 많은 사공, 너무 많은 관료주의로 거래 깔때기를 복잡하게 만들지 말라. 혁신에 접근할 때마다 집중하는 습관을 길러야 한다.

반복해서 "노"라고 말하는 것의 힘

자신에게 다가오는 대부분의 기회를 신중하게 선택하고 체계적으로 거절하는 것은 벤처 투자자만의 특권이 아니다. 누구나 습득할 수 있는 기술이다. 여기서의 핵심 목표는 어떤 것이든 승인하기 전에 대부분의 기회를 효율적으로 거절하는 것이다. 여러 사람, 이상적으로는 준비된 마음을 가진 사람들을 참여시키면 도움이 될 것이다. 이 경우 여러 사람의 참여로 나타나는 의견 충돌은 큰 가치를 지닌다. 또한 적절한 의사결정 속도를 설정하고 명확한 규칙을 정하면 프로세스를 더욱 예측 가능하고 효율적으로 만들 수 있다. 전체 아이디어와 선택하는 아이디어의 비율이 100 대 1 정도여야 한다는 점을 기억하라. 선택 비율이 거기에 못 미치면 오류에 발목을 잡혀 귀중한 보석을 찾지 못할 수도 있다.

미국의 언론인과 작가들에게 가장 권위 있는 상이라 할 수 있는 퓰리처상Pulitzer Prize은 효과적인 반복 거절의 방법에 대한 좋은 연구 사례다.[24] 『앵무새 죽이기To Kill a Mockingbird』와 같은 필독서와 역사적인 워터게이트 스캔들을 폭로한 주요 기자들이 이 상을 받았다. 심사위원들에게는 수천 권의 책이 주어진다. 이들이 심사위원회에 추천할 수 있는 책은 단 3권이다. (여기에서도 비율은 100 대 1!) 한 심사위원은 심사 과정에 대해 이렇게 밝혔다. "심사위원들이 모든 책을 읽는 것은 아니며, 모든 책이 반드시 면밀한 검토를 받을 만한 수준인 것도 아닙니다." 퓰리처상 심사위원은 벤처 캐피털리스트와 비슷한 두 가지 속도의 접근법을 사용할 가능성이 높다.

채용은 어떨까? 채용에도 같은 아이디어가 적용된다. 채용 확률이 1퍼센트에 훨씬 못 미치는 구글에서는 첫 번째 단계에서 이력서를 빠르게 '선별'해 최종 후보자의 짧은 명단을 만든다.[25] 두 번째 단계에서는 나머지 후보자들을 인터뷰하고 훨씬 더 철저하게 검토한다. 다른 많은 회사도 같은 접근법을 따른다.

집을 구매한다면? 미국의 부동산 중개 플랫폼 질로우Zillow에 따르면 잠재 구매자는 빠르게 본 100개의 주택 중 구매자가 추가적인 검토를 위해 정보를 저장하는 것은 32개다.[26] 이 32건 중 4건에 대해서만 중개인에게 연락을 취하며, 이 시점에 실제 실사가 시작된다. 여기에서도 초기에는 빠른 사고방식을, 이후 단계에서는 느린 의사결정 방식을 관찰할 수 있다.

스스로에게 "노"라고 더 자주 말해야 한다는 데 영감을 준 한 가지 사례는 젊은 시나리오 작가로 에미상 수상자이기도 한 미카엘라 코엘Michaela Coel의 이야기다.[27] 2017년, 넷플릭스는 그녀의 매력적인 드라메디dramedy* 〈아이 메이 디스트로이 유I May Destroy You〉에 100만 달러를 제안했다. 당연하게도 그녀는 이 대표 스트리밍 플랫폼과 계약하고 싶은 유혹을 느꼈지만 결국 거절했다. 계약 조건을 꼼꼼히 검토한 결과, 저작권을 지급하지 않는다는 것을 깨달았기 때문이다. 곧 BBC와 HBO가 그녀의 가치와 위상에 더 부합하는 훨씬 더 나은 계약을 제안했다. 이는 삶을 변화시킬 수 있는 거래를 찾는 과정에서 잠재력이 부족한 거래를 거절하는 능력, 즉 벤

* 코미디가 가미된 드라마

처 마인드셋이 가진 힘을 드러내는 또 다른 증거다.

당신은 몇 번이고 거절할 준비를 해야 한다. 이것이 벤처 캐피털리스트들의 뼛속 깊이 자리 잡은 사고방식이다. 벤처 캐피털리스트는 첫 번째로 만난 집이나 차를 사지 않는다. 100채의 집을 보고, 수십 번의 시운전을 하고자 한다. 지금쯤이면 이해했겠지만, 이런 전략은 우유부단함이나 지나치게 강한 회의적 시선 때문이 아니다. 벤처 캐피털리스트와 같은 환경에서 성공하려면 100번 "노"라고 말하고 단 한 번 "예스"라고 답할 준비가 되어 있어야 한다.

비범한 아이디어와 스타트업은 드문 존재다. 하지만 여전히 적어도 한 번은 "예스"라고 답해야 한다. 당신에게 다가오는 '모든' 기회를 거절할 수는 없다. 아이디어가 하나뿐인 깔때기도 나쁘지만 아이디어가 전혀 없는 깔때기는 더 나쁘다.

지나치게 회의적이어서는 안 된다

한 번은 돼지 저금통 게임에서 보인 낙찰자의 반응에 참가자들뿐 아니라 우리까지 놀란 적이 있었다. 여느 때와 마찬가지로 낙찰자의 입찰가는 대단히 높았다. 특이한 점은 그가 돼지 저금통에 채워진 동전을 받겠다고 고집했다는 점이다. 우리는 당황했지만 그것이 정당한 요청이라는 데 동의하고 낙찰자에게 그 이유를 물었다. 그는 정확히 1센트의 가치를 지닌 수십억 개의 일반 링컨 페니 중에서 수천 달러의 가치가 있는 희귀한 동전이 몇 개 있다고 설명했다. 한 예로, 1970년의 생산 오류로 인해 일부 주화는 앞면이 이중 인쇄 상태, 즉 '자유Liberty'라는 단어가 중앙에서 약간 벗어나 두 번 인쇄된 것처럼 보이는 상태로 주조되었다. 현재 유통되고 있는 이 동전은 매우 가치가 높아 소매가가 약 3,000달러에 달한다. 이것은 시작에 불과하다! 더 희귀한 것은 1969년의 링컨 페니다. 이 경우 조폐국 마크를 제외하고 머리 부분이 이중이다. 이렇게 희귀한 동전의 가치는 수집가들의 경매에서 결정되며, 10만 달러를 쉽게 넘긴다. 1센트 동전으로 올리는 수익으로는 나쁘지 않다! 이 일은 우리에게 큰 깨달음을 주었다. 때때로 우리는 지나치게 회의적인 태도를 취해 수많은 동전들 사이에 있는 하나뿐인 귀중한 기회를 놓칠 수 있다.

마인드셋 점검

1. 당신은 매년 몇 개의 새로운 아이디어를 심사하는가? 10개? 100개? 1,000개?

2. 당신의 조직은 아이디어를 거절하는 데 익숙한가?

3. 성공적인 전략적 투자 결정과 그렇지 못한 투자 결정에 대한 사후 분석이 정기적으로 이루어지는가?

5

BET ON
THE JOCKEY

5장

기수에 베팅한다

벤처 캐피털리스트가 팀을 평가하는 데
많은 시간을 할애하는 이유

두 번째 기회

"『슈퍼 창업자Super Founders』는 사실 제 두 번째 책입니다." 팔로알토 중심부에 있는 전통 페르시아 레스토랑에서 저녁 식사를 하며 알리 타마세브Ali Tamaseb가 말했다.

"엄청난 성공을 거둔 이유가 거기에 있었던 건가요?" 일리야는 반농담조로 대답했다.

"그럼 당신을 슈퍼 작가라고 불러도 될까요?" 알렉스가 덧붙이자 알리가 크게 웃었다.

알리의 『슈퍼 창업자』는 진지한 생각을 하게끔 만드는 책이다.[1] 그는 벤처 캐피털의 지원을 받는 스타트업에 관한 수만 개의 데이터 포인트를 수집·분석하고, 100명 이상의 유니콘 창업자를 인터뷰해 무엇이 성공적인 스타트업이라는 결과로 이끄는지 파악했다. 알리는 "슈퍼 창업자들이라 함은 이전에 성공적인 또는 적당한 성과를 거둔 스타트업을 창업한 경험이 있는 창업자를 말합니다"라고 설명했다(현지 스타일의 후무스를 먹어보라고 이야기하면서). 이후 그는 자신의 알고리즘에서 고려하는 몇 가지 요소에 대해 설명했다.

슈퍼 창업자는 체계적으로 사업을 구축해 성공적인 결과를 만들어내는 기업가를 말한다. 알리의 계산에서는 성공의 규모가 그리 중요치 않다. 중요한 것은 성공 그 자체다. 알리의 연구는 전반적으로 슈퍼 창업자가 다른 기술 스타트업 창업자보다 성공할 가능성이 3배 이상 높다는 것을 보여주었다.

슈퍼 창업자에 대한 알리의 관심은 학문적인 것이 아니다. 그는 '유니콘 사냥꾼'이며, 그의 포트폴리오에는 이미 많은 유니콘이 있다. 그는 팔로알토에 본사를 둔 벤처 캐피털 회사 DCVC에서 첨단 기술에 투자하고 있다. 알리는 업계, 시장 상황, 경쟁에 관계없이 자신이 찾은 슈퍼 창업자가 작업 중인 거의 모든 분야에 대한 투자를 고려한다. 알리는 이렇게 말한다. "저는 아주 깊이 있는 게 아니라면, 시장에 대한 지식이 투자자가 올바른 투자 전략을 선택하는 데 오히려 방해가 될 수도 있다고도 생각합니다."

기업가의 능력과 배경에 대한 알리의 극단적인 신뢰가 벤처 마인드셋을 보여주는 것일까? 투자자들은 매일 수백만 달러가 걸려 있는 상황에서 창업자를 신뢰할 수 있을 지 결정해야 한다. 투자자들이 자신의 패를 어떻게 쓰는지 알아보기 위해 게임 분야로 눈을 돌려보자.

2010년대 초, 비디오 게임 산업이 부상하고 있었다. 2009년, 스웨덴의 열성적인 게이머 마르쿠스 페르손Markus Persson은 역사상 가장 많이 팔린 비디오 게임을 만들기 위한 여정을 시작했다.[2] 불과 몇 년 후, 그는 25억 달러에 '마인크래프트Minecraft'를 마이크로소프트에 매각했다. 2010년 헬싱키에서 설립된 또 다른 회사 슈퍼셀Supercell은 2012년에 '헤이데이Hay Day'와 '클래시 오브 클랜Clash of Clans'이라는 두 개의 게임을 추가로 출시했다.[3] 이 회사의 가치는 2011년 약 5,000만 달러라는 평가를 받아 1,200만 달러의 벤처 자금을 조달했다. 그런데 게임이 곧바로 차트 상위권에 오른 뒤 당시 게임 회사로서는 파격적인 30억 달러의 가치 평가를 받고 투자를 제안하는 투자자들로 압도당할 지경에 이르렀다.[4] 이로써 온라인과 모바일 게임의 황금기가 시작되었다.

잘 알려진 벤처 캐피털 투자자였던 액셀 파트너즈도 게임 열풍에 동참했다.[5] 액셀은 슈퍼셀의 초기 라운드에서 주요 투자자였다. 이후 타이니 스펙Tiny Speck이라는 소규모 게임 스타트업에 투자할 수 있는 비슷한 기회가 생겼고, 액셀은 그 시류에 뛰어들었다. 액셀의 파트너들이 타이니 스펙의 게임이 곧 얼마나 만신창이가 될 지 알았더라면 어땠을까?

어린 시절부터 게임에 푹 빠져 있던 두 기업가, 스튜어트 버터 필드Stewart Butterfield와 칼 헨더슨Cal Henderson은 멀티플레이어 온라인 게임을 개발하기로 결심했다. 버터필드는 언론에 새로운 게임을 이렇게 설명했다.[6] "어린 시절 '심시티Sim City'를 플레이할 때부터 개 발해 보고 싶었던 게임입니다." 창립자들은 새 회사의 이름을 타이니 스펙으로 정한 데 이어서 첫 번째 게임의 이름도 '글리치Glitch'* 로 지었다. 'Nomen est omen(이름이 암시하듯이)'라는 로마인들의 말처럼 이름은 곧 운명이다.

액셀의 초기 투자 후 1년이 지나고 또 한 번의 벤처 라운드를 유치한 타이니 스펙은 베타 테스터들에게 게임을 공개했다. 그리고 2011년 9월 27일, 게임이 마침내 대중에게 공개되었다. 그러나 4년간의 개발 기간, 수십 명의 직원, 100만 시간의 누적 베타 테스트, 게임을 체험하기 위해 기다리는 수만 명의 사람들, 그리고 1,750만 달러의 투자금은 아무 효과를 발휘하지 못했다.[7] 얼마지 않아 게임이 베타 테스트를 위해 다시 잠겼기 때문이다. 이 게임은 꽤 많은 사용자를 끌어 모았지만 "'글리치'는 사이드 메뉴만 있는 식사 같다", "게임에 명확한 구조나 일관성이 없다"는 등 반응은 미 온적이었다.[8] '글리치'를 개발할 당시, 버터필드와 헨더슨은 어도 비에서 개발한 플랫폼에서 '플래시' 기술을 사용해 게임을 개발하

* '작은 문제'라는 뜻

기로 했는데, 이는 데스크톱 사용자로 타깃을 제한하는 결정이었다.[9] 당시 아이폰과 같은 모바일 기기가 급성장하고 있었지만 게임을 새로운 플랫폼으로 옮기는 것은 대단히 어려웠다. 이후 타이니 스펙의 한 직원은 '글리치'에 대해 이렇게 설명했다.[10] "제작하고 유지하는 데 비용이 많이 들었고, 그 비용을 감당할 만큼 플레이어를 충분히 끌어들이지 못했습니다." 42명으로 구성된 팀은 그들에게 '게임 오버'가 다가오고 있음을 알았다.[11]

2012년 11월, 액셀의 첫 투자가 있고 2년이 흐른 뒤 '타이니 스펙으로부터의 슬픈 발표'가 온라인에 게시되었다.[12] "오늘은 끔찍한 날입니다"로 시작해 "해낼 수 있는 방법이 있다면 우리는 그렇게 할 것입니다. 하지만 그런 방법은 없었습니다…'글리치'의 여정은 끝을 맞았습니다." 곧 팀원 대부분이 해고되었다.

이 이야기는 다른 많은 스타트업과 같은 또 하나의 실패담이 될 수 있었다. 타이니스펙과 '글리치'보다 비참한 이야기는 또 없었기 때문이다. 이렇게 이야기가 끝날 수도 있었다. 액셀 파트너즈가 벤처 마인드셋을 구현하지 않았다면 말이다.

비록 '글리치'는 끔찍한 실패작이었지만, 창립자들이 슬픈 마지막 발표를 전송하기 위해 버튼을 클릭했을 때에도 은행에는 상당한 돈이 남아 있었다.[13] 송별 파티에 필요한 금액보다 더 많이 말이다. 실제로 타이니 스펙에는 무려 500만 달러가 남아 있었다. 상당한 금액이었다.

이런 최악의 실패를 바라본 대부분의 투자자는 회사 문을 닫고 그 만신창이 가운데에서 남은 것을 건져보려 했을 것이다. 당신이라면 어떻게 했겠는가? 타이니 스펙에 투자했던 1달러당 30센트 정도는 여전히 회수할 수 있었을 것이다.[14]

그러나 벤처 캐피털리스트의 생각은 다르다. 버터필드가 남은 돈을 송금하겠다고 제안했지만 액셀의 투자자들은 창업자 팀을 믿었기 때문에 그 제안을 거절하고 새로운 것을 찾으라고 말하며 그들을 계속적으로 지원했다.[15] 2009년 2월에 타이니 스펙 투자를 주도한 액셀의 투자자 앤드루 브라치아Andrew Braccia가 작성한 투자 보고서에는 이렇게 적혀 있다.[16] "타이니 스펙에 대한 투자는 팀에 대한 투자였고 그 사실에는 변함이 없다. 그들은 서로 함께 실패했고, 함께 성공했으며, 그 사이의 모든 것을 함께 해왔다." 이 벤처 캐피털리스트들은 '스타트업의 실패'와 '창업자의 실패'를 구분할 수 있을 만한 통찰력을 갖추고 있었다.

그래서 창업자들은 새로운 아이디어를 구상하기 시작했다. 실리콘밸리의 언어로 말하자면, 그들은 방향을 '전환'했다pivot. 타이니 스펙 팀은 다시 원점으로 돌아갔고 '글리치'를 구축하는 과정에서 다른 조직의 팀에도 유용할 수 있는 여러 내부 도구를 만들어왔다는 사실을 깨달았다. 그런 도구 중 하나는 개발자와 제품팀이 서로 소통하는 데 도움을 주는 간단한 채팅이었다. 이런 메시지를 스레드thread*로 검색하고 정리할 수 있어서 수백 개의 이메일, 문자 메시지, 무작위 채팅들 틈에서 당신의 질문에 대한 누군가의 답변을 찾아다닐 필요가 없었다. 모두가 한곳에 있었다. 또한 이 도구는 전적으로 비동기식이어서 사용자가 로그아웃해도 메시지가 사라지지 않았다.

하지만 모험을 추구하는 컴퓨터 게임에서 B2B(기업 간) 커뮤니케이션 도구로의 전환이라니? 타이니 스펙의 또 다른 투자자인 a16z의 공동 창업자 벤 호로위츠Ben Horowitz는 신제품에 대해 강렬한 반응을 보였다.[17] "정말 끔찍한 아이디어 같군요." 그럼에도 불구하고 투자자들은 이 아이디어를 승인했고 창업자들은 처음부터 다시 시작했다.

이렇게 지금은 어디에서나 볼 수 있는 슬랙Slack이 탄생했다. 타깃Target부터 맥킨지, 심지어 미국 국방부까지 수천 개의 조직이 슬랙을 사용한다. 이 앱은 현재 사내 커뮤니케이션의 업계 표준이 되었다. 10년도 되지 않는 기간 동안, 이 회사는 소멸 직전에 있다가 270억 달러라는 금액에 세일즈포스에 매각되는 전환을 달성했다. 짐작하겠지만 인내심을 발휘한 초기 투자자들은 이 전환을 통해 큰 수익을 챙겼다.

• 프로세스 내에서 실행되는 검색의 단위

타이니 스펙이 잿더미에서 일어선 이야기는 벤처 캐피털리스트의 마인드셋을 극적으로 보여주는 사례다. 이들 벤처 캐피털리스트가 베팅한 대상은 제품이 아니라 창업자였다. 투자자들은 처음에 지원했던 게임 사업의 기회는 포기했지만, 버터필드와 그의 팀에게 거리가 멀어 보이는 아이디어에 한 번 더 도전해 볼 기회를 주었다. 벤처 캐피털리스트의 눈에는 서로 다른 이 시도들에 인적 요소라는 공통점이 있었다. IPO 당시 슬랙의 최대 투자자였던 액셀의 브라치아는 이를 간단한 원칙으로 요약했다. 자신이 타이니 스펙에 투자한 것은 팀 때문이라고 말이다.

설립자들에 대한 액셀의 신뢰에 힘을 실어준 것은 타이니 스펙이 버터필드의 첫 번째 전환이 아니었다는 사실 때문이었다. 그는 이미 이전 시도에서 방향 전환에 성공한 경험이 있었다. 아이러니하게도 프로토타입 단계를 넘지 못한 이전 게임의 이름은 '게임 네버엔딩Game Neverending'이었다. 버터필드는 이 게임을 이미지 호스팅 서비스인 플리커Flickr로 전환했고, 2005년 약 2,500만 달러에 야후에 매각되었다.

창업자들에 대한 브라치아의 베팅, 새로운 전환이 좋은 아이디어라고 생각지 않았음에도 불구하고 그들과 함께하기로 한 호로위츠의 결정, 알리의 슈퍼 창업자 철학, 이 모두는 '프로젝트'에 투자하는 것만큼이나 '사람' 때문에 투자하는 것에 가치를 두는 벤처 마인드셋의 또 다른 원칙을 보여준다.

결국 성공한 많은 기업(전부는 아니더라도)이 초기 단계에서 문제를 겪고 방향을 전환한다. 타이니 스펙의 이야기는 예외가 아닌 원칙을 보여주는 사례다. 2005년 발렌타인데이, 채드 헐리Chad Hurley는 실리콘밸리 중심부의 멘로 파크의 작은 차고에서 새로운 데이트 서비스의 상표, 로고, 도메인을 등록했다. 이 데이트 서비스는 처참하게 실패했지만, 사용자들은 온갖 종류의 동영상을 업로드하기 시작했다. 유튜브는 이렇게 탄생했다.[18]

버븐이라고 불리는 앱(2장에서 언급)은 사용자들이 각각의 장소에서 체크인 해, 친구들과 계획을 세우고, 어울려 놀면서 포인트를 얻는다는 아이디어를 바탕으로 만들어졌다. 버븐이 실패한 후, 팀은 방향을 전환했다. 수개월의 작업 끝에 앱 전체를 버려야 할 정도로 수많은 난관을 겪었다. 인스타그램은 이렇게 탄생했다.[19]

오데오Odeo는 2005년 팟캐스트 플랫폼으로 시작되었다. 오데오의 투자를 주도한 찰스 리버 벤처스Charles River Ventures의 조지 재커리George Zachary의 원색적인 설명대로 '개판'이 될 때까지는 말이다. 오데오가 출시하고 얼마지 않아 애플 아이튠즈가 팟캐스팅으로 옮겨가면서 낙관적 전망은 땅에 처박혔다. 수많은 브레인스토밍과 회의 끝에 공동 창업자 중 하나인 에반 윌리엄스Evan Williams는 투자자들로부터 회사를 되사서 남은 자본금을 투자자들에게 돌려주고 새로운 회사를 시작하자고 제안했다. 투자자 중 하나인 마이크 메이플스는 이 제안을 거절했다. 그러나 윌리엄스가 주장을 굽히지 않자 메이플스는 "한 가지 조건을 걸고 돈을 돌려받겠습니다. 다음 사업에 투자할 수 있게 해준다는 조건입니다"라고 말했다. 메이플스는 왜 그렇게 고집을 부렸을까? 메이플스는 우리에게 이렇게 말했다. "사업의 실패와 창업자를 기꺼이 분리해서 생각하고 그렇게 할 수 있는 능력이 있어야 합니다. 윌리엄스의 아이디어가 실패한 이유는 윌리엄스보다는 상황 탓이었다고 느꼈습니다." 트위터는 이렇게 탄생했다.[20]

전형적인 조직은 프로세스를 사람보다 우위에 둔다. 그들은 사람이 아닌 회사, 프로젝트, 사업 계획에 투자하는 것이 보통이다. 기업 본사에서 사람은 재무 수치와 프로젝트 프레젠테이션의 뒷전으로 밀려난다. 명백한 실패 후에도 사람과 그 사람의 재능에 확고한 신뢰를 보이는 경우는 특히나 드물다. 이런 상황에서 당신은 돈(또는 남은 것)을 가지고 내뺄까? 당신은 사업 제안서의 세부 사항을 검토하는 것과 창업팀과 교류하는 것 중 어디에 더 많은 시간을 할애할까?

물론 벤처 캐피털리스트가 창업자를 무조건 신뢰하는 것은 아니다. 그들은 회사가 실패한 이유나 방향을 전환해야 하는 이유를 확인하는 데 집중한다. 그리고 실패가 창업자 탓이 아니라고 판단되면 창업자에게 계속 베팅하는 것을 주저하지 않는다.

경마와 유니콘 사냥의 공통점

승리할 말을 알아내기 위해 경마장에서 열정적으로 베팅하는 재무학 교수를 본 적이 있는가? 일리야는 극심한 열기와 습도로 땀이 뻘뻘 나는 싱가포르의 경마장에 갔다가, 경기 결과가 나올 때 기수가 아닌 말의 이름이 먼저 나오는 것을 발견했다. 미국의 경마 레이스인 켄터키 더비Kentucky Derby, 홍콩의 해피 밸리Happy Valley 경마장, 영국의 로열 애스콧Royal Ascot에서도 말 이름이 먼저 나온다. 일리야는 어리둥절했다. 경마에서 기수는 그다지 중요하지 않은 건가? 일리야는 싱가포르에서 약 100달러를 잃은 후로는 경마에 운을 시험해 본 적이 없다. 하지만 일리야는 그날의 경험을 통해 잃은 돈보다 더 가치 있는 것을 얻었다.

1950년대에 전설적인 쿼터백이자 기자였던 지미 제마일Jimmy Jemail은 「스포츠 일러스트레이티드Sports Illustrated」에 '지미 제마일의 핫박스Jimmy Jemail's Hotbox'라는 코너를 연재했다. 핫박스는 독자들에게 "집에서 언쟁을 가장 많이 일으키는 스포츠는 무엇입니까?"와 같은 도발적인 질문을 던지곤 했다. 1956년 10월 8일, 핫박스는 "기수는 말에게 얼마나 중요한가?"라는 질문을 던졌다.[21] 그러자 전국에서 편지가 쏟아졌다. 전문가와 경마 애호가들이 자신의 견해를 공유했다. 말 조련사, 핸디캐퍼handicapper*, 마방 소유주, 증권 중개인, 제조업체 등 모두 저마다의 의견을 내놓았다. 의견에는 큰 차이가 있었다. 기수의 중요도는 5퍼센트에서 75퍼센트까지 다양하게 나타났다. 사람들의 의견은 '기수가 결과를 좌우한다'부터 '기수는 전혀 중요하지 않다'는 의견까지 천차만별이었다.

최근 경마 애호가들로부터 들은 이야기에 따르면 말이 올린 성과의 약 10퍼센트는 기수의 몫이라고 한다.[22] 기수로서 명예의 전당에 오른 뒤, ESPN의 경마 분석가가 된 제리 베일리Jerry Bailey는 3억 달러에 가까운 상금을 획득한 자신의 30년 경력을 이렇게 요약했다. "훌륭한 기수가 느린 말을 이기게 할 수는 없지만, 나쁜 기수는 훌륭한 말을 패배하게 할 수 있다."[23] 경마 애호가의 필독서인 렌 라고진Len Ragozin의 『시트Sheets』에는 말의 속도, 안쪽 레일과의 거리, 체중 등의 요소를 포함해 각 말에 대한 지독히 상세한 분석이 담겨 있다. 라고진의 분석에서 단점 요인으로 나열된 기수는 보조적인 역할만 수행한다고 한다. 빌 벤터Bill Benter가 홍콩 경마에서 10억 달러에 가까운 돈을 따는 데 도움을 준 그의 알고리즘에서는 말을 기수보다 훨씬 더 중요하게 취급해 각 말을 120가지 요소의 측면에서 추적한다. 대체로 경마에서는 기수보다 말이 승자라는 것이 일리야의 결론이다.[24] 그렇다면 이것이 벤처 마인드셋에도 해당될까?

• 결과를 예측하기 위해 경주에서 말의 상대적인 능력을 분석하고 평가하는 사람

'말'과 '기수'는 벤처 투자자들이 성공할 것 같은 기회와 실패할 것 같은 기회를 구분하려 할 때 고려하는 요소를 설명하기 위해 흔히 사용하는 용어다. '기수'는 창업자와 경영진의 자질과 관련된 모든 요소를 포함한다. '말'은 제품, 비즈니스 모델, 시장 규모 등 비즈니스와 관련된 모든 요소를 아우른다. 2016년, 일리야와 그의 동료들은 벤처 투자자들이 어떻게 의사결정을 내리는지 더 잘 이해하기 위해 내부를 자세히 살폈다.[25] 먼저 수백 명의 벤처 캐피털리스트에게 스타트업을 선정할 때 무엇이 가장 중요한지 물었다. 투자자의 95퍼센트, 즉 20명 중 19명이 기수, 즉 경영진이 중요한 요소라고 답했다. 말과 관련된 많은 요소도 중요한 것으로 평가되었다. 하지만 이후 우리는 한 걸음 더 나아가 투자자들이 무엇을 가장 중요하게 생각하는지, 즉 '성패를 좌우하는' 요소가 무엇인지 물어보았다.

응답한 1,000여 명의 벤처 캐피털리스트 중 47퍼센트(거의 절반)가 선정 과정에서 팀을 가장 중요한 요소로 꼽았다(그림 8 참조). 벤처 캐피털리스트가 투자하는 스타트업이 초기 단계일수록 경영진의 중요성이 크게 드러났다. 그러나 후기 단계의 투자자들도 여전히 다른 어떤 요소보다 팀을 훨씬 우선했다. '말'에 관련된 모든 요소를 합쳐도 '기수'보다 중요도는 낮았다. 벤처 캐피털 투자를 어떤 방식으로 분석하든 기수 요소가 여전히 가장 중요했다.[26] 비즈니스 모델이나 제품, 심지어 시장 규모도 그보다 우선하지는 못했다.

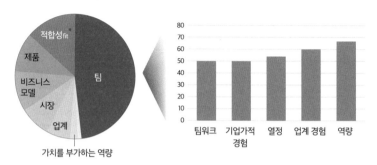

투자 선택의 중요 요소
투자 여부를 결정할 때 각 요소를 가장 중요하다고 꼽은 벤처 캐피털리스트 응답자의 비율

경영진의 중요 자질
각 자질을 경영진의 가장 중요한 자질이라고 꼽은 벤처 캐피털리스트 응답자의 비율

(파이 차트) 적합성*, 제품, 비즈니스 모델, 시장, 업계, 가치를 부가하는 역량, 팀

(막대 그래프 가로축) 팀워크 / 기업가적 경험 / 열정 / 업계 경험 / 역량

● 투자 기회와 투자자의 전반적인 투자 전략, 목표, 위험 허용 범위, 포트폴리오 구성의 조화

주: 데이터의 출처는 폴 곰퍼스, 윌 고르날, 스티븐 N. 캐플런, 일리야 A. 스트레불라예프의 「벤처 캐피털리스트는 어떻게 결정을 내리는가?」다.

그림 8. 투자자 선정의 요소와 경영진의 자질

벤처 캐피털리스트와 경마 팬의 생각이 이렇게 다른 이유는 무엇일까? 벤처 캐피털리스트들은 아이디어는 오십보 백보이고 모든 차이를 만드는 것은 아이디어의 실행임을 알고 있기 때문이다. 많은 팀이 빛나는 아이디어들을 실현하기 위해 달려들지만 성공하는 팀은 한두 팀뿐이다. 특히 초기 단계의 스타트업이라면 말은 훌륭한 기수 없이 승리할 수 없다. 1946년 최초의 벤처 캐피털 회사를 설립한 조르주 도리오Georges Doriot 장군은 이를 간결하게 요약했다.[27] "항상 B급 아이디어를 가진 A급 사람에 대한 투자를 고려하

라. A급 아이디어를 가진 B급 사람에게는 절대 투자하지 말라."

그레이록 파트너스Greylock Partners의 창립자 중 한 사람인 헨리 맥캔스Henry McCance는 이 말을 떠올리게 하는 이야기를 했다. "이것은 단거리 경주가 아닌 마라톤이다. 참여 규칙이 바뀌어 회사의 포지셔닝을 다시 해야 하는 경우가 종종 있다. 훌륭한 경영진이 있다면 그것이 가능하겠지만, 경영진이 좋지 못하다면 초기 제품 아이디어가 아무리 좋아도 그 아이디어를 성공적으로 처리하지 못할 것이다."[28]

우리는 '말 vs. 기수' 구도의 질문을 한 단계 더 발전시켰다. 벤처 캐피털리스트에게 투자 유입 경로의 반대쪽에서 거꾸로 살펴보고 성공적인 투자와 실패한 투자에 기여한 요소에 순위를 매겨 달라고 요청한 것이다. 이번에도 역시 팀이 단연 지배적인 요인이었다. 올바른 기수를 선택하는 것은 성공의 가장 중요한 요소이며, 잘못된 기수에게 베팅하는 것은 실패의 가장 중요한 원인이다.

이제 우리는 벤처 마인드셋이 창업자와 그들의 경험, 열정, 기술에 집착하는 이유를 알게 되었다. 슬랙의 투자자들이 이러한 벤처 마인드셋을 갖지 않았다면 슬랙의 성공 스토리는 나오기는 힘들었을 것이다. 전형적인 사고방식을 가진 사람은 "제정신인 사람이라면 초기 계획이 실패한 후 완전히 다른 사업 아이디어를 만들어낸 팀에 시간과 돈을 '더' 낭비하는 것은 고려하지 않을 것"이라

벤처 마인드셋

고 말할 것이다. 전형적인 접근법에서는 먼저 아이디어와 전략에 집중한 다음 적합한 팀을 찾아 일을 맡긴다. 대기업의 경우, 부사장이나 고위직의 높은 수준의 지원으로 프로젝트와 사업 계획이 먼저 승인된다. 그 후에야 고위 경영진이 개발팀을 구성하고 회사 내에서 역할을 재분배하거나 외부에서 인력을 채용하기 시작한다. 이후 그들은 프로젝트를 '감독'한다(그들이 프로젝트에 투자하는 시간은 극히 적다). 이런 형태는 프로젝트 리더나 창업자부터 시작해 사업 계획까지 거슬러 올라가는 벤처 마인드셋과는 정반대다.

조직은 성공적인 사내 스타트업이 부상할 수 있는 프로세스를 설계해야 한다. 전형적인 조직도 해낼 수 있는 일이다.

경마장 만들기

코드명 '프로젝트 카리부Project Caribou'는 만화 「딜버트Dilbert」에서 따온 것이다. 이 제품에 대한 모든 것은 처음부터 농담 같았다. 프로토타입은 단 한 사람이 하루 만에 만들었다. 그런 다음 팀의 규모는 극적으로 확장되었다… 두 명으로 말이다. 그리고 출시 직전, 팀은 용감한 12명으로 늘어났다. 팀이 나아가는 동안 표나 업무 배분은 없었다. 잠재 사용자들은 약속된 내용을 보고도 농담이라고 생각했다. 제정신인 사람이라면 시중에 나와 있는 다른 어떤 제품의 100배가 되는 것을 무료로 제공할 리 없다고 생각한 것이다. 이 농담 같은 '카리부'는 언제 시작될까? 당연히 만우절이다. 이런 제품에 이보다 더 적합한 날짜는 없다.

그렇게 2004년 4월 1일, 프로젝트 카리부가 탄생했다. 지금은 지메일Gmail로 더 널리 알려져 있다.

현재 대부분의 사람들에게는 지메일이 '곧' 이메일이다. 지메일의 이야기는 특히 많은 교훈을 준다.[29] 구글이 지메일을 얻은 방식은 유튜브나 네스트Nest*를 얻은 방식과 달랐기 때문이다. 지메일은 내부에서 발안하고 만든 제품이다. 오늘날 약 20억 명의 사용자가 애용하는 이 제품은 한 엔지니어로부터 시작되었다. 그의 이름은 폴 부크하이트Paul Buchheit로 1999년에 구글의 23번째 직원으로 채용되었다.

지메일은 사내 스타트업이었고, 폴 부크하이트는 의욕, 창의성, 열정, 회복탄력성 등 모든 면에서 놀라울 정도로 유능한 기수였다. 지메일은 그의 책상에 있는 서버에서 시작되었다. 그는 초기 사용자인 다른 구글 엔지니어들로부터 피드백과 요청 사항을 수집했다. 벤처팀은 그들과 그를 돕는 두 명의 엔지니어로 확장되었다.

지메일은 압도적인 성공을 거뒀고, 따라서 이 이야기를 슬랙과 같은 다른 스타트업 성공 사례와 동일시하고 싶은 유혹이 드는 것

• 스마트홈 제품을 만드는 구글의 자회사

이 당연하다. 하지만 지메일은 대기업 내부에서 개발되었다는 차이가 있기 때문에 다른 사례와 동일시하면 전체적인 요점을 놓칠 수 있다. 스타트업과 마찬가지로 창업자와 팀만으로는 사업을 구축할 수 없다. 이들과 파트너가 될 벤처 캐피털리스트가 필요하다. 기업가들에게는 성과를 올릴 수 있는 경마장이 필요하듯, 기업 내부의 기업가정신을 가진 사람들에게도 비슷한 경마장이 필요하다. 표면 아래를 살펴보면, 지메일이 구글의 핵심 사업인 검색 부문과 동떨어져 있는데도 성공한 데에는 구글 리더들의 경주장을 설계하는 능력이 있었다는 것을 알 수 있다.

모든 에너지와 노력, 자원이 하나의 아이디어에 집중되는 스타트업과 달리, 사내 스타트업은 필연적으로 자원과 관심을 놓고 경쟁해야 하며 회사 리더의 일상적인 고민에서 벗어나 있다. 따라서 지메일과 같은 프로젝트가 실행 가능한 일이 될지 확실한 실패가 될지를 가르는 데에는 조직의 내부 혁신 프로세스가 큰 영향을 미친다. 지메일이 이메일 업계에서 선풍을 일으킨 후 폴 부크하이트가 했던 말이 이를 잘 드러낸다. 2007년 인터뷰에서 그는 이렇게 이야기했다. "상사들이 일종의 이메일이나 개인화 제품을 만들어볼 생각이 없느냐고 물었습니다. 전혀 구체적이지 않은 프로젝트 제안이었죠. 그들은 그냥 '흥미로운 분야처럼 보인다'고 말했을 뿐입니다… 매우 일반적이었어요. '여기에 재미있게 할 만한 일이 있을 것 같아'라는 식이었습니다. 특징에 관한 리스트 같은 것은 주지 않았죠. 정말 그게 뭔지 잘 모르는 채 진행됐습니다." 몇 년 후, 구글에서 퇴사한 부크하이트는 좀 더 직접적인 언급을 했다. "공식적인 책임이 주어졌죠. 이메일 서비스를 만들어야 했습니다."

성공적인 사내 스타트업 스토리를 하나씩 자세히 조사하다 보면 유사성이 드러난다. 리더는 팀원들이 제안하는 아이디어를 주의 깊게 듣고, 많은 아이디어를 시도하도록 격려한 뒤, 가장 잠재력이 큰 아이디어를 선택한다. 특히 지침이 모호하다. 위에서 명확한 방향을 정해두지 않고 처음에는 팀원들이 넓은 범위 내에서 무엇이든 원하는 것을 하도록 자유성을 주며, 리더는 전반적인 지원을 제공한다. 또한 목표와 이정표를 점검하고 아이디어가 실패할 경우 언제 중단할지 결정할 수 있도록 그들을 감독한다. 부크하이트는 위험한 사내 스타트업이 대개 그렇듯이 그가 구글에서 시도한 많은 아이디어가 실행되지 못했다고 인정했다.

리더는 어떤 프로젝트를 끝까지 지원할지도 결정해야 한다. 지메일이 큰 성공을 거둘 수 있었던 데에는 저장 공간을 넉넉히 제공하기로 한 구글의 결정이 큰 몫을 했다. 각 이메일 주소에 1GB의 저장 공간이 무료로 제공되었는데, 이는 당시에는 누구도 예상 못한 큰 용량이었다. 더 이상 오래된 이메일을 삭제하거나 대용량 첨부파일을 받을 때마다 조마조마해 할 필요가 없었다. 지메일의 1GB 무료 제공으로 이메일 용량 제한의 시대는 끝났다. 2004년 당시로서 엄청난 비용이 들었던 이 결정은 부크하이트가 아닌 지메일이라는 경주마에 베팅한 구글 경영진이 내린 것이었다.

　지메일은 구글에서 생겨난 유일한 제품이 아니다.[30] 구글 뉴스 Google News, 구글 토크Google Talk, 구글 스칼라Google Scholar 모두 내부의 소규모 독립 프로젝트로 시작되어 이후 큰 사업으로 성장했다. 관리 계층의 어딘가에 있는 중앙 집중식 부서에서 이들을 설계하고 시작된 것이 아니다. 고위 경영진이나 이사회에서 상세히 계획하고 검토한 것이 아니다. 이 모든 것은 구글 내부에 벤처 마인드셋이 퍼져 있어 몇 가지 핵심 요소의 융합을 가능하게 한 덕분에 일어났다. 구글에는 재능 있고 의욕 넘치는 직원들이 있었고, 사내 스타트업이 꽃을 피울 수 있도록, 또 결국 실패로 끝날 수도 있는 큰 위험을 감수하도록 장려하는 프로세스가 있었다. 다른 대기업이 그렇듯이 구글은 여러 마리의 말이 동시에 경주를 펼치게 할 여유가 있었다. 구글의 경영진은 기업 환경에서라면 좋은 기수와 좋은 말만으로는 충분치 않으며, 이를 지원할 경마장도 필요하다는 것을 깨달았다. 구글이 한 일은 기수와 말이 효율적으로 경주할 수 있는 경마장을 설계한 것이었다(처음에는 비공식적으로). 기수들은 말을 바꿀 수 있었으며, 많은 말이 결승선에 도달하지 못했고, 더 빨리 달리기 위해 엄청난 비타민이 필요했던 말도 있었다. 구글은 사내 기업 공장을 만들었다.

　'사내 기업제intrapreneurship'라는 단어가 만들어진 것은 1978년에 이르러서였다. 몇 년 후, 「이코노미스트Economist」는 특집 기사에서 접두사 '인트라'('내부'를 뜻하는)와 '기업가정신'을 결합한 이 새로운 혼성어를 사용했다. 하지만 이 용어가 대중 매체를 휩쓸게 된 것은 스티브 잡스가 1985년 「뉴스위크Newsweek」와의 인터뷰에서 이 단어를 사용하면서부터였다.[31] 그는 매킨토시가 '본질은 차고에 있지만 대기업에서 일하는' 사내 기업가 팀에 의해 만들어졌다고 말했다. 사내 기업제는 기술 기업만이 아닌 모든 기업에서 실천할 수 있다. 여기에는 벤처 마인드셋이 요구되며, 기술 기업은 자신들을 지원한 벤처 캐피털리스트로부터 이런 마인드셋을 물려받을 가능성이 다른 기업보다 높다. 그러나 어떤 회사든 사내 기업가를 위한 경마장을 설계할 수 있으며, 어떤 설계는 말을 자동차로 바꾸고 경마장을 포뮬러 1코스로 바꿀 정도의 성공을 거둘 수도 있다!

해피밀Happy Meal을 생각해 보라.[32] 세계적으로 유명한 해피밀은 맥도날드 본사에서 수천 마일 떨어진 곳에서 사내 기업가 욜란다 페르난데스 데 코피뇨Yolanda Fernández de Cofiño가 진행한 작은 실험에서 시작되었다. 1974년 과테말라 최초의 맥도날드 가맹점주가 된 그녀는 아이들이 빅맥 세트의 양이 너무 많아서 다 먹지 못하는 것을 관찰했다. 결국 부모들은 돈을 지불하고 산 음식을 버려야 했다. 페르난데스는 작은 햄버거, 작은 감자튀김, 작은 탄산음료, 작은 아이스크림으로 이루어진 어린이 메뉴를 만들자는 아이디어를 떠올렸다. 그녀는 여기서 멈추지 않았다. 현지 시장에서 장난감을 사 메뉴에 하나씩 포함시켜 재미를 더했다. 해피밀은 과테말라 아이들과 부모들로부터 큰 인기를 끌었다.

　이 모든 실험은 시카고에 있는 맥도날드 본사의 승인 없이 진행되었다. 대부분의 회사라면 이런 좋은 아이디어도 과테말라에서 실행되는 데 그쳤을 것이다. 하지만 맥도날드는 모든 프랜차이즈 가맹점을 대상으로 아이디어와 실험을 교환하고 선보이는 세계 대회를 개최했다. 이런 컨벤션은 올바른 각도에서 접근한다면 사내 기업을 위한 경마장과 같은 역할을 한다. 맥도날드 경영진은 페르난데스의 메뉴를 보고 이 경주마에 더 많은 자원을 투자했다. 2년 후, 해피밀은 전 세계 매장에 등장했다.

　성공적인 사내 기업 문화를 설계하는 것은 쉬운 일이 아니다. 하지만 벤처 마인드셋 체크리스트의 몇 가지 원칙부터 시작해 볼 수 있다. 사내 스타트업은 위로부터의 명확한 감독 없이도 암묵적인 지원과 폭넓은 방향성을 바탕으로 의욕적인 린 팀lean team*이 운영한다. 혁신가가 되고 싶은 인재에게 다른 기업으로 가라고 강요하는 대신 스타트업 환경을 모방해 내부 인재가 사내 기업가정신에 매력을 느끼도록 만들라.

　그러나 프로세스보다 사람을 우선시 여긴다고 해서 프로세스가

---

* 　특정 목표나 프로젝트를 달성하기 위해 효율적이고 효과적으로 협력하는 소규모 그룹. 낭비를 최소화하면서 가치를 극대화하는 데 초점을 맞춘 경영 접근 방식인 린Lean 방법론에서 유래한 말이다

전혀 없다는 뜻은 아니다. 혼돈이 반드시 혁신으로 바뀌는 것은 아니며, 혼돈은 오히려 아이디어를 쉽게 파괴할 수 있다. 이런 설계는 내부 관료주의의 상당 부분을 쉽게 없애고, 개발팀이 작고 독립적이며 유동적인 상태를 유지하고 내부 정치로부터 보호받도록 해야 한다. 사내 기업가들은 의욕적이고 활력이 있어야 한다. 그들의 성공은 소규모 환경에서 특정 고객의 특정한 문제점을 해결할 수 있는 능력에 좌우된다. 그러나 이런 조건들이 다 충족되었더라도, 회사 리더가 이니셔티브를 추진하고 확장하지 않는다면 이 모든 것은 실패로 돌아갈 수밖에 없다.

사내 기업가가 성공하기 위해서는 이런 이름만 붙여주는 것만으로 충분치 않다. 벤처 캐피털이 기업을 지원하는 방식으로 조직 전체가 이들을 지원해야 한다. 기수가 성공하도록 경마장을 만들어야 한다. 기업 환경에서의 경마장은 명확한 자금 조달 메커니즘, 간단한 규칙, 가드레일, 이정표와 함께 세워진다.

제품과 그 뒤에 있는 사내 기업가들은 우리 주변 어디에나 있다. 네스프레소. 해피밀. 지메일. 좋은 사내 기업가는 계속해서 혁신을 이뤄나가면서 연쇄 사내 기업가가 되는 경향이 있다. 페르난데스는 해피밀에서 멈추지 않았다. 그녀는 맥도날드에서 생일 파티를 여는 아이디어를 생각해 냈다. 한편 폴 부크하이트는 지메일에서 멈추지 않고, 다른 웹사이트에 광고를 게재하는 프로그램인 애드센스AdSence의 첫 번째 프로토타입도 개발했다.[33]

이런 창의적인 인재를 잃는 것은 미래의 문제로 이어질 수 있다. 2019년 프리크니스 스테이크스Preakness Stakes(미국 경마 트리플 크라운Triple Crown의 두 번째 경주)에 출전한 말, 보덱스프레스Bodexpress는 문을 빠져나가자마자 기수를 던지고 계속 달렸다![34] 보덱스프레스는 실격 처리되었고, 곧 다른 말들에게 추월당했다. 기업 세계는 훨씬 더 가혹하지만(기수 없이 같은 페이스를 유지하는 말은 많지 않다), 경마에서보다 피드백을 얻기까지 훨씬 더 긴 시간이 필요하다. 기수를 육성하라. 기수들을 위한 경마장을 설계하고 건설하라. 기수가 최고 속도를 낼 수 있도록 도와라.

잘 둥글려진 사각 못

혁신은 '관리'할 수가 없다. 오로지 '주도'할 수만 있을 뿐이다. 기존 조직에는 많은 관리자가 있다. 하지만 처음부터 일을 시작하고 필요에 따라 방향을 전환할 수 있는 구축자builder*와 창조자creator** 는 부족한 경우가 많다. 하지만 대기업은 스타트업이 제공할 수 없는 것을 혁신가들에게 제공할 수 있다. 아이디어를 실행하기 위한

* 아이디어나 개념을 실행 가능한 제품이나 솔루션으로 전환할 수 있는 사람
** 새로운 아이디어, 컨셉, 디자인을 만들어내는 재능이나 요령을 갖춘 사람

큰 규모를 즉각 확보할 수 있다. 대형 은행과 소규모 핀테크 회사를 비교해 보라. 대형 의료 기업과 생명공학 스타트업을 비교해 보라.

벤처 마인드셋에 대한 지식으로 무장한 우리는 벤처 캐피털리스트들이 팀 내에서 다음 3가지 원리를 추구하는 것을 명확히 볼 수 있다.

카리스마와 인성이 중요하다

유니콘 대열의 뒤에 있는 유명 투자자 마이크 메이플스는 창업자들의 열정에 대해 이야기하면서 눈을 빛냈다. "그들은 다른 것은 생각하지 않습니다. 오로지 하나의 최종 목표를 향해 미친 듯이 달려들고, 사람들의 고충을 해결하는 데 필사적입니다." 메이플스는 이런 명제가 눈에 보이도록 자신의 줌 배경에 그가 후원하는 창업자가 선물한 명판을 배치했다. 거기에는 '무모한 낙관주의를 실천하라'는 문구가 크게 적혀 있다. 트위터, 트위치Twitch, 클로버 헬스Clover Health*, 오크타Okta**, 체그Chegg***는 메이플스가 베팅을 성공시킨 대표적인 사례. 카리스마 넘치는 창업자에 대한 베팅!

a16z의 알렉스 램펠은 창업자의 카리스마에 강한 믿음을 갖는다. 그가 창업자에 대한 실사를 시작할 때, 먼저 눈여겨보는 것은 창업자

- 데이터 분석과 기술을 활용해 회원의 의료 결과를 개선하는 의료 기술 기업
- •• 클라우드 기반 ID 관리 플랫폼
- ••• 학생들에게 교육 자료를 제공하는 온라인 학습 플랫폼

가 회의에 데려온 사람들과 팀에 합류한 사람들이다. 고객도, 돈도, 개발된 제품도 없는 신생 스타트업의 창업자가 능력 있는 사람들로 하여금 모든 것을 버리고 자신을 따르게 만드는 데 성공했다면 램펠은 바로 관심을 쏟는다.

일리야는 그의 카리스마 넘치는 학생 중 몇 명을 기억한다. 그 중 한 사람은 최근 졸업한 르네 케이시Rene Caissie다. 몬트리올 출신의 상악안면외과 의사인 르네는 1년간 경영학을 공부하기 위해 스탠퍼드에 온 후, 전염성이 강한 기업가적 분위기에 빠져들었다. 르네가 건강에 대해 개인화되고 역동적인 식견을 제공하는 플랫폼을 구축한다는 자신의 아이디어를 설명하자 듣고 있던 모두가 흥분을 느끼며 '이 사람과 일하고 싶다'라고 생각했다. 컴퓨터 공학부의 뛰어난 학생이 학교를 그만두고 케이시의 플랫폼, 메델루프Medeloop를 구축했고, 주요 병원들이 이 플랫폼을 사용해 보기 위해 계약을 맺었다. 르네와 이야기를 나눈 모든 전문가가 그에게 조언을 하고 싶어 했다. 전염성이 있는 르네의 카리스마는 말로 설명할 수는 없지만 그의 존재감은 실제로 온몸으로 느껴진다. 창업자를 평가할 때 중요한 성공 요소 중 하나는 그들이 다른 사람들에게 활력을 주고 최고의 직원을 끌어들이는지 여부다.

파타고니아Patagonia의 조끼나 후드티를 입으면 겉으로는 기술 업계의 리더처럼 보일 수 있을 것이다. 하지만 경험 많은 벤처 캐피털리스트는 작은 디테일에 훨씬 더 많은 관심을 기울인다. 스케일 벤처 파트너스Scale Venture Partners의 공동 창업자인 케이트 미첼Kate Mitchell은 창업자의 인성과 리더십 기술을 평가하기 위해 다음과 같은 요령을 사용한다. 스타트업 피치를 위해 벤처 캐피털을 방문한 창업자는 언제나 설득 모드에 있다. 낙관적이고 친화적이고 자신감 넘치며 항상 벤처 캐피털리스트를 존중한다. 미첼은 이들이 돌아간 뒤, 안내데스크를 확인한다. 창업자가 로비에서 기다리는 동안 안내 직원을 어떻게 대했는지 묻는 것이다. 예의 바르게 행동했는지, 거만하지는 않았는지, 친화적이었는지, 직원을 무시하지는 않았는지. 미첼은 스탠퍼드 수업에서 이렇게 말했다. "무례했다는 사실을 발견하면 투자하지 않습니다. 창업자는 주변의 모든 사람에게서 최선을 이끌어낼 수 있어야 합니다. 안내 직원을 존중하지 않는 사람은 소규모 팀을 크게 성공하는 기업으로 이끄는 데 어려움을 겪을 것입니다."

인성이 중요하다. 이력서로는 혁신 리더의 인성에 대해서 알 수 있는 가능성이 낮다. 해커톤, 경연대회, 밋업에서 아이디어뿐만 아니라 사람에 대한 정보를 얻는 것이 중요한 이유가 여기에 있다. 인성과 카리스마는 모방하기 어렵다. 따라서 혁신에 있어서는 거꾸로 접근하는 것이 합리적이다. 아이디어에서 먼저 시작한 다음 그 아이디어를 이끌 관리자를 찾는 것이 아니라, 먼저 리더를 발굴하고 그들이 혁신하고 팀을 구성하고 조직의 미래를 만들어가도록 해야 한다.

적합한 부적합자 찾기

일리야의 제자인 토니 슈Tony Xu는 온라인 배달 플랫폼인 도어대시를 창업할 당시, 물류, 최적화, 음식 배달에 대한 경험이 전혀 없었다.[35] 브라이언 체스키Brian Chesky와 조 게비아Joe Gebbia는 에어비앤비를 공동 창업할 때 산업 디자인 학위가 있었다(체스키는 순수미술 학위도 갖고 있었다).[36] 이들은 호텔이나 여행 업계에서의 경험은 전무했다. 암 치료 개선에 전념하는 플랫아이언 헬스의 창립자들은 구글과 기술 분야 출신이다.[37] 그들의 출신은 이후 제약 대기업 로슈에 인수된 성공적인 회사를 만드는 데 전혀 걸림돌이 되지 않았다. 이들 외에도 업계 경험이 부족한 창업자들이 많았지만 벤처 캐피털 투자자들은 이들을 열렬히 지지했다. 점진적 혁신에서는 업계에 대한 깊이 있고 면밀한 지식이 성공에 중요하다. 하지만 파괴적 혁신에서는 이런 지식이 오히려 방해되는 경우가 종종 있다.

벤처 캐피털리스트는 눈에 띄는 사람들을 다른 방식으로 찾곤 한다. 슈와 그의 공동 창업자들은 스탠퍼드 경영대학원에서 팀을 꾸려 음식 배달을 실험했고, 유연성, 세부 사항에 대한 관심, 정교하게 조정된 최소 실행 가능한 제품을 만드는 능력으로 투자자들에게 깊은 인상을 주었다. 투자자 폴 그레이엄은 게비아가 민주당 전당대회에서 한 상자 당 40달러에 판매하던 오바마 오즈Obama O's 상자를 꺼내자 에어비앤비에 투자하기로 결정했다.[38] 그레이엄은 이들에게 시리얼 한 상자를 40달러에 파는 능력이 있다면, 사람들이 타인의 집에서 자도록 설득할 능력도 있겠다고 생각했다. 일리야의 또 다른 제자인 메르세데스 벤트Mercedes Bent는 현재 최고의 벤처 기업 라이트스피드의 투자자다. 그녀는 자신이 창업자에게서 찾는 점을 기억에 남는 한마디로 설명한다. 바로 '학습 속도'다. 그녀는 이렇게 설명한다. "성공적인 스타트업은 기하급수적인 확장을 이룹니다. 이런 창업자들만이 그 속도를 따라갈 수 있습니다."

벤처 캐피털리스트가 찾는 것은 둥글게 다듬어진 네모난 못이다. 때때로 반항아를 찾기도 하지만 원래의 목표는 반항아를 찾는 것이 아니다. 그들의 목표는 적합한 부적합자를 찾는 것이다. 마이크 메이플스는 다음과 같이 단언한다. "스타트업 창업자는 패턴을 깨는 사람이며, 벤처 마인드셋은 프랜차이즈의 확장이 아닌 틀을 깨는 일에 대한 것입니다." 메이플스는 이 주제에 관한 책(가제: 『패턴 브레이커Pattern Breakers』)까지 쓰고 있다.

이러한 사고방식을 특정 업계나 직무에 대한 경험이 부족하면 새로운 벤처를 이끌어달라는 요청은커녕 거기에 발을 들여놓을 수조차 없는 기업과 비교해 보라. 무지개를 만들려면 햇빛도 비도 필요하다. 완전히 다른 업계 출신의 임원을 영입하듯이 기준에서 조금 벗어난 신입 직원을 채용하는 것은 성숙한 회사에 활력을 불어넣는 열쇠가 될 수 있다.

석유·가스 부문과 레고 블록의 공통점은 무엇일까? 매출의

85퍼센트가 석탄에서 비롯되는 덴마크의 화석 연료 기업 동 에너지Dong Energy는 보수적인 업계 내에서도 성숙한 기업의 전형이었다. 화석 연료 가격의 하락과 S&P의 회사 신용 등급 강등과 같은 강력한 역풍을 맞은 2012년, 이사회는 헨리크 폴센Henrik Poulsen을 새 CEO로 영입했다. 그의 이력서에는 글로벌 혁신과 레고 마케팅 등의 분야에서의 경력이 강조되어 있었고, 화석 연료 산업 경험은 없었다. 그러나 폴센의 지휘 아래 오스테드Ørsted에서 이름을 바꾼 동 에너지는 세계 최대 해상 풍력 에너지 생산업체가 되었고, 2019년에는 매출의 85퍼센트를 재생 에너지에서 얻었다. 폴센의 임기가 끝날 무렵인 2020년에는 주주들도 환호했다.[39] 회사의 시가총액은 두 배 이상 증가했다.

폴센의 사례는 외부 CEO 영입이 500개 이상 기업의 장기적 성과에 미치는 영향을 연구한 아부 잘랄Abu Jalal과 알렉산드로스 프레자스Alexandros Prezas의 연구 결과와도 부합한다.[40] CEO 승계 5년 후의 성과를 비교한 결과, 관련 없는 업계에서 CEO를 영입한 기업들의 주식 수익률, 수익성, 성장 잠재력이 높아진 것으로 나타났다.

채용 담당자가 관련 경험이 없는 후보자를 무시한다면 후보자들의 다양성이 부족하거나 내부 혁신이 부족해지는 것은 당연하다. 예일대의 트리스탄 보텔로Tristan Botelho와 멜로디 창Melody Chang은 실제 소프트웨어 엔지니어링 채용 공고에 2,000건 이상의 가상의 이력서를 보냈다.[41] 이력서들은 학력, 관심사, 기술 등의 내용이 모두 같았다. 유일한 차이는 지원자의 스타트업 창업 경험 여부였다. 흥미롭게도 스타트업 창업자가 받은 면접 요청은 비창업자가 받은 요청의 절반 정도에 불과했다. 이는 비창업자가 더 표준적인 배경을 가진 것으로 보였기 때문이다. 이것이야말로 모든 기업이 경고 신호로 받아들여야 할 사례가 아닐까?

지원자의 외모, 말투, 일을 조직하는 방식이 조직의 번영에 걸림돌이 된다면 기업 문화를 다시 생각해 봐야 할 때다. 새로운 것이 등장하려면 새로운 업무 방식이 있어야 한다.

개인이 아닌 팀에 베팅한다

벤처 창업은 팀 스포츠다. 성공하려면 창업팀은 직원 기반을 최고 수준으로 구축한 다음, 1인 조직에서부터 큰 규모의 조직으로 빠르게 확장해 나가야 한다. '빨리 가고 싶으면 혼자 가고, 멀리 가고 싶으면 함께 가라'는 아프리카 속담이 있다.

메리테크 캐피털 파트너스의 공동 창업자, 폴 마데라는 스타트업 공동 창업자들의 피치를 주의 깊게 보며 누가 말을 하는지, 다른 사람들은 어떻게 반응하는지 관찰한다. 마데라는 다른 사람들이 침울한 표정으로 앉아 있는 동안 한 사람이 주도권을 잡는다면 불길한 신호라고 생각한다. 그는 창업자의 대인관계 역학에 문제가 있다고 판단되면 거래를 거절하는 경우가 많다.

마데라만 그런 것이 아니다. 창업자들이 꿈꾸는 최고의 액셀러

레이터accelerator* Y 컴비네이터는 여러 명의 창업자가 서로 균형을 맞추고 상호 보완적인 기술을 결합할 수 있는 회사만 받아들이는 경향이 있다. 버터필드의 공동 창업자 칼 헨더슨이 없었다면 슬랙의 그런 큰 성공이 가능했을까? 슬랙의 공동 창업자들은 대단히 실리콘밸리적인 방식으로 만났다.[42] 헨더슨은 버터필드가 처음으로 만들었던 게임 회사의 이메일 서버에 침투했고, 그 직후 회사에 채용되었다. 이후 두 사람은 플리커를 설립하고 다음으로 슬랙을 설립했다.[43] 두 사람은 완벽하게 일치하는 비전과 상호 보완적인 기술로 8명이었던 슬랙을 수천 명이 있는 팀으로 성장시켰다. 버터필드는 디자인을 사랑하는 창의적인 사람이고, 헨더슨은 코드에 파묻혀 사는 엔지니어다.

전형적인 조직은 대형 기술 회사 출신의 한 사람이 변화를 일으키길 기대하는 경우가 너무나 많다. 그러나 혼자서는 그런 일을 할 수 없다. 팀이 필요하다. 새로운 사고방식을 가진 여러 사람을 끌어들임으로써 혁신을 시작할 수 있다. 혁신은 진정한 팀 스포츠다.

- 단기간에 신생 기업의 활성화를 돕기 위한 지원 단체. 아이디어와 비즈니스 계획을 자문해 주고 자금과 인력을 지원한다

당나귀로는 경주에서 이길 수 없다

'창업자에게 모든 것을 걸고 나머지는 무시하라'는 말은 재무학 교수와 기업 혁신 고문이 쓴 낚시성 기사의 제목처럼 들린다. 현실은 그렇게 흑백으로 정확히 나뉘지 않는다. 대부분의 벤처 캐피털리스트는 기수 외에도 시장 규모, 비즈니스 모델, 제품 등을 중요한 고려 사항으로 삼는다. 그리고 대부분의 벤처 캐피털리스트들은 이 3마리 경주마 중 적어도 한 가지를 투자 결정의 중요 요소로 꼽는다.

우선 '시장 규모'에서 시작하기로 하자. 벤치마크 캐피털과 웰스프론트Wealthfront의 공동 창립자인 앤디 라클레프Andy Rachleff는 다음과 같은 신랄한 관점을 제시한다.[44] "훌륭한 팀이 형편없는 시장을 만나면 시장이 승리합니다. 형편없는 팀이 훌륭한 시장을 만나면 시장이 승리합니다. 훌륭한 팀이 훌륭한 시장을 만나면 특별한 일이 일어납니다." 상금의 규모도 중요하다. 벤처 캐피털리스트는 시장이 충분히 크지 않다면(가장 낙관적인 시나리오에서) 투자를 하지 않는다. 이 장을 쓰고 있는 지금, 스페이스X를 비롯한 우주산업 스타트업들이 수십억 달러를 긁어 들이고 있는 것은 이런 아이디어가 성공할 경우 시장이 거대해질 것이란 투자자들의 믿음이 있기 때문이다. 크리스퍼CRISPR*의 발견과 장수에 대한 열망으로 제품을 개발에 나서고 있는 생명공학 스타트업도 마찬가지다. 잠재 시장의 규모가 너무 커서 틈새시장 아이디어도 수십억 달러 규모의 사업이 될 수 있다.

두 번째 고려 사항인 '비즈니스 모델'은 어떤가? 2장에서 만난 벤록의 투자자 카미 새뮤얼스는 사무실에서 우리와 포케볼poke bowl을 먹으며 이렇게 설명했다. "저는 항상 가치 창출과 가치 포착에 대해 생각합니다." 카미는 바이오테크 스타트업이 신약을 출시할 때 겪는 모든 어려움에 대해 설명했다. 일부 생명과학 제품의 경우 가장 어려운 장애물 중 하나는 1차 의료 기관의 의사들에게 혁신적인 치료제를 처방하도록 설득하는 것이다. 스타트업팀은 신약이라는 가치를 '창출'하고 난 뒤에도 여전히 가치를 '포착'하지 못할 수 있다. 새뮤얼스와 다른 생명공학 투자자들은 스타트업을 평가할 때 가치 포착 기회를 파악하기 위해 열심히 노력한다.

a16z의 핀테크 투자자 알렉스 램펠도 같은 의견을 내놓았다. "모든 스타트업과 기존 기업 간의 싸움은 기존 기업이 혁신을 이뤄내기 전에 스타트업이 유통 채널을 확보하느냐의 문제로 귀결됩니다." 새뮤얼스가 다루는 업계에서는 유통에서의 압도적인 우위가 대형 제약사를 그 분야의 효과적인 게이트키퍼gatekeeper**로

- 유전자의 특정 부위를 절단해 유전체 교정을 가능하게 하는 리보핵산 기반 인공 제한 효소
- •• 문지기. 접근을 통제하는 개인 또는 조직

만든다. 이로써 대기업은 신생 스타트업과의 협상에서 영향력을 행사할 수 있게 되고, 바이오테크 스타트업이 성공으로 가는 길을 험난하게 만든다. 그렇기 때문에 연구실에서의 우수성(가치 창출)이 높은 로열티와 수익(가치 포착)으로 쉽게 이어지지 못하는 것이다. 아무리 뛰어난 기수라도 당나귀가 요새 벽을 뛰어넘게 만들 수는 없다.

요컨대, 기수는 스타트업의 성공에 필요 조건이지만 충분 조건은 아니다. 더구나 소규모 기업의 성공과 관련된 요소는 회사가 성숙해지면서 점진적으로 변화한다. 스타트업이 성장하고 규모가 커지면 기존 경영진도 회사의 니즈에 따라 성장해야 한다. 제품 프로토타입을 만들고 팀을 3명에서 20명으로 성장시키는 데 필요한 기술과 수천 명의 고객을 대상으로 판매를 확대하고 수백 명의 직원을 관리하는 데 필요한 기술은 전혀 다르다. 회사와 함께 발전하는 창업자가 있는가 하면 그렇지 않은 경우도 많다. 이것이 투자자들이 어느 시점에 경영진 교체를 주장하는 이유 중 하나다.

시카고대학교의 스티븐 캐플런과 그의 동료인 버크 센소이Berk Sensoy, 페르 스트룀베르크Per Strömberg는 이 문제를 파고들었다.[45] 그들은 벤처 캐피털리스트의 지원을 받은 50개의 성공적인 기업을 표본으로 이용해 초기 사업 계획부터 IPO에 이르는 과정에서 이들 기업의 특징이 어떻게 진화했는지 분석했다. 이들의 연구가 유난히 통찰력이 있었던 이유는 기업 라이프 사이클 단계별로 사업

계획이 어떻게 변화했는지 그 자료를 구할 수 있었기 때문이다. 연구진은 경영진의 이직률이 상당히 높다는 것을 발견했다. IPO 시기의 CEO 중 최초 벤처 캐피털 투자를 받을 당시에도 그 자리에 있었던 이들의 비중은 4분의 3 미만이었다. 그리고 창업 초기 단계부터 최고 경영진이었던 이들은 IPO 당시 4명의 최고 경영진 중 절반 정도였다. 기업이 성장하면서 기수와 말 사이의 균형은 말 쪽으로 기운다. 사업이 확장됨에 따라 회사의 성공은 경영진에 덜 의존하게 된다.

조직은 성장하고 성숙해 가면서 매끄럽고 예측 가능한 프로세스, 잘 정립된 규범, 명확한 공식적 규칙을 개발해 스스로를 강화한다. 이는 말을 기수보다 훨씬 우위에 두는 전형적인 사고방식으로 이어진다. 헨리 포드Henry Ford의 증손자로 포드 자동차Ford Motor Company의 전 CEO 겸 회장이었던 윌리엄 클레이 포드William Clay Ford는 "누구나 대체가능하다, 거기에는 물론 나도 포함된다"는 말을 한 적이 있다. 현대의 비즈니스 리더들은 대개 이 점에 대한 포드의 의견에 동의한다. 일반적인 환경에서 관리자와 의사결정권자의 역할은 현 상태를 유지하고, 잘 정립된 가드레일을 따르며, 때때로 사양을 조정하는 것이다. 이런 프로세스는 대부분 표준운영절차Standard Operating Procedure, SOP라 불리는 일상적인 것이며 잘 문서화되어 있다. 그 후 회사는 잘 훈련된 직원들이 뒷받침하는 기름칠이 잘된 기계가 된다.

우버로 음식을 주문하거나 근처 커피숍에 가는 것과 같은 일상적인 의사결정에 대해 생각해 보라. 당신은 서비스를 제공하는 사람의 이름이나 자질에 대해서는 크게 신경 쓰지 않는다. 팁은 달라질 수 있겠지만 그것조차 거의 기계적으로 결정된다. 개인의 역할이 일상적이고 표준화된 결정과 과제에 의해 지배되는 조직에서도 마찬가지다. 작업을 수행할 때마다 개별 작업자가 바퀴를 다시 발명하게 하는 것보다는 프로세스를 최적화하는 것이 더 효율적이다. 맥도날드는 표준을 도입하고, 충실히 지키고, 지속적으로 조정함으로써 패스트푸드 업계 전체에 혁명을 일으켰다. 오늘날 맥도날드는 햄버거를 조리하고 준비하는 데 112초밖에 걸리지 않으며, 패티는 그릴에서 정확히 42초 동안 굽는다.[46] 토요타Toyota 생산 시스템의 기본 규율인 '표준 작업standard work'의 직접적인 결과로 도요타 제품의 품질이 어떤지 생각해 보라.[47] 그리고 연말연시에 15만 명의 임시 직원을 고용해 엄청난 물량을 매끄럽게 처리하는 아마존과 빈틈없는 SOP(표준운영절차)를 생각해 보라.[48]

사람들이 잘 조직된 프로세스 내의 작은 나사못이라는 생각은 19세기 대량 생산의 부상과 함께 발전했다. 프레드릭 테일러Frederick Taylor는 과학적 관리의 창시자 중 한 명이다.[49] 그는 베들레헴 철강Bethlehem Steel에 근무할 당시 작업자 한 명이 하루 평균 약 12.5톤의 선철을 처리한다고 계산했다. 테일러는 생산의 체계를 세워 작업자의 생산량을 늘리는 방법을 실험했다. 돌파구는 테일러가 더 높은 임금을 약속했을 때 드러났다. 동기를 부여받은 직원들의 작업량이 47톤으로 늘어난 것이다. 60퍼센트 높은 급여로 생산성이 4배 가까이 높아지자 테일러와 그의 상사들은 충격을 받았다. 이후 테일러가 제조업의 인간 산출물 최적화에 관해 쓴 책은 20세기의 가장 영향력 있는 경영 서적으로 선정되었다. 테일러의 원칙은 근로자에 관한 것이지만 개별 근로자의 역할은 미미하다. 알다시피 전통적인 기업 환경에서 근로자는 쉽게 대체되고, 교체되고, 익명화된다. 지배하는 것은 프로세스다. 문제는 생산 라인의 성과에 대한 테일러의 연구 결과가 경제의 보다 혁신적인 부문과 불확실한 환경에서는 더 이상 적절치 않다는 것이다.

테일러의 방법은 전형적 기업의 연구·개발 프로세스와 같은 점진적 혁신에는 효과가 좋다. 하지만 새로운 예능 프로그램을 만들거나, 새로운 AI 알고리즘을 구축하거나, 근본적으로 새로운 기술 아이디어를 개발하는 것은 선철을 적재하거나 컨베이어를 효율적으로 운영하는 것과는 전혀 다른 문제다. 테일러의 아이디어는 여전히 많은 배경에서 사용되면서 수익성을 높이고 있지만, 와해적 혁신의 세계에서는 극적으로 다른 접근법이 필요하다. 이 세계에서는 사람이 나사나 톱니바퀴 취급을 받지 않는다. 불확실한 환경에서 객관적으로 검증하고 측정하기는 어렵지만, 사람들의 행동은 최종적인 결과에 크게 영향을 미치기 때문이다.

문제는 대부분 조직의 경우 일상적인 프로젝트가 압도적으로 많기 때문에, 전형적인 사고방식을 기수가 훨씬 더 중요한 역할을 하는 프로젝트에까지 적용한다는 점이다. 익숙함은 기회를 인식하기 어렵게 만든다. 전 세계 실리콘밸리에서 '기수 우선' 모델을 채택하는 기업이 우후죽순으로 생겨나기 시작하는 것도 그 때문이다. 전형적인 기업들은 주의가 필요하다. 그런 회사의 주위에는 훌륭한 아이디어, 프로젝트, 발명품이 흔하다. 하지만 그런 아이디어를 제대로 실현힐 수 있는 역량을 가진 사람은 상대적으로 적다. 아이디어는 상대적으로 쉽지만 실행은 어렵다. 지금은 멀게 느껴지는 시대, DVD 플레이어의 시대를 생각해 보자. 2000년대 후반에 많은 사람이 DVD 포맷의 수명이 얼마 남지 않았다고 예측했다.[50] 옳은 예측이었다. 하지만 이 분야의 일부 리더들은 즉각적인 대응에 실패했고, 전성기에는 4,700개 이상의 DVD 대여 매장을 소유했던 무비 갤러리Movie Gallery처럼 하나둘 사업을 접었다. 4만 1,500개의 DVD 키오스크를 보유한 레드박스Redbox는 뒤늦게 스트리밍으로의 전환을 시도했지만, 시기가 늦었고 열의가 부족해 실패로 끝났다. 이 모든 기존 업체 중 단 한 곳만이 이런 실존적 위협을 정면으로 다루었다. 테일러의 원칙을 고수하지 않은 것이다. 그리고 그 회사는 살아남았을 뿐 아니라 번창했다. 어디인지 짐작이 가는가?

넷플릭스는 스스로를 재발명하는 데 성공한 드문 사례다.[51] 넷플릭스는 우편으로 DVD를 대여하는 업체에서 온라인 스트리밍 업체로의 엄청난 도약을 이루었다. 그리고 거기에서 멈추지 않았다. 넷플릭스는 프로그램 제작에서도 할리우드와 경쟁하고 있다. 이제 넷플릭스가 벤처 캐피털의 지원을 받아 벤처 마인드셋을 유지하는 회사라는 말을 들어도 놀랍지 않을 것이다. 특히 중요한 원칙은 '프로세스보다 사람'을 중시한다는 것이다. 넷플릭스가 사람에 대해 보여주는 신뢰의 수준은 비범하다. 휴가 기간은? 무제한이다. 회사의 경비 정책은? '넷플릭스의 최선의 이익을 위해 행동하라'는 간단한 원칙이 있을 뿐이다. 초과 근무에 대한 수당은 없다. 투자한 시간이 아닌 A급 성과만이 중요하다. 넷플릭스의 창립자 리드 헤이스팅스는 자신의 책 제목을 『규칙 없음No Rules Rules』로 정했다. 그가 가진 생각의 핵심은 다음과 같다.[52] "바보를 방지하려는 프로세스를 만들면, 그에 따라 일할 바보만을 얻게 될 것이다. 우리가 거기에 그토록 반대하고 사람들에게 큰 자유를 주는 데 집중하는 것은 그런 이유에서다. 자유를 주면 분명 실수가 나올 것이다. 하지만 훌륭한 아이디어도 많이 얻게 될 것이다." 직원과 프로듀서에 대한 이런 신뢰가 탁월한 결과를 만들었다. 〈하우스 오브 카드(론칭 당시 넷플릭스 최고 시청률을 기록했다)〉는 감독에게 어떤 할리우드 경쟁사에서도 전례를 찾을 수 없는 엄청난 자유를 준 덕분에 탄생했다. CEO가 이 프로그램을 승인하는 데에는 30분밖에 걸리지 않았다.

온라인 스트리밍이라는 새로운 시장에 대한 시의적절하고 현명한 베팅이 없었다면 넷플릭스가 그토록 성공할 수 있었을까? 우리는 그렇게 생각지 않는다. 구독이라는 비즈니스 모델이 성공에 중요한 역할을 했나? 물론이다! 사용자를 끊임없이 괴롭히는 기술적 결함이 있었더라도 이 서비스가 살아남았을까? 설마. 물론 시장, 비즈니스 모델, 제품은 중요하다. 하지만 아이디어는 신비한 생명체가 아니다. 아이디어는 사람의 것이다. 아이디어를 그것을 현실로 만들 수 있는 열정적인 주인이 필요하다. 프로세스보다 사람을 우선하는 것이 벤처 캐피털리스트의 모토다. 넷플릭스가 가장 많은 투자를 하는 것은 사람, 그리고 발명하고 개발하는 그들의 능력이다. 헤이스팅스와 그의 팀은 혁신적인 산업 내에서 말과 기수 사이의 균형을 찾았다. 헤이스팅스는 멕시코시티에서 열린 한 행사에서 이렇게 말했다. "사람들은 말이 좋다고 생각한다. 자동차가 나오기 전까지는 말이다."[53]

당신 옆에 앉아 있는 사람이 제2의 에디슨일 수 있다

2010년 어느 날, 미국 서부 해안의 세 와인 메이커, 토머스 하우스먼Thomas Houseman, 앤드루 브룩스Andrew Brooks, 레슬리 미드 르노Leslie

Mead Renaud는 기수와 말이라는 사안을 두고 논쟁을 벌이고 있었다.[54] 다만 이들의 논쟁은 수천 년 동안 만들어진 술과 관련해서였다. 와인 제조 기술 자체만큼이나 오래된 논쟁이다. 성공에 더 중요한 요소는 무엇일까? 토양(프랑스어로 테루아terroir)과 같은 '말'의 요소인가 와인 메이커와 같은 '기수'의 요소일까? 땅은 아침 햇살에 대한 노출, 열기를 저장하는 암석층, 토양의 영양 성분, 그리고 태곳적부터 와인 메이커들이 주장하듯 위에서 굽어보는 와인 성자의 손길을 나타낸다. 와인 메이커는 포도를 어떻게 으깰지, 완전히 으깰지, 산·물·효모·영양분을 보충할지, 어떤 통을 선택할지, 와인을 얼마나 오래 숙성할지 등의 기술과 기교적 선택을 끌어들인다. 기수의 선택은 무수히 많으며, 이 모든 것이 와인의 품질과 풍미에 영향을 미친다. 과연 그럴까?

In vino veritas. 술 속에 진리가 있다. 그들은 입씨름을 끝내고 진실을 알아내기 위한 실험을 진행하기로 결정했다. 모두 같은 포도밭에서 같은 해에 수확한 포도로 와인을 만들기로 한 것이다. 3명의 와인 메이커, 3개의 포도밭, 3가지 빈티지(2010년, 2011년, 2012년)가 있었기 때문에 프로젝트의 이름은 '큐브Cube'로 정해졌다.

그들은 피노 누아Pinot Noir를 선택했다. 테루아에 극히 민감하다고 여겨지는, 가장 까다로운 포도 품종이다. 수천여 소규모 와인 포도 재배자들이 각기 작은 땅에 포도 농사를 짓는 프랑스 부르고 뉴 지역을 생각하면, 같은 피노 누아로 만든 와인이더라도 밭에서 왼쪽이나 오른쪽으로 20피트만 움직이는 것만으로 포도는 모두가 갈망하는 놀라운 와인이 될 수도 그저 괜찮은 와인으로 남을 수도 있다.

수없이 많은 결정 끝에 6톤의 포도가 와인 병에 담겼고 시음이 이루어졌다. 최고의 와인 잡지 「와인 스펙테이터Wine Spectator」의 리뷰어이자 시음자였던 제임스 라우베James Laube는 테루아가 완전히 무관하지는 않지만 "와인 메이커가 내린 결정이 지배적인 요소"였으며 작은 결정도 "최종 와인에 엄청난 영향을 미친다"는 결론을 내렸다. 와인의 경우조차 누가 운전석 또는 안장에 앉느냐가 중요하다.

이번에는 와인 저장고를 떠나 연구소로 가보자. MIT 화학공학과에 있는 랭거 연구소Langer Lab는 기업가정신과 벤처 마인드셋의 탁월한 모델로 손꼽힌다. 로버트 랭거Robert Langer가 이끄는 이 연구소의 연구원들은 1,000개 이상의 특허를 출원해 400개 이상의 제약 회사와 생명공학 회사에 라이선스를 제공했다.[55] 덕분에 랭거는 역사상 가장 많이 인용된 엔지니어가 되었다(인용 횟수는 거의 40만 회에 달한다!). 이 연구실에서 40개 이상의 회사가 탄생했고, 랭거는 「포브스」 억만장자 명단에 이름을 올렸다. 랭거 교수를 만난 우리는 그가 연구소의 책임자가 아닌 학생 중 하나라고 생각했다. 회색 티셔츠 차림으로 자신을 밥이라고 유쾌하게 소개한 그는 우리의 질문마다 다양한 아이디어를 열정적으로 이야기했다.

랭거의 시작은 순탄치 못했다. 경력 초기에 그는 직장을 구할 수 없었다. 그는 화학공학과 의학에서 '석유와 에너지'로 직업을 바꾸라는 조언을 들었고, "우리는 네가 한 말을 전혀 믿지 않는다"는 선배들의 비난을 받았으며, 한 선배 과학자는 그의 얼굴에 시가 연기를 뿜으며 "다른 직업을 찾는 게 좋을 것"이라고 말하기도 했다.

부적응자에 대한 열정적인 옹호자인 보스턴 아동병원Boston Children's Hospital의 유다 포크먼Judah Folkman이 랭거에게 기회를 주었다.[56] 경력 초기에 겪은 개인적인 어려움 때문에 랭거는 다른 학교나 기업 연구소와 극적으로 다른 원칙을 기반으로 연구소를 만들 수 있었던 것으로 보인다. 실제로 그의 연구소는 벤처 마인드셋의 전형적인 적용 사례와 같이 조직되어 있다. 어떤 연구소든 사람이 중요하다. 하지만 특히 랭거의 연구실을 거쳐 간 900명의 연구원들은 사실상 연구소의 최종 '제품'으로 여겨진다. 랭거는 특이한 경력을 가진 인재를 끌어들이곤 한다. 그는 우리에게 이렇게 말했다 "저는 사람에게 모험을 겁니다. 저는 해당 분야에 대한 전반적인 설명 외에는 미리 정해진 계획을 제시하지 않습니다. 사람들이 발견하게 두는 것이죠. 저는 안내자일 뿐입니다." 한 연구원이 그에게 다가와 자신이 어떤 일을 했으면 좋겠냐고 물었을 때 랭거의 대답은 실망스러우면서도 놀라웠다. "자네를 신나게 만드는 일이 뭔가?"

랭거의 연구실 문화와 아마존, 구글, 넷플릭스의 문화 사이에 어떤 유사점이 있을까? 랭거는 자유와 주도권이 허용될 때 위대한 발명이라는 결과가 나온다고 믿는다. 매년 수천 명의 지원자 중에서 단 몇 명을 선발할 때 어떤 방법을 쓰느냐고 묻자 랭거는 "최고의 선수를 찾습니다"라고 답했다. 이어서 그는 이렇게 덧붙였다. "이곳에서 번창하는 사람들은 독립적이길 원하는 사람들입니다."

랭거는 강력한 베팅에 초점을 맞춘다. 그의 특허와 사업 대부분은 전문가들에게만 익숙한 것이었지만 2020년은 모든 것을 바꾸어 놓았다.[57] 랭거가 공동 창업한 40여 개의 회사 중 하나는 COVID-19 백신으로 유명한 모더나다. 랭거는 2010년 설립 당시부터 모더나의 잠재력을 믿었고, 심지어 아내에게 역사상 가장 성공적인 바이오테크 기업이 될 것이라고 예견하기도 했다.[58] 그의 예상은 적중했다. 여기에서도 '사내 기업가'들의 실험을 장려하는 그의 접근법이 도움이 되었다. 구글 경영진과 마찬가지로 랭거는 재능 있는 직원들에게 구체적인 지시가 아닌 전반적인 지침을 제공한다. 하지만 그의 접근 방식은 모호하거나 무정형적이지 않다. 그는 빈틈없이 설계된 경마장을 운영한다.

기술 기업에서 패스트푸드 체인점, 대기업에서 소규모 연구소에 이르기까지, 와인 메이커에서 엔지니어에 이르기까지 우리 모두는 사람과 그들의 재능에 베팅하는 프로세스를 설계하는 데에서 혜택을 본다. 구조화된 자유를 부여하면 사내 기업가정신에 불이 붙는다. 사람, 인성, 열정에 베팅하는 경마장 시스템을 설계하면 경주에서 승리할 확률은 높아질 것이다. 일상적인 과제를 재발명하는 방법에 대해 기발한 아이디어를 가진 사람들이 당신의 미래에 당신이 상상할 수 있는 것 이상의 큰 영향을 미칠 수 있다. 그중 누군가가 생명을 구하는 백신을 발명하거나 자녀의 다음 식사를 더 행복하게 만들 수도 있다.

**마인드셋
점검**

1. 당신 조직의 리더는 새로운 이니셔티브나 프로젝트를 시작할 때 '무엇'(비즈니스 아이디어)에 대한 것만큼이나 '누구'(리더)에 대해 많이 생각하는가?

2. 당신의 조직은 사내 기업가가 새로운 아이디어를 시작하고 확장할 수 있는 '경주로'(자금 조달 메커니즘, 단순한 규칙, 가드레일, 이정표)를 마련해 두었는가?

3. 채용팀은 새로운 사업을 구상하고 구축하는 일에 관심이 있는 사람들을 끌어들이는 데 집중하고 있는가?

6

AGREE TO
DISAGREE

6장

의견의 차이를
인정한다

왜 반대 의견을 장려하고
합의를 경계해야 하는가

보는 대로 따라한다

"어째서 분홍색 옥수수를 안 먹는 거지?! 말도 안 돼." 기업 워크숍에 참석한 한 참가자가 말했다. 그녀는 그 회사의 마케팅 책임자였다. 놀란 것은 그녀만이 아니었다. 그곳에 있던 모든 사람의 시선이 남아프리카에서 이루어진 문화 전파와 집단 의사결정에 관한 흥미로운 실험 영상에 고정되어 있었다. 사람이 아닌 '원숭이' 대상의 실험이었다.

버빗 원숭이, 클로로세버스 피게리트루스Chlorocebus pygerythrus는 최대 50마리까지 무리를 지어 사는 고도로 사회적인 동물이다. "수백만 년 전 우리의 공통 조상인 유인원은 우리와 공통된 특성을 가졌을 가능성이 있습니다. 영장류는 우리 과거와의 살아 있는 연결고리입니다." 두 대륙에 걸친 대규모 연구팀의 열정적인 리더 에리카 반 드 발Erica van de Waal 교수의 말이다. 반 드 발 교수팀은 남아프리카의 한 보호구역에서 야생 버빗 원숭이를 여러 집단으로 나눴다. 각 집단에는 옥수수가 든 두 개의 통을 나란히 놓아두었다. 첫 번째 통에는 아프리카 현지 식료품점에서 구입한 옥수수를 분홍색 색소로 염색해 가득 넣어 두었다. 두 번째 통에는 파란색 옥수수가 들어 있었다. 원숭이들이 쉽게 알아차릴 수 있는 차이는 색깔뿐 아니라 맛에서도 있었는데, 그중 한 통의 옥수수는 과학자들이 알로에 잎에 담가 씁쓸하고 불쾌한 맛이 났다. 첫 번째 집단의 경우 파란색 옥수수만 쓴맛이 났고, 두 번째 집단에서는 분홍색 옥수수만 쓴맛이 났다. 당연히 원숭이들은 쓴맛 옥수수는 외면했다. 원숭이 절반에게는 분홍색 옥수수가, 나머지 절반에게는 파란색 옥수수가 맛이 없었다. 이렇게 버빗 원숭이 서식지는 분홍색 구역(분홍색 옥수수가 맛있는 구역)과 파란색 구역(파란색 옥수수가 맛있는 구역)으로 나뉘었다. 원숭이들은 곧 어떤 옥수수가 먹을 만한지 알게 되었고, 점점 특정한 색상의 옥수수만 먹는 데 익숙해졌다.

몇 달 후, 연구진은 옥수수를 알로에 잎에 담그는 일을 중단했다. 이제 분홍색과 파란색 옥수수 모두 맛있어졌지만 원숭이들은 '학습' 이후에는 계속 선호했던 색상만을 고집했다. 알로에의 쓴맛에 노출된 적이 없고 '나쁜' 색을 직접 경험한 적이 없는 아기 원숭이들마저 확고하게 어미 원숭이를 따랐다. 분홍색 구역의 원숭이들은 분홍색 옥수수만, 파란색 구역의 원숭이들은 파란색 옥수수만 먹었다. 이 규칙은 여러 세대를 거치며 금기와 같은 전통이 되었다.

연구진은 이들의 이주 행동을 관찰하며 더 놀라운 결과를 발견했다.[1] 수컷 버빗 원숭이는 종종 한 집단에서 다른 집단으로 이동한다. 이렇게 이주한 원숭이들은 즉시 행동을 바꾸어 '새로운' 집단이 선호하는 것을 따를 가능성이 매우 높았다. 그렇다, 이 원숭이들은 즉시 '현지 전통'을 받아들여 며칠 전까지만 해도 주저 없이 선택하던 옥수수와 반대되는 색의 옥수수를 먹기 시작했다. 집단의 규칙이 자신들의 경험을 무색하게 만든 것이다.

원숭이는 보는 대로 따라 한다. 사람도 원숭이처럼 동료로부터 단서를 찾고, 집단 행동을 모방하고, 집단의 행동 규칙을 따른다. 그러나 연구자들이 의사결정, 행동, 결과에 있어 집단이 얼마나 중요한지에 대한 방대한 증거를 축적해 왔음에도 불구하고, 우리는 여전히 집단 사고가 자신의 판단에 미치는 영향을 과소평가하는 경향이 있다. 1960년대에 비브 라타네Bibb Latané와 존 달리John Darley 교수가 수행한 고전적인 실험은 사람의 집단 유발 편향을 보여주는 강력한 사례다.[2]

문 닫힌 방에 혼자 앉아 긴 설문조사를 마쳐야 한다고 상상해 보라. 그런데 갑자기 방 안이 연기로 차기 시작한다. 당신이라면 어떻게 하겠나? 화재 경보를 울리지 않을까? 실제로 실험에 참여한 대부분의 사람들이 화재 경보를 울렸다. 하지만 3피트(약 91.4센티미터)씩 떨어진 플라스틱 의자에 앉아 똑같은 지루한 설문조사를 완성하고 있는 낯선 사람들 사이에 있다면 어떨까? 여전히 바로 위기 상황이라고 알릴 수 있다고 생각하는가? 그렇다면 당신은 다른 사람의 존재가 미치는 영향력을 과소평가하는 것이다. 연구진은 사람의 행동이 주변 사람들의 행동에 좌우된다는 것을 발견했다. 아무 일도 없는 것처럼 행동하면서 설문조사에 집중하는 연기자가 추가되자, 기분 나쁜 연기가 방 안을 가득 채우는 데도 화재 경보를 울리는 사람이 거의 없었다. 사람들은 걱정스럽게 오른쪽과 왼쪽을 둘러본 뒤 아무런 반응을 보이지 않았고, 다시 피어오르는 연기를 슬쩍 바라보고… 다시 설문조사를 시작했다. 10명 중 한 명만이 조치를 취했을 뿐이었다.

그렇다면 공범이 아닌 '보통' 사람들로 둘러싸여 있다면 달라질까? 이상한 낌새를 채지 못하는 낯선 사람으로 교체하자 신고율이 높아지긴 했지만, 여전히 조치를 취한 것은 3명 중 한 사람뿐이었다. 라타네와 달리는 소극적인 타인이 있을 때 문제 신호를 무시하는 이런 경향에 '방관자 효과bystander effect'라는 이름을 붙이고 수십 년 동안 다양한 형태의 연구를 계속했다. 방관자 효과는 현재 우리가 '집단 사고(집단에서 유발된 편견의 강력한 효과)'라고 부르는 바람직하지 못한 많은 결과 중 하나다.

집단 행동과 의사결정에 관한 모든 연구가 발견한 한 가지 중요한 사실은, 집단 구성원들이 갈등을 최소화하고 합의를 추구하는 경향이 있다는 것이다. 모두가 특정 행동 방식을 선택하면 자신도 따라야 한다는 생각을 하게 된다. 모두가 어떤 결정에 찬성하거나 분명한 반대 주장을 펴지 않는다면 나도 그 결정에 동참해야 한다고 느끼는 것이다. 집단 수렴과 집단 순응이 만연한다. 새로운 구성원이나 경험이 적은 구성원들은 어떤 옥수수를 먹어야 하는지, 방이 연기로 가득 차는 것이 일상적인 일인지에 대한 단서를 다른 구성원으로부터 찾는다.

옥수수와 연기를 스타트업에 대입해 보면 어떨까?

경영대학원에서는 학생들이 그룹을 지어 작업하도록 독려하는데 일리야의 벤처 캐피털 수업 역시 이런 방식을 열심히 따르고 있다. 이런 활동은 학생들을 위한 교육적 도구일 뿐만 아니라 대단히 똑똑한 사람들이 모인 집단이 어떻게 결정을 내리는지 관찰할수 있는 특별한 정보원이기도 하다. 3장에서 다뤘듯이, 우리는 학생들을 24개의 '벤처 캐피털 파트너십'으로 나눠 자본을 조달하고 있는 스타트업에 투자할지 여부를 실시간으로 결정하도록 했다.

각 파트너십은 6명의 학생으로 이루어진다. 이는 대형 벤처 캐피털 회사의 파트너 수와 비슷하다. 학생들은 각 스타트업에 대한 예비 투자 보고서를 작성하고, 창업자에게 질문을 퍼붓고, 실사를 한 뒤, 어떤 스타트업에 투자하고 싶은지 결정하고 최종 투자 의견서를 제출한다. 중요한 것은 최종 의견서에 그룹 내 논의가 어떻게 진행되었고 어떻게 결정을 내렸는지 상세히 적어야 한다는 점이다.

24개 팀의 최종 결정에는 극적인 차이가 있었다. 1년 동안 가장 많은 관심을 받았던 스타트업이 받은 투자 제안 건수는 단 9건이었다. 다른 팀들은 그 스타트업에 대한 투자를 완강히 반대했고, 거절하는 타당한 이유를 상세하게 제시했다. 다른 스타트업에도 같은 패턴이 반복되었다. 각 스타트업은 어떤 집단에서 가장 유망한 곳으로 선정된 반면, 동시에 다른 집단에서는 가장 매력이 떨어지는 곳으로 여겨졌다. 자연스러운 일이다. 획기적인 아이디어를 고른다는 것은 위험한 일이기 때문이다. 이것이 실제 사례였다는 것도 잊지 말라. 우리는 가치 있는 스타트업을 선정하기 위해 최선을 다했지만 결과는 아무도 알 수 없다. 약간의 상상력을 발휘하면 각 스타트업은 미래의 도어대시, 모더나, 트위터로 볼 수도 있다. 당연히 우리는 팀마다 결정에 상당한 차이가 있을 것을 예상했다.

놀라운 점은 각 '팀 내'에서는 의견의 불일치가 거의 존재하지 않았다는 점이다. 그룹 간의 의견에는 큰 차이가 있었지만, 6명의 그룹 구성원들의 의견은 일관된 '동의'에 이른 것이다. 이 사실을 어떻게 알 수 있었을까? 우리는 따로 실시한 설문조사를 통해 집단의 결정과 의견이 다르지 않았는지, 집단이 의사결정 과정을 바꾸었는지 거듭해서 질문했다. 몇 해가 흘러도 학생 10명 중 9명은 집단의 결정에 전적으로 동의한다는 의사를 전달했다. 학생들과의 개별 인터뷰에서 많은 학생들이 "너무나 당연한 결정"이라거나 "명백히 끔찍한 아이디어"라는 다른 팀의 정반대되는 반응을 듣고 놀라움을 표했다. '팀들 간'의 의견 불일치는 각 '팀 내부'가 한마음인 것과 눈에 띄게 대조적이었다.

실제로 24개 집단 대부분이 조기에 결정에 이르렀다. 이후 대부분의 시간을 자신의 결정을 정당화하고 자신들이 선택한 스타트업에 어떤 투자 조건을 제시할지와 같은 세부 사항을 의논하는 데 사용했다. 팀들은 신속하게 결정에 도달했지만, 당면한 기회에 대해 제대로 논의하지 않았고 좋은 결정을 내리기 위해 모든 각도를 고려하지도 않았다. 편견이 그들을 이끌고 있었다.

이러한 그룹 '내' 응집력과 그룹 '간' 이질감이 어떻게 공존할 수 있는 것일까?

이 문제의 해답을 우리 눈으로 직접 관찰해 보자. 우리는 팬데믹 기간 동안 유럽의 한 대기업 고객을 위해 온라인 임원 워크숍을 진행하면서, 마치 H. G. 웰스H. G. Wells의 『투명인간The Invisible Man』 속 그리핀처럼, 우리는 투명인간이 되어 여러 방에 들어가 사람들이 우리의 존재를 모르는 가운데 진행되는 토론을 관찰할 수 있었다.

집단의 구성원들이 자리에 앉는 모습을 지켜보자. 젊은 팀원들이 메모장에 열심히 논의 사항을 적고 있다. 한 여성은 입술을 굳게 다문 채 깊은 생각에 잠겨 벽을 보고 있다. 갑자기 회의실에서 가장 연장자로 높은 사람처럼 보이는 40대 남성이 다른 남성에게 "이 아이디어에 대해 어떻게 생각하나? 내게는 제품이 아니라 기능처럼 들리는데"라고 질문한다. 남색 후드를 입은 남성이 잠시 침묵하다가 고개를 끄덕이며 대답한다. "네, 틈새 솔루션niche solution에 가깝죠." 티셔츠를 입은 여성이 끼어든다. "단위 경제성unit economics 이 전혀 명확하지 않은 것 같다고 생각합니다. 아이디어는 괜찮은데, 팀이 효과적으로 기능하지 못하는 것으로 보입니다."

모든 것을 관찰할 수 있는 위치에 있는 우리에게는 메모장에 뭔가를 적고 있는 두 명의 젊은 남성과 생각에 잠긴 여성의 당황한 표정이 눈에 띈다.[3] 젊은 남성 하나는 뭔가 말하고 싶어 보이지만 대화에 끼어들지 않는다. 토론은 계속되지만 사실상 결정은 이미 내려져 있다. 곧 팀원들은 결정에 대해 절대적인 확신을 내비치며 의견을 한데 모은다. 이쯤 되면 플립차트flipchart*를 찬반양론으로 채우는 것은 순전히 형식적인 일이 되고, 투자 제안을 거부하는 것은 기정사실이 된다.

다른 방에서는 리테일 담당 부사장이 논의를 시작한다. 이 방에서도 똑같은 일이 벌어진다. 연장자나 직급이 높은 사람이 먼저 발언을 하고 그의 의견에 따라 빠르게 결론이 도출되는 것이다. 다만 이 그룹은 첫 번째와 정반대의 결론에 이른다. 다른 회의실에서도

• 강연 등에서 뒤로 한 장씩 넘겨가며 보여주는 큰 차트

같은 패턴이 반복된다. 각각의 경우에 한 사람이 자신의 기질이나 공식적인 지위, 그리고 다른 구성원들이 보여주는 존중을 바탕으로 대화를 시작하면서 논의 전체의 분위기를 정한다. 이것이 역학 관계를 바꾸고 미리 결론의 방향을 정하게 된다. 다른 의견을 가지고 있던 사람은 입을 다물고 팀의 방향에 순응한다. 약간의 의견 불일치와 격렬한 논쟁도 목격했지만, 청중에게 결론을 제시하는 방법과 같은 사소한 사항에 대한 것일 뿐이었다. 주요 결정에 대해서는 순응이 압도적이었다. 우리는 분홍색 옥수수를 먹던 참가자들이 곧장 멈추고 파란색 옥수수로 바꾼다는 결론을 내렸다. 그것이 우리의 본성이다.

이런 집단 행동을 '경로 의존성path dependence'이라고 부를 수 있다. 토론을 시작하는 사람은 집단을 특정 방향으로 이끈다. 그 사람이 원래부터 혹은 위계 질서상 집단 내에서 특별한 지위를 점하고 있다면, 그 방향으로의 쏠림은 더 심해진다. 그 개인이 부정적인 의견을 냈다면 이어서 다른 부정적인 의견들이 쏟아져 나온다. 처음에 긍정적이었던 사람들은 설득당하거나 반대하지 않기로 스스로 결정하고, 자신의 의견을 사소한 부분에 국한하여 표현한다. 반대는 힘겨운 싸움이다. 공부를 함께 하는 학생 집단에서도 말이다. 커리어가 걸려 있는 동료 집단에서는 더하다. 학생이나 임원진으로 구성된 스터디 그룹은 일시적인 구조이지만, 현실에서는 의사결정 집단의 구성이 장기적이고 안정적이기 때문에 집단의 역학

벤처 마인드셋

과 경로 의존성이 더 확연하다. 선호하는 옥수수 색깔이 더 빨리 정해진다.

그런데 옥수수의 맛이 변한다면 어떻게 될까? 사람들은 원숭이처럼 습관을 고수할까? 아니면 그들의 입맛이 바뀔까?

스탠퍼드 학생들과 함께 한 대면 수업 중 각 그룹이 최종 투자제안서를 제출한 후에 유명 벤처 캐피털 회사에서 한 스타트업에 투자 제안을 했다는 이메일을 받았다. 다만 제안을 한 파트너가 동부에 있었기 때문에 이 스타트업은 여전히 실리콘밸리에 있는 투자자를 찾는다고 했다. 가상의 벤처 캐피털팀들은 원한다면 월요일까지 자신들의 제안을 수정할 수 있었다.

이것은 스탠퍼드 교수의 속임수가 아니라 실제에서 흔히 일어나는 일이다. 벤처 캐피털리스트들은 금요일 오후에 계약 초안을 작성해 경쟁사를 놀라게 하는 것을 즐긴다. 그들은 주말 동안 결정을 내리거나 이전에 내린 결정을 수정하는 것이 힘들다는 것을 잘 알고 있기 때문이다. 새로운 정보는 가치가 큰 데다 대단히 긍정적이었다. 유명 시드 투자자의 이름, 제안된 투자 금액, 제안된 가치에 대한 창업자의 의견이 담겨 있었다. 기존 결정을 재검토하는 과정에서 그 스타트업에 투자 제안을 했던 팀들은 더 매력적인 조건을 제시하고, 투자 제안을 거절했던 팀은 결정을 다시 생각해 보아야 했다. 하지만 최종 투자 제안서를 수정한 것은 '한 팀'뿐이었다.

나머지 팀은 원래의 결정이 최적의 결정이란 생각을 고수하면서 어떤 변경도 하지 않기로 했다. 또다시 경로 의존성이 발현된 것이다. 집단 내에서 어떤 결정이 내려지고 나면, 그 결정에 대한 헌신이 모든 새로운 정보를 결연히 버리는 일을 정당화한다.

각각의 팀 회의가 끝나고 나면 우리는 참가자들에게 의사결정 과정에 대해 이야기를 나누고 변경 사항을 제안할지 결정하는 시간을 준다. 대부분은 부정적인 반응을 보이며 '모든 구성원이 결정에 완벽하게 동의했기 때문에' 공식적인 투표가 필요하지 않다고 말한다. 구성원들은 자신들이 옳은 길로 가고 있다고 믿으며 결정을 당연한 것으로 인식한다. 그러나 그들이 실제로 걷고 있는 길은 의존 경로다.

실험이 계속되고, 관찰이 계속되었지만, 결론은 같았다. 집단은 편향되고 조작하기 쉬운 결정에 도달하는 경향이 있다. 사람들은 타협하고, 의견을 모으고, 합의를 추구한다. 불확실성이 큰 세상에서는 다수가 틀리는 경우가 많다. 합의된 결론이 거의 우연에 의해 형성되는 경우가 많기 때문이다. 때문에 벤처 투자자들은 투자 결정을 내릴 때 다른 길을 찾아야 했다. 우리는 벤처 캐피털리스트들로부터 집단 내 의견 차이를 인정하고, 집단 의사결정 과정의 편견을 벗어나야 한다. 경로 의존성이라는 저주를 깨고, 합의를 위한 합의를 피하는 방법, 의견 차이를 인정하는 법을 배워야 한다.

합의를 경계한다

"지난 40년을 돌이켜보면 우리가 했던 모든 좋은 투자에는 많은 논쟁, 의견 차이, 논란이 있었습니다." 실리콘밸리 베테랑의 말이다. "처음부터 확실한 만장일치였던 거래는 반드시 실패로 끝났습니다." 그레이록의 파트너, 리드 호프먼도 그들의 회사는 파트너의 절반이 "오! 좋은 생각이다"라고 말하고 나머지 절반은 "아…그건 별로인데"라고 말하는 투자를 선호한다고 말한다. 예를 들어, 호프먼이 에어비앤비 투자를 제안하자, 또 다른 파트너인 데이비드 제 David Sze 는 "어떤 벤처 캐피털리스트에게든 실패로 끝나는 거래가 있게 마련이지. 에어비앤비가 자네에게 그런 거래가 되지 않을까?"라는 반응을 보였다.[4] 다른 파트너들은 그것은 실수이며, 포트폴리오에 오점이자 시간 낭비가 될 것이라고 말했다. 제트블루 테크놀로지 벤처스 JTV의 설립자, 보니 시미는 만장일치의 지지를 받은 거래는 단 하나였고, 나머지는 반대자가 많았으며, 많은 투자가 오랜 토론 끝에야 승인을 받았다고 말했다. 이제 우리는 만장일치가 벤처 캐피털 투자의 결과에 부정적인 영향을 미칠 수 있다는 것을 알고 있다.

일리야와 그의 동료들은 수백 개의 벤처 캐피털 회사에서 의사결정 규칙과 성과에 대한 데이터를 수집했다. 성과 지표 중 하나는 IPO 비율, 즉 해당 벤처 캐피털 회사의 포트폴리오에 있는 기업 중 상장한 기업의 비율이었다. 벤처 캐피털의 지원을 받은 기업 중 가장 성공적인 기업이 상장하기 때문에 IPO 기업의 비율이 높을수록 더 성공적인 벤처 캐피털 기업이라고 할 수 있다.

이후 우리는 두 개의 샘플을 비교했다. 첫 번째 샘플에서는 중간값보다 '성공적인 IPO(IPO 비율이 높거나 IPO가 더 성공적인 샘플)'들을 모아 한 집단으로 만들었다. 나머지 기업들은 '성공적이지 못한 IPO' 샘플에 해당됐다. 우리는 의사결정과 성과 분석에서 특히 만장일치를 고집하는 회사, 즉 투자를 진행하기 위해서는 모든 파트너가 동의해야 하는 회사에 관심을 두었다. 우리는 IPO가 성공적인 벤처 캐피털일수록 만장일치 규칙을 따를 가능성이 낮다는 것을 발견했다.[5] 통계적으로 이 만장일치의 여부는 수익에 상당한 차이를 나타냈다. 이 결과는 만장일치가 가장 효율적인 집단 의사결정 절차가 아니라는 점을 강조한다. 불확실성이 높고 미지의 요소가 많을 때는 특히 더 그렇다. 벤처 캐피털 회사의 경우, 모든 사안에 모두가 동의하거나 동의해야만 하는 것은 좋은 신호가 아니다.

이것을 신제품 출시나 R&D 예산 승인을 위한 기업의 회의와 비교해 보자. 이런 회의의 발표자는 자신들의 요청에 대해 공식적인 승인을 받기 위해서 그 자리에 있는 것이지 토론을 위해 자리한 것이 아니다. 주어진 시간은 그 자리에서 가장 높은 상사를 설득해 승인을 받는 데 쓰인다. 혹시 질문이 있다 해도 그것은 확인이 제대로 되었는지 점검하는 형식적인 절차에 불과하다. 토론이 뒤따르는 경우는 정치적 의견 차이가 있거나 영향력 있는 참가자와의 '사전 조율'이 부족한 때에 한정된다. 여기서도 만장일치 찬성이 최적의 표준이다. 이런 회의 방식은 토론을 억압하기 위해 고안된 것이다. 전통적인 환경에서라면 공산당 정치국 스타일의 합의 도출에 효과적이지만, 불확실성의 시대에는 죽음의 키스가 될 수 있다. 우리는 "팀에서 '나'는 없다"라는 말을 자주 듣는다. 하지만 '나'는 혁신을 의미하기도 한다.

스펙트럼의 다른 쪽 극단 역시 위험하다. 끊임없는 토론과 의견 충돌로 교착 상태에 빠져 어떤 결정도 내리지 못하는 합의 추구 문화 말이다. 당신도 이런 유형의 회의를 경험해 봤을 것이다. 이런 문화는 기업이 적절한 때에 중요한 결정을 내리지 못하게 한다. 많은 의사결정에 6번 이상의 회의가 필요했던 영국 방송사 BBC를 생각해 보라.[6] 장난감 회사 마텔은 이전 경영진 하에서 거의 모든 의사결정이 지연되었다.[7] 직원들은 출시를 앞둔 모든 제품의 세부 사항을 자세히 설명하기 위해 100장의 슬라이드로 구성된 정교한 프레젠테이션을 작성하느라 몇 주를 보내곤 했다. 웹사이트 재설계를 위해서 거의 1년 동안 매달 회의가 열렸다. 마침내 결정에 이른 때는 이미 예산이 다른 프로젝트에 재배정된 후였다.

의사결정 규칙이 이런 식으로 정해져 있다면 살아남을 수 있는 벤처 캐피털 기업은 많지 않을 것이다. 격동의 시기에 직면한 회사

도 마찬가지다. 안정성을 원한다면 합의를 추구하고, 혁신을 원한
다면 벤처 마인드셋에 의지하라.

벤처 캐피털리스트들은 합의를 추구하는 사람들이 아니다. 그
들은 논쟁하고, 미래에 대한 자신의 견해를 지키기 위해 싸우고,
테이블 건너편에 있는 다른 사람의 말을 주의 깊게 듣고, 아이디어
에 대해 다각도로 논의하는 것을 즐긴다. 다수가 지배하는 경우가
많지만 그것이 다수가 옳다는 뜻은 아니다.

스포츠를 생각해 보라. 1990년 10월, 유명한 무패 복서 마이크
타이슨Mike Tyson이 명백한 약자, 버스터 더글러스Buster Douglas와의 경
기를 준비하고 있었다.[8] 내기를 거는 사람들에게 이 경기는 따놓
은 당상, 용돈을 벌 수 있는 쉽고 안전한 방법이었다. 타이슨의 승
리가 거의 확실시되는 때라 수익률이 낮았기 때문에 상당수의 사
람들이 거액을 베팅했다. 한 사람은 9만 3,000달러를 걸었지만 타
이슨 승리의 배당률이 31대 1이어서 수익은 3,000달러에 불과할
것이라고 예상했다. 궁극적으로 배당률은 42대 1이라는 놀라운
수치를 기록했다. 큰 이득은 아니었지만 확실한 수익으로 느껴졌
다. 대세를 거스를 준비가 되어 있는 역투자자라면 엄청난 배당금
을 챙길 수도 있다. 더글러스에 대한 배당률은 37대 1이었다. 더글
러스에게 1만 달러를 걸면 그가 이길 경우 37만 달러를 차지한다
는 의미다. 물론 더글러스가 지면 주변의 모든 사람들이 당신을 조

벤처 마인드셋

롱하겠지만 말이다. 흥미롭게도 그날 밤 더글러스에게 건 가장 큰 베팅은 겨우 1,000달러였다. 그럼에도 불구하고 그날 밤 버스터 더글러스는 무패 행진을 이어왔던 마이크 타이슨을 쓰러뜨렸다. 이 역투자가는 3만 7,000달러를 받을 수 있었다. 이처럼 경기가 끝나기 전까지는 누가 이길지 알 수 없다.

투자도 마찬가지다. 이 팽팽한 대결을 4사분면에 시각화한 그림 9를 보라. 베팅은 맞을 수도 있고 틀릴 수도 있으며, 대세에 따를 수도 반대로 갈 수도 있다. 잘못된 베팅은 손실로 이어진다. 주류 전략과 반주류 전략의 유일한 차이는 패했을 때 주어지는 조롱의 양이다. 하지만 베팅이 맞았을 경우, 주류 전략과 반주류 전략

	틀린 베팅	옳은 베팅
비주류: 대중을 거스른다	과감한 베팅. 모두가 당신을 탓한다. 돈을 잃는다. ⊗	약자. 숨어 있는 보석. 큰 보상. ✔
주류: 대중을 따른다	군중심리. 아무도 당신을 탓하지 않는다. 모두 돈을 잃는다. ⊗	선호. 과대평가. 낮은 보상. ⊗

그림 9. 베팅과 가능한 결과

사이에는 엄청난 차이가 생긴다. 스포츠 세계와 마찬가지로 투자 세계에서도 주류 베팅은 적은 수익을 낸다. 많은 사람이 있을수록, 경쟁이 치열할수록, 수익은 낮아진다. 반대로 비주류 베팅은 성공할 경우 투자자에게 명예와 부를 가져다 준다. 전설적인 투자자이자 브리지워터 어소시에이츠Bridgewater Associates의 설립자인 레이 달리오Ray Dalio는 "합의가 가격에 반영되어 있습니다"라고 설명한다.[9] "따라서 성공하려면 합의를 거스르는 베팅을 해야 하고, 그 베팅이 맞아야 합니다. 이것이 투자의 본질입니다."

당신은 존 메이너드 케인스John Maynard Keynes를 20세기 유명한 경제학자로 알고 있겠지만, 케임브리지대학교 킹스칼리지에서는 그를 역투자가로 기억한다.[10] 1921년 케인스가 왕의 기부금 펀드를 관리하기 시작했을 때 그는 주류의 전술을 거부했다. 그는 왕이 보유한 부동산의 상당 부분을 매각해 그 자금을 주식에 투자했고, 1946년 그가 사망할 당시 주식은 포트폴리오의 3분의 1을 차지했다. 당시 대학 기부금은 자본을 보전하기 위해 주로 토지와 확정금리부 증권에 투자하는 것이 보통이었기 때문에 이는 매우 비주류적인 조치였다. 케인스는 시장 수익률을 4배나 능가하는 성과를 거두었고, 100파운드로 시작한 투자금을 20년 동안 1,675파운드로 늘렸다.

케인스의 입장이 되거나 복싱 도박이어야만 이런 전략을 취할 수 있는 것이 아니다. 샌프란시스코 시내에 있는 멋진 집을 생각해

보라. 광고가 잘되어 있는 경우라면 집을 싸게 살 수 있는 가능성
은 희박하다. 그러나 당신이 어떤 땅이 대형 오피스 빌딩이 들어설
만한 곳이라고 생각하는 유일한 사람이고 다른 사람들은 당신을
미쳤다고 생각하는 경우를 상상해 보자. 이 거래는 당신 인생 최고
의 거래까지는 아니더라도 올해 최고의 거래가 될 수도 있다. 물론
당신의 판단이 옳았다면 말이다. 벤처 캐피털리스트는 주류에서
벗어난 흥미로운 아이디어를 찾는다. 벤처 캐피털리스트들은 오크
트리 캐피털Oaktree Capital의 하워드 막스Howard Marks가 처음 이야기한
주류와 비주류 분석 접근법을 유용하게 사용하고 있다. 벤처 캐피
털리스트는 주류에 참여할 수가 없다. 기대되는 보상이 그들이 추
구하는 수익을 달성할 만큼 충분히 크지 않기 때문이다. 성공하려
면 '비주류 역투자가'가 되어야 한다. 이것이 바로 벤처 캐피털리
스트들이 기꺼이 서로의 의견을 거스르고 논쟁을 벌이는 근본적
인 이유다. 그것이 더 나은 결과로 이어지기 때문이다.

앞서 본 그림 9의 변형이 벤처 캐피털리스트들 사이에서 인기
가 높은 것은 당연한 일이다. 벤치마크 캐피털의 공동 설립자 앤디
라클레프Andy Rachleff는 "벤처 캐피털에서 큰 수익을 낼 수 있는 유
일한 방법은 '옳은 동시에 합의가 이루어지지 않는' 것입니다"라고
말한다.[11] 마이크 메이플스는 "모두가 생각하는 것에 투자해서는
다른 사람보다 나은 결과를 낼 수 없습니다"라고 말한다. "다른 사
람들이 행동하는 방식으로 행동해서는 다른 사람들 능가할 수 없

습니다" 벤록의 브라이언 로버츠Bryan Roberts는 이를 간결하게 요약해 주었다. "일어날 수 있는 최악의 일은 사람들이 '내가 틀렸더라도 혼자는 아니다'라고 말하는 조직이 되는 것입니다."

벤처 캐피털리스트는 합의를 추구하는 사람이 아니라 의견의 불일치를 추구하는 사람이다. 알렉스 램펠은 우리와 만난 자리에서 "신념이 합의를 이깁니다"라고 단언했다. 미래에 대한 불확실성으로 인해 서로 다른, 종종 모순되는 의견이 나올 수밖에 없는 환경에서라면, 이런 의견들을 명확하게 표현해야 한다.

물론 쉽지 않은 일이다. 집단 편견 외에 피해야 할 또 다른 함정은 '오는 정 가는 정'의 패턴이다. 기업 환경에서 이를 잘 보여주는 예는 엔론Enron 성과 검토 위원회Performance Review Committee, PRC의 운영 방식이다.[12] 이 문제는 2001년 이 회사가 불명예스러운 종말을 맞는 데 큰 몫을 했다. 엔론의 각 직원은 6개월마다 공식적인 성과 검토를 받았다. 직원이 선택한 동료, 상사, 부하 직원 5명이 PRC에 피드백을 제공하는 형식이었다. 이 과정에는 많은 막후 교섭이 끼어들었다. 엔론에 대해 연구한 클린턴 프리Clinton Free와 노먼 매킨토시Norman Macintosh는 "한 관리자가 다른 관리자와 임박한 PRC에 대해 나눈 대화를 이렇게 설명하더군요"라고 전한다.[13] "'PRC 대해 잠깐 얘기 좀 나눌 수 있을까?'라고 묻자 다른 매니저는 "왜, 나랑 거래를 하고 싶어?"라고 물었고, 저는 그렇다고 대답했습니다. 그렇게 은밀한 거래가 이루어졌죠. 사업부 관리자들도 서로 거래 관계를 맺어서 처분하고 싶은 직원과 평판을 떨어뜨리고 싶은 라이벌에 낮은 점수를 주기로 약속했습니다.”

벤처 캐피털 파트너십을 비롯한 조직에서 일어날 수 있는 최악의 상황은 이렇다. 한 파트너가 개인적으로는 거래가 형편없다고 생각하면서도 나중에 상대 파트너가 보답 삼아 ‘자신이 추진하는’ 거래를 지지해 주었으면 하는 마음으로 동료의 거래를 지지하는 것이다. 정치적 계산을 바탕으로 하는 이런 거짓 합의는 값비싼 대가를 치르게 되고 바람직하지 못한 또 다른 문제로 이어진다. 어느 날, 당신은 음모와 권력 다툼이 복잡하게 얽힌 비잔틴 제국*과 같은 곳에 있는 자신을 발견하게 될 것이다.

한 벤처 캐피털리스트가 우리에게 이야기했듯이, 파트너의 입장을 안전하게 비판할 수 없다는 느낌이 들 때는 탈출구를 찾아야 할 때다. 이 원칙은 벤처 캐피털 세계 밖에서도 적용된다. 레이 달리오는 어떤 조직이든 “근본적으로 열린 마음을 갖고, 옳다고 입증될 때 느끼는 기쁨 대신 진실이 무엇인지 배울 때 느끼는 기쁨을 선택”하면 승리할 수 있다고 주장한다.[14] 그는 이것이 자신이 공유할 수 있는 가장 가치 있는 생각이라고 말한다. 많은 벤처 캐피털리스트가 그의 말에 전폭적으로 동의할 것이다.

따라서 벤처 캐피털의 근원적인 방법론에는 ‘반대 의견을 제시

• 　비탄진 제국은 복잡한 관료제, 정치적 책략, 궁전 음모로 유명하다

할 의무가 있다'는 간단한 원칙이 포함된다.

제1차 세계대전의 유명한 군사 지휘관, 존 모나쉬John Monash 장군은 부하들에게 "너희가 내가 옳다고 생각할 때 보이는 충성에는 나는 전혀 관심이 없다. 내가 너희의 충성을 가장 필요로 할 때는 너희가 내가 틀렸다고 생각할 때다"라고 말했다.[15] 다시 말해, 상사와 의견을 달리할 때 의견을 밝히는 것이 당신의 '의무'라는 것이다. 수십억 달러의 기회를 놓치지 않으려면 모나쉬의 사고방식을 채택해 반대 의견을 제시할 의무를 핵심 가치의 일부로 만들어야 한다.

원칙은 말하기는 쉽지만 실천하기는 어렵다. 좋은 의도는 저절로 이루어지지 않는다.

악마도 변호인이 필요하다

영국의 유명 작가 G. K. 체스터튼G. K. Chesterton은 "모든 도시의 모든 공원을 다 찾아보아도 위원회의 동상은 찾을 수 없었다"고 말했다고 한다.* 벤처 캐피털리스트들은 집단의 비효율성과 편견에 대해 잘 알고 있다. 그들은 이런 불확실성이 높은 세상에서는 편견이 특

---

* 의사결정 기관(집단)의 결정은 효과적이기 힘들다는 점을 빗대어 하는 말. 중요한 공헌을 하고 그에 대해 인정받는 개인은 많지만 집단은 없다는 의미다

히 더 위험하다는 사실도 잘 알고 있다. 그리고 이런 사각지대를 피할 수 있는 프로세스를 설계한다면 준비된 마음을 가진 팀원들이 올바른 결정을 내릴 수 있다는 것도 알고 있다. 우리는 벤처 캐피털리스트들과 함께 연구하고 작업하면서 벤처 캐피털리스트들이 갖추고 있는 여러 가지 구체적인 관행을 관찰했다. 다음에 팀원들과 함께 회의실에 모인다면, 벤처 캐피털리스트로부터 배운 다음의 4가지 메커니즘을 활용해 보라. 더 나은 결정을 내릴 가능성이 높아질 것이다.

팀은 소규모로 유지한다

투자자들은 작은 규모의 집단으로 거래를 검토한다.[16] 대부분의 벤처 캐피털 파트너십에는 파트너가 3~5명 있다. 주니어 팀원이 추가되더라도 친밀하고 비공식적인 활동이 가능하다. 이 회의는 기여할 수 있는 모든 사람이 참석하고, 참석한 모든 사람이 기여할 수 있도록 설계되어 있다.

혁신 기업들은 소규모 팀이 대규모 팀보다 커뮤니케이션의 질, 반응 속도, 개인의 의욕 측면에서 훨씬 뛰어나다는 사실을 알고 있다. 아마존에서 새로운 제품이나 서비스를 개발하는 팀의 규모에 적용하기 위해 고안한 '피자 두 판 팀'이라는 요건을 생각해 보라. 이 이름은 피자 두 판이면 한 팀이 먹기에 적당하다는, 즉 8명 이하가 이상적인 팀 크기라는 믿음에서 유래했다. 소규모 팀의 구성원은 강한 책임감을 보여주며, 이후 비난의 가능성도 줄어든다. 금융 소프트웨어의 주요 공급업체인 인튜이트를 비롯한 많은 기업이 피자 두 판의 원칙을 따르고 있다.[17] 마텔의 경영진이 바뀌고 새로 적용된 원칙 중 하나도, 모든 의사결정 회의에 10명 이상의 참석을 허용하지 않는 것이었다.[18]

이런 원칙은 많은 의사결정권자의 직감과도 일치하며 폭넓은 과학적 근거를 지닌다. 1970년대에 리처드 해크먼Richard Hackman과 닐 비드마르Neil Vidmar의 연구는 많은 작업에서 최적의 집단 규모가 4~5명이라는 것을 밝혔다.[19] 함께 작업을 수행하는 사람의 수가 많을수록 작업의 생산성이 떨어졌다. 다음에 의사결정 회의를 계획할 때는 반드시 참석해야 하는 인원만 초대하고, 그 인원도 12명 이하로 유지하라.

하급자가 먼저 발언한다

상사가 자신의 입장을 분명히 밝힌 다음 "자네들 생각은 어떻지?"라고 묻는 회의에 참석해 본 적이 있는가? 상사가 일단 이야기를 하고 나면 반대 입장에서 주장을 펴거나 반대 사례를 제시하기가 어렵다. 이것이 바로 HIPPO, 가장 높은 급여를 받는 사람의 의견the Highest-Paid Person's Opinion이 지배하는 세상이다. 하지만 다른 사람의 정보와 의견도 그에 못지않게 가치가 클 수 있다. 아니 가치가 더 높을 수도 있다. 상사의 행동을 모방하는 것은 아마 생존

전략이겠지만, 불확실성의 세계에서는 해가 될 수 있다.

벤처 캐피털리스트들은 경험이 적은 사람도 상당한 가치를 창출할 수 있는 환경을 높게 평가한다. 능력주의가 열쇠다. 투자팀의 하급자들은 고객과 대화를 갖고, 참고인들에게 전화를 하고, 시장을 분석하고, 투자 보고서를 준비하는 등 분석 작업 대부분을 수행하는 경우가 많다. 불확실한 환경에서라면 특히나 이들이 문서로 공식화하기 어려운 비공식 정보를 많이 갖고 있다. '하급자 우선' 규칙은 상급자 파트너의 발언 전에 하급자가 자신의 평가를 먼저 밝히도록 하는 것이다. 이 규칙을 엄격하게 적용하면 하급자가 먼저 이야기하기를 기대하는 문화가 조성된다.

상급자와 하급자의 참여 역학 관계는 많은 환경에서 대단히 중요하다. 한 연구(더 많이 알려져야 할)에 따르면 간호사 10명 중 9명은 환자의 안전이 위험한 것을 목격하더라도 의사에게 의견을 말하기가 어렵다고 털어놓았다.[20] 공포의 침묵보다는 이견의 목소리를 더 선호해야 한다.

존 F. 케네디John F. Kennedy 대통령은 쿠바 미사일 위기라는 운명적인 시기에 이 원칙을 한 단계 더 발전시켰다.[21] 그는 팀의 심의 과정에서 계급이나 의장 없이 모두가 동등하게 발언할 것을 고집했을 뿐 아니라, 자신의 존재로 인해 다른 참가자들이 자신의 의견을 내놓는 데 어려움을 겪을까 봐 일부 회의에 불참하기도 했다. 소련의 위협에 관한 대통령 집무실의 열띤 토론 기록을 읽으면, 케네디 행정부에서 핵 아마겟돈을 피한 것은 공개 토론을 촉진하기 위한, 사소해 보이지만 의도적으로 고안된 이런 조치들 덕분이 아니었을까 하는 생각이 든다.[22] 자신의 권한을 제한하면 더 나은 결정에 이를 수 있다. 이것은 어떤 리더에게나 중요한 교훈이다.

악마의 변호인을 둔다

벤처 캐피털 파트너십에서는 반대 의견을 듣기 위해 한 사람 또는 소규모 팀에 반대자 역할을 맡기는 것이 일반적이다. 종교적 색채가 짙은 이 용어는 실제로 성인 자격을 얻게 될 사람의 시성에 반대하는 사람을 지명하는 로마 가톨릭 교회의 전통에서 유래했다. 악마를 대변하는 '아드우오카투스 디아볼리advocatus diaboli'는 바티칸 행정부 내의 공식적인 역할로 성인 후보자에 '반대하는' 증거를 찾는 일을 맡았다. 후보자의 변호인에 대항하는 악마의 변호인devil's advocate*은 시성 절차에서 균형을 잡는 역할을 했다.[23] 벤처 마인드셋은 교회로부터 용어와 관행 모두를 차용했다.

예를 들어, 벤처 기업 a16z는 종종 거래에 반대하는 역할을 맡는 '레드 팀'을 지정한다.[24] 워런 버핏은 대규모 인수를 고려할 때 a16z처럼 두 명의 고문을 고용해 한 명은 투자에 찬성하고 다른 한 명은 반대하게 한다.[25] 일부 벤처 캐피털리스트들은 가톨릭교

---

* 어떤 사안에 대해 의도적으로 반대 의견을 말하면서 선의의 비판자 역할을 하는 사람

회보다 더 열성적으로 이 규칙을 적용해서 거래를 주도하는 사람을 제외한 투자팀 전원에게 악마의 변호인 역할을 맡긴다. 한 방 가득한 악마의 변호인이라니! 어려운 도전이 아닐 수 없다.

악마의 변호인 개념을 효과적으로 사용하는 조직 중 하나는 이스라엘군의 군사 정보국 아만AMAN이다. 이 이스라엘 정보기관이 1973년 4차 중동 전쟁을 예측하는 데 실패한 후, 전후 조사에서 부상한 핵심 아이디어는 '열 번째 사람the 10th man'으로 알려진 악마의 변호인 직책을 만드는 것이었다. 이 사람의 역할은 주류의 의견에 동의하지 않고, 위험 깃발을 들어올리고, 집단의 심의와 결정에서 결함을 지적하는 것이었다.[26]

개념적으로나 실용적으로 중요한 부분은 악마의 변호인과 '진정한 반대authentic dissent'와의 차이다. 애덤 그랜트Adam Grant가 그의 책『오리지널스Originals』를 통해 알린 '진정한 반대'라는 개념은 우리 주변에 항상 악마가 존재하며 우리는 그들이 자유롭게 말할 수 있도록 내버려두어야 한다는 것이다.[27] 리더는 이런 진정한 반대를 이끌어낼 책임이 있다. 이 아이디어가 매력적으로 들리는 것은 악마의 변호인을 따로 지정할 경우 그 사람이 견지하는 입장이 꼭 자신의 입장과 일치하지는 않기에 진정성이 떨어질 수 있기 때문이다. 물론 진정한 반대라는 의도는 좋지만, 사실 중요한 것은 의도보다는 메커니즘이다. 조직이 자유롭게 자신의 생각을 말할 수 있는 문화를 갖추고 있다면 리더는 굳이 반대 의견을 조장할 필요가 없다. 하지만 순응과 합의를 추구하는 조직에서 시작한다면 진정한 반대를 장려하려는 노력이 실패로 돌아갈 수도 있다. 반면 악마의 변호인을 지정하면 대세를 거스르기 때문에 찍히는 사회적 낙인을 피할 수 있다.

더구나 응집력이 있고 생산성이 높은 소규모 집단의 경우, 특히 구성원이 스스로 집단의 일원이 되기로 선택한 경우에는 사람들이 여러 가지 문제에 비슷하게 생각하는 경향을 보일 수 있다. 이런 상황에는 진징성 있는 반대를 기대하기 힘들 수 있다. 진정성 있는 반대를 장려하는 것과 달리 모두를 악마로 만들 수도 있다. 토론 모임의 사례가 보여주듯이, 사람들에게 특정한 입장을 강요하면 그렇지 않았다면 하지 않았을 질문을 하게 된다. 집단 구성원 모두에게 투자하지 말아야 할 이유를 생각해 보라고 요청하라. 또한 악마의 변호인 역할은 돌아가면서 맡아야 한다. 한 사람이 지속적으로 부정적인 역할을 하면 동료들이 거기에 익숙해져서 그 사람의 모든 비판을 무시하는 역효과가 날 수 있다.

미리 피드백을 제공한다

많은 벤처 캐피털 업체에서는 모든 팀원이 회의 전에 투자 보고서를 읽고 투자 기회에 대한 의견을 공유한다. 중요한 것은 이들의 의견을 독립적으로 모은다는 점이다. 자신의 의견을 타이핑하는 동안 다른 사람이 입력하는 내용은 알 수 없다. 이런 방식은 부정적인 정보나 소수 의견이 나올 수 있는 충분한 기회를 제공한다. 이렇게 집단적인 반응을 모은 뒤 공개하면 집단 구성원 간에 상당한 차이가 존재하는 경우가 많다. 이런 다양한 의견을 인정하면 토론이 더 자유로워진다.

점점 더 많은 기업이 채용 과정에서 이런 메커니즘을 이용하고 있다. 예를 들어, 구글은 면접 위원회 위원들에게 회의 전 각 후보에 대한 개별 의견을 녹음하도록 하는 정책을 두고 있다. 물론 회사의 다른 의사결정, 특히 대규모 투자 프로젝트나 전략적 결정이라면 이런 프로세스를 도입하는 것이 쉽지 않다. 하지만 이를 포함시키는 것은 설계의 필수적인 부분이며, 생산적인 의견 불일치 문화를 조성하는 것은 와해적인 변화의 시대에 꼭 필요한 일이다. 일부 벤처 캐피털 회사는 집단 사고의 편견을 없애기 위한 더 강도 높은 조치로 사전 피드백이 누구의 것인지 알아보지 못하게 하기도 한다. 결과적으로 토론이 시작되기 전에는 HIPPO가 어떻게 생각하는지 알지 못한다.

다음 회의에 참석할 때는 주의를 기울여라. 주위의 누구도 결정에 반대하거나 중요한 문제에 이의를 제기하지 않는다면, 당신 조직원들에게는 어려운 질문을 던질 만한 동인이 없는 것일 수 있다. 사람들이 제안된 아이디어를 읽고 비판적으로 평가하는 것보다 회의실의 분위기를 읽는 데 더 많은 시간을 할애하고 있다면, 새롭고 창의적인 해법이 등장하기를 기대하지 말라. 이런 성향의 벤처 캐피털 파트너십은 첫 번째 프로젝트 이후까지 살아남기가 힘들다. 회의실에서의 침묵은 동의를 의미하지 않는다. 그것은 잠재적 재앙의 강력한 신호다.

레커: 대세를 거스르는 것의 힘

벤처 캐피털리스트는 의견 불일치를 조장하는 데 많은 노력을 기울여야 하지만 결국에는 의견을 수렴해야 한다. 궁극적으로 일부 파트너십(특히 소규모 파트너십)은 만장일치를 추구하지만, 다른 많은 파트너십은 최소 과반수의 찬성을 요한다. 결국은 벤처 캐피털리스트들이 집단의 승인을 통과하지 못한 비주류 의견을 각하하는 것처럼 보일 수 있다.

아, 그런데 레커Lekker 이야기가 빠졌다! 이 장의 서두에서 언급한 반 드 발 교수 연구의 버빗 원숭이의 이름이 바로 레커다. 이 수컷 원숭이는 선호하는 옥수수 색이 자신과 반대인 집단으로 이동했다. 주변의 원숭이들이 모두 '그들'이 좋아하는 옥수수를 먹고 있다는 사실은 레커에게 중요하지 않았다. 그는 곧바로 자신이 선택한 통으로 가서 '자신'에게 익숙한 파란색 옥수수를 집어 먹었다. 알로에 잎에 담그지 않은 옥수수였기에 그는 조금도 괴로워하지 않았다. 새로운 색의 음식이 두려웠던 것일까? 반 드 발은 "그렇지 않습니다. 레커는 분홍색 옥수수를 조금 맛보았지만 곧 자신이 좋아하는 파란색으로 돌아갔습니다. 집단 내의 지배적인 암컷의 선호를 무시한 것이죠. 레커는 반항아이자 '혁신가' 원숭이였습니다."

라타네과 달리의 연기 실험에도 레커들이 있었다. 피험자의 10퍼센트 정도인 이들은 순응주의자들에 둘러싸여 있는데도 일어서서 도움을 요청했다. 그리고 스탠퍼드의 한 벤처 캐피털 수업에서는 학생 10명 중 한 명이 집단에 반대되는 의견을 역설했다.

레커. 원숭이 중에서도, 인간 중에서도 모두 반대하고, 불복종하고, 자신의 소신을 고수하고, 다른 사람에게 반항할 준비가 된 이들이 있다. 당신도 이미 알고 있는 레커가 있을 것이다. 어쩌면 당신 자신이 레커일 수도 있다. 이 책에 등장한 많은 사내 기업가와 기업가들 대부분이 레커다. 전통적인 환경에서는 레커가 골칫거리였다. 현대의 조직이라면 레커를 혁신을 주도하는 데 이용할 수도 있고, 그들을 멈추게 하고 쫓아낼 수도 있다.

벤처 마인드셋의 중요한 원칙 중 하나는 레커를 격려하고 그들이 번성할 기회를 주어야 한다는 것이다. 우리는 이를 '레커리즘Lekkerism'이라고 부른다. '주의'라는 뜻의 -ism이라는 접미사를 붙인 것은 '레커리즘' 운동이 더 많은 조직에서 시작되기를 바라기 때문이다. 벤처 캐피털리스트들은 의견 수렴을 위해 노력하면서도 한편으로는 레커리즘을 가능케 하는 3가지 구체적 메커니즘을 개발했다.

리더에게 거부권을 거부할 수 있게 한다

거부권이란 말은 많이 들어보았을 것이다. 어떤 사람들(주로 HIPPO!)은 다른 모든 사람이 지지하는 결정을 뒤엎고 모든 행동을 중단시킬 수 있다. 미국 대통령은 의회의 법안을 거부하는 헌법상의 권리를 갖고 있다. 유엔 안전보장이사회의 상임이사국들은 이사회의 모든 결정에 개별적으로 거부권을 행사할 수 있다. 소규모 벤처 캐피털 파트너십도 파트너에게 이들과 비슷한 거부권을 부여하는 경우가 많다. 거부권 규정은 의사결정권자들 사이의 신뢰를 강화한다. 의사결정권자 모두가 같은 분야에 전문성을 가지고 있는 때는 특히 더 그렇다. 이런 파트너십에는 종종 '열정적인 합의'가 필요하다. 그들은 모두가 강력하게 투자를 지지할 때만 투자를 한다.

하지만 나그라즈 카샤프의 이야기를 들어보자. 퀄컴에서 줌 투자를 주도했던 그는 이후 마이크로소프트의 벤처 부문인 M12를 창업했다. 그가 주장한 권리 중 하나는 '거부권을 거부할 권리'였다. 그의 팀은 카샤프의 뜻에 반하는 거래에 투자할 수 있었다. 카샤프 역시 팀원 모두의 뜻에 반하는 투자를 진행할 수 있었다. 그 이유는 파격적인 투자를 포착하는 데 있었다. 그는 줌 거래와 같은 경험에서 이런 영감을 얻었다. 그런 투자 중 하나가 게임 기반 학습 플랫폼, 카훗Kahoot이었다. 많은 전문가가 회의적이었고, 내부 팀에서도 투자를 거부했다. 하지만 카샤프는 투자를 진행시켰다.

벤처 마인드셋

2021년 카훗이 상장되면서, 이 거래의 수익은 펀드가 다른 모든 스타트업에 투자한 모든 자본을 넘어설 정도의 큰 성공을 거뒀다.

놀랍게도 카샤프는 자신이 다른 이들의 투자 결정에 거부권을 행사할 수 없는 프로세스를 설계했다. 다만 그와 동시에 그는 다른 사람들이 모두 비관적일 때에도 팀원들의 의견에 반해 투자를 진행할 수 있었다. 그는 자신과 팀원 모두에게 레커가 될 수 있는 기회를 주기 위해 전형적인 상사의 권리를 스스로 거부했다.

저항하는 사람이 결정한다

"저는 합의를 믿지 않습니다." 브라이언 로버츠가 스탠퍼드에 있는 일리야의 사무실에서 오래된 대만 차를 마시며 부드러운 목소리로 말한다. 브라이언은 1969년에 설립된 유명 벤처 캐피털 벤록의 파트너. 그는 차를 한 모금 더 마시며, 거래를 주도하던 벤처 캐피털리스트가 스타트업의 이름이 마음에 들지 않는다는 시니어 파트너의 의견을 반박하지 않아 기회를 놓쳤던 이야기를 들려주었다. "그건 스포츠에서 마스코트를 보고 응원할 팀을 고르는 것과 마찬가지죠!" 그가 웃으며 말했다. 그 스타트업은 야후였다.

로버츠는 합의에 이르지 못한 매력적인 거래를 놓치는 일을 막기 위한 프로세스를 고안해 도입했다. 벤록의 파트너 8명은 모든 딜에 대해 치열하게 토론한 다음, 처음에 딜을 제안한 파트너가 단독으로 최종 투자 결정을 한다. "투자자들은 항상 저에게 '투자 위원회는 어떻게 운영되나요?'라고 묻습니다. 저희에겐 투자 위원회가 없습니다. 투표도 없습니다. 전혀요." 대신 벤록은 각 파트너가 투자를 결정할 수 있도록 한다. 다른 파트너가 모두 반대하더라도 말이다. 다른 파트너들은 자신의 관점을 제시하고, 주도하는 파트너의 판단에 의문을 제기하고, 악마의 변호인 역할을 한다. 하지만 결정은 결국 한 명의 파트너에게 달려 있다. TDK 벤처스TDK Ventures의 대표, 니콜라스 소바쥬Nicolas Sauvage는 기업 벤처 캐피털에 관한 일리야의 수업에 참석한 후 비슷한 프로세스를 고안했다. "모든 사람이 항상 동의하기를 기대할 수는 없습니다. 게다가 우리는 평균적인 일이 아니라 극단에 놓인 일을 하고 있습니다. 진정 혁신적인 아이디어와 기업은 찍어낸 듯 일률적이지가 않습니다. 따라서 이들을 놓치지 않기 위해 저를 포함한 그 누구도 투자 이사들이 진행하고자 하는 투자에 대한 거부권을 갖지 않습니다."

"면도기보다 더 지루한 것은 없다", "구독형 전자상거래는 막다른 골목이다"라고 말하는 파트너를 상상해 보라. 의욕을 꺾는 이런 말에도 불구하고 벤록의 한 파트너는 달러 쉐이브 클럽Dollar Shave Club이라는 소규모 스타트업에 투자했다.[28] 다른 많은 벤처 캐피털은 이 회사에 대한 투자를 거절했다. 로버츠는 달러 쉐이브 클럽이 특이한 의사결정 프로세스를 갖고 있지 않았다면 그들을 지원하지 않았을 것이라고 확신한다. 그의 베팅은 정확했고, 2016년 유니레버Unilever는 10억 달러에 이 회사를 인수했다.

벤처 캐피털 세계에는 남들이 보지 못하는 것을 보는 특별한 능력을 가진 사람의 이야기가 가득하다. 지금은 어디에서나 볼 수 있는 파워포인트Powerpoint는 당시 NEA의 파트너였던 딕 크램릭Dick Kramlich이 파트너들의 압도적인 반대를 무릅쓰고 자신의 돈을 이 스타트업에 투자한 선견지명이 없었다면 존재하지 않았을지도 모른다.[29] 이후 마이크로소프트가 이 회사를 인수했고 그 제품은 오늘날 우리가 지금 사용하는 제품의 기반이 되었다.

앤디 우Andy Wu 교수는 크램릭의 경우처럼 반대하는 파트너의 승인을 받지 못한 벤처 캐피털리스트가 개별적으로 투자를 추진한 사례를 연구했다.[30] 우 교수는 500개 이상의 벤처 캐피털 회사의 파트너들이 이런 엔젤 투자를 했다는 것을 발견했다. 이런 투자는 교육 수준이 낮고, 경험이 적고, 창업팀이 젊은 스타트업에 대한 투자임에도 불구하고 평균적으로 회사 차원의 투자와 동일한 재무 수익을 창출한다.

많은 벤처 캐피털 회사가 이런 레커리즘의 혜택을 보기 위해 파트너들에게 다른 파트너가 반대하더라도 투자를 추진할 수 있는 권한을 부여한다. 이런 방식으로 그들은 줌, 달러 쉐이브 클럽, 파워포인트와 같은 혁신적인 아이디어를 놓치지 않았다. 당신도 조직과 팀에서 이와 같은 일을 한다면 어떨까? 이 벤처 캐피털 회사들처럼 조직 내 구성원으로부터 반대에 직면했을 때 나름의 결정을 내릴 수 있는 권한을 주는 것을 고려해 보라. 사소해 보이는 결정이라도 말이다. 당신 조직에도 분명 레커가 있을 것이다. 조직은 레커들이 직관에 반하는 본능을 보여줄 수 있는 길을 놓치고 있는지도 모른다. 그들에게 행동할 수 있는 자유와 자원을 제공하라.

소수 지배의 법칙

파운더스 펀드Founders Fund의 파트너들은 7명의 파트너 중 단 한 명만 설득할 수 있다면 소규모 거래(보통 초기 단계여서 불확실성이 가장 큰)에 대한 투자금을 사갑할 수 있다.[31] 투자 규모가 커질수록 동의가 필요한 파트너의 수는 늘어난다. 하지만 반드시 만장일치여야 하는 것은 아니다. 큰 규모의 투자이고 파트너 7명 중 두 명이 반대하더라도 투자는 진행될 수 있다. a16z에서는 각 파트너가 전용 예산을 갖고 있다. 투자 위원회에서 그 거래에 대한 열띤 토론이 벌어지기는 하지만, 개별 투자는 파트너의 책임으로 결정된다. 제안된 투자의 규모가 개별 예산을 초과하는 경우라면 다른 파트너를 설득해 해당 거래에 투자하는 데 예산의 일부를 분담하도록 해야 한다.

이 메커니즘을 일반 조직에 도입할 수는 없을까? 다음에 소수의 리더들이 특이한 아이디어를 주장할 때 그것을 차단하는 대신, 작은 예산을 지원해 프로토타입을 만들거나 테스트를 진행할 수 있도록 하라. 미지의 영역에서는 소수가 신대륙의 발견자가 될 수 있다.

레커리즘에는 한 가지 고유의 위험이 있다. 강한 반대에 직면해서도 거래를 고집하는 파트너가 있다고 상상해 보라. 거래가 통과되었지만 회사가 실패하면 이후 "그럴 줄 알았다"며 비난하고 싶은 유혹이 생길 수 있다. 일부 파트너십은 이런 경향에 저항하기 위해 그때부터 합의를 요구한다.[32] 한 투자자가 언급했듯이 "이의가 있으면 지금 말하고 아니면 평생 침묵하시오"라는 식이다. 새로운 아이디어나 회사를 검토할 때면 벤처 캐피털리스트들은 레커를 격려한다. 하지만 일단 투자하고 나면 '모두는 하나를 위해, 하나는 모두를 위해'라는 패러다임을 추구하는 삼총사가 된다. 파트너는 함께 이익을 얻고 함께 손실을 입는다. 한 파트너의 거래가 결국 실패하면 전체 파트너십이 어려움을 겪는다. 한 파트너가 구글이나 페이스북과 같은 거래를 차지하면 모든 파트너가 엄청난 이익을 얻는다. 와해적인 아이디어를 찾고 있는가? 조직 내의 전형적인 의사결정 프로세스를 와해하고 반항아들이 카드를 섞게 하라.

만장일치로 틀릴 때의 위험

아마존은 더 나은 의사결정을 돕기 위해 우리가 제시하는 여러 가지 전술을 실천하는 회사 중 하나다. 채용의 경우, 전화 인터뷰와 대면 인터뷰를 거친 후 채용 관리자와 소수의 다른 사람들(소수로 유지한다)이 모여 결정을 내린다. 많은 실리콘밸리 기업들과 마찬가지로 아마존은 면접과정에 면접관의 수가 늘어나면 효율성이 떨어지기 때문에 면접관 수를 줄여야 한다는 것을 깨달았다. 이후 면접관은 서로 의견을 교환하지 않고 자신의 의견과 추천서를 제출한다(미리 독립적인 피드백을 제공한다). 그런 후에야 채용팀이 한자리에 모인다. 채용팀 외부에서 연차가 충분히 높고 면접 경험이 많은 한 명을 선정해 기준을 높이는 '바 레이저bar raiser'라는 특이한 역할을 맡긴다. 이 사람의 유일한 목표는 최소한 아마존 동료의 절반 이상의 수준인 후보를 뽑는 것이다. 항상 일에 비해 사람이 부족하기 때문에 가능한 한 빨리 직원을 뽑고자 하는 채용 관리자와는 달리, 바 레이저는 독립적이고 시간의 부담을 느끼지 않으며 종종 건전한 회의주의(악마의 변호인)를 보여준다. 참가자들은 서로의 메모를 읽은 후 토론을 시작한다. 회의에 참여한 모든 사람은 아마존의 16가지 리더십 원칙 중 하나인 '리더는 사회적 결속을 위해 타협해서는 안 된다'를 염두에 두고 토론을 진행한다. 참가자들은 의심과 우려를 표현할 수 있다. 벤처 캐피털리스트들과 마찬가지로 참가자들은 의견 차이를 피하려고 하지 않고 찾아낸다.

모든 의견을 읽고 들은 후, 결정은 채용 관리자와 바 레이저의 몫이 된다. 채용 제안이 이루어지려면 두 사람 모두가 후보자를 열정적으로 지지해야 한다. 하지만 일단 채용 결정이 내려지면 상황은 달라진다. 모두가 스스로 한 결정으로 생각하고 결과에 대해 불평하지 않는다. 따라서 이 리더십 원칙의 이름은 벤처 캐피털 파트너십에서의 삼총사 태도와 유사한 '다른 의견을 내고 결정이 난 뒤에는 전념하라'다. 이 잘 짜인 상세한 메커니즘은 아마존이 가진 기름칠이 잘된 채용 기계의 핵심 요소 중 하나다.

이런 유형의 의사결정 방식을 회사의 일상적인 의사결정에 적용하면 큰 효과를 볼 수 있다. 이 책의 제목을 정할 때를 예로 들어보자. 제목과 부제는 책이 가지는 호소력에 큰 영향을 미칠 수 있다. 우리는 서로 논쟁을 벌이고 편집자, 출판사, 에이전트, 친구, 마케팅 전문가에게 조언을 구했다. 이 과정은 집단 사고의 함정을 피하기 위해 의도적으로 고안된 것이다. 예를 들어, 우리 둘은 심리적으로 리디아 야디Lydia Yadi 편집장(이 분야에서 믿을 수 있는 '전문가')의 아이디어를 받아들이는 것이 더 안전하다고 생각했다. 하지만 하나만 볼 때는 함정에 빠질 수 있다는 것도 알고 있었다. 우리는 한 발 물러나서 먼저 모두가 독립적으로 아이디어를 내기로 합의했다(챗GPT의 도움을 받는 것을 허용). 이후 각자가 최고의 아이디어라고 생각하는 것을 공유해 폭넓은 제목과 부제의 쌍을 만들었다. 이 시점에 이르면 선택지들에 대해 논의하고 함께 최종 결정을 내리는 것이 보통이다. 하지만 벤처 마인드셋에서는 이것을 실수로 본다. 대신 우리는 각자가 최고의 후보를 고르기로 했다. 그 후에야 선호도를 공유하고 그에 대해 의논했다. 우리는 비판에 있어 솔직하고 직접적인 태도를 갖기로 뜻을 모았고, 특정 아이디어가 개인의 것이라는 생각을 막기 위해 '내 아이디어'와 같은 표현을 의도적으로 피했다. 우리는 친구들에게 악마의 변호인이 되어 달라고 부탁했다. 친구들에게는 "마음에 드는 것을 말하는 게 아니라 정말 마음에 들지 않는 선택지를 꼽고 그 이유를 말하거나 네가 좋다고 생각하는 것을 제안해 줘"라고 말했다.

열띤, 동시에 냉정한 토론 끝에 5가지 선택지가 추려졌다. 각자 가장 마음에 드는 제목이 있었다. 이 시점에서 우리는 과감하게 방향을 전환해, 직접 결정을 하는 대신 최근 일리야의 벤처 캐피털 수업을 들은 스탠퍼드 학생들에게 의견을 구했다. 이 단계를 구직 후보자의 추천서 확인과 같은 추가적인 실사 단계라고 생각하라. 3일이 지나고 100개의 익명 응답이 나온 후 후보가 둘로 추려졌다. 나머지 3가지 선택지(일부가 선호했던)는 지지율의 총합이 10퍼센트에 못 미쳤다. 놀랍지 않은가! 최종 후보 두 가지를 스탠퍼드 고위 경영자 프로그램의 중역들에게 보였고 승자가 나왔다. 마지막으로 우리는 이렇게 선택된 부제에 포트폴리오 출판사의 창립자가 직접 제안한 약간의 수정을 가했다(아드리안, 감사합니다!). 이렇게 의도적으로 고안된 여러 단계의 프로세스를 통해 표지에 쓰인 제목과 부제가 만들어졌다. 이후 우리는 만장일치의 합의로 최종안을 선택했다.

벤처 캐피털리스트들은 토론하고, 논쟁하고, 이견을 내고, 추가 증거를 찾고, 최종적으로 아이디어를 승인하거나 거부한다. 모든 결정의 미래는 불확실하다. 이 글을 쓰는 지금 이 순간에도 우리가 아마존의 베스트셀러에 들 수 있을지 전혀 알 수 없다. 하지만 우리는 최소한 창작 과정에서 걸쳐 우리의 편견 일부를 의도적으로 해소했다는 것을 알고 있다. 반 드 발 교수는 한숨을 쉬며 이렇게 말한다. "우리에 대해서, 우리의 편견에 대해서 배우기 위해 원숭이를 더 많이 연구했으면 하는 생각을 할 때가 있습니다."

우리도 이 말에 전적으로 동의한다.

**마인드셋
점검**

1. 당신의 조직 문화는 합의를 추구하는가? 아니면 개인에게 위험을 무릅쓰고 결정을 내릴 수 있는 자율권이 주어지는가?

2. 회의가 토론을 촉진하고 의견 차이에 열려 있도록 설계되어 있는가?

3. 조직이 혁신적인 반항아(레커)를 지원하는가? 아니면 이상치를 억누르는가?

7

DOUBLE DOWN
OR QUIT

7장

밀어붙이거나
그만두거나

왜 더 빨리, 더 자주 플러그를 뽑아야 하는가

벤처 카지노: 폴드, 콜, 레이즈?

미팅 장소는 유대인, 일본, 이탈리아, 그리스 공동묘지 사이에 끼어 있었다. 운을 시험해 보기에 좋은 곳은 아니었다. 뒷유리가 깨진 낡은 붉은색 쉐보레가 우리 차와 스칠 듯이 지나가자 알렉스가 일리아에게 이렇게 말했다. "여긴 정말 기분 나쁜 곳인데요! 전 캘리포니아에서 포커를 치는 게 합법인지조차 몰랐어요."

우리 두 사람은 주머니에 50달러를 넣고 럭키 찬스 카지노Lucky Chances Casino로 향하던 중이었다. 함께 저녁을 먹으며 포커 기술을 가르쳐주고 벤처 캐피털에 대한 이야기도 하겠다며 우리를 초대한 노련한 포커 플레이어 리처드 하로치Richard Harroch에게 가진 돈을 다 잃을 것이라고 생각하면서 말이다. 우리가 돈을 잃으려는 데에는 좋은 의도가 있었다. 우리는 벤처 캐피털리스트들이 '럭키 찬스'와 '카지노'에 익숙하다는 것을 알고 있었고, 때문에 그 세계를 직접 경험해 보기로 했다.

세쿼이아 캐피털 파트너인 전설적인 벤처 캐피털리스트 마이클 모리츠는 "벤처 캐피털은 고위험 포커"라고 단언했다.[1] 우리를 초대한 리처드도 그 말에 동의했다. 그는 샌프란시스코 인근의 벤처 캐피털 회사 밴티지포인트 캐피털 파트너스VatagePoint Capital Partners의 상무이사다. 또한 베스트셀러인 『바보도 할 수 있는 포커Poker for Dummies』의 공저자이며 월드시리즈 포커 대회World Series of Poker에 100회 이상 출전한 경력을 갖고 있다. 그는 가방에서 포커 칩을 꺼내며 이렇게 말했다. "포커에 대한 지식은 벤처 캐피털의 의사결정, 특히 투자 결정과 M&A 협상에 도움이 됩니다. 두 분야 모두 불완전한 정보로 좋은 결정을 내려야 하죠."

헝가리계 미국인 천재 존 폰 노이만John von Neumann은 포커 애호가였다. 현대적인 컴퓨터 개발과 맨해튼 계획Manhattan Project*의 배후에 있었던 폰 노이만은 경제적 의사결정을 설명할 수 있는 게임 모델을 찾고 있었다. 그러나 룰렛과 체스에서는 깊은 인상을 받지 못했다. 룰렛은 가장 순수한 형태의 도박이다. 기술이 관여하지 않으며 오로지 '운'의 문제다. 한편 체스와 바둑은 운-실력 스펙트럼

• 　제2차 세계대전 중에 이루어진 미국의 원자폭탄 제조 계획

의 반대편 극단에 있다. 이들은 오로지 기술의 게임이다.[2] 이 두 게임의 플레이어는 게임 시작 후 어느 때나 동일하고 완전한 정보를 가지고 있다. 라스베이거스 카지노에 체스 챔피언십이나 룰렛 챔피언십이 없는 이유가 여기에 있다.

폰 노이만은 "현실은 그렇지 못하다"고 불평한 적이 있다.[3] 하지만 포커 기술을 자세히 연구한 그는 포커가 가진 가능성을 발견하고 이런 결론을 내렸다. "이 게임은 인간 의사결정의 완벽한 모델이다." 그의 포커 실력은 금전석 이득으로 이어지지는 않았지만, 포커 연구는 1944년 『게임 이론과 경제 행동Theory of Games and Economic Behavior』을 공저해 게임 이론 분야의 토대를 마련하는 데 도움을 주었다.[4] 현재 게임 이론은 크리스티의 오래된 명화 경매나 핵전쟁 전략 수립과 같은 다양한 문제에 적용되고 있다.

겉보기에 포커는 믿을 수 없을 정도로 단순한 게임이다. 텍사스 홀덤Texas Hold'em이라는 가장 인기 있는 스타일의 포커의 경우, 각 플레이어가 자신만 볼 수 있는 카드 두 장과 포커 테이블에 펼쳐놓은 5장의 공용 카드, 이렇게 7장을 이용해 가장 가치가 높은 5장 카드의 조합을 만들어야 한다. 각 조합은 다른 가치를 가지며, 이런 가치는 카드의 강도와 카드 간의 관계에 의해 결정된다. 더 나은 조합을 가진 사람이 승리해 모든 플레이어의 베팅이 누적된 팟pot을 가져간다. 게임은 단순해 보이지만 베팅 과정과 정보가 드러나는 방식은 포커를 매우 미묘하고 짜릿한 게임으로 만든다.

텍사스 홀덤 포커는 각 플레이어가 두 장의 카드를 받는 것으로 시작된다.[5] 모든 플레이어가 남이 보지 못하게 자기 카드를 들여다보고 있는 동안 누군가가 베팅을 하면 폴드fold(게임 종료), 콜call(상대 플레이어와 같은 양을 베팅하는 것), 레이즈raise(상대보다 많은 양을 베팅하는 것) 중 한 가지 결정을 내려야 한다. 이 첫 번째 결정 단계에서 당신의 선택은 당신이 갖고 있는 두 장의 카드에 의해 어느 정도 결정된다. 어떤 카드는 후반 단계에서 강력한 조합을 구성할 가능성을 높여 주어 훨씬 가치가 있다. 하지만 당신의 선택은 다른 플레이어의 행동에도 영향을 받는다. 상대방의 카드를 볼 수는 없지만 폴드, 콜, 레이즈 등의 결정을 관찰할 수 있다.

첫 번째 베팅이 끝나면 테이블 위 3장의 공용 카드가 공개된다. 이제 플레이어는 자신이 만들 수 있는 조합에 대해 훨씬 더 많은 정보를 얻는다. 플레이어는 다시 폴드, 콜, 레이즈를 결정해야 한다.[6] 이후 카드 한 장이 더 공개된다. 이 정보를 바탕으로 플레이어는 다시 한번 폴드, 콜, 레이즈를 선택한다. 마지막 공용 카드가 공개되고 플레이어는 다시 한번 결정을 내려야 한다. 플레이어는 마지막까지 팟을 차지할 확률을 확실히 알지 못한다. 마지막으로 카드가 공개되면 가장 강한 조합을 가진 사람이 승리한다.

포커는 행운과 기술의 게임이다. 플레이어는 불완전한 정보만으로 언제 콜, 폴드, 레이즈를 해야 할지 결정해야 한다. 확률을 파악하고, 다른 플레이어의 신호를 읽고, 상대의 행동을 예측하고,

그 자리에서 전개되는 상황에 대응할 수 있어야 한다.

최근 포커와 심리학, 비즈니스, 정치와의 놀라운 연관성에 관한 흥미로운 책들이 많이 출간되었다.[7] 하지만 벤처 캐피털리스트들은 오래전부터 포커 전략을 사용해 왔다. 우리 생각처럼 포커 플레이어들이 예리한 벤처 마인드셋을 가장 먼저 개발한 사람들이었는지도 모른다.

한 번에 한 라운드씩

그렇다면 포커는 벤처 마인드셋과 어떤 관련이 있을까?

지금까지 벤처 캐피털리스트들이 어떻게 아이디어를 찾고 평가하며, 위험을 파악하고, 투자를 결정하는지 논의했다. 이런 일을 마치고 나면 본격적으로 게임이 시작된다. 첫 번째 베팅은 비교적 작은 금액으로 이루어지는 것이 보통이다. 처음 두 장의 포커 카드에서는 제한된 정보밖에 얻을 수 없는 것처럼, 벤처 캐피털리스트는 이 단계에서 스타트업의 전망에 대해 큰 불확실성에 직면한다. 벤처 캐피털 용어로 이 단계를 '시드 라운드seed round' 또는 '시리즈 A 라운드series A round'라고 한다. 시드 라운드에서는 스타트업에 제공되는 자금이 상당히 적다(벤처 캐피털의 자금 규모에 비해). 하지만 벤처 캐피털리스트들은 스타트업이 잘될 경우 더 많은 자금이 필요하거나 더 큰 베팅이 필요하다는 것을 알고 있다. 모든 시작 패에서 75퍼센트 이상 폴드를 외치는 포커 챔피언처럼, 벤처 캐피털리스트들도 초기 투자에 대한 피드백이 좋지 않을 경우 폴드, 즉 게임 종료를 선택하곤 한다.[8]

시간이 흐르고 3장의 카드가 공개된다. 벤처 캐피털 세계에서는 첫 고객이 제품을 사용하기 시작하고, 장부에 첫 번째 기장이 이루어지고, 기술이 더욱 발전하고, 스타트업 팀이 적합한 인재를 끌어들이는 데 성공하거나 실패하는 시점이 바로 이때다. 폴드, 콜, 레이즈?

당신이 아직 폴드를 외치지 않았다면, 포커 플레이어와 벤처 캐피털리스트는 다음 라운드를 맞는다. 카드가 하나 더 공개된다. 새로운 국가로의 확장에 문제가 있거나, 첫 번째 전문 CEO를 성공적으로 영입했거나, 새로운 서비스를 출시했지만 기대만큼 성장하지 못했거나, 규제 당국이 제품의 적법성을 면밀히 검토하고 있거나, 경쟁사가 유사한 제품을 출시할 수 있다. 폴드, 콜, 레이즈?

전형적인 조직은 포커 플레이어처럼 행동하는 경우가 드물다. 그들은 모든 카드가 공개될 때까지 기다리고서야 콜을 외치는 경향이 있다. 실제로 시장과 고객 피드백에 대한 정보가 많을수록 위험도는 낮아진다. 하지만 이 경우 추진력을 잃을 위험을 감수해야 한다. 위험이 큰 혁신 프로젝트라면 안전만을 추구하는 플레이어는 테이블에 앉을 기회조차 얻지 못한다. 그들이 콜을 부르지 않을 것을 아는 다른 사람들은 그들 없이 게임을 벌인다.

세쿼이아 캐피털은 이런 벤처 캐피털 게임에서 뛰어난 역량을 발휘해 에어비앤비 IPO의 승자가 되었다. 한편 기존 호텔 체인들은 에어비앤비가 추진력을 얻어 이미 단기 숙박을 위한 마켓플레이스 플랫폼으로 자리 잡고 몇 년이 지난 후에야 뒤늦게 압박을 느끼고 대안을 마련하기 위해 움직였다.[9] 빨리 외친 콜이 큰 차이를 만든 것이다. 10년이 넘는 기간 동안 세쿼이아는 에어비앤비 지분을 보았고 그 가치는 100억 달러를 넘어섰다. 세쿼이아는 노련한 포커 플레이어처럼 더 많은 정보가 공개되는 대로 순차적으로 결정을 내렸다. 이 베팅 덕분에 세쿼이아는 역대 최고의 벤처 캐피털 거래로 명예의 전당에 올랐다.[10] 허세를 부릴 필요가 없었다. 이처럼 인상적인 승리의 뒤에는 무엇이 있었을까?

나무는 씨앗에서 시작된다. 에어비앤비 창립자인 브라이언 체스키와 조 게비아가 2009년 세쿼이아를 처음 만났을 때, 그들의 초기 웹사이트 에어베드앤브랙퍼스트닷컴 *airbedandbreakfast.com*은 가동된 지 1년도 되지 않은 상태였다.[11] 앞서 말했듯 여러 투자자로부터 거절을 당한 창업자들은 민주당과 공화당 대선 전당대회에서 버락 오바마와 존 매케인 지지자들에게 시리얼을 팔았다. 이들은 5달러짜리 시리얼에 대선 후보의 얼굴을 붙인 뒤 상자 당 40달러에 팔아 번 3만 달러로 생계를 유지했다. 체스키와 게비아가 세쿼이아 캐피털이 주도하는 60만 달러의 시드 투자를 받았을 때 느꼈을 안도감을 상상해 보라. 당시 회사의 기업 가치는 약 250만 달러였다.[12]

아파트의 방을 빌려주는 것으로 시작한 에어비앤비는 2010년 여름 별장, 보트, 성, 심지어 개인 섬까지 빌려주는 플랫폼이 되었다.[13] 체스키는 자랑스레 말했다. "에어비앤비는 스타벅스보다 더 많은 도시에 진출해 있습니다." 아이폰 앱을 출시할 준비를 마친 창업자들은 더 많은 자본을 조달해야 했다. 벤처 캐피털은 알파벳을 사용해 후속 펀딩 라운드를 결정한다. 에어비앤비는 첫 번째 알파벳을 받을 준비를 마친 상태였다.

시리즈 A. 카드 몇 장이 공개되었다. 에어비앤비는 2010년 11월 당시 8,000개 지역에서 70만 건의 숙박 예약을 기록했다. 그레이록 파트너스의 리드 호프먼이 창업자들을 만나 입찰을 제안했다. 호프먼은 회사의 가치를 6,700만 달러(한 해 전 250만 달러였다)로 평가했다. 세쿼이아 캐피털은 결정을 내려야 했다. 폴드, 콜, 레이즈? 세쿼이아는 밀어붙이기로 결정했다. 추가로 190만 달러를 투자한 것이다.

시리즈 B. 2011년 7월, 에어비앤비는 1,000만 번째 예약을 기록했다. 게스트에 대한 불만이 높아졌다. 한 호스트의 숙소는 완전히 엉망이 되는 일이 발생했다. 회사는 규제 당국의 면밀한 조사에 직면했다. 새로 뒤집힌 모든 카드가 좋은 카드일 수는 없다. 그럼에도 불구하고 기업 가치는 10억 달러에 이르렀다. 또 다른 벤처 캐피털인 a16z는 '일생일대의 기회'가 될 수 있는 것을 놓치고 싶지 않아 펀딩 라운드를 주도했다.

시리즈 C. 2013년 2월, 실리콘밸리의 많은 이들은 파운더스 펀드가 에어비앤비의 가치를 25억 달러로 평가하고 1억 5,000만 달러를 투자한 데 충격을 받았다.[14] 투자금이 너무 커서 파운더스 펀드는 투자자들에게 이 큰 베팅에 대한 승인을 구해야 했다. 세쿼이아도 콜을 부르고 이 라운드에 참여했다.

시리즈 D. 에어비앤비는 아직 수익성이 높지 않았지만, 이미 테이블의 카드들은 투자자들에게 로열 플러시royal flush*를 잡고 있다는 것을 보여주기에 충분했다. 세쿼이아와 다른 투자자들이 다시 자금을 조달했다! 2014년 4월, 에어비앤비의 기업 가치는 100억 달러라는 천문학적인 금액에 달했다.

벤처 캐피털 게임은 포커보다 베팅 기회가 많다. 이후 에어비앤비의 자금 조달은 시리즈 E, F, G로 이어졌다. 2020년 12월 10일, 에어비앤비는 약 400억 달러의 가치로 나스닥에 상장되었다. 기업 가치는 곧 1,000억 달러를 넘어섰다. 50만 달러였던 세쿼이아의 초기 투자금이 이렇게 큰 판돈이 될 것이라고 누가 예상했을까? 당신은 그 답을 알고 있다.

• 　에이스, 킹, 퀸, 잭, 10, 이 5장이 연속된 최고의 패

창업자와 벤처 캐피털 투자자들은 여덟 차례에 걸친 펀딩을 거치며 수십억 달러의 자본을 조달하고 11년 이상 IPO를 기다렸다. 신규 투자 프로젝트는 현금을 엄청나게 먹어 치우는 기계가 될 수 있다. 가장 성공적인 프로젝트조차 자금 조달 라운드를 다시 거쳐야 하는 경우가 많다. 계속해서 말이다. 회사가 잘하고 있다면 라운드를 더 진행할 뿐 아니라 각 라운드의 규모가 이전 라운드보다 훨씬 더 커진다. 유니콘 기업은 평균적으로 5회 이상의 펀딩 라운드를 진행한다. 우버는 2009년부터 2019년 IPO까지 최소 15번의 펀딩 라운드를 진행했다.[15] 페이스북은 2004년 창립 이래 2012년 IPO까지 20번 이상의 펀딩 라운드를 진행했다.

만약 어떤 벤처 캐피털이 모든 라운드에 넣을 자본을 첫날에 모두 베팅한다면, 그 회사는 곧 파산할 것이다. 안타깝게도 많은 기존 기업들이 아직 알려지지 않은 정보가 너무 많은 대규모 투자 프로젝트에 투자할 때 벤처 캐피털리스트의 사고방식을 무시하고 바로 이런 일을 저지른다. 더 나쁜 경우도 있다. 모든 카드가 공개될 때까지 기다리는 것이다. 그때는 너무 늦어버린다.

그림 10은 스타트업이 맞을 수 있는 운명을 그림으로 표현한 것이다. 오직 하나의 경로만이 성공적인 결과로 이어진다. 나머지는 창업자와 투자자에게 완전히 실패나 그저 그런 결과다. 이런 표를 '의사결정 나무decision tree'라고 하며, 각 화살표는 가지를 나타낸다. 왼쪽에서 시작할 때는 여정의 끝에 오른쪽(IPO 또는 M&A)에

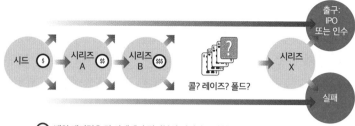

그림 10. 펀딩 라운드는 기업가에게 다음 이정표에 이르는 데
충분한 자본을 제공하고 벤처 캐피털리스트들에게는 밀어붙일 것인지
중단할 것인지 유연성 있는 결정을 내릴 여시를 수노록 설계되어 있다.

이른다는 희망을 품는다. 작게 자라는 나무도 있고 고색창연한 삼나무처럼 자라는 것들도 있다.

후속 단계의 스타트업은 위험이 적고, 그 시점에는 포커에서와 마찬가지로 대부분의 카드를 알고 있는 상태다. 하지만 새로운 카드를 뽑거나 다른 플레이어가 보유한 카드 때문에 패배할 가능성은 여전히 존재한다. 때로는 순식간에 패배할 수도 있다.

사람들의 심박수와 걸음 수를 측정하는 제품을 내놓았던 져본Jawbone은 에어비앤비처럼 세쿼이아 캐피털, a16z와 같은 대형 벤처캐피털의 투자를 받았지만, 2017년, 15번의 펀딩 라운드로 10억 달러에 가까운 투자금을 끌어들인 후 파산했다.

때로는 테이블 위의 마지막 카드가 플레이어를 실망시키기도 한다. 2006년 일단의 벤처 캐피털 투자자들이 캘리포니아 기반의 태양광 회사 솔린드라Solyndra의 초기 자금 조달에 참여했다. 그들은 상당한 시간 동안 기다려야 할 거라 예상하고 있었다. 솔린드라는 높은 가치를 평가받으면서 여러 차례 투자 라운드를 진행했고 2010년 여름 10억 달러 이상의 가치로 IPO를 시도했다. 그러나 처참하게 실패했고 1년 후 솔린드라는 파산을 신청했다. 전세가 뒤바뀌면서 투자자들은 베팅한 돈을 모두 잃었다.

포커 카드의 비유는 벤처 캐피털리스트들이 자금 조달을 여러 번에 걸쳐 하는 이유를 이해하는 데 도움이 된다. 공짜 치즈는 없고 사실 쥐덫의 미끼일 수도 있지만, 코를 들이밀기 전에 조심스럽게 공기 냄새를 맡으며 천천히 접근하면 위험을 피할 수 있다. 첫 번째 투자는 긴 게임의 시작에 불과하다. '유료 게임' 전략이라고 생각하면 좋다. 세쿼이아의 첫 번째 에어비앤비 투자금은 50만 달러로, 최종 투자금 2억 4,000만 달러에 비하면 극히 작은 액수였다. 현명한 투자자들은 씨앗을 심고 점점 돈을 늘려 가며 스타트업을 키운다(때문에 오프닝 라운드를 시드 라운드라고 부른다). 더 많은 카드가 공개되면 그들은 정보를 처리하고 콜, 레이즈, 폴드를 결정한다. 매 라운드마다 밀어붙이거나 그만둘 기회가 있다. 그들은 모든 선택지를 열어둔다. 당신도 그렇게 해야 한다.

중요한 건 당신의 선택지들

라운드마다 단계적으로 사고한다는 개념이 부자연스럽게 느껴지는가? 당신만 그런 것은 아니다. 워크샵을 진행하다 보면 똑똑하고 경험이 많은 고위 경영자들도 처음에는 이 개념에 쩔쩔매는 모습을 보인다. 우리의 기본 사고방식은 이런 데 익숙지 않다. 단계별로 생각하거나, 미래를 여러 개의 순차적 단계로 바라보고, 현재의 결정을 하나의 단계에만 제한하는 동시에 전체 여정을 고려하는 방식이 영 어색하다.

우리가 본능적으로 택하는 기본적 방법은 돌이킬 수 없는 결정을 내린 뒤에, 그 문제를 머릿속에서 지워버리는 것이다. 인지 부조화의 과정을 끝내기 위해, 쉬운 안전지대를 찾기 위해서 말이다. 직관적으로는 밀어붙이고 있는 프로젝트에 전념하는 것이 옳게 느껴진다. 새로운 정보가 그렇지 않다고 말하더라도 말이다. 특히 애초에 어떤 스타트업 팀에 투자하기로 결정했다면 그들이 기대 이하의 성과를 보이고 있더라도 그 팀을 지원하는 것이 옳은 일로 느껴진다. 하지만 벤처 캐피털 투자와 마찬가지로 포커에서도 그 정반대가 현명한 전략이다. 장기적으로 승리하려면 유연한 태도를 갖추고 정보를 더 얻게 될 때마다 마음을 바꿀 준비가 되어 있어야 한다. 밀어붙일 준비가 되어 있어야 하는 동시에 중단할 준비도 되어 있어야 한다. 이것이 바로 벤처 마인드셋이다.

실험부터 시작하라. 첫 버전은 기능이 매우 제한적이고, 규모가 작고, 비용이 터무니없이 높은 경우가 많다. 그레이록의 창립자이자 링크드인의 창립자인 리드 호프먼은 "제품의 첫 버전이 부끄럽지 않다면 출시가 너무 늦은 것이다"라고 말했다.[16] 이런 축소된 기능으로 출시되는 제품을 '최소기능제품minimal viable product, MVP'이라고 한다. 아마존이 개척한 '최소한의 애정을 얻을 수 있는 제품minimum lovable product, MLP'이란 개념을 받아들일 수도 있다.[17] MLP 접근 방식을 사용하면 대기업은 고객을 실망시키거나 그냥 상점 문을 닫아버릴 수는 없다는 것을 깨닫게 된다. 그들의 베팅은 더 클 수밖에 없다. 기존 고객의 신뢰가 걸려 있어서, 신뢰를 깨지 않으려면 처음부터 '애정을 얻을 만한' 제품을 만드는 것이 중요하다. 출시가 지연되는 것이 사용자를 실망시키는 것보다 낫다. MVP 또는 MLP가 성공적이고 사용자들의 공감을 얻는다면 기능을 더 추가하고, 다시 시험을 하고, 규모를 확장해 더 많은 사용자를 대상으로 하고, 또 다시 테스트한다. 새로운 지역 또는 국가를 추가한 뒤 또 다시 테스트한다. 각 단계마다 프로젝트는 다음 단계를 위한 자본과 자원을 확보하거나, 그것이 아니라면 중단된다. 이 접근 방식으로 벤처 캐피털처럼 위험을 줄일 수 있다. 더 이상 불확실한 사업 아이디어 때문에 위험을 무릅쓸 필요가 없다.

현명한 벤처 캐피털리스트들은 전념보다 유연성에 가치를 둔다. 대부분의 경영대학원 학생들은 수업 시간에 이런 것을 배우지 않는다. 전통적인 금융 개념은 선택한 행동 방침에 대한 전념을 강조하는 양자택일식의 투자 결정을 중심으로 구축되었다. 순 현재 가치, 내부 수익률, 투자 수익률과 같은 지표로 수년에 걸친 현금 흐름을 예측하는 모습을 떠올려보라. 이런 일반적인 방법은 프로젝트 진행 과정에서 드러나는 새로운 정보들과는 별개로 회사가 프로젝트에 전념하고 있다고 여긴다. 현대의 경영대학원 교육 과정에는 유연성을 배울 수 있는 여지가 거의 없다. 경영진이 듣는 수업들은 전통적인 전념의 사고방식을 강화한다.

하지만 유연성은 사실 금융과 경제학에서 잘 알려져 있고 널리 연구되는 아이디어다. 학문적으로는 유연성을 '리얼 옵션real option' 이라고 말한다. '옵션'은 의사결정권자가 미래에 행동을 취할 권리는 있지만 의무는 없다는 뜻을 담고 있다.[18] '리얼'은 옵션이라는 개념이 정교한 금융 상품만이 아니라 실제 프로젝트와 비즈니스에도 적용된다는 의미다. 벤처 마인드셋에서 리얼 옵션은 생과 사의 문제다. 성공적이지 못한 투자를 중단하는 것과 성공적인 투자를 계속 지원하는 것 모두 성공에 대단히 중요하다.

a16z가 인스타그램이 아직 위치 공유 개념에 머물렀던 버븐의 극히 초기에 25만 달러를 투자한 것을 생각해 보라.[19] 회사가 다음 라운드의 자금 조달에 나섰을 때, a16z는 참여하지 않기로 결정했다. 이미 인스타그램의 경쟁사인 픽플즈Picplz의 투자자였다는 것이 부분적인 이유였다. 300배 이상의 초기 투자 수익률은 다른 사람

들의 부러움을 샀지만, a16z로서는 더 많은 돈을 벌 기회를 잃은 일이었다. 베팅액을 올리지 않으면, 밀어붙이지 않으면, 승리는 하되 수익이 보잘것없을 수 있다. 너무 안전한 플레이를 하면 게임을 계속할 수 없다. 리처드 하로치는 포커와 벤처 캐피털리스트 모두, "항상 폴드하면 오래 살아남을 수 없다"고 말했다.

리얼 옵션이 성공적으로 사용된 산업 분야들이 있다. 우리가 진행하는 교육에 참여한 제약 업계 경영자들은 '모든' 신약 투자의 초기 순 현재 가치가 마이너스라는 것을 지적하면 크게 놀라곤 한다. 대부분의 신약 후보들은 여러 개발 단계에서 실패한다.[20] 안전성 평가나 효능 테스트에서 실패하거나, 심각한 부작용이 있거나, 기존 약물보다 효능이 떨어지는 것이다.

제약회사가 신약 후보 물질에 양자택일의 방식을 적용한다면 후보는 오래 남지 못할 것이다. 그 대신 회사는 각 단계에서 특정 약물에 투자를 계속하거나 프로젝트를 중단할 수 있는 유연성을 유지한다. 제약 회사로서 최적의 전략은 어떤 일이 있어도 한 가지 약물 개발에 전념하지 않는 것이다. 프로젝트를 중단하면 회사는 과학자, 장비, 자금 등 귀중한 자원을 더 유망하거나 아직 불확실한 다른 프로젝트에 재할당할 수 있다.

광업은 살아남기 위해 리얼 옵션이 필수인 또 다른 분야다. 철광석 채굴을 생각해 보라.[21] 수익성은 철광석의 시장 가격에 좌우된다. 2014년처럼 가격이 폭락하면 광산은 수익성이 낮아진다. 기존의 많은 철광석 광산이 채굴을 중단했다. 하지만 광산 소유주들은 세계의 철광석 가격을 계속 모니터링한다. 2014년 폐광한 오스트레일리아의 로퍼 바Roper Bar 광산은 금속 가격이 충분히 회복되자 2017년 다시 문을 열었다. 이런 리얼 옵션을 고려하지 않으면 애초에 대부분의 광산은 만들어지지 않았을 것이다. 전적으로 전념한다는 전략 하에서는 기대 가치가 마이너스이기 때문이다.

할리우드를 생각해 보라.[22] 영화가 개봉한 주말에 인기를 모을지 여부에는 운이 많이 작용한다. 따라서 성공적인 영화 스튜디오는 그들이 내리는 거의 모든 결정에 리얼 옵션 개념을 포함시킨다. 예를 들어, 그들은 마케팅 예산의 상당 부분을 보류해 두고 영화가 개봉한 주말 이후에 지출할지를 결정한다. 초기 수익이 기대에 미치지 못하면 마케팅 예산을 삭감하거나 아예 없앨 수도 있다. 또 다른 리얼 옵션 전략은 제한적 개봉이다. 예를 들어, 영화 〈나의 그리스식 웨딩My Big Fat Greek Wedding〉은 2002년 개봉 당시 상영관이 100곳에 불과했다.[23] 이 영화가 인기를 얻자 경영진은 서서히 배급 범위와 광고 예산을 늘렸다. 결국 이 저예산(500만 달러) 영화는 미국에서만 수천 개의 상영관에 걸려 2억 4,000만 달러의 수익을 올렸다.

프로 포커 플레이어부터 벤처 캐피털리스트, 할리우드 영화 제작자에 이르기까지 이 모든 의사결정 사례의 공통된 주제는 새로운 정보에 대한 대응력이 생존에 대단히 중요하다는 것이다. 조직에 이와 같은 유연한 메커니즘을 시행하지 않는 한 내부적으로 수십억 달러 규모의 비즈니스를 구축할 가능성은 낮다. 한 가지 행동 방침에 베팅하지 말고 소규모 투자를 통해 나중에 베팅할 수 있는 옵션에 베팅하라. 그런 식으로 한다면 이후 베팅액을 늘릴 수 있는 기회를 잡을 수 있다. 전통적인 사고방식으로는 하나의 큰 결정을 여러 개의 작은 결정으로 나누기가 쉽지 않다. 하지만 벤처 마인드 셋이란 이런 것이다. 책을 쓸 계획인가? 샘플 챕터나 블로그 게시물로 시작해 보라. 독자의 피드백을 통해 다음의 가장 좋은 단계가 어떤 것인지 알게 될 것이다. 해외 확장을 고려하고 있는가? 여러 단계로 나눠 옵션을 열어두도록 하라. 물론 이런 유연성을 실천하는 것은 말처럼 쉬운 일이 아니다. 우리 무의식의 편견부터 조직 설계에 이르기까지 너무 많은 힘이 우리를 무너뜨리려 음모를 꾸민다. 폴드, 콜, 레이즈 규칙은 따르기 쉬워 보인다… 하지만 곧 그렇지 않다는 것을 깨닫는 시간이 온다.

파멸에 이르는 길

사람들은 정상에 오르는 일을 충분히 할 수 있는 일이라고 생각한다. 정상에 아주 가까이 있을 때라면 특히 더 그렇다.

롭 홀Rob Hall은 에베레스트 정상에 4번이나 올랐다.[24] 1996년

5월, 그는 그가 공동 설립한 어드벤처 컨설턴트Adventure Consultants에 돈을 지불한 대규모 등반대를 이끌고 다섯 번째 등반에 나섰다. 이들은 정상에서 불과 250피트(약 76.2미터) 아래에서 예상치 못한 문제에 직면했다. 힐러리 스텝으로 알려진 40피트(약 12.2미터) 구간에서 등반대원들이 로프를 빨리 고정하는 데 실패한 것이다. 이때가 오전 11시 40분이었고 로프를 고치는 과정을 재개해야 하는 상황이었다.

그 순간 홀은 모두를 돌려보내야 했다. 오후에는 정상의 날씨가 악화될 가능성이 매우 높았고, 허용된 안전 시간 내에 하산을 시작하지 못할 수도 있었다. 설상가상으로 탱크에는 산소가 충분치 않았다. 하지만 정상은 너무 가까웠다. 이들은 '반드시 정상을 밟기로 굳게 마음먹었다.' 그들은 로프를 고치기 시작했다. 첫 번째 대원이 정상에 이른 것은 예정보다 훨씬 늦은 오후 1시 25분경이었다.[25] 한 명씩 천천히 등반을 계속해 일부 대원은 오후 3시가 넘어서야 정상에 도착했다. 모두가 하산해야 할 시간을 훨씬 넘긴 것이다. 예상대로 날씨는 악천후로 변했고 산소는 고갈되었다. 미친 듯이 구조 활동을 벌였지만 하산하지 못한 8명은 구하지 못했다. 다른 사람들은 용감한 셰르파들과 구조대 덕분에 목숨을 구했다.

롭 홀과 등반대는 이례가 아니다. 수백 명의 등반가들이 에베레스트산 정상에 도전하다가 목숨을 잃었다. 신중한 등반가들도 정상에 매우 가까워지면 큰 위험을 무릅쓰곤 한다. 이렇게 큰 보상이 이렇게 가까이 있을 때는 위험을 조금만 더 감수하면 성공할 것같이 느껴지기 때문이다.

산악인과 기업 의사결정권자의 공통점은 무엇일까? 인간의 본성은 진로를 바꾸거나 재빨리 손을 떼는 데 저항한다. 생사가 걸린 상황에서도 말이다. 정상에 가까워졌다고 생각하면 특히 더 그렇다. 경제학자와 행동 과학자들은 이 현상에 '몰입 상승escalation of commitment'이라는 이름을 붙이고 군사적 갈등부터 집단 의사결정에 이르는 다양한 배경에서 그 작용을 면밀히 연구해 왔다.[26]

몰입 상승의 예는 아주 많다. 이런 편향은 우리의 추론을 왜곡하고 때로 치명적인 결과를 낳는다. 포커에서 두 장의 유리한 패를 든 플레이어는 도움이 되지 않는 첫 3장의 공동 카드에 실망했더라도 본능에 의해 폴드 대신 다음 턴에 기적을 기대하며 선택한 전략을 계속 고집한다. 아마추어 플레이어들이 흔히 저지르는 실수는 포기를 나쁜 전략으로 취급하는 것이다.[27] 경험이 없는 플레이어와 프로 플레이어의 가장 큰 차이는 폴드를 망설이는 데 있다. 실수를 인정하거나 기대하고 있던 행운이 실현되지 않으리란 것을 받아들이는 일은 누구에게나 어렵다. 우리는 모두 진로를 바꾸는 것을 두려워한다. 우리는 이전의 결정에 집착한다. 우리는 자신이 옳기를 원한다. 이미 자신이 틀렸다고 의심하고 있는 상황에서도 말이다.

1989년 22살에 베어링 은행Barings Bank에 입사한 닉 리슨Nick

Leeson은 몰입 상승에 대해 들어보지 못했을 것이다.[28] 233년의 역사를 자랑하는 이 유서 깊은 은행은 미합중국이 루이지애나를 사들이는 것을 도왔고 엘리자베스 2세 여왕도 고객으로 두고 있었다. 1992년 리슨은 싱가포르로 이동해 베어링 은행 파생상품 지사의 책임자가 되었다. 런던의 상사들은 곧 엄청난 수익을 기록한 그의 트레이딩에 만족했다. 한때는 은행 전체 수익의 10퍼센트가 리슨 한 사람에게서 나올 정도였다.

그러나 회계 장부 밖의 현실은 상당히 달랐다. 시장이 그가 취한 거래 포지션과 반대로 움직이자 리슨은 170만 달러의 손실을 입었다. 이제 그에게는 힘든 선택이 남았다. 런던의 상사에게 손실을 보고하고 결과에 직면하거나, 더 큰 베팅을 통해 손실을 만회해야 했다. 그는 후자를 택했다. 그런데 그렇게 하면 은행의 위험 규정을 위반하게 되기 때문에, 그는 비밀 계좌를 사용하기 시작했다. 그러나 운이 따르지 않아 곧 더 큰 손실을 마주했다. 상사에게 사실을 밝히는 일이 더 어려워졌다. 이때부터 그는 거래에서 돈을 잃을 때마다 더 큰 규모의 새로운 베팅을 했다. 더 큰 손실, 더 큰 베팅. 순식간에 비밀 계좌의 손실이 2,000만 파운드를 넘어섰다. 1년 만에 손실은 2억 파운드 이상이 되었다. 그러던 1995년 1월, 고베의 강진이 일본 금융 시장을 뒤흔들었다. 리슨은 닛케이 증시의 회복에 베팅해 모든 손실을 만회하려는 시도를 했다. 시작한 이상 끝까지 가자. 리슨은 멈출 수가 없었다. 에베레스트산 정상을 눈앞에 둔 등반가들처럼.

그의 비밀 거래가 발각되었을 때 리슨의 손실액은 8억 2,700만 파운드였다. 화려한 역사를 가진 이 은행도 극복할 수 없는 규모였다. 결국 베어링은 파산했다.

물론 이것은 심각한 일탈이고 리슨은 극단적인 이례다. 우리에게는 적용되지 않는다. 정말 그럴까?

우리는 종종 워크숍에 참석한 경영자들에게 일련의 투자 결정을 내리게 하는 설문조사를 실시한다. 매번 설문조사를 하면서도, 결과를 볼 때마다 놀라움을 금할 수 없다. 다음은 투자 결정에 대한 설문 중 하나다.

당신은 2년 전 회사를 대표해 한 프로젝트에 5억 달러를 투자했다. 지금까지는 실현된 수익이 없다. 당신은 현재 이 투자를 어떻게 처리할지 검토하고 있다. 당신은 프로젝트를 포기할 수도, 추가로 자금을 투입할 수도 있다. 현재 투자해야 하는 돈은 1억 달러다. 투자가 성공하면 당신 회사의 총 수익은 1년 안에 10억 달러가 된다. 투자가 실패하면 당신 회사는 돈을 벌지 못한다. 즉, 당신 회사의 총 이익은 0이 된다. 당신이 성공할 확률은 5퍼센트다.

계속 읽기 전에 잠시 생각을 하고 결정을 내려보라. 어떤 결정을 내렸는가?

이성적인 대답은 간단하다. 10억 달러에 5퍼센트를 곱하면 예상 총이익은 5,000만 달러에 불과하다. 따라서 투자 비용 1억 달러를 뺀 기대 수익은 5,000만 달러의 '손실'이다. 한마디로 끔찍한 투자 결정이다. 차라리 현금을 은행에 두는 것이 더 나은 조치다. 은행이 이자를 주지 않더라도 최소한 1억 달러를 지킬 수는 있다. 그렇다면 초기 투자금 5억 달러는? 모든 경제학자가 말하듯, 5억 달러는 이미 사라졌다. 이미 배수구로 빠져나갔기 때문에 고려해서는 안 된다. 여기서 유일한 좋은 결정은 더 이상 투자하지 않고 손실을 상각하는 것이다.

하지만 많은 고위 경영자들은 이 상황에서 이렇게 결정하지 않는다. 평균적으로 거의 절반의 참가자가 낮은 확률과 불리한 계산을 무시하고 투자를 진행하기로 결정한다. 경영진은 무의식적으로 기적이 일어나 10억 달러로 이미 잃은 5억 달러를 메꾸기를 기대한다. 설문에서 '당신'이라는 단어를 7번이나 사용해 결정을 매우 개인적인 것으로 만들었기 때문에 그들의 희망은 더 커진다. '당신'이 '당신'의 손실을 만회할 기회를 놓치면 이제 그것은 '당신'의 잘못이 된다. 물론 계산을 보여주면 모두가 좋지 못한 결정이라는 데 동의한다.

개인화는 이런 몰입 상승에 핵심적인 역할을 한다.[29] 설문에 참여한 사람이 '당신'이 아닌 동료나 전임자가 첫 투자 결정을 내렸다고 듣는 경우에는, 큰돈을 형편없는 곳에 투자하는 일은 거의 일어나지 않는다. 사람들은 다른 사람이 아닌 자신의 몰입을 상승시킨다.

우리는 조직마다 이 문제에 대응하는 방식이 다르다는 것도 알아차렸다. 이 현명치 못한 투자를 하겠다고 말하는 사람이 25퍼센트 미만인 팀이 있는 반면, 그 비율이 훨씬 높은 팀도 있었다. 리더십과 기업 문화는 몰입 상승을 악화시키는 데 큰 영향을 미친다. 한 워크숍에서는 참가자의 무려 80퍼센트가 추가 투자를 하겠다고 답했다. 그 경영진들은 자신들이 이상치라는 말을 듣고 점잖게 웃었다. 저녁 늦게, 한 임원은 다른 임원들이 칵테일 리셉션을 위해 자리를 비우기를 기다렸다가 이렇게 말했다. "저는 별로 놀라지 않았습니다. 제 상사는 실패를 용납하지 않거든요. 상사의 규칙은 무엇이든 하고 싶은 대로 하되, 시작한 투자 프로젝트는 끝을 봐야 한다는 거예요. 그렇지 않으면 돈 낭비라고 말씀하시죠." 프로젝트를 절대 포기해서는 안 된다는 상사의 집착 때문에 회사는 잘못된 몰입 상승 결정을 내리는 경향이 강해졌다. 그 상사가 절대 포기하지 않는다는 사고방식이 얼마나 많은 낭비를 초래하는지 안다면 좋을 텐데.

몰입 상승은 벤처 캐피털리스트에게 특히 위험하다. 포커 애호가이자 벤처 캐피털 투자자인 리처드 하로치는 "약한 것으로 판명된 패는 실적이 저조한 회사와 비슷합니다"라고 말한다. 그는 이어서 설명한다. "나쁜 패에 큰돈을 걸고 기적을 쫓는 본능적 욕구를 경계해야 합니다. 적절한 순간에 손실을 끊는 것은 포커 플레이어, 벤처 캐피털리스트, 기업에게 대단히 중요하죠." 손실을 만회하고자 하는 욕구는 실패한 투자 제안에서 더 많은 돈을 퍼붓게 만들 뿐 아니라, 더 나은 실적을 내는 프로젝트에 투자할 수 있는, 절실하게 필요한 자본을 빼앗는다.

애정을 쏟던 아이디어나 사업에 대한 자금 지원을 중단하는 것은 감정적으로 힘든 일이다. "자금 지원을 중단하는 건 그 사람들을 배신하는 일이 아닐까요?"라고 반문하는 사람도 있을 것이다. 6개월만 더, 1,000만 달러만 더 투자하면 상황을 되돌릴 수 있다고 스스로를 설득하기는 쉽다. 혁신의 세계는 대단히 불확실하기 때문에 계속 기적을 기대하며 투자를 진행하는 일을 언제든 쉽게 정당화할 수 있다. 용감한 투자자들은 스트레스로 숨이 막히는 듯한 경험을 하기도 한다.

기업 환경에서는 프로젝트를 중단하는 것이 더 어렵다. 그것이 약점, 잘못된 관리, 실패로 인식될 수 있기 때문이다. 다행히도 벤처 캐피털리스트들은 몰입 상승의 위험을 해결하기 위한 구체적인 메커니즘을 개발해 왔다. 이번에는 카지노가 아닌 텔레비전을 통해 또 다른 인기 게임 프로그램에 참여해서 그들의 비법을 배워 보자.

누가 백만장자가 되고 싶은가?

열 다섯, 단 15개의 문제만 맞추면 참가자는 백만 파운드를 차지한다. 엄청난 성공을 기록한 영국의 TV 프로그램 〈누가 백만장자가 되고 싶은가?Who Wants to Be a Millionaire?〉의 규칙은 당신도 아마 알고 있을 것이다. 참가자가 까다로운 질문의 정답을 4가지 선택지 중에서 고르는 동안 시청자는 가슴을 졸인다. 답을 맞히면 다음 단계로 올라가고 상금도 오른다. 두 번째 문제에서 상금은 100파운드에서 200파운드로 오르고, 참가자가 열 번째 문제를 맞히면 상금은 3만 2,000파운드가 된다. 참가자는 다음 문제를 볼 때마다 답을 할지 아니면 그만두고 이미 획득한 상금을 가져갈지 결정할 수 있다. 15개의 문제를 모두 맞히면 상금은 100만 파운드다. 하지만 단 하나의 오답으로 게임에 질 수 있다. 이 게임은 후속 투자에 참여하고 더 많은 위험을 감수할지 아니면 그만둘지 선택하는 벤처 캐피털 투자자의 결정과 매우 비슷하다. 놀랍게도 이 TV 게임은 참가자에게 주어지는 추가 옵션으로 인해 벤처 캐피털리스트의 딜레마와 무척 닮아 있다. 이 게임에서 영국 최초로 100만 파운드를 획득한 사람은 2000년의 주디스 켑펠Judith Keppel이었고, 2001년에는 데이비드 에드워즈David Edwards와 로버트 브리지스Robert Brydges가 그 뒤를 이었다.[30] 이 3명의 우승자에게는 공통점이 있다. 100만 파운드 상금을 받는 과정에서 모두 '생명선lifeline'을 사용했던 것이다. 〈누가 백만장자가 되고 싶은가?〉에는 친구에게 전화하기, 방청객에게 묻기, 50 대 50이라는 3가지 생명선이 있고, 이 세 우승자들은 이 3가지 생명선을 고루 사용했다. 아직 이 프로그램을 시청하지 않은 독자를 위해 이 게임이 벤처 마인드셋에 어떻게 적용되는지 설명하기로 한다.

친구에게 전화하기: 혼자 밀어붙이지 말라

다음은 12만 5,000파운드 상금이 걸린 문제다: "셰익스피어의 『겨울 이야기』에 나오는 이 무대 지시문을 완성하세요: '…에 쫓기며 퇴장.'" 호랑이? 광대? 곰? 개? 주디스 켑펠은 답을 알지 못했다. 당신은 알고 있는가? 다행히도 그녀에게는 아직 사용하지 않은 친구에게 전화하기 찬스가 남아 있다. 그녀가 선택하는 문제 하나에 대해서 30초 동안 친구에게 전화를 걸어 조언을 구할 수 있는 것이다. 주디스는 친구인 질에게 전화를 걸었고, 질은 정답이 '곰'이라고 100퍼센트 확신했다. 질의 생각이 맞았다.

벤처 캐피털리스트들 역시 후속 결정에 자신이 없는 경우가 종종 있다. 그들은 확실하다고 느낄 때도 몰입 상승의 편향에 빠져 있을 수 있다는 것을 알고 있다. 주디스처럼 그들도 친구, 즉 파트너에게 전화를 건다.

벤처 캐피털 회사는 파트너십으로 이루어져 있다는 것을 기억하라. 모든 파트너는 자신이 주도하는 투자의 후속 라운드에 적극적이다. 이런 투자에서 다른 파트너들은 거래를 승인하는 역할만 하는 것이 아니다. 우리는 거래를 주도하는 파트너가 갖는 몰입 상 승 성향과의 균형을 위해 일부 파트너가 의도적으로 악마의 변호 인 역할을 맡는 경우를 많이 관찰했다. 이렇게 함으로써 그들은 상 대방의 견해에 자동적으로 동의하는 것이 당연하지 않은 문화를 조성한다. 다른 파트너들은 투자를 '계속하지 않을' 이유 찾으려고 노력한다. 일부 파트너십에서는 투자에 참여하지 않은 파트너가 후 속 라운드에 서명을 해야 하는 규칙을 두고 있다. 프로젝트와 관련 성이 적은 사람들의 동의를 요구함으로써 '당신'의 역할을 줄이고 필요한 경우 손실을 일찍 끊어내는 일을 더 쉽게 만드는 것이다.

라이트스피드 캐피털은 OYO*, 스냅챗, 그럽허브Grubhub**와 같 은 스타트업에 자금을 지원한 것으로 잘 알려져 있다. 이 회사는 180억 달러가 넘는 자산을 관리하고 있으며, 대부분의 투자는 기 존 포트폴리오 회사들 내에서 이루어진다. 라이트스피드는 다른 벤처 캐피털과 마찬가지로 베팅액을 높이는 경우가 많다. 하지만 '재투자팀'의 승인 없이는 수표를 쓰지 못한다.

라이트스피드의 마이클 로마노Michael Romano는 "누구나 자기 자 식은 예쁜 법이죠. 시드 라운드나 시리즈 A 라운드부터 참여했던

- • 인도 최대의 온라인 호텔 예약 사이트
- •• 온라인 및 모바일 음식 배달 사이트

포트폴리오 기업이라면 더 말할 것도 없습니다"라고 말한다.[31] 재투자팀의 책임자 제임스 에프라티James Ephrati는 '후속 투자 결정에 독립적으로 이의를 제기하고, 투자 시에 라이트스피드가 하는 모든 가정에 도전하는' 일을 맡고 있다.[32] 재투자팀은 자체적으로 데이터를 수집하고, 나름의 예측을 하고, 고객에게 전화를 걸고, 독립적으로 권고안을 제시하며, 종종 가치 평가에 이의를 제기하거나 후속 투자 라운드에서 아예 빠질 것을 권고하기도 한다.

주디스 쾜펠과 현명한 벤처 캐피털리스트들처럼 중대한 이해가 걸린 후속 투자 결정에는 프로젝트 외부에 있는 조직 내 사람들을 중요한 후속 결정에 참여시켜야 한다. 그렇게 하지 않는다면 몰입 상승이라는 커다란 위험을 안게 된다. 중요한 프로젝트의 다음 단계에 자금을 지원할지 결정할 때는 다른 경영진을 끌어들여라. 내부 전문가와 접촉해서 팀에 합류해 더 나은 결정을 내릴 수 있도록 도와달라고 요청하라. 새로운 형태의 구독 프로그램에 투자하고 있는가? 순조롭게 진행되고 있는지, 아니면 미래가 전혀 없는지 자문해 보라. 이전에 구독 프로그램을 출시한 경험이 있는 사람을 참여시켜라. 딥테크deep-tech* AI 이니셔티브에 참여하고 있는가? 기술 전문가의 참여가 없다면 투자 진행을 신중하게 결정할 수

• 공학이나 과학 분야의 연구·개발을 기반으로 첨단 하드웨어나 소프트웨어를 만드는 스타트업

없다.

친구를 끌어들이는 것도 비결이 될 수 있다. 픽사는 다양하고 유동적인 창작가들의 집단인 브레인트러스트Braintrust 라는 개념을 개발했다.[33] 이들은 공식적인 권한은 없지만 경험이 풍부한 조언자들로서 다양한 관점을 제시한다. 브레인트러스트는 동료 심사나 의사 패널로부터 받는 2차 진료 소견과 같다. 브레인트러스트가 아니었다면 〈토이 스토리 2Toy Story 2〉와 같은 히트 영화는 성공하지 못했을 것이다.

친구에게 전화를 걸어라. 당신의 브레인트러스트를 만들어라. TV 프로그램에서처럼, 그들의 조언을 받아들일지 여부는 당신에게 달려 있다. 하지만 무엇을 하든 편견 없는 관점을 반드시 이용하도록 하라.

청중에게 물어보라: 외부인의 관점을 청한다

두 번째로 100만 파운드의 우승자가 된 데이비드 에드워즈는 12만 5,000파운드 상금이 걸린 문제에서 다른 생명선을 이용했다. 외부인의 관점을 청한 것이다. 그는 청중에게 도움을 요청했다. '방청객에게 묻기' 생명선을 요청하면 스튜디오에 있는 모든 사람이 작은 장치를 들고 각자가 생각하는 답을 선택한다. 도전자는 각 답안에 대한 청중 지지의 분포를 보고 최종 선택을 해야 한다.[34] 이날 이들의 지혜는 에드워즈에게 도움을 주었다. 그는 정답을 선택한 청중 62퍼센트의 뜻을 따랐기 때문이다. 실제로 청중이 선호하는 선택지는 10번 중 9번 이상이 정답이다.

현명한 벤처 캐피털리스트도 청중에게 묻는다. 그들에게 청중은 기존 투자자와 함께 돈을 투자해 달라는 요청을 받은 다른 평판이 좋은 투자자들이다. 여기서는 기존 투자자와 신규 투자자의 구분이 중요하다. 신규 투자자들은 아직 게임에 발을 담그지 않았기 때문에 몰입 상승에 노출되지 않은 상태다. 자금을 투입할 준비가 된 신규 투자자를 찾는 것도 '당신'의 역할을 약화시키는 또 다른 방법이다.

창업자는 벤처 캐피털 투자자로부터 새로운 주도 투자자를 찾으라는 요구를 받는 경우가 많다. 창업자가 그렇게 하지 못하면 기존 투자자는 자금을 더 투자하지 않는다. 우리에게는 종종 실망 가득한 목소리로 전화가 걸려온다. 스타트업의 시리즈 A를 주도한 벤처 펀드가 새로운 투자자가 있어야만 시리즈 B에 참여하겠다는 데 실망한 알렉스의 스탠퍼드 동창들, 일리야의 제자들이다.

중요한 것은 이런 요구가 자본이 부족해서가 아니라 스스로를 견제하기 위한 것이라는 점이다. 많은 성공적인 벤처 캐피털이 이 중요한 경험 원칙을 도입하고 있다. 기존 투자자가 신규 투자자를 찾는 것은 회사가 투자자의 구미를 당기는지 확인하기 위함일 뿐 아니라 회사의 가치를 독립적으로 평가하기 위함이기도 하다.

잘 알려진 소프트웨어 벤처 캐피털, 허머 윈블라드Hummer Winblad

는 새로운 투자자가 투자 의사를 밝히지 않는 한 후속 라운드에 거의 투자하지 않는다. 또 다른 투자자인 버서틀 벤처 캐피털Versatile Venture Capital의 웹사이트에는 초기 투자가 최대 100만 달러까지 가능하며, 후속 라운드에 참여하기 위해서는 새로운 투자자가 라운드를 주도해야 한다고 명시되어 있다.[35] 실제로 일리야의 연구는 새로운 투자자가 주도하는 라운드가 더 나은 결과와 높은 벤처 캐피털 펀드 수익률로 이어질 가능성이 높다는 것을 보여준다.[36]

우리는 독일의 대형 전력 공급 업체 RWE에서 벤처 마인드셋의 힘을 목격했다.[37] 이 회사는 전력 가격이 계속 상승할 것이라는 불안한 가정으로 100억 유로가 넘는 자본 지출 결정을 내렸다. 극단적인 양자택일의 결정이었다. 신임 CEO인 롤프 마틴 슈미츠Rolf Martin Schmit는 우리가 이 책에서 논의한 많은 메커니즘을 실천해 전체 의사결정 프로세스를 점검했다. 한 가지 예는 CFO 베른하르트 귄터Bernhard Günther가 인정했듯이 "오랫동안 회사의 캐시카우cash cow였지만 현재는 끝장이 난 비즈니스 모델로 인한 전략적 교착 상태"를 해결하는 것이었다.

몰입 상승을 줄이기 위해 RWE는 각각 내부 직원과 외부 직원으로 이루어진 레드팀과 블루팀을 만들어 다른 제안을 내놓게 했다. 내부 팀은 예상대로 점진적 접근 방식을 제시했다. 외부 청중은 좀 더 급진적인 제안을 내놓았고, 결국 회사의 이사회는 이들의 제안을 채택했다.

우리의 경험에 따르면, 많은 기업이 청중의 관점을 성공적으로 활용하거나 그것을 자신들의 의사결정에 반영할 기회를 놓치고 있다. 외부인을 끌어들이는 일은 종종 회사 내부자의 저항에 부딪힌다. 프로젝트에 몇 달 또는 몇 년을 투자한 팀보다 외부에서 온 사람이 그에 대해 더 잘 알 수 있을까? 전통적인 비즈니스 아이디어라면 아니겠지만, 미지의 영역에 발을 들이는 순간부터는 외부 전문가의 평가가 필요하다. ⅃ 생명선을 활용하라. 당신에게는 그런 외부인의 집단적 지혜가 필요하다. 파일럿 결과가 인상적이었고 고객들이 신제품에 열렬한 반응을 보이는가? 좋다! 그럼 이제 독립 컨설턴트를 영입하라. 더 좋은 방법은 외부 투자자를 끌어들여 위험을 나누는 것이다. 핀테크 이니셔티브에 협력하기 위해 유명 벤처 캐피털 회사 리빗 캐피털Ribbit Capital을 끌어들인 월마트의 사례를 따르라.[38] 자사 자율주행 사업부 웨이모에 외부 투자자를 유치한 알파벳의 사례를 따르라.[39] 현명한 벤처 캐피털리스트의 사례를 따르라.

50 대 50: 충분히 자주 그만둔다

처음 본 아이디어에 대해서는 쉽게 "노"라고 말할 수 있지만, 일단 '발을 들이면' 그렇게 하기가 훨씬 더 어려워진다. 이럴 때 50 대 50 원칙이 유용하다. 〈누가 백만장자가 되고 싶은가?〉 퀴즈쇼에서 정상을 차지한 세 번째 참가자는 로버트 브리지스였다. 그는 100만 달러가 걸린 마지막 문제에 답하기 위해 다른 생명선을 사용했다. 문제는 "다음 중 이탈리아 귀족의 이름을 딴 과학 단위는 무엇인가요? 파스칼, 옴, 볼트, 헤르츠"였다. 당신은 답을 아는가? 브라이지스는 확신이 없었다. 그는 50 대 50의 생명선을 사용해 4가지 선택지 중 두 개를 없앴다. 옴과 볼트로 선택지가 좁혀지자 브리지스는 정답을 고를 수 있었다. 전기 배터리와 수소 램프를 발명한 알레산드로 볼타Alessandro Volta는 "아무리 매력적인 아이디어라도 실험에서 틀렸다는 결과가 나왔을 때라면 포기할 수 있는 마음의 준비가 되어 있어야 한다"고 말했다고 한다. 벤처 캐피털리스트들도 여기에 전적으로 동의한다!

50 대 50의 생명선은 벤처 캐피털 세계의 깔때기가 잔인하다는 것을 다시 한번 알려준다. 각 단계마다 전체 스타트업의 절반 정도만이 다음 라운드로 넘어가는 힘든 점프에 성공한다.[40] 이 힘겨운 단계에서 모두 살아남아 성공할 확률은 희박하다. 벤처 캐피털의 지원을 받은 스타트업 60곳 중 약 한 곳만이 유니콘이 된다.[41]

전형적인 벤처 캐피털 전략은 스타트업에 향후 12~18개월 동안 움직이는 데 충분한 자본을 제공하는 것이다. 18개월은 스타트업이 향후 12개월 동안 정해진 이정표에 도달할 것으로 예상하고 완충 기간 6개월을 추가한 결과다. 50 대 50 접근법의 핵심은 어느 단계에서든 기꺼이 실패를 받아들인다는 것이다. 끈기는 중요하지만 플러그를 뽑는 것도 그만큼이나 중요하다.

각 단계에서 베팅의 절반이 실패로 돌아간다는 점을 미리 알고 있는 벤처 캐피털리스트들은 손실을 조기에 줄이는 포트폴리오 접근법을 사용한다. 마크 앤드리슨은 "벤처 캐피털리스트의 접근 방식은 심각한 외가격 콜 옵션out-of-the-money call option*들로 이루어진 포트폴리오를 매입하는 것"이라고 표현한다.[42] 앤드리슨과 다른 벤처 캐피털리스트들이 투자한 모든 스타트업에 몰입한다는 것은 곧 자금이 바닥날 수 있다는 의미다. 대신 그들은 포트폴리오 접근 방식을 사용한다. 가장 유망한 아이디어들에 집중함으로써 극적으로 높은 수익을 내는 한두 개의 스타트업을 키워내려는 것이다. 포커에서와 마찬가지로 벤처 캐피털의 방식은 승자에게는 두 배로 베팅하고 좋지 않은 패는 버리는 것이다.

일리야는 한 대기업의 CEO를 통해 내부 혁신 프로젝트 포트폴리오를 본 적이 있다. 서류상으로는 모두 성공적인 것처럼 보였다. 일리야는 CEO에게 어떤 피드백을 주었을까? 이니셔티브의 상당수가 다음 단계로 넘어가지 못한다면, 이는 충분한 위험을 감수하지 않아 프로젝트들이 충분히 혁신적이지 않거나, 조기에 충분히 잡초

• 콜 옵션이란 파생 상품의 하나이며, 외가격이란 자산의 현재 가격이 옵션의 행사 가격보다 낮다는 의미다. 즉 외가격 콜 옵션이란 가격의 큰 상승이 있어야만 수익을 볼 수 있는 자산을 의미한다

를 쳐내지 않아 몰입 상승에 빠지기 쉽기 때문일 것이라고 조언했다. 50 대 50 접근 방식을 실천하라. 다음 라운드에서는 이전에 자금을 지원한 아이디어 중 절반만 지원하는 것을 목표로 하라.

맥도날드가 비욘드 미트Beyond Meat와 제휴해 8개 레스토랑에서 맥플랜트McPlant 버거를 출시했을 때를 본받자.[43] 맥도날드는 2021년 말 이 버거가 시범 출시되고 몇 달이 지나 이 실험을 600개 매장으로 확대했다. 하지만 2022년 후반에 새로운 데이터가 들어오자 실험을 중단했다. 처음에는 좋았다. 두 번째도 좋았다. 하지만 그 후 그들은 폴드를 선언했다. 신제품 출시는 켜거나 끄는 한 개의 스위치가 아니라 신호등이 여러 개 있는 도로와 같다. 각 신호등이 다음 블록으로 갈 수 있도록 길을 터 준다.

〈누가 백만장자가 되고 싶은가?〉는 한때 그 자체가 베팅이었다. 셀라도르Celador라는 소규모 엔터테인먼트 제작사의 설립자, 폴 스미스Paul Smith는 '캐시 마운틴Cash Mountain'이라는 제목으로 이 프로그램을 주요 TV 채널에 제안했지만 별다른 성과가 없었다. 경영자들이 차례로 이 아이디어를 거절했다. 이후 1998년 4월, 스미스는 영국 텔레비전 채널 ITV에 새로 부임한 프로그램 책임자 데이비드 리디먼트David Liddiment를 만났다.[44] 스미스는 그 자리에 250파운드, 500파운드, 1,000파운드, 2,000파운드가 든 봉투 4개를 들고 갔다. 그는 왜 현금 봉투를 챙긴 것일까?

스미스는 리디먼트와 함께 게임을 하면서 실제 쇼에서와 같은 방식으로 4가지 선택지가 있는 질문을 던진다는 창의적인 아이디어를 떠올렸다. 리디먼트가 질문에 정답을 맞히면 상금이 두 배가 되고, 그다음에는 더 어려운 문제가 출제되었다. 리디먼트는 사무실 문을 열고 직원들과 문제를 논의하는 등 자신의 생명선을 이용해 500파운드를 챙길 수 있었다. 그렇다면 리디먼트가 이 게임에 흥미를 느끼고 ITV가 바로 이 프로젝트에 뛰어들었을까? 그렇지 않다. TV 방송사는 벤처 마인드셋을 따른다. 프로그램은 파일럿으로 시작했고 이후 10회 방송으로 이어졌다. 〈누가 백만장자가 되고 싶은가?〉가 비스포츠 TV 프로그램으로 영국에서 가장 인기가 높다는 것이 확실해지자 정규 프로그램이 되었다. 스미스도 곧 백만장자가 되었다.

킬러 본능

벤처 캐피털리스트, 포커 플레이어, 100만 파운드 상금 사냥꾼, TV 프로듀서에게는 공통점이 있다. 이들은 모두 길고 위험한 길을 여러 단계로 나누고, 진행하면서 방향을 조정하며, 위험이 다가오면 그만둔다는 마음의 준비를 하고 있다. 성공적인 기업들도 같은 일을 한다. 큰 모험을 할 때라면 특히 더 그렇다.

고객이 주문한 상품을 시간 내에 배달하는 새로운 사업을 시작하라는 지시를 받았다고 가정해 보자. 포커스 그룹도 없고 팀은 소규모이며 주어진 시간은 90일이다. 엄청나게 힘든 일처럼 보이지 않는가? 아마존 부사장 스테파니 랜드리Stephenie Landry와 그녀의 팀은 이 도전을 받아들였고 뉴욕에서 프라임 나우Prime Now의 출시를 발표했다.[45] 결국 90일이 아닌 111일이 걸렸지만, 2014년 12월 18일 크리스마스에 맞춰 서비스가 시작되었다. 크리스마스 이브의 마지막 주문은 단 42분 후인 밤 11시 6분에 배달되었다.

프라임 나우는 아마존의 성공작이 되었고, 현재 전 세계 수천 곳에서 이 초고속 배송을 이용할 수 있다. 이 서비스가 아마존이 동시에 진행했던 여러 야심 찬 프로젝트 중 하나에 불과했다는 것을 아는 사람은 많지 않다. 아마존은 많은 베팅을 했고 이 프로젝트는 성공했다. 다른 많은 사업에서는 중단을 결정했다. 아마존 월렛Amazon Wallet은 프라임 나우와 같은 해에 출시되었지만 몇 달 만에 중단되었다. 프라임 나우 앱의 일부로 출시된 원클릭 식사 배달 서비스 아마존 레스토랑Amazon Restaurants도 중단되었다. 아마존 로컬Amazon Local, 아마존 서프라이즈 스위트Amazon Surprise Sweets, 아마존 스파크Amazon Spark 등 실패작 리스트는 아직 남아 있는 사업 리스트보다 더 길다. 홈런이 중요하다. 삼진은 중요치 않다.

항상 야심 찬 최종 목표를 세우지만, 각 단계는 벤처 캐피털 라운드와 같다. 방향이 올바른지에 대한 점검인 것이다. 뉴욕에서의 출시는 프라임 나우 아이디어를 테스트하는 첫 번째 이정표였을 뿐이다. 아마존은 범위를 점점 넓혀나갔고, 그와 동시에 새로운 이정표에 도달하지 못하면 서비스를 중단할 준비가 되어 있었다.

벤처 마인드셋에 익숙하지 않은 사람들에게는 많은 결정이 놀라울 것이다. 프라임 나우는 처음에 같은 우편번호를 쓰는 단 한 지역 대상으로만 출시되었다.[46] 프라임 나우 창고는 엠파이어스테이트 빌딩 건너편에 있었는데, 바나나를 포장하는 창고 직원보다는 고가의 정장을 입은 투자 은행가들에게 어울리는 장소였다. 빈 공간을 제대로 움직이는 픽업 및 포장 스테이션으로 바꾸는 데는 16일밖에 걸리지 않았다. 배송 건당 비용이 높았다. 독립적이고 단순한 프라임 나우 앱은 기본 아마존 앱에 통합되지 않았다. 물류 전문가로서는 이해할 수 없는 결정들이었을 것이다. 하지만 프로젝트를 테스트의 장으로 볼 때라면 가장 중요한 것은 속도와 단순성이다. 그런 테스트의 경우, 해결하고자 하는 구체적인 질문을 확인한 후 테스트가 빠른 해법을 확실히 내놓을 만큼 간단하고 명확한지 자문해야 한다. 조직에 자금 지원을 설득하기 위한 테스트가 아니라, 주요한 위험을 해결하고, 필요에 따라 프로젝트를 조정하고, 이후 더 많은 정보를 얻기 위한 더 큰 규모의 테스트를 실행하는 것이 목적임을 명심해야 한다.

생명공학 스타트업이 신약 실험을 진행할 때는 비용이나 솔루션을 어떻게 확장할지에 크게 신경을 쓰지 않는다. 첫 번째 목표는 약이 효과가 있는지 확인하는 것이다. 마찬가지로 새로운 아이디어나 제품을 시험할 때는 주요 가정을 테스트하고 검증하기 위한 실험을 설계하는 것이 목표다. 프라임 나우에서 아마존의 목표는 고객이 초고속 배송이라는 아이디어를 좋아하는지 확인하는 것이었다. 고객이 좋아한다는 결론이 나왔다. 만약 그렇지 않다면 어땠을까? 그들은 어떻게 했을까?

'목표 살상률은 얼마입니까?'라는 제목의 이메일을 받으면 위험한 메일이라고 생각할지도 모르겠다. 하지만 이것은 미국 대기업의 경영진과 함께한 워크숍 후에 나온 무해한 질문이었다. 이 회사는 여러 실험과 시도에 막대한 투자를 해왔지만 그 어떤 것에서도 큰 이익을 얻지 못했다. 워크숍에서 지난 몇 년 동안 시작한 이니셔티브와 새로운 벤처의 수를 자랑스럽게 발표하던 고위 경영진은 알렉스의 다음과 같은 질문에 당황했다. "그래서 중단된 것은 몇 개였나요?" 불편한 침묵이 진실을 보여주었다. 중단된 것은 하나도 없었던 것이다. 새로운 제품과 서비스는 좀비처럼 기업 보고서에 계속 언급되었고, 귀중한 자원과 고위 경영진의 관심을 잡아먹고 있었다.

벤처 캐피털리스트들처럼 당신도 프로젝트를 언제, 어떻게 중단할 것인지에 대한 엄정한 포트폴리오 접근 방식을 개발해야 한다. '살상률kill rate'이라는 개념에 가슴이 철렁할 수도 있지만 그 때문에 단념해서는 안 된다. 가지치기가 필요하다. 1,000송이 꽃이 피도록 놓아두지 말라. 전지가위를 가까이에 두라. 너무 많은 베팅을 너무 오랫동안 벌려두면 어느 하나에도 온전히 집중하지 못할 수 있다. 기업 환경 내에서는 혁신적인 아이디어에 제작자를 바쁘게만 만들 뿐 정작 영향력은 발휘하기 힘든 정도의 자금만 지원되는 경우가 너무 많다. 후드티와 청바지를 입은 사람들이 투명한 유리 벽에 멋지게 글을 쓰고 있는 혁신 연구실은 아이디어라는 장미가 자라는 정원이다. 이 책의 저자를 비롯한 방문객들은 혁신에 대한 기업의 헌신, 기업가정신, 그리고 현재 유행하는 다른 것들을 보여주고자 하는 이런 연구소들의 초대를 받는다. 물론 연구실은 흥미로워 보인다. 하지만 아이디어는 확장할 수 있을 만큼의 충분한 관심과 자본을 받지 못하면 성장 동력이 아니라 혁신의 유물이 될 뿐이다. 현명한 벤처 캐피털리스트는 정원에 잡초가 가득하게 두지 않는다. 베팅은 테스트와 출시를 거쳐 확장되거나 중단되어야 한다. 벤처 캐피털리스트는 잠재적인 유니콘에 더 많은 베팅을 하기 위해 일상적으로 많은 스타트업의 실패를 받아들이고 일찍 손실을 끊어낸다. 혁신 연구소에서는 이런 일이 거의 일어나지 않는다. 조직은 창출한 모든 아이디어를 돌볼 수가 없다. 이런 혁신 연구소의 실패율이 90퍼센트에 달한다는 컨설팅 회사인 캡제미니Capgemini의 최근 보고서도 전혀 놀랍게 느껴지지 않는다.[47]

하지만 모든 기업 연구소가 이런 식으로 운영되는 것은 아니다. 구글 X 문샷 팩토리moonshot factory는 아이디어를 무자비하게 솎아내는 '연쇄 살인마' 비즈니스 모델을 구축했다.[48] 구글 X의 리더(공식 직함으로는 문샷의 캡틴), 아스트로 텔러Astro Teller는 TED 강연 중에 이런 질문을 던졌다. "우리 오늘은 프로젝트를 어떻게 죽일까요?" 구글 X에서는 수백 개의 아이디어가 동시에 깔때기로 흘러들며, 그중 대다수가 걸러진다.

먼저, "아이디어에 대해 빨리 '노'라는 답에 이를 수 있다면 그것은 '예스'라는 답에 이르는 것만큼 좋은 일이다"를 모토로 하는 신속 평가팀이 아이디어를 조사한다. 팀의 업무는 무덤에 묘비명을 쓰는 것부터 시작된다![49] '사전 부검pre-mortem'이라고 알려진 활동에서 팀은 모든 것이 무너지는 상황을 상상하고 어떤 요인이 실패를 유발할 수 있는지에 대한 브레인스토밍을 진행한다. 몇천 달러만을 투자한 후에 이 팀은 계속 진행할 가치가 있는지를 결정한다. 이 단계에서는 엄청난 아이디어의 무덤이 생긴다. 10개 중 9개(심지어 50 대 50이 넘을 때도 있다!)의 아이디어가 '킬' 판정을 받는다.

살아남은 아이디어로는 프로토타입을 제작하고, 문제의 가장 위험한 부분을 해결하는 데 더 많은 돈과 시간을 쓸 자유가 있는 다음 단계로 넘어간다. 여기에서 상업적 성공 가능성에 대한 평가도 이루어진다. 공기보다 가벼운 비행 부력 화물선은 어떨까? 전 세계 화물 운송에 드는 인프라 비용이 줄어들 것이다. 유망해 보이나? 그렇다, 단 첫 번째 데이터 포인트를 얻기 위해 2억 달러가 필요하다는 사실을 깨닫기 전까지. 그렇다면 결과는? 킬.

아이디어의 3퍼센트만이 구글 X의 주조Foundry 단계로 넘어간다. 이 단계의 목표는 아이디어를 사업으로서 테스트하는 것이다. 이 단계에서는 12명 미만의 인원으로 이루어진 민첩한 팀이 제품의 시장 적합성을 확인한다. 파운드리의 리더인 오비 펠텐Obi Felten은 "1년 이내에 프로젝트를 성장시킬 수 있을 정도로 리스크를 줄입니다. 그게 안 된다면 킬이죠"라고 말한다.[50] 사업의 절반은 살아남지 못한다. 살아남은 사업의 '성인으로서의 삶'은 경영진이 동의해야만 가능하다.

구글이어야만 벤처 마인드셋 중심의 접근 방식을 적용할 수 있는 것은 아니다. 명심하라. 구축, 검증, 킬!

끝내야 할 시간

'시작했다면 끝까지'라는 사고방식은 너무 견고하게 자리를 잡아서 대안을 상상하기가 어렵다. 스스로에게, 또는 자녀에게 원하는 직업에 대해 생각해 보자. 보통 직업 선택은 인생의 중요한 결정이기 때문에 많은 시간을 할애해야 한다고 생각한다. 정말 그런가? 진로를 자신이 만들어가는 리얼 옵션의 모음이라 생각해 보자. 새로운 문이 열릴 때마다 새로운 기술, 지식, 인맥을 개발하는 것에 대해 고려해 보는 것은 어떤가? 무언가에 평생을 바치기 전에 자신이 이용할 수 있는 유연성에 가치를 두도록 하라.

우리는 자녀가 인생에서 성공하려면 무엇을 공부해야 하는지 묻는 부모들을 종종 만난다. 이는 전념에 기반을 둔 전통적인 사고방식의 질문이다. 무엇을 공부하든 자녀가 졸업할 때가 되면 새로운 직업에 대한 수요가 예측할 수 없는 방식으로 변화할 것이다. 20년 전에 누가 빅데이터 전문가에 대한 수요를 예측할 수 있었을까? 불안해하는 부모들에게 우리가 줄 수 있는 답은 하나뿐이다. 예측할 수 없는 와해적인 환경에서라면 자녀가 지금 무엇을 배우고 있든 10년 뒤에는 다시 배워야 할 것이기 때문에 자녀가 개발할 수 있는 가장 중요한 기술은 배우는 방법을 배우는 것이다!

미국 대학 교육이 유명한 이유 중 하나는 대학에 지원할 때부터 학과를 선택하는 대부분의 유럽과 아시아의 대학 교육과는 달리, 다양한 과목을 탐색할 기회를 가진 후 3학년이 되어서 전공을 선택하는 것이다. 일리야는 첫 2년 동안 역사 심화, 생물학, 컴퓨터과학 수업을 듣고 자율주행차 연구실 등에서 연구 조교로 일한 후 최종적으로 전공을 결정하는 스탠퍼드 학부생들을 많이 알고 있다. 유럽 대학에는 이런 유연성이 부족하다. 예를 들어, 학생들은 프랑크푸르트괴테대학교에 입학하는 것이 아니라 화학, 이슬람학, 기상학 등 특정 학과에 지원한다. 17살이나 18살 아이들에게 최종적인 선택을 기대하는 것이다. 융통성 없는 전념의 생생한 사례다.

내 미국인 친구의 아들인 카일은 영국에서 대학을 가고 싶다고 생각했다. 하지만 영국 대학을 둘러본 카일은 처음부터 전공을 정하고 싶지 않다는 결정을 내렸다. UCLA 신입생이 되어 기계공학에서 경제학으로 전공을 바꾼 것은 좋은 결정이었다. 유럽 젊은이들은 카일과 같은 선택권을 갖지 못한다.

유연성에는 대가가 따를까? 물론이다. 집중력을 유지하면 원하는 결과를 더 빨리 얻을 수 있지만 여러 개의 베팅을 하려면 시간이 걸린다. 하지만 우리가 어떻게 생활하는지 고려해 보라. 우리는 종종 마지막 순간까지 취소나 변경이 가능하도록 기꺼이 더 높은 가격의 항공권을 산다. 우리는 취소 옵션이 있는 호텔을 선택한다. 유연성은 불확실성이 매우 높을 때 유용하다. 다른 불확실한 상황에서도 같은 방식으로 행동해야 한다.

물론 운과 기술이 합쳐지면 여정이 순조로워진다. 미국판 〈누가 백만장자가 되고 싶은가?〉의 첫 번째 우승자 존 카펜터John Carpenter는 도중에 도움을 요청하지 않고 15개의 질문에 쉽게 답을 했다. 그는 운이 좋게도 연방 공휴일이 없는 달이 언제냐는 질문을 받았다. 국세청 직원인 그는 연방 공휴일 목록을 전부라도 외울 수 있었을 것이다. 그는 100만 달러가 걸린 마지막 문제에서 1등 상금을 타게 되었다고 말하기 위해 아버지에게 전화를 거는 데에 생명선을 사용했다. 하지만 혁신의 세계에서는 존 카펜터라도 생명선이 필요하다. 포커 플레이어처럼 우리도 계속 자문해야 한다. 폴드? 콜? 레이즈?

↑ ↓ ↑ ↓

**마인드셋
점검**

1. 당신의 조직은 실험과 이니셔티브를 단계적으로 거치며 자금을 지원하도록 설계되어 있는가? 아니면 바로 올인하는 것을 선호하는가?

2. 정기적으로 효과가 없는 이니셔티브를 확인하고 그에 대한 자금을 원조를 철회하거나 종료하는 메커니즘을 갖추고 있는가?

3. 프로젝트의 주요 이정표에서 정기적으로 외부 이해관계자나 전문가의 자문을 구하는가?

8

MAKE
THE PIE BIGGER

8장

파이를
더 크게 만든다

벤처 캐피털리스트는
인센티브의 문제를 어떻게 바로잡는가

같은 배를 탄 사람들

크로아티아 출신의 노예였던 그의 할아버지 도브라미로Dobramiro는 베네치아인 주인이 죽고 나서야 자유를 얻었다. 그의 아버지 판크라치오Pancrazio는 배의 키잡이였다. 이런 초라한 배경을 가진 자카리아 스타냐리오Zaccaria Stagnario가 13세기 초 베니스에서 가장 부유한 사람 중 하나가 되리라고는 아무도 예상하지 못했을 것이다. 그는 1199년 조반니 아가디Giovanni Agadi와의 계약에 서명하면서 사회와 정치계의 가장 높은 곳에 올랐다.

이 계약은 "주 하나님의 이름으로, 나 자카리아 스타냐리오는 조반니 아가디로부터 베네치아 페니 300파운드를 받아 배에 싣고 콘스탄티노플로 가서 그곳을 비롯한 유명한 지역에서 사업을 할 것을 언명합니다"라는 말로 시작한다. 베네치아는 중세 동서양 교역의 중추였다. 계약서에 따르면 스타냐리오는 이 막대한 자본을 다른 상업적 지시나 조건 없이 콘스탄티노플행 무역 항해에 가져갈 수 있었다. 아가디는 스타냐리오가 자신의 자본을 늘리기 위해 노력할 것이라고 어떻게 확신할 수 있었을까? 그 비밀은 수익을 배분하는 인센티브에 있었다.

계약서의 내용은 이렇게 이어진다. "항해에서 돌아오면 나는 여기 리알토에서 당신에게 베네치아 페니 300파운드의 자본 전체와 함께 하나님께서 우리에게 주실 모든 이익의 4분의 3을 사기 없이 정의롭고 진실한 설명과 함께 당신에게 넘겨주고, 남은 4분의 1은 내가 가질 것입니다."

현대의 벤처 캐피털리스트라면 계약서에서 신까지 들먹이지 않더라도 이 계약이 무슨 뜻인지 바로 알아볼 것이다. 스타냐리오는 초기 자본을 반환하고 나면 수익의 4분의 1을 가져간다. 아가디는 모든 리스크를 감수했다. 원금을 잃을 가능성이 높지만, 성공할 경우 수익에는 한계가 없었다. 스타냐리오도 아가디만큼이나 이 사업의 성공에 관심이 많았다. 이런 계약에는 콜레간차colleganza라는 특별한 이름이 있다.

경제사학자들은 콜레간차를 장거리 해외 무역의 잠재력이 드러나게 한 중세 시대 비즈니스 혁신의 '핵심'으로 본다. 이를 통해 자본이 없는 야심 찬 신규 상인들이 상업에 뛰어들어 큰돈을 벌 수 있었다. 이런 원거리 무역의 경우 성공하면 막대한 수익을 올릴 수 있었지만 극히 위험하기도 했다. 디에고 푸가Diego Puga와 다니엘 트레플러Daniel Trefler의 콜레간차 계약 연구에서 강조하듯이 당시에는 질병이나 난파로 인한 죽음이 흔했고, 바다에는 해적들이 들끓었으며, 날씨가 좋지 않으면 상인은 목적지에 한 달 늦게 도착해 '그해의 시장이 끝난 것을 발견하고 상품을 헐값에 처분해야만' 할수도 있었다. '운, 그리고 무역상의 비즈니스 기술과 노력이 엄청난 수익과 엄청난 손실의 차이를 만들 수 있었다.'

인센티브는 상인들이 막대한 수익을 올리기 위해 최선을 다하게끔 했다. 콜레간차라는 혁신은 자카리아 스타냐리오 같은 상인들의 번영을 도왔을 뿐 아니라 베네치아를 강력한 해양 국가로 만들고, 사회적 이동성을 확대했으며, 신흥 재력가들이 기존 엘리트 계층에 도전할 수 있게 하는 데에도 도움이 되었다. 심지어는 베네치아 정치 시스템과 의회의 형성에 큰 영향을 미쳤다고 믿는 연구자들도 있다.

수 세기가 지난 후에도 해상 사업은 여전히 위험했다. 뉴잉글랜드의 향유고래 사냥 사업은 베네치아인들의 항해와 묘하게 닮아 있었다. 약 2~3만 달러라는, 1850년대로서는 막대한 창업 자본이 필요했다. 이 액수는 비숙련 노예 노동자의 하루 임금이 1달러에 못 미치던 당시 전형적인 미국 농장 하나 가격의 10배에 달했다.

콜레간차가 지지하는 항해와 마찬가지로, 고래 사냥은 성공이냐 실패냐가 드러나기까지 수년이 걸렸고, 배를 잃을 위험이 항상 존재했다. 매사추세츠주 뉴베드퍼드에서 출항한 포경선 중 3분의 1이 돌아오지 못한 것으로 추정된다. 악천후, 해적의 급습, 고래의 공격으로 인한 피해, 화재로 배는 불행한 종말을 맞을 가능성이 있었다. 이 모든 고난의 대가로 약속된 것은 무엇이었을까? 극히 높은 수익이었다. 긴 고래 사냥 원정을 마치고 항구로 돌아온 배들은 10만 달러가 훨씬 넘는 수익을 손에 넣을 수 있었다.

허먼 멜빌Herman Melville의 『모비딕Moby-Dick』에서 이스마엘은 이렇게 말한다. "포경 사업에서는 임금을 주지 않는다. 하지만 선장을 포함한 모두는 배당lay이라는 이름으로 수익의 일정한 몫을 받았다." 모두가 위험을 감수하고, 모두가 애쓰고, 모두가 이익을 공유한 것이다.

그러나 자본의 소유자와 '모두' 사이에는 끼어든 이들이 있었다. 자본의 소유주들은 고래잡이 사업과는 거리가 먼 경우가 많았다. 그들에게는 자본만 있을 뿐 기술이 없었다. 선장들은 긴 항해를 할 의지와 기술은 있었지만 자본이 없었다. 그래서 그 사이에 에이전트가 필요했다.

에이전트의 역할은 포경 파트너십을 맺고, 자본을 찾고, 이후 각 선장과 협력해 항해를 준비하고, 최고의 장비를 확보하고, 적절한 선원이 배치되도록 하는 것이었다. 에이전트는 종종 선장에게 항해의 범위와 사냥터에 대해 조언했지만, 일상적인 사냥에 있어서의 결정은 선원들에게 맡겼다. 에이전트들은 이렇게 공을 들인 대가로 파트너십 수익 중 3분의 1에서 2분의 1을 챙겼다.

선원들도 같은 수익 공유 방식을 통해 동기부여 받았다. 순수익에서 선장의 몫, 즉 '배당'은 5퍼센트에서 10퍼센트까지 다양했다. 이 사업의 성공으로 이익을 얻은 선원은 선장만이 아니었다. 1등 항해사, 2등 항해사, 3등 항해사, 작살잡이도 각각 2퍼센트에서 몇 분의 1퍼센트까지 타당한 몫을 받았다. 돛대 밑에 있는 최하급 선원까지 30여 명의 신원 모두가 수익을 공유했다. 이렇게 고래는 실제로 잡히기 몇 년 전부터 상세한 계약서를 통해 분배되는 것이다. 오늘날 유니콘 투자 수익을 나누는 것과 매우 비슷하게 말이다.

밀물은 모든 배를 띄운다

현대의 벤처 캐피털리스트와 스타트업 직원들은 포경 에이전트와 사냥꾼, 지난날의 베네치아 상인들이 살았던 인센티브 환경이 친숙하게 느껴질 것이다. 이들은 모두 극도로 높은 위험을 감수하고, 엄청난 노력을 쏟으며, 성공할 경우 엄청난 수익을 얻는다. 벤처 캐피털리스트는 좋은 아이디어는 있지만 돈이 없는 혁신가와 돈은 있지만 아이디어가 없는 투자자를 연결해 주는 중개인 역할을 한다. 현대판 콜레간차 계약에 해당하는 것은 유한 책임 계약으로,

이 계약에 따라 벤처 캐피털리스트들은 '2와 20'이라는 2단계 보상의 자격을 얻는다.

'2와 20' 체계에서 '2'는 수수료로, 이 돈이 벤처 캐피털 펀드 관리에 대한 급여와 보너스가 된다. 대개 투자자가 제공한 자본의 2퍼센트가 연간 관리 수수료로 책정된다. 이 관리 수수료는 펀드 성과에 영향을 받지 않는다. 펀드의 투자가 큰 성공을 거두든 나락으로 가든 관리 수수료는 동일하게 계속 지급된다. 대부분의 벤처 캐피털리스트는 이 관리 수수료를 고급 레스토랑의 애피타이저처럼 생각한다. 메인 요리는 두 번째 구성 요소인 '20'이다.

'20'은 전체 펀드 수익에서 벤처 캐피털리스트가 받는 몫을 말한다. 1199년 자카리아 스타냐리오의 계약이 그랬듯이, 벤처 캐피털 펀드는 투여된 모든 자본을 투자자에게 돌려줘야 한다. 이후 벤처 캐피털리스트는 수익 1달러당 20센트를 얻는다. 이를 '성과 보수'라고 한다. 20퍼센트라는 수치가 일반적이지만, 많은 벤처 캐피털리스트가 스타냐리오처럼 25퍼센트, 심지어는 예전의 포경 에이전트의 분배율에 가까운 30퍼센트를 가져간다. '성과 보수carried interest'라는 용어는 항해 시대에서 유래한 것으로, 선장이 위험천만한 항해에서 배에 실은carried 상품을 판매해 받은 수수료를 말한다. 이자율이 20퍼센트이든, 25퍼센트이든, 30퍼센트이든, 성공 보수를 통해 벤처 캐피털리스트와 투자자는 동일한 이해관계를 갖게 된다.

모든 선원이 수익 공유 계획에 참여하도록 한 포경 에이전트들처럼, 벤처 캐피털리스트들은 투자한 스타트업에서 일하는 모든 사람이 이익을 얻는 것을 목표로 한다. 따라서 벤처 마인드셋은 실행 가능한 인센티브 주도 해법을 찾았다. 그들은 투자 조건으로 프로젝트의 성공에 중요한 '모든 사람'이 주인이 되어야 하며, 파이에서 의미 있는 지분을 가져야 한다고 주장한다. 1987년의 영화 〈월스트리트Wall Street〉의 고든 게코Gordon Gekko의 말을 바꿔 표현하면, 벤처 캐피털 업계에서 탐욕은 좋은 것이 '아니다'. 물론 벤처 캐피털리스트가 이타적인 마음에서 너그럽게 군다는 뜻은 아니다. 벤처 캐피털리스트는 현명한 계약을 고안해 창업자가 한계가 없는 성공에 이를 수 있도록 만드는 동시에 실패의 위험으로부터 그들을 보호하고자 한다. 실패하면 창업자는 부자가 되지 못할 뿐, 그 이상의 불이익은 받지 않는다. 또한 벤처 캐피털리스트는 상당한 규모의 지분을 확보해 팀 전체가 성공의 혜택을 누릴 수 있도록 한다. 밀물은 모든 배를 들어 올린다.

벤처 캐피털리스트는 두 가지 강력한 메커니즘을 통해 목표를 달성한다. 벤처 캐피털리스트가 제공하는 인센티브는 사람들로 하여금 열심히 '일하게' 하는 역할과 동시에, 혁신적이고 재능 있고 생산적이며 위험을 추구하고 실패에 관대한 사람들을 '끌어들이는' 역할도 한다. 여러 연구가 거듭 입증해 온 것처럼, 이 두 가지 메커니즘은 서로를 강화한다.

오스트레일리아의 연구자들은 한 실험에서 참가자들에게 '스펠링 비spelling bee'라는 철자 바꾸기 게임을 하도록 했다. 참가자들은 7개의 글자로 단어를 만들었다. 그리고 무작위로 선정한 일부 참가자에게는 고정 '급여'를 지급했다. 즉 결과가 아닌 시간에 대한 대가를 받은 것이다. 다른 참가자들의 보수는 그들이 얻은 점수에 따라 결정되었다(게임에서는 참가자가 7개를 전부를 사용한 단어를 만들면 가장 많은 점수가 지급된다). 점수에 따라 보상을 받은 사람들은 두뇌를 더 효율적으로 사용하고 더 많은 단어를 찾아냈다. 이후 참가자들에게는 보상을 전환할지 결정할 수 있는 기회가 주어졌다. 여기서 작동하는 강력한 메커니즘은 자기 선택self selection으로 밝혀졌다. 어떤 옵션을 선택할지 스스로 결정할 수 있는 상황 말이다. 예상대로 생산성이 높은 참가자는 성과급을 선택한 반면, 생산성이 낮은 참가자는 시간에 따른 대가를 선택했다. 성과급을 선택한 집단의 경우 만든 단어 수가 훨씬 더 많이 증가했다.

5장에서 우리는 고도의 기술을 요하는 위험한 직업군인 기수들을 만났다. 스타트업 기수와 마찬가지로 경마 기수 역시 우승 확률을 높이기 위해 많은 노력을 기울여야 한다. 스타트업과 경마에서 투자자와 마주는 기수의 노력과 헌신을 쉽게 확인할 수 없다. 런던 정경대학의 수 페르니Sue Fernie와 데이비드 멧칼프David Metcalf는 「얼마를 주느냐가 아닌 어떻게 주느냐가 결과를 결정한다It's Not What You Pay, It's the Way That You Pay It and That's What Gets Results」는 도발적인 제목으로 인센티브에 대한 기수들의 반응을 다룬 논문을 썼다. 그들은 상금의 일정 비율을 받는 기수가 모는 말이 고정급을 받는 기수가 모는 말보다 더 좋은 성적을 거둔다는 것을 발견했다.

다시 벤처 캐피털로 돌아와서 스타트업 역사의 어떤 하루를 생각해 보자. 때는 2013년 11월 8일이다. 그날 뉴욕증권거래소의 개장 종이 울리자 트위터의 IPO가 발표되었고 공동 창업자인 잭 도시Jack Dorsey와 에반 윌리엄스Evan Williams의 재산은 수십억 달러가 늘어났다. 트위터의 IPO는 그 외에도 1,600명의 새로운 백만장자를 만들었다. 이들 중 상당수는 트위터가 소규모 스타트업이었을 때 무모하게 트위터에 합류한 평범한 엔지니어와 제품 관리자들이었다. 그들은 고래잡이배에 올랐고 성공을 거뒀다. 트위터의 IPO는 이례적인 성공을 거뒀고, 거래 첫날 주식에 대한 수요가 대단히 높아 주가가 거의 두 배로 치솟을 정도였다.

놀라운 성과지만 결코 특별한 것은 아니다. 2021년 한 해 동안 벤처 캐피털이 지원한 모든 미국 유니콘 기업 유동성 이벤트(IPO 등)의 총 가치는 7,000억 달러가 넘었다. 그 해에만 75건 이상의 IPO가 있었고 최근 수십 년 동안의 수많은 IPO가 있었다. 이들은 수천 명이 큰 수익을 올리게 해주었다. 이로써 트위터의 초기 후원자였던 벤처 캐피털 회사, 유니온 스퀘어 벤처스Union Square Ventures, 벤치마크 캐피털 등이 수혜를 입었다.

이 투자자들은 창업자든 직원이든 잭팟을 바라야 저임금으로도 열심히 일한다는 것을 알고 있다. 따라서 길고 위험한 여정을 시작할 때 팀이 열심히 일하고 큰 수익을 가져다주기를 원한다면 모두가 수익을 공유할 수 있도록 인센티브를 설계해야 한다. 고통을 분담하는 사람에게는 반드시 수익이 돌아가야 한다. 그렇지 않으면 고래를 놓치게 된다.

보상 혁명

1957년에는 스푸트니크Sputnik가 우주 개발 경쟁의 막을 열었고, 아시아 독감이 세계적으로 유행했으며, 최초의 프리스비Frisbee*가 시판되었다. 같은 해, 과일이 익어가는 과수원에서 영감을 얻어 '마음의 기쁨의 계곡Valley of Heart's Delight'이라는 이름을 얻은 캘리포니아의 한 지역에서 보상 혁명이 시작되었다. 역사 애호가가 아니라면 이 지역명을 들어본 적이 없겠지만, 지금의 이름이라면 당신도 분명히 들어보았을 것이다. 이곳은 현재 실리콘밸리로 알려져 있으며, 이 새로운 이름이 붙은 데에는 보상 혁명이 적지 않은 역할을 했다.

* 던지기 놀이에 쓰이는 플라스틱 원반

이 모든 것의 시작은 트랜지스터의 공동 발명가이자, 그 얼마 전 노벨 물리학상을 수상한 윌리엄 쇼클리William Shockley가 설립한 연구소를 떠나기로 결정한 8명의 엔지니어로부터였다. PC가 등장하는 것은 20년 뒤의 이야기였고 반도체라는 개념 자체가 아직 생소했던 시절이었지만, 이 8명의 반항아들은 반도체 분야의 벤처를 시작하고 싶었다. 그러나 빛나는 아이디어는 있었지만 자본은 없었다. 그런 이들에게 러시아 이민자의 아들로 미국 최초의 유명 벤처 캐피털리스트가 된 아서 록Arthur Rock이 도움을 주었다. 수십 번의 시도가 실패로 돌아간 뒤, 록은 돈이 넘쳐나는 사업가이자 과학 애호가, 투자자인 셔먼 페어차일드Sherman Fairchild의 관심을 얻어냈다. 페어차일드는 당시 IBM의 최대 개인 투자자이며 페어차일드 항공Fairchild Aviation, 페어차일드 산업FairChild Industries, 페어차일드 카메라·인스트루먼트Fairchild Camera and Instrument 등 여러 회사의 설립자이자 소유주인 거물이었다. 연합군은 제2차 세계대전 중 이 회사의 카메라를 사용해 항공 사진을 촬영했고, 페어차일드 장비는 맨해튼에서 달 표면까지의 항공 지도를 제작하는 데 도움을 주었다.

페어차일드는 이 8명의 엔지니어들의 머릿속에서 엄청난 아이디어가 만들어지고 있음을 감지하고 그들의 회사에 자금을 지원하기로 동의하면서, 그들 각각을 회사 지분을 약 7.5퍼센트 보유하는 주주로 만들었다. 이 새로운 벤처의 이름은 페어차일드 반도체Fairchild Semiconductor였다(이런 작명에 혹시 놀랐는가?). 그와 록의 직감이 맞았다는 것이 곧 증명되었다. 차고에 기반을 둔 작은 스타트업이 5년도 되지 않아 매출 1억 달러, 직원 7,000명이 넘는 기업으로 성장했다. 그런데 교활한 페어차일드는 계약서에 자신이 300만 달러라는 고정 금액으로 회사를 인수할 수 있는 권리를 부여하는 조항을 삽입해 두었었다. 2년 후, 회사가 뛰어난 성과를 보이기 시작하자 그는 이 조항대로 회사를 인수했다. 8명의 창립자들은 각각 약간의 보상을 받았을 뿐이었고, 페어차일드는 이제 고정 보수를 받는 유급 직원 8명을 갖게 되었다. 자신이 어떤 선택을 했는지 알았더라면 다음에 무슨 일이 일어났는지 짐작할 수 있었을 텐데… 몇 년이 되지 않아 모든 창립자가 페어차일드 반도체를 떠나 각자의 사업을 시작했다.

캘리포니아 마운틴 뷰에 있는 컴퓨터 역사 박물관Computer History Museum에 들어가면 '1조 달러 스타트업' 나무를 볼 수 있다. 농담조로 '페어칠드런Fairchildren'이라고 불리는 이 8명의 창업자들은 인텔, AMD, 어플라이드 머티리얼스Applied Materials, 오라클Oracle, 애플, KPCB, 시스코, 엔비디아 등 수백 개의 회사를 탄생시켰다. 6세대 벤처 기업은 모두 페어차일드 반도체에 뿌리를 두고 있다. 현재 페어차일드 반도체의 후손들의 기업 가치를 모두 합치면 그 액수는 수조 달러에 달한다.

이 8명의 창립자들은 왜 페어차일드를 떠났을까? 회사가 이들을 붙잡을 수 있을 만큼의 충분한 인센티브를 제공하지 않았기 때문이다. 이들 중 몇 명은 벤처 캐피털리스트가 되었고 다른 몇 명은 스타트업의 기수가 되었다. 이들은 자신들을 페어차일드에서 떠나게 만든 셔먼 페어차일드가 저지른 실수를 반복하지 않았다. 그들은 대부분의 직원에게 회사 주식을 지급하는 관행을 시행해 성공의 한계를 없앴다.

이 인센티브 모델은 곧 벤처캐피털의 지원을 받는 모든 기업의 업계 표준이 되었다. 투자자들은 미래의 직원(즉, 아직 채용되지 않은 직원)을 위한 주식 풀을 확보해 두어야 한다는 주장을 펼쳤다. 1960년대에는 이런 직원 스톡옵션 프로그램이 확산되면서 많은 엔지니어들이 오랫동안 기술 업계의 중심지였던 보스턴, 뉴욕, 뉴저지에서 실리콘밸리로 이주하게 되었다. 8명의 반항아 중 고든 무어Gordon Moore와 로버트 노이스Robert Noyce 두 사람이 설립한 인텔은 '전 직원'에게 스톡옵션을 주면서 많은 사람을 놀라게 했다. 무어와 노이스는 주인 의식이 충성과 혁신을 보장하는 가장 좋은 방법이라고 굳게 믿었다. 오늘날에도 인텔은 대부분의 직원에게 스톡옵션을 제공한다. 애플과 같은 다른 기업들도 빠르게 그 선례를 따르고 있다. 보상 혁명은 승리의 행진을 시작했다. 그 힘은 어째서 그렇게 강력한 것일까? 왜 그것을 혁명이라고 부르는 것일까?

인센티브가 행동을 이끈다

경제학자들은 복권을 이용한 실험을 좋아한다. 이런 실험의 피험자가 되어 연이어 결정을 내려야 하는 상황을 상상해 보라. 확실히 40달러를 받는 쪽을 선택하겠는가? 아니면 10퍼센트의 확률로 400달러를 받을 수 있는 복권을 받겠는가? 복권 상금이 200달러로 낮아지거나 1,000달러로 높아지면 당신의 결정은 달라질까? 당신의 선택은 위험 선호도 스펙트럼에서 당신의 위치를 보여준다. 확실한 40달러와 400달러 당첨 확률 10퍼센트 사이에서 별 차이를 느끼지 못하면 당신은 위험 중립적이다. 확실한 40달러보다 10퍼센트의 확률로 200달러를 받는 것이 좋다면 위험 추구형이고, 10퍼센트 확률로 받을 수 있는 당첨금이 1,000달러로 늘어나야 확실한 40달러에서 눈을 돌린다면 당신은 위험 회피형이다.

스타트업 창업자가 대기업의 관리자보다 더 위험 추구적일 것이라고 예상하는가? 맥킨지 연구진은 기업 관리자의 위험 선호도를 밝히기 위해 글로벌 설문조사를 실시했다. 그들은 1,500명의 관리자에게 다음과 같은 질문을 던졌다.

"당신은 1억 달러 투자를 고려하고 있습니다. 이 프로젝트는 3년 동안 현재 가치로 4억 달러의 수익을 낼 가능성이 있습니다. 반면에 첫해에 투자금 전액을 잃을 가능성도 있습니다. 투자를 진행하면서 당신이 감내할 수 있는 최대 손실의 가능성은 얼마입니까?"

위험 중립적인 의사결정권자가 받아들이는 실패 가능성은 75퍼센트 이하여야 한다. 4억 달러의 현재 가치에 25퍼센트의 성공 가능성을 곱하면 그 결과는 1억 달러, 즉 초기 투자금의 가치이기 때문이다. 그러나 기업 관리자들은 집단적으로 매우 높은 수준의 위험 회피 성향을 보여주었다. 10명 중 9명은 '성공' 가능성이 60퍼센트 이상이어야 투자를 결정한다고 답했다. 기업 관리자들은 특이한 종인 것일까?

먼저 결론부터 살펴보자. 기업 경영자들이 극심한 위험 회피 성향이라는 결과는 우연이 아니다. 이들의 위험 회피 성향은 절대적인 증거가 뒷받침한다. 대기업과 함께 일하면서 우리는 이를 매일같이 목격한다. 직관적으로는 기업가들이 더 많은 투자 위험을 감수해야 한다고 생각할 수 있다. 하지만 수년간 관리자와 기업가를 비교한 연구자들은 증거가 엇갈린다는 결론을 내렸다. 우리가 검토한 28개의 학술 연구 중 절반은 '기업가'가 관리자보다 위험을 추구하는 것으로 나타났고, 절반은 '관리자'의 위험 추구 성향이 더 높은 것으로 나타났다. 어떻게 그럴 수가 있을까?

물론 사람마다 위험 선호도에는 큰 차이가 있을 수 있다. 분명 당신은 매우 신중하고 보수적이며 조심스러운 친구를 떠올릴 수 있을 것이다. 같은 맥락에서 모험심이 강하고 활달하며 진취적인 지인도 떠올릴 수 있을 것이다. 일리야는 모험을 추구하는 스키어를 알고 있다. 그는 슬로프를 내려오던 중 나무에 부딪혀 의료 헬

리콥터에 의해 구조되어야 했던 적이 있었다. 퇴원 일주일 후 그는 다시 스키를 탔다. 사실 우리 모두가 그런 사람들을 알고 있다. 그들은 경영자일 수도, 스타트업 창업자일 수도, 미용사일 수도 있다.

기업 관리자의 강력한 회피적 행동을 설명하려면 도구가 필요하다. '수익 차트payoff chart'라고 불리는 이 도구는 투자 프로젝트 또는 회사의 미래 성과와 개인 수익의 미래 결과를 시각적으로 표현한 것이다. 그림 11은 가상 스타트업 창업자의 재무 성과를 양식화한 것이다. 가로축은 스타트업의 가능한 미래 가치, 즉 매각될

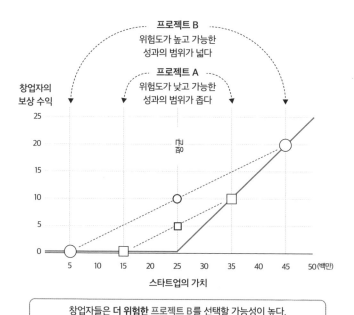

그림 11. 벤처 캐피털이 지원하는 스타트업의 보상 모델

때의 가치를 보여준다. 투자자가 2,500만 달러를 투입했다면, 2,500만 달러를 기준으로 그래프상 왼쪽에 있는 스타트업은 조달한 금액보다 적은 금액에 매각된 실패한 스타트업이다. 오른쪽으로 갈수록 더 성공적인 스타트업이다. 세로축은 스타트업의 전체 성과에 대한 창업자의 보상을 보여준다.

성과가 500만 달러인 때를 고려해 보자. 스타트업 업계에서는 벤처 캐피털 투자자가 창업자보다 선순위이기 때문에 투자자가 투자금을 회수한 후에야 창업자에게 이익이 돌아가기 시작한다. 따라서 수익이 500만 달러인 경우 투자자는 500만 달러 전체를 가져가지만(안타깝게도 2,000만 달러의 손실을 입으며), 창업자는 아무것도 얻지 못한다. 사실 수익이 2,500만 달러 미만이면 창업자는 어차피 손에 쥐는 것이 없다. 얻는 것이 없다는 것 자체가 창업자로 하여금 이런 시나리오를 피하도록 하는 인센티브가 될 것이라고 짐작할지도 모르겠다. 하지만 우리는 아직 2,500만 달러가 넘어서는 영역의 시나리오에서 어떤 일이 발생하는지 논의하지 않았다.

스타트업의 가치가 투입된 자본을 넘어서는 시점에 창업자는 이익을 실현한다. 예를 들어, 스타트업이 3,500만 달러에 매각될 경우, 투자자에게 2,500만 달러를 상환한 창업자에게는 1,000만 달러가 남는다. 스타트업의 가치가 대단히 커지면(그림에서 보이는 5,000만 달러를 넘어서면) 투자자들도 수익을 얻지만, 창업자(스타트업의 지분을 상당량 소유하고 있는 한)가 상승분의 큰 몫을 차지하게 된다.

물론 창업자는 자신에게 좋지 않은 결과보다는 좋은 결과를 선호한다. 그렇지 않은 사람이 어디 있겠는가? 하지만 창업자가 위험한 행동을 선호할지, 아니면 덜 위험한 행동을 선호할지 생각해 보라. 이 그림은 2,500만 달러를 조달했을 때 창업자가 선택할 수 있는 두 가지 투자 결정을 보여준다. 두 결정 모두 가능성이 같은 두 가지 결과로 이어진다. 당신이라면 프로젝트 A를 선택하겠나? 아니면 프로젝트 B를 선택하겠나?

프로젝트 A는 스타트업의 가치가 1,500만 달러에 도달할 확률이 50퍼센트, 3,500만 달러에 도달할 확률이 50퍼센트다. 프로젝트 B에서 가능한 결과는 50퍼센트의 확률의 500만 달러와 역시 50퍼센트의 확률의 4,500만 달러다. 프로젝트 A는 더 안전하고 덜 혁신적이며 변동성이 적다. 최악의 시나리오에서라면 큰 손실이 발생하지 않겠지만 최상의 시나리오에서도 큰 수익을 볼 수는 없을 것이다. 프로젝트 B는 더 위험하고 혁신적이며 변동성이 크다. 최악의 시나리오라면 거의 모든 가치가 사라지는 것을 보게 되겠지만, 최상의 시나리오는 대단히 달콤한 보상을 가져올 것이다. 창업자는 어떤 조치를 취할까? 당신이 창업자의 입장이라면 어떤 조치를 취하겠는가?

당신이 창업자라면 프로젝트 B를 선택할 것이다. 스타트업이 실패해도 잃는 것은 당신 돈이 아닌 투자자의 돈일 테니까 말이다. 하지만 대박을 터뜨리면 수익에는 한계가 없다. 기업 경영자 역시 자신이 '창업자'라면 위험한 편을 선택할 것이다.

보상의 비대칭성은 인센티브의 힘을 강조한다. 트위터의 사례가 생생하게 보여주듯이, 스타트업에는 의사결정권자로 하여금 엄청난 수익을 기대하고 위험을 감수하도록 동기를 부여하는 인센티브가 구축되어 있다. 이런 인센티브는 큰 승자가 막대한 이익을 얻을 수 있는 와해적 혁신의 세계에서 특히 잘 작동한다. 벤처 투자자와 창업자 간의 계약은 이런 와해적 혁신의 세계에서 기업가들에게 동기를 부여하기 위해 진화해 왔다. 이런 인센티브는 실패 가능성도 높이지만 대박으로 이어질 수도 있다.

그렇다면 전형적인 대기업의 관리자는 어떨까? 같은 예를 고려한 그림 12에서 알 수 있듯이 전통적인 사고방식은 정반대의 방향으로 움직인다. 당신이 두 가지 투자 프로젝트, 프로젝트 A와 B 중에서 하나를 선택하는 기업 의사결정권자라고 상상해 보라. 이 프로젝트는 앞선 스타트업 사례의 프로젝트 A와 B와 같지만, 기업 관리자의 보수는 이전 사례와는 딴판이다.

관리자의 급여는 고정적이다. 회사 주식을 소유하고 있을 수도 있겠지만, 대부분의 경우 개별 프로젝트는 너무 작아서 회사의 시장 가치에 눈에 띄는 영향을 주지 않는다. 관리자가 더 혁신적인

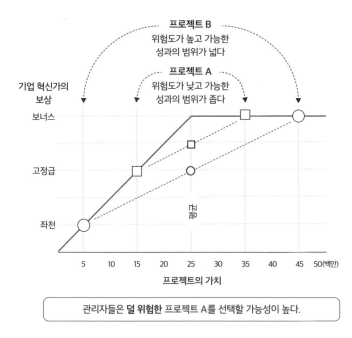

프로젝트 B
위험도가 높고 가능한
성과의 범위가 넓다

프로젝트 A
위험도가 낮고 가능한
성과의 범위가 좁다

기업 혁신가의
보상

보너스

고정급

좌천

결과

5 10 15 20 25 30 35 40 45 50(백만)

프로젝트의 가치

관리자들은 **덜 위험한** 프로젝트 A를 선택할 가능성이 높다.

그림 12. 기업 프로젝트의 보상 모델

프로젝트 B를 선택해 큰 성공을 거둔다 해도 관리자는 프로젝트 A보다 더 많은 물질적 이익을 얻지는 못한다. 하지만, 프로젝트 B가 실패하면 관리자는 심각한 불이익을 받을 수 있다. 보너스가 사라지고, 승진 가능성이 떨어지고, 해고될 가능성은 높아진다. 당신이 대부분의 기업 관리자와 같은 입장이라면 더 안전한 프로젝트 A를 선택할 것이다.

핵심을 다시 한번 확인해 보자. 그림 11과 12는 '같은' 프로젝트 사이에서의 선택을 다룬다. 같은 사람이 이 두 가지 시나리오에서 결정을 내린다고 해도 그 결정은 매우 다를 것이다. 금전적 동기는 대단히 강력한 무기다.

이 사례에서는 상황을 단순화했지만 현실은 언제나 더 복잡한 법이다. 기업 관리자의 회사 보너스가 프로젝트의 결과에 좌우될 수 있고, 창업자의 수익에 대한 지분이 희석되는 경우도 있을 것이다. 하지만 모든 사람을 같은 배에 태운다는 중요한 통찰은 매우 강력하다. 그리고 넓은 범위에 적용된다. 기업 관리자들이 위험 회피적인 이유는 그들이 다른 종이기 때문이 아니라 기대하는 인센티브가 달라 와해적 혁신보다는 점진적 혁신을 추구하기 때문이다. 재무 관리자는 단기적 시야, 단기의 현금 흐름, 투명하고 모호하지 않은 지표로 인해 점진적 프로젝트를 선호한다. 엔지니어는 잘 정의된 문제와 잘 설계된 프로세스를 제공하기 때문에 점진적 프로젝트를 선호한다. 영업팀과 마케팅팀은 기존 고객의 관심을 끌 수 있고 기존 사업 분야와 상호 보완적이기 때문에 점진적 프로젝트를 선호한다. 하지만 이런 선호도는 모두 인센티브가 주도한다.

우리는 학생들과 경영자들에게 단언한다. "인센티브가 행동을 이끈다." 같은 사람도 다른 인센티브 앞에서는 극적으로 다른 행동을 선택한다. 시간이 흐르면 또 다른 강력한 메커니즘으로 효과가 눈덩이처럼 커진다. 이것이 실제로 어떻게 작동하는지 확인하기 위해 이탈리아 무역과 서비스 기업의 관리자 1,800여 명을 대상으로 한 연구를 살펴보자. 이 기업은 일부 자회사 관리자에게는 고정 급여를 지급했고, 다른 자회사 관리자에게는 면밀히 측정한 생산성을 기반으로 우수한 성과에 대해 큰 보너스를 지급했다. 위험을 회피하는 성향이 강한 관리자들은 고정급을 선택했다. 위험 추구 성향이 더 강한 관리자들은 새로운 것을 시도하는 데 강력한 인센티브를 제공하는 회사에 끌렸다.

보다 보수적인 행동을 장려하는 조직은 선천적으로 위험 회피적인 사람들을 끌어들일 것이다. 그들은 그런 환경에서 편안함을 느낀다. 위험 추구형인 사람들은 다른 곳으로 갈 것이다. 반대로 스타트업과 같은 행동을 장려하는 조직은 선천적으로 더 큰 위험을 감수하는 경향의 사람들을 끌어들일 것이다. 여기에서도 자기 선택이 결정적이다. 사람들은 조직이 어떤 행동을 장려하는지에 따라 그 조직에 남을지, 떠날지를 결정한다.

내 만큼 얻는다

인센티브는 신중하게 접근해야 한다. 정하기 전에 한 번 더 생각하라. 인센티브 프로그램이 심각하게 실패한 예로 1902년의 하노이를 생각해 보기로 하자. 프랑스 식민 정부는 하노이를 현대적인 유럽식 도시로 탈바꿈시키고자 정교한 지하 네트워크를 갖춘 하수

시스템을 구축했다. 그러나 안타깝게도 하수도는 중국에서 배와 기차를 타고 들어온 쥐들을 끌어들였다. 곧 쥐들이 프랑스 구역의 하수관로를 타고 화장실로 기어오르기 시작하면서 상황은 절망적으로 변했다.

식민지 정부는 쥐 박멸 캠페인으로 강력하게 대응했다. 그들은 전문 쥐 사냥꾼들을 고용했다. 최대 2만 마리의 쥐가 죽은 날도 있었다. 쥐 학살을 성공적으로 마무리하기 위해 당국은 쥐 한 마리를 잡을 때마다 1센트를 지급하는 놀라운 인센티브 제도를 만들었다. 죽였다는 증거로 쥐꼬리를 보여줘야 했다. 꼬리에 돈을 지급하면… 꼬리를 얻는다.

프랑스인들은 하노이 거리에서 꼬리가 없는 쥐들이 돌아다니는 것을 발견하고서야 의심을 시작했다. 현지인들은 꼬리를 자르고 쥐를 풀어주면 두 마리 토끼를(쥐가 아닌) 잡을 수 있다는 점을 깨달았던 것이다. 그들은 꼬리를 주고 1센트를 확보한 뒤 쥐는 살려서 번식을 계속하게 했다. 쥐가 많을수록 수입은 늘어난다. 다른 지방에서 하노이로 쥐를 수입하는 새로운 사업까지 부상했다! 쥐 사육은 번창하는 사업 모델이 되었다. 결국 쥐 박멸 캠페인으로 인해 쥐가 더 번식했고 치명적인 페스트가 도시를 강타하면서 캠페인은 끝이 났다. 꼬리에 돈을 지급하면… 꼬리만 얻을 뿐이다.

세계에서 가장 깨끗한 도시로 선정된 대도시는 어디일까? 바로 싱가포르다. 이곳에서도 이유는 인센티브다. 싱가포르는 쓰레기 투기에 대단히 강력한 벌금을 도입했다. 담배꽁초 하나에 초범은 300달러를 내야 하며, 재범 시에는 벌금이 바로 수천 달러로 수직 상승한다.

소프트웨어 엔지니어에게 프로그램 코드의 줄 수에 따라 보수를 지급한 AT&T는 또 어떤가? AT&T 경영진은 더 좋고 더 효율적인 코드를 원했을 것이다. 하지만 그들은 어떤 결과를 얻었을까? 코드가 길수록 보수가 많아졌기에 소프트웨어 엔지니어들은 대단히 긴 코드를 작성했고 그 결과 애플리케이션의 속도가 느려지고 효율성은 떨어졌다.

더 큰 수익에 보상을 주는 판매 인센티브를 제공한다면 어떤 일이 일어날까? 2007년에 주택 담보 대출 기관인 컨트리와이드Coun-trywide는 '하이 스피드 스윔 레인High-Speed Swim Lane' 프로그램을 시작했다. 공식적으로는 'HSSL'이라는 약어를 사용했지만 직원들 사이에서는 '더 허슬the Hustle'로 알려졌다. 대출 담당자들은 빠르게 많은 대출을 처리할 때 인센티브를 받았다. 그 결과 부실 대출이 빠르게 쌓여갔고 이는 금융 위기의 원인이 되었다.

영업 사원에게 고객 수에 따른 보상을 지급하면 어떤 일이 벌어질까? 시어스는 자동차 서비스 센터의 수리점 직원들이 불필요한 수리를 강요해 고객을 사취했다는 것을 알게 되었다. 팀 규모에 따라 급여가 달라진다면? 엄청난 규모의 팀이 생길 것이다. 사용자 유지율이 낮을 때 불이익을 준다면? 구독 취소 과정이 복잡해지고 콜센터 대기 시간이 길어질 것이다. 보상이 사용자 수 증가에 따라 달라진다면? 현대의 쥐꼬리 같은 가짜 계정이 생길 것이다. 웰스 파고는 비싼 대가를 치른 뒤에 이런 교훈을 얻었다.

이처럼 적절한 인센티브를 찾는 것은 무척 어려운 일이다. 혁신의 세계에서라면 더 어렵다. 점진적이든 와해적이든 원하는 종류의 혁신을 장려해야 하기 때문이다. 세계적인 실험실 장비 공급업체인 써모 피셔 사이언티픽Thermo Fisher Scientific의 사례는 와해적 혁신에 대한 현명한 접근 방식을 보여준다. 혁신에 크게 의존하는 이 회사는 사람들이 첨단 의료 장비를 이용할 수 있도록 돕는 소프트웨어 솔루션에 대한 아이디어를 크라우드소싱 하기로 결정했다. 더 좋은 아이디어를 더 많이 창출하는 가장 좋은 방법은 무엇일까? 가장 혁신적인 아이디어에 1만 5,000달러의 상금을 주는 것? 아니면 1등에게 6,000달러부터 10등에 600달러까지 상금을 10개 부문으로 나누어 지급하는 것? 두 경우 모두 총 상금액은 같다. 이 회사는 두 가지 방식을 모두 사용해 보기로 결정하고 참가자들을 하나의 큰 상금을 주는 집단과 상금을 나누어 지급하는 집단으로 구분했다. 참가자들은 팀을 이루어 여러 기준에 따라 제안서를 평가하는 전문가 심사위원단에 아이디어를 제출했다.

'하나의 큰 상' 집단과 '여러 개의 작은 상' 집단에서 제출한 제안 수와 전체 점수는 비슷했다. 그러나 이미 시장에 출시된 해법과 비교 측정하는 참신성 지표에는 극적인 차이가 있었다. '하나의 큰 상'을 받은 제안이 훨씬 더 혁신적이었다. 하나의 큰 상을 두고 겨루는 참가자들은 더 많은 위험을 감수하고 틀에서 벗어난 생각을 한 반면, 여러 개의 작은 상 중 하나를 받으려 노력한 참가자들은 더 안전한 선택을 했다. 하나의 큰 상의 결과가 대회 기획자들이 원했던 것이며, 벤처 캐피털리스트들이 더 큰 상금에 집중하도록 함으로써 스타트업 경영진에 기대하는 것이기도 하다. 참신한 아이디어를 찾고 있다면 이런 역학을 유념하라.

대개는 전통적인 보상 구조가 좋은 효과를 낸다. 회계사들이 위험한 프로젝트를 시도하는 것은 당신이 바라는 바가 아닐 것이다. 명확한 이정표를 두는 점진적인 혁신의 세계에서는 위험 감수에 신중한 태도를 취한다. 하지만 새로운 사업, 와해와 미지의 세계에서는 전형적인 인센티브 계획이 회사에 불리하게 작용한다. 쥐가 아닌 꼬리만 얻게 되는 것이다. 성공을 위해서 벤처 마인드셋이 필요한 것이 바로 이때다. 벤처 마인드셋은 두 가지 변화를 동시에 달성해야 한다고 말한다. 의사결정권자의 성공을 위한 노력을 격려함과 동시에 그를 위험으로부터 어느 정도 보호해야 하는 것이다.

욕심을 '버려야' 할 때

벤자민 프랭클린은 "당신이 잘 해낼 수 있는 일이라면 하고, 그렇지 않다면 보내라"라고 말한 적이 있다. 그의 조언을 따른다면 돈을 절약할 수 있다. 기하급수적인 성장에 직면했을 때는 특히 더 그렇다. 대부분의 결정에서는 그런 성장을 계산에 넣지 않는다. 보통은 '죽느냐 사느냐'를 고민할 필요가 없으며, 매일 현금이 바닥나는 위기에 처하지도 않는다. 그러나 전체 벤처 캐피털 사업 모델은 가치 추출이 아닌 가치 창출에 기반을 두고 있다. 더 큰 조각을 얻는 일이라기보다는 거대한 파이를 키우는 일인 것이다.

많은 비즈니스에서는 우선 더 큰 파이냐 더 큰 조각이냐를 선택해야 한다. 컨설팅 회사나 법률 회사와 같은 파트너십은 항상 이런 선택에 직면한다. 파트너는 공동 소유주이며 힘들게 번 수익은 연말에 모든 파트너에게 분배된다. 파트너십이 더 많은 수익을 창출할수록 각 파트너가 받는 돈은 늘어난다. 하지만 파트너가 많으면 분모가 커진다. 파이를 더 많은 사람에게 분배해야 하는 것이다. 어떤 파트너십은 이 때문에 파트너 수를 제한하기로 결정하는 반면, 어떤 파트너십은 새로 승진한 파트너가 파이를 더 크게 만들기를 바라며 과감하게 파트너를 늘리기도 한다. 파트너십 기준을 너무 높게 설정해 엘리트 클럽처럼 조직된 파트너십은 페어차일드 반도체가 그랬듯이 최고의 인재를 잃기 시작한다. 야심 찬 직원들은 직접 창업을 하거나 경쟁사에 합류한다. 새로운 파트너에게 문을 활짝 여는 기업은 규모가 커지고 경쟁에서 앞서게 된다. 파이를 키우는 전략은 대형 컨설팅 회사가 전 세계에 수천 개의 파트너를 두는 이유다.

이 개념은 이익 공유에만 해당되는 것이 아니다. 알렉스 에드먼스Alex Edmans 교수가 『ESG 파이코노믹스Grow the Pie』에서 명확하게 보여주었듯이, 오로지 이익을 좇기보다 사회적 가치에 초점을 맞추면 의외로 더 많은 이익과 더 나은 장기적 의사결정에 이르게 된다.

와해적 혁신의 맥락에서 기하급수적인 성장에 직면했을 때는 이런 벤처 마인드셋의 원칙을 적용해 인센티브를 조정해야 한다.

모두를 주인으로 만든다

벤자민 프랭클린은 인센티브에 대해 상당히 잘 알고 있었다. 그는 여러 가지 활동을 했지만 혁신적인 기업가이기도 했다. 1730년 대 초에 그는 출판 및 인쇄 사업을 시작했고, 그가 발행한 「펜실베이니아 가제트Pennsylvania Gazette」는 식민지에서 가장 성공적인 신문이었다. 프랭클린은 사업 확장에 대해 생각하기 시작했다. 사업을 확장하기 위해 그 자신의 생활 터전을 다른 도시로 옮길 수는 없었기 때문에 프랭클린은 한 가지 아이디어를 떠올렸다. 가장 기업가 정신이 강한 직원들을 다른 도시로 보내 그곳에서 사업을 시작하면 어떨까? 그는 모험심이 강한 직원들에게 초기 자본을 제공하고 운영비 일부를 부담했다. 직원들은 인건비, 종이, 잉크, 양모, 기름, 수리비 등을 책임졌다. 현대의 벤처 캐피털리스트들처럼, 프랭클린은 신생 기업가들이 성공에 대한 강력한 인센티브를 갖도록 하기 위해 그들에게 많은 것을 요구하지 않았다. 그는 6년 동안 그 회사 수익의 3분의 1만 챙기고, 그 이후에는 기업가들이 완전히 독립할 수 있는 옵션을 제공했다. 프랭클린은 미국 최초의 프랜차이즈 시스템을 만들었던 것이다. 그는 직원을 주인으로 만들었다.

부동산 업계에 대한 한 흥미로운 연구를 통해, 3명의 연구자가 인센티브의 힘을 탐구했다. 이들은 같은 사람이 고객을 대리하는 부동산 중개인일 때와 자신의 부동산을 판매할 때 다르게 행동할지가 궁금했다. 이들은 부동산의 특성을 세심하게 통제해 소유권에만 차이가 나도록 했다. 그들은 가치에 엄청난 차이가 나는 것을 발견했다. 부동산 중개인은 자신의 콘도를 고객의 아파트보다 3~7퍼센트 더 높은 가격에 팔았다.

경제학자들은 부동산 중개인의 행동을 주인-대리인 문제로 본다. 대리인(여기서는 부동산 중개인)은 주인(여기에서는 부동산 소유자)의 이익을 완전히 내면화하지 못한다. 주인-대리인 문제는 소유주-관리자, 상사-직원, 고객-변호사 등 다양한 환경에서 광범위하게 발생한다. 하지만 실패가 예외가 아니라 표준인 불확실성이 높은 환경에서는 해결하기가 특히 더 어렵다.

벤처 캐피털리스트들이 '보상 혁명'이라는 표어 아래 모두가 주인이 되도록 하는 것도 그 때문이다. 이 조치는 기술 기업 이외에서도 큰 힘을 발휘한다. 스타벅스는 파트너라고 불리는 자격을 갖춘 직원들에게 지급하는 '빈 스톡bean stock'을 도입했다. 바리스타가 당장 백만장자가 되는 것은 아니다. 하지만 빈 스톡 덕분에 스타벅스 주식이 상승했을 때 많은 직원이 학자금 대출을 갚거나 주택 계약금을 지불하거나 이국적인 해외여행을 계획할 수 있었다.

모두를 한 배에 태우는 것은 차고 문 사업에서도 효과를 낸다. 사모펀드 KKR은 2015년에 7억 달러도 안 되는 금액으로 C. H. I. 오버헤드 도어C. H. I. Overhad Doors를 인수하고 트럭 운전사부터 고위 관리자까지 800명의 직원 모두를 주주로 만들었다. 이는 회사가 위치한 일리노이주의 작은 마을 아서에 예상치 못한 반가운 소식이었다. 이것은 건설 노동자였던 아버지를 둔 KKR의 파트너 피트 스타브로스Pete Stavros의 아이디어였다. 이 새로운 인센티브 모델을 도입한 후 회사는 꾸준히 안전성이 향상되고, 낭비가 줄고, 수익성이 증가하는 모습을 보였다. 전통적인 기업도 유니콘이 될 수 있다. 2022년, KKR은 C. H. I를 철강 제조업체 뉴코Nucor에 매각했다. 매각 대금은 30억 달러였다. 여러 해에 걸친 여정은 상당한 보상을 안겨주었다. 보상은 투자자들만 얻은 것이 아니었다. 스타브로스가 아서에서 이 거래를 발표하자 사람들은 환호했다. 시간급 노동자들은 연봉의 5배가 넘는 평균 17만 5,000달러를 받았고, 총 보상금은 3억 6,000만 달러에 달했다.

벤처 마인드셋은 모든 사람을 주주로 만들어 주인-대리인 문제를 해결한다. 더 큰 파이를 차지할 방법을 찾는 대신 파이를 키우는 데 몰두하는 것이다.

또한 벤처 마인드셋은 직원 소유권 제도에 기한제를 도입해 직원들이 회사에 계속 머무는 데 더 큰 인센티브를 부여한다. 스타트업 직원들은 자신의 지분을 바로 얻지 못하고 몇 년에 걸쳐 지분에 대한 권리를 확보해야 한다. 기한을 채우지 못하고 떠나는 직원은 소유권을 잃게 된다. 밀물의 혜택을 누리려면 배에 머물러 있어야 한다.

'1000 대 1001' 과제의 해결

벤처 캐피털의 지원을 받는 기업은 대개 규모가 작기 때문에 대기업에 비해 한 가지 뚜렷한 이점이 있다. 제품 라인이 하나뿐인 소규모 기업에서는 성공의 귀속이 더 쉽다. 평직원들도 자신이 하는 일이 회사 전체의 가치를 실질적으로 높인다는 것을 느낄 수 있다. 마케팅 관리자이든 공급망 전문가이든 모두가 회사의 '출구' 가치라는 동일한 공통 목표에 기여한다.

대기업의 곤란한 문제 중 하나는 직원 개개인의 기여도를 회사의 가치와 연결시키기 힘들다는 점이다. 우리는 이 문제를 '1000 대 1001' 과제라고 부른다. 저명한 벤처 캐피털 투자자 피터 틸은 그의 베스트셀러 『제로 투 원Zero to One』에서 무無에서 시작해 크게 성장하는 기업에 대해 설명했다. 무에서부터 회사를 설립하는 것은 어렵지만 그 영향은 명백하다. 무에서 출발한 가치가 10억 달러가 되면 회사는 유니콘이 된다. 하지만 대기업 내의 한 팀이

10억 달러의 영향력을 발휘한다면? 그들의 기여는 기존의 대규모 사업 안에서 희석된다. 이것이 '1000 대 1001'의 문제다. 영향력은 같을 수도 심지어는 더 클 수도 있지만 후자의 보상은 불균형적으로 작기 때문에 재능 있는 직원을 잃게 된다. 떠나는 직원들은 가장 기업가정신이 강한 사람들, 현대판 페어칠드런인 경우가 많다.

알파벳의 무인 자동차 자회사 웨이모는 한 가지 해법을 제시한다. 우리는 가끔 농담 삼아 "웨이모 자동차를 모는 것은 누구입니까?"라는 질문을 던진다. 답은 "팬텀!"이다. 직원들에게 주어지는 유령 주식phantom share을 말하고 있는 것이다. 웨이모 직원들은 알파벳 주식으로 인센티브를 받지 않는다. 알파벳의 시장 가치는 웨이모가 내는 성과가 아니라 주로 구글의 검색 엔진이 주도하기 때문이다. 대신 직원들은 '주식'을 받는데, 그 가치는 웨이모의 자체 가치와 성과에 좌우된다. 이 주식은 실체가 없는 유령이다. 웨이모는 상장 기업이 아니기 때문이다.

법적 구조는 다를 수 있지만 궁극적인 목표는 각 직원의 노력과 회사의 가치 사이의 거리를 좁히는 것이다. 이는 '1000 대 1001'을 '0 대 1'로 되돌릴 수 있다.

대담함에 보상한다

실리콘밸리는 벼락부자의 이야기로 가득하다. 찰스 에이어스 Charles Ayers라는 이름을 들어본 적이 있는가? 그는 작은 스타트업에서 일자리를 구하기 위해 25명의 다른 뛰어난 이들과 경쟁했다. 약속된 급여는 다른 곳의 절반에 불과했지만, 보상에는 스톡옵션이 포함되어 있었다. 에이어스는 친구들과 이야기를 나눈 후, 이 회사가 성장하리라는 확신을 갖게 되었고, 복권을 움켜쥐고서 구글의 53번째 직원이 되었다. 그의 복권 당첨금은 구글의 IPO 당일 2,600만 달러에 달했던 것으로 전해진다.

그래피티 아티스트인 35살의 데이비드 최David Choe는 페이스북 사무실 벽에 벽화를 그려달라는 의뢰를 받았다. 페이스북은 대금을 현금으로 받을 것인지, 회사 주식을 받을 것인지 물었다. 모두 주식으로 받기로 선택한 최는 페이스북이 상장되었을 때 1,000명이 넘는 백만장자 중 한 사람이 되었다.

이런 사례는 기존 조직에서는 재현할 수 없는 사례라고 치부해버릴 수도 있다. 하지만 이런 사례들이 보여주듯이 인센티브를 조정하려면 모든 직원이 참여하고 혜택을 누릴 수 있는 방법을 마련해야 한다. 성공하는 직원의 사례를 만든다면 다른 직원들도 자신의 성공을 위해 더 열심히 일할 것이다.

백만장자라고 하면 월스트리트의 주식 거래자나 구글과 트위터의 초기 직원들이 떠오르겠지만, 「워싱턴 포스트Washington Post」의 조지 윌George Will은 "맥도날드는 다른 어떤 경제 주체보다 많은 백만장자를 만들어냈다"라고 말한다. 이는 의도적으로 모든 당사자의 이해관계가 최대한 일치하도록 만드는 프랜차이즈 모델 덕분이다.

마지막으로, 당신이 매우 성공적인 스타트업의 창업자라고 상상해 보라. 회사가 IPO라는 매우 중요한 이정표에 도달했을 때 당신은 얼마나 많은 지분을 갖고 있을까? 평균적인 비율을 공개하면 많은 사람이 놀란다. 일반적으로 모든 공동 창업자에게 남은 주식은 15~20퍼센트에 불과하다. 리프트, 박스, 판도라Pandora의 창업자들은 각각 6퍼센트, 4퍼센트, 2퍼센트의 지분을 갖고 있었다. 사람들은 왜 이런 방식을 수용했을까? 벤처 캐피털과 벤처 캐피털의 지원을 받는 회사의 창업자들은 작은 파이의 큰 조각보다는 큰 파이의 작은 조각을 선호하기 때문이다. 기업도 이렇게 해야 한다. 혁신적인 아이디어 창출을 촉진하는 것이 목표인 모두가 그렇다.

**마인드셋
점검**

1. 당신 팀과 경영진은 혁신적인 프로젝트의 성공으로 혜택을 보는가?

2. 위험을 기꺼이 감수하게 할 만큼 보상이 충분히 큰가?

3. 조직 내에서 중요한 프로젝트를 수행하는 소규모 팀에 가치를 두는가? 아니면 프로젝트 예산의 규모만이 중요성에 영향을 미치는가?

9

GREAT THINGS
TAKE TIME

9장

위대한 일에는
시간이 필요하다

혁신에서 가장 결정적인 것은 무엇인가

장기적 사고에 불을 붙인다

모든 것은 작은 불꽃에서 시작된다.

텍사스 휴스턴에서 남서쪽으로 약 100마일 떨어진 마타고르다 섬은 제2차 세계대전 당시 훈련 시설인 페닌슐라 육군 비행장 Penninsula Army Airfield이 있던 곳이다. 이 섬의 소유주인 석유 사업가이자 투자자인 토디 리 윈Toddie Lee Wynne은 섬 남쪽 끝의 스타 브랜드 목장Star Brand Ranch을 로켓 발사라는 특별한 이벤트의 장소로 제공했다. 영리 기업 최초로 로켓 발사를 통해 탑재물을 궤도에 올려 놓는 것이 이 야심 찬 계획의 목표였다.

8월 5일 늦은 오후 55피트(약 16.8미터) 길이의 로켓에 액체 산소가 주입되었다. 여러 번의 지연 끝에 마침내 로켓을 지상에서 발사시켜 우주 공간에 이르게 함으로써 우주 개발 명예의 전당에 오를 마지막 채비를 갖춘 것이다. 수십 명의 기술자들이 모래 주머니로 만든 8피트(약 2.4미터) 높이의 벽 뒤에 웅크린 채 이 역사적인 순간을 기다리고 있었다. 오후 5시, 점화 버튼을 누르자 로켓의 아래에서 연기가 보였다. 액체 산소 탱크의 메인 밸브가 열리지 않으면서 압력이 빠르게 높아지기 시작했다. 1초 후, 눈도 깜빡하지 못할 사이에 휴스턴Houston과 캘리포니아 서니베일Sunnyvale, California이라는 두 회사에서 만든 이 비행체가 발사대에서 폭발하면서 주변 잔디에 불이 붙었다. 엔지니어들이 불을 끄는 데 30분이 걸렸다.

"무슨 일이 일어났는지 확실치 않습니다." 사고 직후 실망한 스페이스 서비스Space Services Inc.의 대변인 찰스 차퍼Charles Chafer가 내뱉은 말이다. 그러나 이것만은 분명했다. 마타고르다섬의 폭발로 인해 로켓 발사를 독점하고 있는 NASA의 막대한 비용(발사 당 300~500만 달러)에 비해 엄청나게 싼값에 상업 위성을 우주로 보내려는 희망은 좌절됐다.

결국, 상업 발사가 성공을 거둔 것은 그 1년 후였다. 이번에 스페이스 서비스의 설립자는 "가장 정교한 기술적 위업도 달성할 수 있는 민간 기업의 잠재력을 보여주었다"라는 내용의 축하 편지를 받았다. 이 메모를 더욱 특별하게 만든 것은 그 편지를 쓴 사람이었다. 미국 대통령에게서 온 것이었다.

그의 이름은 로널드 레이건이었다….

1981년은 미국 최초의 민간 투자 상업용 로켓인 윈의 퍼체론Wynne's Percheron이 불탄 해였다. 일론 머스크는 10살이었고 남아프리카공화국 트란스발의 프리토리아에서 아버지와 살고 있었다.

25년이 지난 2006년 3월, 또 다른 작은 섬, 이번에는 태평양에 있는 섬이 꿈을 현실로 바꾸기 위한 또 다른 도전의 장이 되었다. 당시 머스크는 페이팔 지분을 매각한 부유한 기업가였다. 이제 스페이스X의 창립자가 된 그는 이 획기적인 사건을 직접 보기 위해 마셜 제도의 콰절레인 환초Kwajalein Atoll로 향했다. 그러니 그는 발사 약 7분 전에 알루미늄 너트에 있던 작은 부식 균열로 연료가 누출되었다는 사실을 알지 못했다. 주 엔진이 점화되는 순간 누출된 연료에 불이 붙었고 모든 것이 끝났다. 녹슨 작은 너트 하나 때문에 민간이 개발해 지구 궤도로 보낸 최초의 완전 액체 연료 우주선이 될 수도 있었던 스페이스X 로켓 팰컨 1호Falcon 1의 첫 발사가 중단되었다. 하지만 팰컨 1호의 실패에도 희망은 꺼지지 않았다. 머스크는 다시 도전했다.

1년 후인 2007년 3월, 같은 환초에서 팰컨의 발사가 거듭 실패했다. 이번에는 로켓 모터가 문제였다. 머스크는 재차 시도하기로 마음먹었다.

스페이스X의 세 번째 시도는 2008년 8월 3일에 있었다. 이 비행은 대단히 중요했다. 스페이스X가 일반 기업은 물론 정부 고객과도 적재물 배송 계약을 체결했기 때문이었다. 팰컨은 미 공군의 위성, NASA의 나노 위성, 민간 기업 셀레스티스Celestis Inc.의 탑재물을 싣고 있었다. 그러나 팰컨은 이번에도 여지없이 실패했다. 언론은 신이 나서 이 회사에 투자한 NASA와 방위고등연구계획국Defense Advanced Research Projects Agency, DARPA을 맹비난했다.

세 번째 시도가 실패로 돌아간 다음 날, 머스크는 샌프란시스코에 본사를 둔 선도적인 벤처 캐피털 파운더스 펀드로부터 2,000만 달러의 투자를 받았다고 발표해 모두의 입을 딱 벌어지게 만들었다. 스페이스X의 첫 외부 자금 조달이 이루어진 시기는 세 번째 공개적인 발사 실패 직후일 뿐 아니라 세계 경제를 뒤흔든 2008년 금융 위기가 한창일 때였다.

머스크는 몇 년 후 "네 번째 발사가 팰컨 1호에 투자할 수 있는 마지막 자금이었다"고 인정했다. 마침내 2008년 9월, 팰컨 1호의 네 번째 발사가 성공했다. 1년도 되지 않아 또 다른 유명 벤처 캐피털 DFJ가 새로운 투자 라운드를 이끌어 스페이스X에 5,000만 달러를 더 투입했다. DFJ 투자 한 달 후인 2009년 7월의 다섯 번째 발사도 목표를 달성했다. 전세가 역전되었다. 스페이스X는 민간 우주 기업의 새로운 시대를 열었고, 곧 블루 오리진Blue Origin과 버진 갤럭틱Virgin Galactic이 이 분야에 뛰어들었다.

2012년 5월 22일, 독특한 컨테이너를 실은 무인 팰컨 9이 발사되었다. 컨테이너의 주인은 셀레스티스였는데, 스페이스X의 세 번째 시도가 실패했을 때 셀레스티스의 탑재물은 바다에 떨어졌다. 그 컨테이너에는 이른바 '우주장Memorial Spaceflight'을 위해 유골을 우주로 보내려 비싼 비용을 지불한 사람들의 화장한 유골이 가득 담겨 있었다. 320명의 유골 중에는 우주비행사 고든 쿠퍼Gordon Cooper와 〈스타 트렉Star Trek〉의 배우 제임스 두한James Doohan의 유골도 있었다. 셀레스티스 자체가 매우 특별한 고객이었다. 1981년 퍼체론의 실패를 세상에 알린 찰스 차퍼가 소유주였고, 1981년 로켓 발사 시도를 했던 스페이스 서비스의 자회사였기 때문이다. 차퍼는 스페이스X의 도움으로 마침내 꿈을 이룬 것이다.

팰컨 9이 궤도에 도달하는 데는 10분도 채 걸리지 않았다. 하지만 스페이스가 전문가와 분석가, 그리고 전 세계의 인정을 받기까지 긴 여정이 필요했다. 이에 대해 NASA 국장 빌 넬슨Bill Nelson은 잊을 수 없는 말을 남겼다. "모두가 스페이스X에 콧방귀를 뀌었죠."

모든 비판과 회의론에도 불구하고 발사 횟수는 늘어났다. 2008년의 발사는 단 두 번이었고 그중 한 번은 실패했다. 2014년에는 6번의 발사가 있었고 모두 성공했다. 2022년 스페이스X는 로켓을 61번 발사했다. 일주일에 한 번이 넘는 셈이다. 그 무렵 스페이스X는 우주 발사 분야에서 반박의 여지가 없는 선두 주자로 올라섰다. 정부 기관과 비교해도 말이다. 이 회사는 NASA, 러시아 연방우주청Russian Federal Space Agency, Roscosmos, 중국 국가우주국China's National Space Administration, CNSA과 같은 정부 우주 기관에 할당되는 예산에 비하면 매우 적은 돈으로 이 모든 일을 해냈다. 수천 명에 불과한 비교적 소규모의 팀으로 이룬 극히 이례적인 성과였다. 냉정하게 비교하자면 러시아 연방우주청에는 20만 명 이상의 직원이 있다.

당신이 2008년에 스페이스X에 돈을 투자한 위험 추구형 투자자라면, 투자 가치는 그 당시보다 훨씬 높아졌을 것이다. 벤처 캐피털 업계에서 사랑받는 가치 평가 지표 중 하나인 사후 가치post-money value*를 이용하면, 2008년 당시 스페이스X의 가치는 4억 달러에 불과했지만 15년이 지난 2023년에는 1,370억 달러로 300배 이상 치솟았다. 파운더스 펀드와 DFJ는 모두 위험할 뿐만 아니라 대단히 장기적인 베팅을 한 것이다. 최근 머스크는 "스페이스X와 테슬라의 가치가 0달러가 될 확률이 90퍼센트였다"면서 자신의 베팅이 얼마나 위험한 것이었는지 인정했다.

2023년 중반에 이 장을 쓰고 있는 시점에도 스페이스X는 여전히 벤처 캐피털의 지원을 받는 비공개 기업이며 최근 시리즈 N을 유치했다. 그렇다. 스페이스X 투자자들은 여전히 위험을 안고 초기 베팅을 현금으로 전환할 기회를 기다리고 있는 것이다. 농담조로 스페이스X가 모든 라운드를 통해 유치한 자금을 소진하고도 IPO에 성공하지 못할 수 있다고 주장하는 사람도 있다. 스페이스X 투

* 외부 자금 조달이나 투자가 대차대조표에 추가된 후 회사의 가치

자자들은 미래에 베팅을 했고 끈기 있게 그 결과를 기다리고 있다.

스페이스X의 이야기는 빨리 가려면 천천히 가라는 고전적인 교훈을 준다. 벤처 캐피털리스트들은 지각 변동, 성숙해서 영향력을 온전히 발휘하기까지 시간이 필요한 거대한 지각 변동에 베팅한다. 빨리 발을 담근 뒤 인내심을 가져야 한다는 것은 벤처 마인드셋의 신조다. 많은 기업의 의사결정권자들도 업계에 지각변동이 다가오고 있다는 것을 알고 있다. 언젠가는 로봇과 생성형 알고리즘이 많은 직원을 대체할 것이다. 재생 에너지는 전통적인 에너지원을 잠식할 것이다. 인구 고령화가 의료 시스템에 압력을 가할 것이다. 하지만 이런 변화는 한 번의 예산 주기 내에 일어나지 않는다. 때문에 의사결정권자는 문제를 뒤로 미룬다. 한동안 현상을 유지할 수 있겠지만 결국 지각변동이 불가피해진다. 그때는 너무 늦어버린 뒤다. 전통적인 사고방식이었다면 2008년이나 2009년에 스페이스X에 투자할 수 있었을까?

우리는 종종 "스페이스X가 우리와 무슨 상관이 있습니까?"라는 질문을 받는다. 사람들은 우주 탐사가 장기적인 베팅인 것은 분명하지만, 신발이나 자동차 부품, 체중 감량 제품을 다루는 자신들의 분야는 '단기'적이라고 말한다. 지금쯤이면 당신도 벤처 마인드셋에는 단기적인 분야라는 것이 존재하지 않는다는 점을 알았기를 바란다. 모든 분야를 와해시키는 장기적인 추세가 있다. 동네 자동차 정비소는 예전의 레코드 대여점이나 길모퉁이의 여행사가 그랬듯 흔적 없이 사라질 수 있다. 신발은 여전히 존재하겠지만, 자세를 지지하는 적절한 크기와 형태를 찾기 위한 끊임없는 노력이 오늘날의 지배적인 기업들은 포착하지 못한 와해적 기술 해법으로 이어질 수 있다. 사람들은 항상 비만에 대해 걱정하지만, 차세대 약물이 기존의 체중 감량 시장을 와해시킬 수 있다. 이 문장을 쓰는 지금 이 순간에도 벤처 캐피털과 혁신 기업들은 이런 장기적인 트렌드에 베팅하고 있다. 어니스트 헤밍웨이의 소설『태양은 또다시 떠오른다The Sun Also Rises』에서 마이크 캠벨은 어쩌다 파산하게 되었냐는 질문을 받는다. 마이크는 기억에 남는 대답을 한다. "두 가지 방법으로요. 서서히. 그러다 갑자기." 헤밍웨이는 장기적인 트렌드를 무시할 때의 위험을 이 한 문장에 담았다. 안타깝게도 우리는 비즈니스 세계에서 많은 마이크 캠벨을 만났다. 당신은 마이크 캠벨이 되지 말라.

잿더미에서 일어나다

세쿼이아 캐피털은 스페이스X에 투자한 여러 벤처 캐피털 중 하나다. 설립자인 돈 발렌타인은 1970년대에 오랜 세월 동안 크고 튼튼하게 자라며 우리보다 더 오래 사는 나무에서 이름을 따 회사의 이름을 세쿼이아로 정했다. 23앤드미, 애플, 도어대시, 인스타그램은 세쿼이아가 심은 씨앗 중 큰 나무로 성장한 여러 사례 중 일부다.

캘리포니아는 위대한 것이 긴 시간에 걸쳐 성장하는 땅이다. 마법과 같은 레드우드 국립공원에만 가보아도 알 수 있다. 실리콘밸리에서 멀지 않은 그곳에는 크고 오래된 나무들을 만날 수 있다. 살아 있는 나무 중 가장 키가 큰 하이페리온Hyperion은 2006년 자연학자 크리스 앳킨스Chris Atkins와 마이클 테일러Michael Taylor에 의해 발견되었다. 처음에는 레이저로 높이를 측정했지만, 기네스북 등재를 위한 확인 때문에 사람이 나무 꼭대기까지 올라가 떨어뜨린 테이프로 지면과의 거리를 측정했다. 하이페리온이 자유의 여신상 높이의 2.5배에 이르는 데에는 700년이라는 긴 시간이 필요했다. 물론 다른 세쿼이아와 마찬가지로 하이페리온도 하나의 씨앗에서 시작되었다. 하지만 씨앗과 시간만으로는 충분치 않다. 세쿼이아에게는 불이 필요하다.

산불은 수천 에이커의 땅을 잿더미로 만드는 파괴력을 발휘할 수 있다. 하지만 산불은 자연 속 복잡한 균형의 증거이기도 하다. 세쿼이아의 생존과 번식을 위해서는 산불이 필요하다. 산불로 인해 세쿼이아 구과cone*가 건조되어 터지면서 씨앗이 방출되어 미래의 나무를 낳는다. 이 수없이 많은 구과와 씨앗 중에서 극히 일부

• 솔방울과 같은 원뿔형 열매

만이 살아남아 다른 나무들보다 크게 자란다.

화재는 도시에도 엄청난 손상을 가한다. 1906년 4월 18일 오전 5시 12분, 샌프란시스코에 대지진이 발생했고 곧 화염이 도시 전체를 에워쌌다. 첫 번째 진동에 35살의 아마데오 피터 지아니니 Amadeo Peter Giannini와 그의 아내 클로린다Clorinda는 침대에서 벌떡 일어났다. 샌프란시스코로부터 17마일(약 27.4킬로미터) 떨어진 산마테오에 있는 그들의 집은 흔들리긴 했지만 여전히 온전했다. 지아니니는 2년 전인 1904년 샌프란시스코에 이탈리아 은행을 연 신참 은행가였다. 화재로 그의 꿈은 잿더미로 변할 위험에 처했다. 기차 운행이 중단된 탓에 지아니니는 17마일을 '걸어서' 샌프란시스코로 가야 했다. 은행 건물은 완전히 엉망진창이었다. 다행히 지아니니는 귀중품과 기록이 온전히 남아 있는 것을 발견했다. 지아니니는 양아버지에게 빌린 마차에 약 8만 달러(당시로서는 엄청난 액수)를 싣고 약탈을 막기 위해 지폐 더미를 오렌지로 덮은 채 집으로 돌아갔다.

대부분의 샌프란시스코 은행가들은 무너진 건물, 갇힌 자산, 서류 작업의 어려움으로 영업을 재개하는 데 6개월이 걸릴 것이라고 말했다. 지아니니는 다음 날 은행 문을 열고 고객 한 사람 한 사람과 악수를 나누며 대출을 시작했다. 폐허가 된 샌프란시스코 노스비치의 해안가에 마련된 그의 은행은 맥주통 두 개와 판자를 이용한 간이 책상으로 이루어져 있었다. 지아니니는 도시와 사람들이 짧은 시간 안에 회복할 것이라고 믿었다. 세쿼이아처럼 잿더미에서 더 많은 기업과 고층 건물이 자라날 것이라고 말이다. 지아니니는 물적 담보 없이 대출을 해줄 준비가 되어 있었다. 그는 이 위험한 장기 베팅을 했고 결국 성공을 거뒀다.

지아니니는 은행업을 하면서 전통에서 벗어난 도박을 많이 했다. 그는 다양한 출신 배경을 가진 이민자, 여성, 노동자, 농부에게 서비스를 제공했다. 그는 은행이 명성과 부의 상징이던 시절에는 흔치 않았던 소비사 금융 상품을 내놓았다. 그는 소규모 업체에 그가 '평판 대출character loan'이라고 부르는 상품을 제공했다. 개인 대출자의 평판을 기반으로 돈을 내준 것이다. 그는 "소규모 업체는 은행이 가질 수 있는 최고의 고객"이라고 말했다. "그들은 당신과 함께하기 때문이다. 그들은 당신과 함께 시작해서 끝까지 당신 곁에서 함께한다."

지아니니의 베팅 중 일부는 너무 파격적이어서 그는 "치열한 경쟁심과 시장 지배력을 확보하려는 강한 열망으로 자신의 은행업 제국을 이끄는… 무자비하고 무모하며 위협적이고 불같은 성격을 지닌 금융계의 이단아"라는 평판을 얻었다. 그가 "캘리포니아에서 큰 사랑을 받는 은행가이자 큰 미움을 받는 은행가"였다고 말하는 사람들도 있다. 그의 은행이 제공한 자본은 지속적인 영향력을 발휘했다. 그는 재정적으로 어려움을 겪던 월트 디즈니를 지원했고, 디즈니의 첫 장편 애니메이션 영화인 〈백설공주와 일곱 난쟁이

Snow White and the Seven Dwarfs)에 자금도 댔다. 그는 캘리포니아의 와이너리들이 선택한 은행가이기도 했다. 지아니니는 HP가 아직 차고 신세를 지고 있을 때 윌리엄 휴렛William Hewlett과 데이비드 패커드David Packard에게도 자금을 지원했다. 그 차고는 현재 실리콘밸리의 공식적인 발상지이자 랜드마크로 남아 있다.

1949년 지아니니가 사망했을 당시 은행의 자산은 60억 달러로 세계 최대 규모였다. 현재 뱅크 오브 아메리카Bank of America로 알려진 이 은행은 여전히 세계적인 금융 기관으로 남아 있다.

비슷한 이야기가 계속해서 펼쳐진다. 문자 그대로 또는 은유적으로 화재가 발생했을 때, 대부분의 투자자는 패닉에 빠져 도망치지만, 소수의 투자자는 새로운 아이디어와 기업가를 계속 지원한다. 2008년 말과 2009년 초, 금융 위기라는 잿더미 위에서 많은 기업이 첫 순을 틔웠다. 경기 침체가 닥치거나 기업 가치가 하락하거나 '불'이 번지면 뒷걸음치는 기업이 너무 많다. 하지만 벤처 캐피털리스트들은 가장 혁신적인 기회가 바로 이런 시기에 찾아온다는 것을 잘 알고 있다. 택시, 호텔, 결제 산업을 변화시키며, 아직 흙 속에 파묻혀 있는 대담한 아이디어에 투자할 용기를 낸 초기 투자자들을 돈방석에 앉게 만든 우버, 에어비앤비, 스퀘어Square*를

• 스마트폰이나 태블릿 PC에 꽂아 쓰는 신용카드 결제 도구

생각해 보라. 스페이스X, 테슬라, HP, 우버, 디즈니는 기록적인 크기의 세쿼이아로 성장했다. 오늘도 벤처 마인드셋 덕분에 몇 년 후 위대한 성공으로 인정받게 될 가치 높은 회사들의 씨앗이 땅에 심기고 있다.

전통적인 기업이 경기 침체의 와중에 대규모 혁신 프로젝트를 발표하는 것은 상상하기 어려운 일이다. 대신 '사업 축소', '현상 유지', '위험 축소'라는 말이 들려온다. 전통적인 사고방식이 사업 축소를 보는 곳에서 벤처 캐피털리스트들은 기회를 본다.

벤치마크 캐피털의 빌 걸리는 "벤치마크는 경기 변동에 따라 투자 주기를 바꾸지 않는다"라는 말로 벤처 캐피털의 투자 철학을 명료하게 보여준다. 투자자 파브리스 그린다Fabrice Grinda는 '겨울이 오고 있다Winter Is Coming'라는 2022년 말의 포스팅에서 앞으로의 우울한 시기에 대해 설명한 뒤, "지난 10년간 최고의 스타트업 투자는 2008년에서 2011년 사이에 이루어졌다. 스타트업에게 중요한 거시 경제적 요인은 지금부터 6~8년 뒤의 것이다"는 낙관적인 말로 글을 끝맺었다. 셰릴 샌드버그Sheryl Sandberg가 말했듯이, "로켓 우주선에 타라는 제안을 받았다면, 어떤 좌석인지 묻지 말고 그냥 타라." 벤처 마인드셋은 이런 종류의 장기적인 사고를 통해 돈을 날릴 수 있다는 단기적인 두려움을 극복하고 지평선 너머를 보게 만든다. 세상에서 가장 큰 세쿼이아가 탄생하려면 불이 필요하다.

값을 헤아릴 수 없는 자산

"아빠, 다들 아빠를 만나고 싶어 해요!" 일주일간 딸의 초등학교에서 가장 인기 있는 아빠가 된 일리야의 유명세는 이렇게 시작되었다. 이 모든 일은 딸이 아빠를 세계 최고의 '유니콘 전문가'라고 말한 데에서 출발했다.

일리야는 실제로 유니콘 전문가이지만, 중세 전설에 등장하는 뿔 달린 신화적 동물은 아니다. 실리콘밸리의 벤처 캐피털리스트 에일린 리Aileen Lee는 2013년, '유니콘 클럽에 오신 것을 환영합니다: 10억 달러 스타트업에서 배운 것Welcome to the Unicorn Club: Learning from Billion- Dollar Startups'이라는 제목의 게시물을 올렸다. 이 글에서 기업가치가 10억 달러가 넘는, 엄청난 성공을 거둔 벤처 캐피털 지원 기업을 가리키는 '유니콘'이라는 단어가 처음 등장했다. 2013년에는 유니콘이 매우 드물었다. 일리야와 그의 팀이 확인한 '유니콘 클럽'의 비상장 기업은 39개에 불과했다. 일리야가 이끄는 연구팀은 수년간 벤처 캐피털의 지원을 받는 유니콘을 분석해 왔으며, 지금은 그 수가 훨씬 더 많아졌다. 이 글을 쓰는 시점의 유니콘은 1,000곳이 넘는다.

유니콘의 중요성을 과소평가해서는 안 된다. 일부 국가의 모든 상장 기업 누적 가치가 유니콘 한 곳보다 적을 수도 있다. 더욱이 벤처 캐피털이 지원하는 모든 비상장 유니콘의 총 공정가치는 수조 달러에 달할 것으로 추정된다. 이 액수가 인도, 브라질, 영국의 GDP를 넘어서며 독일의 GDP와 비슷한 수준이라고 생각하면 얼마나 대단한지 와닿을 것이다. 신화 속 유니콘이 벤처 캐피털의 영역에서 현실이 된 것이다. 하지만 이는 벤처 캐피털에만 국한된 이야기가 아니다. 현재는 많은 전통적인 조직들이 유니콘 기업의 산실이 되었다. 기업 내 유니콘에는 가격표를 붙이기가 어렵지만 이들 유니콘이 모기업의 가치에 영향을 주는 것은 확실하다. 아마존 웹서비스, 애지, 포스트잇, 디즈니 테마파크를 생각해 보라.

투자자, CEO, 이사회 구성원들은 모두들 무엇이 유니콘을 만드는지, 더 중요하게는 유니콘을 어떻게 찾고, 만들고, 키우는지에 호기심을 갖고 있다. 폭넓은 네트워크, 재능, 약간의 운? 그렇다, 그것들 모두가 필요하다. 하지만 벤처 캐피털을 성공적인 유니콘 목자로 만드는 남다른 특성이 하나 있다.

바로 인내심이다.

유니콘과 다른 벤처 캐피털 투자의 문제점은 투자 기업들이 팔기 어려운 자산이라는 점이다. 증조부로부터 물려받은 오래된 그림과 비슷하다. 유명한 화가의 작품일 수도 있지만, 진품이라는 것을 증명하고 판매하는 것은 쉽지 않은 경우가 많다. 반면 상장 기업의 주식을 매수한 투자자는 그것을 언제든 매도할 수 있다. 알고리즘을 이용한 퀀트 펀드quant fund*의 거래 수명은 나노초까지는 아니더라도 밀리초 단위로 측정된다. 데이 트레이더는 이름에 걸맞게 하루 안에 매매를 마치는 것이 보통이다. 하지만 벤처 캐피털리스트는 수년 동안 자신의 결정에 묶여 있다. 그들은 성공일 경우에도 스타트업에 제공하는 자본이 장기간 묶여 있으리란 것을 알고 있다. 유니콘 지분으로부터 빨리 벗어날 가능성은 거의 없다. 전문용어를 사용하자면, 이들의 투자는 대단히 '비유동적'이다. 격식 없이 말하자면, 돈이 묶여 있는 것이다.

비유동성은 스타트업 투자자들이 직면하는 갖가지 어려움 중 하나에 불과하다. 더구나 벤처 캐피털의 지원을 받는 기업은 현금을 벌기보다는 소진하는 경향이 있다. 대개는 수익성이 없으며, 그들의 가치는 현재의 수익이나 기존의 실체적인 자산이 아니라 촉망받는 미래의 가능성에 달려 있다. 그 결과 그들은 배당금을 지급하지 않는다. 오히려 폭우가 쏟아진 후 거리의 물이 쓸려 나가듯이 현금이 거침없이 빠져나가는 경우가 많다. 유니콘은 성공적인 상장 기업 대열에 합류하거나 놀라운 가격으로 인수되기를 바라며 평균적으로 5억 달러 이상의 자금을 조달한 후 이 돈을 모두 소진한다. 스타트업에 대한 지분을 마침내 현금으로 교환할 수 있게 될 때까지는 수년을 기다려야 하는 경우가 허다하다. 이런 이정표를 '유동성 이벤트'라고 부르지만, 벤처 캐피털리스트들은 더 간단하

• 수학 모델을 이용해 시장의 움직임을 컴퓨터 프로그램으로 만들고 이에 근거해 투자 결정을 내리는 펀드

게 '출구exit'라는 용어를 사용한다.

벤처 캐피털리스트들이 이런 이벤트를 '출구'라고 부르는 것은, 회사가 문을 닫기 때문이 아니라 벤처 캐피털이 마침내 투자금을 회수하고 수익을 실현할 수 있기 때문이다. 출구는 많은 초기 투자자들에게 처음으로 현금이 돌아오는 순간이다. 2020년 팔란티어 테크놀로지스Palantir Technologies의 IPO는 초기 투자자들에게 성공을 선사했다. 그들은 자신의 지분을 팔아 세 자릿수 수익률을 달성했지만, 그러기 위해서 16년을 기다려야 했다. 팔란티어는 초기 투자자들이 10년 이상을 기다려야 했던 230개 이상의 유니콘 기업 중 하나다. 상장된 유니콘 기업들이 IPO에 도달하기까지는 창업 후 평균 9년 걸린다. 후기 단계*의 벤처 캐피털 지원 기업의 경우에도 IPO까지는 평균 5년이 소요된다. 몽고DBMongoDB와 우버의 경우 10년, 이벤트브라이트Eventbrite와 조비 에비에이션Joby Aviation은 12년, 도큐사인DocuSign과 엣시Etsy는 15년이 걸렸다. 앞서 언급했듯이 스페이스X는 15년 넘게 여전히 비상장 기업으로 남아 있다.

한마디로 벤처 마인드셋은 엄청난 인내심을 요한다. 벤처 캐피털이 소유한 자산보다 더 나쁜 자산은 상상하기 어렵다. 과장이 아니고 정말 진지하게 하는 말이다. 스타트업은 위험하고 유동성이 낮다. 이들 기업은 오랫동안 수익을 내지 못하기 때문에 투자자들

• 시리즈 C 이후의 단계

은 투자금을 회수하기까지 긴 시간을 기다려야 한다.

혁신 비즈니스의 성과는 종종 J 곡선이나 하키 스틱으로 표현된다(그림 13 참조). 이 곡선은 대부분의 와해적인 아이디어가 초기에는 손실만 창출하며, 기하급수적인 성장 궤도에 오르는 것은 극히 일부라는 것을 보여준다. 벤처 캐피털 세계에서는 손실 기간의 깊이가 깊고 길이가 길다. 빛은 항상 어둠 뒤에 찾아오는 법이다. J 곡선의 첫 부분을 버티려면 강철 같은 정신력이 필요하다.

성공적인 벤처 캐피털리스트들은 인내심에 대한 충분한 보상을 받는다. 출구에서의 유니콘 기업 가치는 평균 40억 달러에 달하며, 평균 출구 가치는 총 투자 유치 금액의 20배를 상회한다. 그러나 이런 수익은 극히 예외적이다. 벤처 캐피털 투자는 언제든 호박으로 변할 위험이 있는 반짝이는 신데렐라의 마차와 같다.

그림 13. 전형적인 벤처 캐피털 지원 기업의 하키 스틱 또는 J 곡선

인내심이 요구되며 도중에 하차할 수 없기 때문에 벤처 캐피털리스트는 전통적인 투자자나 의사결정권자와는 다른 사고를 해야 한다. 하지만 벤처 투자에서 정말 주목해야 할 점은 여러 측면에서 그들이 하는 일과 가장 유사한 것이 기업 프로젝트라는 것이다. 유동성 부족, 다년간에 걸친 무수익, 긴 대기 시간은 스타트업 투자와 많은 위험한 기업 내부 투자의 공통적인 특징이다. 우리가 함께 일해 온 광업, 건설, 조선, 소비재 등 수많은 업계의 기업 경영진들은 벤처 캐피털리스트들이 직면하는 문제에 대한 설명에 "우리 업계에서 결정해야 하는 프로젝트와 무서울 정도로 비슷하다"는 반응을 보였다.

아이디어나 비즈니스에 오랫동안 매여 있으면 심적 태도가 달라진다. 일주일 동안 차를 빌린다고 상상해 보라. 문을 열다가 콜라를 흘렸다면? 휴지로 닦아내면 그뿐이다. 당신은 남은 자국에 크게 신경을 쓰지 않을 것이다. 어떤 기름으로 넣겠는가? 물론, 가장 저렴한 휘발유다. 당신은 단기 사용자이고 하루의 비용을 최소화하는 것이 주된 관심사다. 그러나 자동차를 구입해서 몇 년 동안 탈 계획이라면 행동은 완전히 달라진다. 차의 장기적인 가치를 보호하는 데 관심을 두기 때문에 다른 선택 기준을 사용해서, 얼룩과 흠집을 바로 닦고 고치며, 권장 휘발유를 넣는다.

장기적인 사고는 우리의 행동 방식을 바꾼다. 단기적인 손실을 기꺼이 감수한다. 아마존 창립자 제프 베이조스는 이렇게 말한다.

"우리는 장기에 집중하기 때문에 다른 기업들과는 다른 결정을 내리고 거래의 비중을 달리 판단합니다." 인내심과 장기적인 사고는 불필요한 제한에서 벗어나 5년, 10년, 15년 후 세상에 어떤 일이 일어날지를 생각하게 한다. 이런 사고는 일상을 넘어서는 시각을 갖게 한다. 이런 사고 때문에 벤처 캐피털리스트들은 우주 기술, 무인 자동차, 크리스퍼과 같은 사업 아이디어에 전략적 장기 베팅을 할 수 있다. 이런 이니셔티브는 분기마다 수익을 보고할 필요가 없다. 투자자들은 포트폴리오 기업이 너무 일찍 수익을 내면 오히려 걱정한다. 회사가 더 큰 성장 기회를 희생해서 유니콘이 될 기회를 놓치고 있는 것은 아닐까 하고 말이다.

전형적인 투자자와 의사결정권자는 단기적인 수익성의 문제에 집중하지만, 벤처 캐피털리스트들은 장기적인 잠재력을 생각한다. 이들은 기업가에게 현재의 시장 점유율을 묻지 않는다. 그들은 미래 시장의 규모를 걱정한다. 그들은 미래의 세쿼이아를 기대하며 잠깐의 화재에 크게 동요하지 않는다. 또한 화재와 지진이 새로운 씨앗을 찾기에 가장 좋은 기회라는 것을 알고 있다.

이 새로운 씨앗이 자라 세상을 뒤흔들지 모른다. 하지만 세쿼이아가 그렇듯이 큰 변화에는 시간이 걸린다. 전기가 미국 주택의 90퍼센트에 보급되기까지 65년 이상이 걸렸다. 전화는 상용화되고 35년이 지난 후에도 미국인 4분의 1만이 이용할 수 있는 사치품이었다. 1906년 지아니니는 자기 은행의 자산을 지키기 위해 말이 끄는 마차를 타야 했다. 그리고 불과 50년 후, 미국 대도시의 거리에는 말보다 자동차가 많아졌다.

자동차가 말을 대체한 것과 같은 방식으로 차를 대체하는 것은 무엇이 될까? 우버나 리프트를 생각해 보라. 리프트는 플러드게이트의 파트너 마이크 메이플스가 투자를 결정한 2010년 당시 짐라이드Zimride라는 이름으로 불렸다. 그는 여러 가지 크고 장기적인 거시적 추세들을 관찰했다. 스마트폰의 GPS 위치추적기가 엄청나게 정확해지고 있었다. 많은 사람이 스마트폰을 가지고 있었기 때문에 운전자와 승객을 충분히 확보할 수 있었다. "그곳이 변곡점이었습니다!" 메이플스가 우리에게 외쳤다. "베팅이 너무 이르면 희망 없는 꿈으로 남을 수 있어요. 반대로 너무 오래 기다리면 모든 것을 놓칠 수 있죠." 메이플스는 단기적인 이익이 아닌 장기적인 비전으로 투자를 결정했고, 이 투자는 플러드게이트의 가장 성공적인 투자가 되었다. 메이플스는 설명을 덧붙인다. "스타트업은 미래에 대한 저평가된 베팅입니다. 대부분의 사람은 비용을 지불할 마음이 없기 때문이죠. 저는 불확실성에 의지합니다. 미래가 불확실할수록, 기꺼이 미래를 좇는 사람은 줄어듭니다."

우리는 벤처 캐피털리스트들만이 아니라 더 많은 조직의 사람들이 이런 입장을 취하길 바란다. 역설적이게도 많은 조직이 미래가 아닌 과거에 베팅해, 유효기간이 지난 아이디어에 투자하고 있다.

다음에는 무엇이 등장할까? 무인 자동차? 하늘을 나는 자동차?

더 효율적인 대중교통 수단? 가상현실 회의실로 연결된 원격 사무실 네트워크? 아무도 모른다. 하지만 벤처 캐피털은 이 모든 아이디어에 투자하고 있다. 기업계의 많은 사람은 회의적인 시각을 가지고 있다. 많은 아이디어가 살아남지 못할 것이기 때문에 당연한 생각일 수도 있다. 우리가 학생들과 경영자들에게 강조하듯이 회의론은 자만보다 낫다. 1903년 미시간 저축은행Michigan Savings Bank 회장은 헨리 포드의 변호사 호레이스 래컴Horace Rackham에게 "말은 오래 갈 것이지만, 자동차는 반짝했다 사라지는 유행일 뿐이다"라고 말한 것으로 전해진다. 보다 최근인 1999년 반스 앤 노블Barnes & Noble의 CEO 스티브 리지오Steve Riggio는 "도서 판매에서는 누구도 우리를 이길 수 없다. 그런 일은 일어나지 않는다"고 단언했다. 2007년 마이크로소프트의 CEO 스티브 발머Steve Ballmer는 "아이폰이 의미 있는 시장 점유율을 기록할 가능성은 없다. 전혀 말이다. 아이폰은 500달러 보조금을 받는 제품일 뿐이다"라고 말했다. 2017년 페덱스의 CEO 프레드 스미스Fred Smith는 "가까운 미래에는 라스트 마일 배송last mile delivery*에서의 기술적 변화가 일어날 것이라고 생각지 않습니다"라고 말한 바 있다. 미래를 내다보는 선구자로 여겨지는 이런 사람들은 어쩌다 미래행 우주 왕복선을 놓친 것일까?

• 주문 상품이 소비자에게 전달되는 마지막 배송 단계

단기적 이익 너머를 본다

장기적인 사고는 선택의 문제다.

밤 11시. 알렉스는 아직 대형 발전소의 COO 사무실에 남아 있다. "중요한 건 오직 시간뿐이에요!" 이곳의 임원은 다이어트 콜라를 한 모금 마시며 투덜거린다. "출구 계획이 무엇인지 알려주시면 제가 어떻게 해야 할지를 알려드리죠." 그가 캔을 찌그러뜨려 쓰레기통에 버리면서 결론을 내린다. 우리는 전략 기획 프로젝트의 킥오프 회의_{kickoff meeting}* 중이다.

이 임원은 말을 이어간다. "제 수리 및 유지보수 프로그램을 예로 들어보겠습니다. 보일러에 대한 예산 지출은 3년 후에 사업을 매각할 계획인지, 아니면 10~15년 후에 매각할 계획인지에 따라 결정됩니다." 남은 기간이 짧다면 자신은 단기 수익성에만 신경을 쓰고 팀에게도 가능한 모든 비용을 줄이라고 지시할 것이라고 설명한다. 그는 매력적인 재정 상태가 다음 소유주로부터 더 높은 가격을 받는 데 도움이 될 것이라고 생각한다. 하지만 같은 자산이라도 최소 10년간 자신의 감독하에 있으리라는 것을 알게 되면 그는 방침을 바꿀 것이다. 그는 비용을 절감하는 대신 공장을 개조하고 수리하기로 결정할 것이다.

• 회사 또는 단체의 공식적인 첫 회의

사람들은 인재 채용, 투자 결정, 보너스 프로그램을 비롯한 다양한 비즈니스 상황에 이와 같은 직관을 적용한다. 불확실성이 높은 상황이라면 특히 더 그렇다. 신입 직원 교육에 대한 회사의 접근 방식을 생각해 보자. 당신도 알겠지만, 식당마다 서비스의 질에는 큰 차이가 있다. 메뉴나 와인 리스트에 대해 거의 알지 못하는 직원들이 있다. 이는 교육을 받지 않았거나 배우고자 하는 의욕이 없기 때문이다. 또한 업주나 직원 모두 그들이 오래 근무하리라고 기대하지 않기 때문이다. 하지만 직원이 오래 근무할 것으로 생각한다면 교육에 드는 노력과 비용이 정당화된다. 밀라노의 유명 미슐랭 스타 레스토랑 디오D'O의 셰프이자 오너인 다비데 올다니 Davide Oldani는 장시간 근무와 위협적인 대우로 인해 직원의 이직률을 높이는 동료들과는 다른 문화를 구축하기로 마음먹었다. 올다니는 장기를 목표로 직원들에게 시장 평균 이상의 급여를 지급하고 지속적으로 교육했다. 그 결과 직원 이직률이 극히 낮아졌다. 10년 동안 퇴사한 사람은 단 3명이었다. 「미슐랭 가이드Michelin Guide」는 '전문적이고 열정적인 서비스'를 높이 평가해 최근 이 레스토랑에 별 두 개를 부여했다.

직원 보너스 프로그램도 고려해 보라. 직원들이 가장 먼저 하는 질문은 "보너스를 받을 때까지 여기에 남을 수 있을까?"다. 주위를 둘러보면 얼마나 많은 의사결정이 시간의 영향을 많이 받는지 깨닫고 놀라게 될 것이다. 단기적으로는 유리해 보이는 많은 의사결정이 장기적으로는 재앙적인 결과를 낳을 수 있다. 심지어는 회사 자체의 존폐에 영향을 줄 수도 있다.

10억 달러를 벌겠다는 약속이 종말의 시작이 될 것이라고 누가 예측할 수 있었을까? 분기별 수익 결산 회의에서 한 CEO가 갑자기 회사의 소셜 미디어 비즈니스가 내년에 10억 달러의 매출을 달성할 것이라고 공언했다. 월스트리트 애널리스트들의 관심을 끌기 위함이었다. 이 중요한 실적 발표가 있기 4년 전, 이 웹사이트는 시작부터 성공적이었다. 불과 몇 개월 만에 전 세계에서 수백만 명의 열성 사용자를 확보했다. 곧 플랫폼에 등록한 사용자는 500만이 되었다. 이듬해에는 사용자 수가 거의 1억 명에 달하면서 이 웹사이트는 구글보다 더 많은 트래픽을 끌어들였다. 심지어는 구글과 독점 파트너십 광고 계약을 맺었다. 이 거래액은 당시로서는 디지털 미디어 역사상 최대 규모인 9억 달러였다.

그러다 상황이 뒤바뀌었다. 부모들은 자녀의 자살과 성적 학대를 이 소셜 미디어 플랫폼의 탓으로 돌렸다. 회사가 사용자의 이름과 프로필 사진을 비롯한 개인 정보를 광고주와 공유한 사실이 적발되었다. 소송이 쌓이기 시작했다. 웹사이트에 버그가 발생했다. 10대들은 이 웹사이트가 쿨하지 않다고 생각하며 가입을 중단했다. 무작위 프로포즈부터 누드 웹캠을 공유하는 여성이 보낸 것으로 추정되는 친구 요청까지 스팸 메시지가 급증했다. '친구를 위한 공간'은 '거대한 난장판'으로 변했다. 분노한 사용자들은 '계정 삭

벤처 마인드셋

제'를 요구했다.

이 이야기가 익숙하게 들린다면 다시 한번 생각해야 할 것이다. 이것은 페이스북이 아니라 그 전신인 마이스페이스에 대한 설명이다. 앞서 2장에서 벤처 캐피털 투자자 폴 마데라와 그의 파트너들이 마이스페이스에 대한 실사를 벌이고 있던 2005년, 뉴스 코퍼레이션이라는 미디어 대기업이 5억 달러가 넘는 가격에 이 스타트업을 인수하면서 그들의 투자 계획이 무산되었다는 이야기를 한 바 있다. 1년 후 10억 달러의 매출을 약속하며 애널리스트뿐 아니라 회사 경영진까지 놀라게 한 CEO는 루퍼트 머독Rupert Murdoch이었다. 그전 해 마이스페이스의 매출은 1억 달러에도 미치지 못했다. 얼마 지나지 않아 마이스페이스는 실패했고 3,500만 달러에 매각되었다.

패배에는 수많은 요인이 있다. 마이스페이스 사태의 원인을 한 가지로 특정하기는 어렵지만, 많은 이들은 그 악명 높은 수익 결산 회의에서 머독이 선언한 10억 달러라는 단기 매출 공략이 관 뚜껑에 박은 마지막 못이었다는 데 동의한다. 마이스페이스의 온라인 마케팅 부사장이었던 션 퍼시벌Sean Percival은 이렇게 회상한다. "상관은 10억 달러를 벌어야만 한다고 말했습니다. 그래서 전 10억 달러를 벌어야 한다고 생각했죠." 내년 매출을 끌어올린다는 중요한 목표를 가진 경영진은 광고 수익을 극대화하는 데 집중했고, 그로 인해 기본 기술을 개선하고 사용자의 참여를 유도하는 일은 뒷전으로 밀려났다. 마이스페이스는 구글과의 계약에 따라 연간 일정 수의 구글 광고 클릭 수를 확보해야 했고, 때문에 단기적인 관점은 더 악화되었다. 페이스북이 사용자 친화적인 제품을 개발하는 동안 마이스페이스의 페이지는 느리고 투박해졌으며 성가신 광고들이 가득 찼다. 단기적인 수익 목표가 마음을 온통 빼앗다 보니 장기적인 성공의 기회는 사라졌다.

마이스페이스의 이야기에는 많은 패자가 있었지만 승자도 몇 명 있다. 밴티지포인트 캐피털 파트너스와 레드포인트 벤처스라는 두 곳의 벤처 캐피털 펀드는 초기에 마이스페이스에 각기 약 1,500만 달러를 투자했고, 루퍼트 머독 제국이 이 스타트업을 인수했을 때 수익을 실현했다. 투자자들은 각각 9배와 3배라는 상당한 수익을 올렸다. 하지만 이 투자자들은 전혀 행복하지 않았다. 레드포인트의 파트너였던 제프 양Geoff Yang은 2005년 뉴스코퍼레이션에 대한 매각에 강력히 반대했으며, 이 새 주인이 훌륭한 자산의 가치를 훼손했다고 믿는다. 몇 달 만에 3배의 수익을 올린 대부분의 투자자는 의기양양했지만, 양은 그렇지 않았다. 그의 벤처 마인드셋은 단기적인 이익이 아니라 잃어버린 장기적인 기회에 초점을 맞췄다. 그는 자신들의 여정이 장기적인 것이 되기를 바랐다.

벤처 마인드셋이 포트폴리오 회사의 리더들에게 보내는 메시지는 회사의 장기적 가치에 이익이 되는 결정을 내리고 다음 6~12개월 내에 이 목표를 향한 진전을 보여달라는 것이다. 벤처 캐피털은 몇 가지 이정표에 이르기까지는 자금을 더 투입하려 하지 않기 때문에 어느 정도의 진전은 필요하다. 하지만 초점은 단기적인 수익이 아닌 장기적인 궤도에 있어야 한다.

전통적인 기업들에게 이런 장기적인 사고를 실천하는 것은 쉽지 않은 일이다. 하지만 동시에 대단히 중요한 일이다. 최근 100명의 워크숍 참가자들이 기업 내 벤처 캐피털 이니셔티브가 적어도 CEO가 두 번 교체되는 동안은 이어져야 진정으로 효과가 있다는 도발적인 메시지가 담긴 슬라이드를 보고 웃음을 참지 못한 일이 있었다. 이 100명의 참가자들은 혁신적인 금융 상품 출시를 준비하는 과정에서 '디지털 기업가' 워크숍에 참석한 직원 2만 5,000명 규모 은행의 최고위 임원들이었다. 웃고 있는 사람 중에는 은행 CEO도 있었다. 그가 은행을 이끄는 자리에 앉은 것은 불과 몇 년 전이었다. 이전 CEO의 혁신 이니셔티브 중에 이 워크숍이 벌어지고 있을 때까지 살아남은 것은 몇 개나 될까? 답은 충분히 짐작할 수 있을 것이다.

미국 대기업 CEO의 평균 재임 기간은 약 7년이다. 일반적인 벤처 캐피털 투자 기간은 5~10년이다. 이것이 왜 그렇게 많은 기업 혁신 프로그램이 실패하는지에 대한 단서가 될 수 있지 않을까?

단기주의는 전통적인 사고방식의 도처에 도사리고 있다. 예산은 1년 단위로 정해진다. 자금 회수에 몇 년씩 걸리면 사람들을 눈살을 찌푸린다. 기업 중역들은 J커브에 대한 논의는 즐겨 하면서, 그리 신나지 않는, 종종 고통스러운 적자 기간에 대해서는 무시하는 경향이 있다. 고위 재무 임원 5명 중 거의 4명은 평탄한 수익을 위해서라면 경제적 가치를 포기할 수 있다고 답했다. 일리야와 연구원 아만다 왕은 160개 이상의 글로벌 대기업 벤처캐피털 부문을 조사한 결과, 절반 이상이 2년 이하의 목표를 가진 과제를 맡으며 예산은 1년 단위로 또는 한 번에 한 건의 거래만을 승인받는 것을 발견했다. 이는 전통적인 사고방식으로 벤처 마인드셋이 제공하는 기회를 짓밟는 애석한 그림이다.

벤처 캐피털의 지원을 받는 기업은 월스트리트의 분기별 실적에 따라 면밀한 조사를 받는다. 벤처 캐피털 투자자들은 투자를 면밀히 조사하지만, 그 조사는 장기적인 관점에 맞추어진다. 장기적인 약속에서 멀어진 것이 아닌 한, 분기별 손실로 흥분하는 경우는 드물다. 하버드의 샤이 번스타인Shai Bernstein은 2015년의 논문에서 비상장 기업이 상장되어 빠른 성과를 기대하는 투자자들의 압박을 받기 시작하면 훌륭한 발명가들이 회사를 떠나는 경향이 있으며, 남아 있는 발명가들은 비공개 기업으로 남아 있는 회사의 발명가들에 비해 내놓는 특허의 개수가 적다고 말했다. 특허는 혁신의 가장 좋은 척도는 아닐 수 있지만, 기업의 연구·개발 노력을 나타내는 좋은 지표가 될 수 있다. 번스타인은 기업이 상장되면 멀리 내다보는 연구·개발 투자에 자원을 덜 투입한다는 것도 보여주

벤처 마인드셋

었다.

기존의 유명 기업 가운데에서도 장기적으로 생각하는 방법을 알고 있는 기업들이 있다. 제프 베이조스는 "우리는 5~7년 후를 내다보고 일하는 것을 좋아합니다"라고 말한다. 그는 이 슬로건을 실천하며 AWS, 아마존 고Amazon Go, 알렉사Alexa와 같은 새로운 비즈니스가 속도를 낼 수 있도록 충분히 긴 활주로를 마련한다. 이 회사는 비즈니스가 얼마나 복잡한지에 관계없이 장기적인 비전과 높은 야망을 좇는다. 베이조스는 이렇게 말했다. "우리는 기꺼이 씨앗을 심고 그 씨앗이 자라나게 둡니다. 그 씨앗이 정확히 어떤 나무로 자랄지는 우리도 모릅니다. 하지만 어쨌든 그것이 큰 나무가 되리라는 것은 믿고 있습니다" 벤처 마인드셋에서 영감을 얻어라. 연간 예산을 3년에서 10년 단위의 계획으로 보완하라. 시간의 범위를 확장하면 회의실의 분위기가 달라지는 것을 느낄 수 있을 것이다. 당장의 과제에서 한 발짝 물러서면 다음 연간 예산은 장기적인 위험과 기회에 더 잘 맞추어질 것이다.

회의주의가 팽배한 보수적인 기업 문화에 직면하고 있는가? 우리는 경영자 대상의 교육에서 종종 '사전 부검'이라는 활동을 한다. 참가자들에게 5년 또는 10년 후 자신의 회사가 존재하지 않는다고 상상하고, 이 가상의 종말에 이르게 된 주요 요인을 파악하라는 과제를 준다. 또한 사망 선고에 책임이 있을 만한 회사를 찾아내라고 주문한다. 이후 마지막으로 회사를 보호하기 위해 할 수 있는 일이 무엇인지 질문한다. 이런 벤처 마인드셋 활동은 토론의 분위기를 뒤집을 수밖에 없다.

전통적인 산업 분야에도 장기적인 게임에 대해 잘 알고 있는 일부 기업들이 있다. 농업용 트랙터와 콤바인 수확기는 첫눈에는 최신 기술 기업의 제품처럼 멋지게 보이지 않을 수 있다. 하지만 농기계 부문의 선두 업체인 존 디어John Deere는 이미 2002년부터 장기적인 베팅을 시작했다. 2002년은 이 회사가 자율주행 기능이 탑재된 트랙터를 처음 출시한 해다. 존 디어는 2050년까지 세계 인구가 20억 명이 더 늘어나는 상상하기 힘든 미래가 곧 닥친다는 것을 인식했다. 이런 증가세는 이미 10명 중 한 명에게 영향을 미치고 있는 기아의 위험을 심화시킬 수 있다. 따라서 존 디어는 2017년 컴퓨터 비전computer vision*을 활용해 상추를 정밀하게 솎아내는 블루 리버 테크놀로지Blue River Technology라는 회사를 인수하면서 장기적인 베팅에 나섰다. 존 디어는 블루 리버의 CEO이자 공동 설립자인 호르헤 헤로드Jorge Heraud에게 자동화 어젠다의 책임을 맡겼다. 장기적으로 정확도를 높이고, 낭비를 줄이고, 산출량이 늘어나는 결과를 기대했지만 시간이 필요했다. 2022년, 존 디어는 기계와 같은 완전 로봇식 트랙터를 만들겠다는 또 다른 새로운 베

• 컴퓨터가 이미지나 영상에서 정보를 추출하고 이해하는 인공 지능 기술

팅을 발표했다. '발은 땅을 딛되, 눈은 지평선을 향한다'는 이 철학은 빠른 수익을 추구하는 회사와는 어울리지 않는다. 이 회사가 어떤 시야에 관심을 두는지 보여주는 증거로, 2016년 당시 존 디어의 회장 샘 앨런Sam Allen은 동료들에게 '10년, 20년 후 회사가 어디에 있기를 바라는지' 묻는다고 말했다. 이런 베팅이 이듬해 존 디어의 매출을 수십억 달러 늘려 줄 가능성은 매우 낮다. 하지만 경제의 중요한 부문에 영향을 미치는 농업 기술이 와해되는 과정 속에서 회사가 성공의 길을 걷는 데에는 도움이 될 것이다.

장기적인 사고는 미국 대기업들만의 것일까? 전혀 그렇지 않다. 카스피닷케이지Kaspi.kz는 전통적인 은행에서 다면적 기업으로의 극적인 전환에 성공했다. 카자흐스탄(코미디언 사샤 바론 코헨Sacha Baron Cohen이 〈보랏Borat〉에서 조롱거리로 삼았던 나라)의 이 보수적인 금융 기관은 혁신적인 비즈니스 모델과 장기적인 관점으로 많은 사람을 놀라게 했다. 이 회사의 경영진은 소비자들이 휴대폰에서 몇 번의 터치만으로 자신의 생활을 관리하는 것을 선호한다는 사실을 세계 최초로 깨달았다. 그 결과로 만들어진 슈퍼앱, 결제 서비스와 이커머스 및 금융 상품을 결합한 이 앱 덕분에 카스피닷케이지는 중앙아시아의 대형 상장 기업 중 하나가 되었다. 기업들은 '멀리를 내다보는' 사고방식을 통해 오래가는 혁신적인 제품을 만들 수 있다.

아마도 당신은 카스피닷케이지 앱은 사용해 보지 못했을 것이다. 하지만 매출이 150억 달러가 넘는 거대 소프트웨어 기업 어도비의 애크로뱃 리더Acrobat Reader나 포토샵은 사용해 보았을 것이다. 2013년, 어도비는 가격이 최소 1,000달러인 크리에이티브 스위트Creative Suite 소프트웨어의 패키지 버전을 더 이상 판매하지 않겠다고 발표하면서 실존적 도전에 직면했다. 대신 고객은 구독을 신청하고 매달 50달러를 지불해야 했다. 사용자들은 이 구독 모델을 '디지털 헤로인'에 비유하며 반발했다. 3만 명 이상의 사용자가 이 진환을 취소해 달라는 체인지오알지Change.org* 청원을 지지했다. 낮은 초기 비용**과 분노한 사용자들로 인해 단기적인 수익에 타격이 있었다. 하지만 어도비 경영진은 흔들리지 않았다. 클라우드와 사스Software as a Service, SaaS 모델에 대한 장기적인 베팅이었기 때문이다. 클라우드로의 전환은 단기적으로는 고통이었지만 장기적으로는 이득이었다.

　회사 경영진이 장기적인 성공을 위해 단기적인 매출이나 수익성 수치를 희생하는 것은 극히 어려운 일이다. 하지만 이것은 고위 경영진에게만 해당되는 문제가 아니다.

* 인터넷 청원, 캠페인 사이트
** 패키지 판매에 비해 구독 수수료가 낮다

마시멜로는 많을수록 좋다

마시멜로 실험에 대해 알고 있는가? 스탠퍼드 심리학자 월터 미셸 Walter Mischel은 4세 어린이들에게 쟁반에 있는 마시멜로, 프레첼, 초코칩 쿠키 중 하나를 고르게 했다. 간식을 고른 아이들은 냉엄한 선택에 직면한다. 마시멜로(또는 자신이 선호하는 간식)를 바로 하나 먹거나, 15분 동안 그 방에서 혼자 기다리며 가까운 테이블에 놓여 그들을 유혹하는 마시멜로, 프레첼, 쿠키를 먹지 않고 있다가 같은 종류의 간식을 두 개 얻는 것이다. 당신이라면 어떻게 하겠는가?

어른이 문을 닫자마자 바로 마시멜로를 입에 넣은 아이들이 있었고, 계속 기다린 끝에 길고 고통스러운 15분이 지난 후 그에 마땅한 상을 받은 아이들이 있었다. 유튜브에서 '마시멜로 실험 marshmallow experiment'을 검색하면 본래의 실험을 현대에 재탄생시킨 영상을 볼 수 있다. 그 안에서 아이들은 달콤한 간식을 바로 입 안에 넣고 싶은 욕구를 이기려 애쓴다. 유혹에 저항하는 것은 전체 어린이의 절반에 못 미치며, 다른 어린이들은 즉각적인 만족을 얻고자 하는 욕망에 무릎을 꿇는다. 한 소년은 오레오 쿠키를 조심스럽게 반으로 갈라 그 사이의 크림을 핥은 다음 쿠키 조각을 다시 테이블 위에 놓고 두 개의 쿠키를 먹기 위해 기다렸다! 어떤 아이나 간식을 더 받기를 바란다. 하지만 장기적인 결과를 끈기 있게 기다리는 아이들이 있는 반면에 많은 아이들은 단기적인 이득을 선호했다.

이 실험이 유명해진 것은 몇 년 후 실시된 후속 연구 때문이다. 4세 때 15분 동안 만족을 지연시켰던 아이들은 학업 성취도, 사회적 기술, 스트레스 대처 능력 면에서 더 나은 결과를 보였다. 마시멜로 테스트를 잘 견딘 아이들의 SAT 평균 점수는 30초만 기다린 아이들보다 210점 더 높았다.

반세기에 걸친 후속 연구는 지제력을 발휘했던 아이들이 구체적이고 예측 가능한 방법을 이용했다는 처음의 연구 결과가 사실임을 확인했다. 아이들은 생각이 단기적인 이익(맛있는 마시멜로)에서 다른 활동으로 옮겨지도록 적극적인 행동을 취했다. 먼 곳을 보거나 눈을 감는 아이도 있었고, 장난감을 가지고 노는 아이들도 있었으며, 의자와 테이블을 발로 차는 아이, 노래를 시작하는 아이도 있었다. 심지어는 낮잠을 자기도 했다. 단기적 보상과 장기적 보상에 대해 생각하는 동안 마시멜로를 쳐다보는 것은 도움이 되지 않았다. 지연된 만족을 받아들이는 일에는 순수한 의지력만이 중요한 것이 아니라 대처 전략을 찾아서 실행하는 것이 중요하다. 궁극적인 보상에 대해 생각하지 않고, 인내심을 유지하면, 두 배의 보상을 얻을 수 있다. 재미있는 일에 대해 생각하라는 지시를 받은 사람들은 훨씬 더 오래 기다릴 수 있었다. 최근의 실험 연구는 대처하는 다른 방법들을 찾았다. 예를 들어, 아이들을 작은 집단으로 배치하면 인내심을 발휘하는 더 나은 전략을 찾는 데 도움이 된다.

　단기주의에 대항하는 효과적인 전략을 세우는 것은 쉬운 일이 아니다. 장기적인 보상보다 즉각적인 보상에 가치를 두는 것은 어른과 아이 할 것 없이 우리 모두의 의사결정 방법에 내재되어 있다. 미래의 보상을 무시하는 것은 금융에서의 표준적인 가치 평가 메커니즘으로, 오늘의 100달러가 1년 후 100달러보다 더 가치가 있다는 단순한 관찰을 기반으로 한다. 하지만 사람들이 1년 후의 150달러보다 오늘의 100달러를 선호한다면? 연구에 따르면 대부분은 미래에 받을 돈의 현재 가치를 계산할 때 충격적으로 높은 할인율*을 적용한다. 한 연구에서 존 워너John Warner와 사울 플리터Saul Pleeter는 1990년대 초의 군 병력 감축 상황을 이용해 6만 5,000명 이상의 미군 장교들이 일시금과 연금 중에 어떤 선택을 하는지 조사했다. 당시의 통상 금리에 따르면 일시금에 비해 연금이 유리해 할인율이 매우 높은 데도 대부분은 일시금을 택했다.

　조급함은 드러난 시간 선호도의 한 측면에 불과하다. 연구자들은 '과도한 가치폄하hyperbolic discounting'라는 특별한 용어로 시간에 대해 일관되지 않은 의사결정을 나타낸다. 사람들은 먼 미래의 두 날짜를 비교할 때는 낮은 할인율을 적용하면서 즉각적인 만족에

• 　할인율은 미래현금흐름을 현재 가치로 만들어줄 때 쓰는 이자율을 말한다

는 훨씬 높은 할인율을 적용한다. 많은 의사결정의 뒤에는 과도한 가치폄하 효과가 있다. '과도한 가치 폄하'에 영향을 받는 참을성이 없는 근로자들은 새로운 일자리를 부지런히 찾지 않는다. 초초함에 의해 과장의 정도가 심해지는 것은 비만이나 알코올 중독과도 관련이 있다.

워런 버핏은 "주식 시장은 돈을 '참을성이 없는 사람들'로부터 '참을성이 있는 사람'에게 옮기는 장치"라고 말했다. 버핏과 그의 오랜 동업자 찰리 멍거Charlie Munger는 '보상 유예'로 유명하다. 유동성이 풍부한 주식 시장에서는 단기적인 수익이 크게 다가올 수 있다. 벤처 캐피털리스트는 비유동적인 세계에서 성공하기 위해 장기적인 성공과 궁극적인 출구에서의 수익(미래의 마시멜로 두 개 또는 10개)을 대가로 단기적인 이익(오늘은 마시멜로 한 개)을 무시하는 법을 배운다.

아이들이 마시멜로를 삼키고 싶은 즉각적인 욕구를 이기기 위해 사용하는 전략과 마찬가지로, 성공적인 벤처 캐피털리스트는 포트폴리오 기업의 미래 출구에 대해 끊임없이 생각하지 않는다. 파운데이션 캐피털Foundation Capital의 제너럴 파트너general partner*인 스티브 바살로Steve Vassallo는 2014년 회사 내에서 결제 스타트업 스트라이프Stripe에 대한 투자를 이끌었던 이야기를 우리에게 들려주었

* 회사 내에서 유한 파트너limited partner보다 광범위한 책임과 권한을 갖고 있는 파트너

다. 몇 년 후, 스트라이프의 기업 가치가 3배로 상승하자 지분을 정리하자는 제안이 들어왔다. 스티브의 일부 파트너들은 유혹을 느꼈지만 스티브는 거절했다. "이 회사는 여러 세계에 영향력을 미칠 수 있는 중요한 회사입니다. 두 번째 마시멜로를 먹으려면 15분을 더 기다려야 하겠지만 그 대가는 훨씬 더 달콤할 겁니다." 스티브의 말이다. 기업 가치가 신고점을 갱신하면서 제안은 계속 들어왔다. 눈앞에서 마시멜로가 커지는 동안 바살로는 인내심을 갖고 기다렸다. 마침내 그는 지분 일부를 1,100억 달러의 가치로 매각해 30배가 넘는 수익을 올렸다. 바살로는 마시멜로와 관련된 두 가지 교훈을 얻었다. "지금은 아니라고 말하는 자제력은 아이든 벤처 캐피털리스트에게든 대단히 중요합니다. 하지만 결국은 마시멜로를 먹어야만 합니다. 영원한 절식 역시 선택지는 아닙니다."

벤처 캐피털리스트에게 더 중요한 것은 기업가들이 회사의 가치를 높이고 회사를 장기적인 성장을 위한 이정표에 이르게 하도록 돕는 일상적인 업무다. 언젠가는 출구에 이를 것을 알지만 그들은 최종 목적지가 아닌 여정에 집중한다.

우리의 인생을 결정짓는 결정도 마찬가지다. 학생들이나 과거의 동료들이 진로에 대해 물어볼 때마다 우리의 대답은 같다. 장기적인 가치에 초점을 맞추고 초봉이나 사이닝 보너스signing bonus ••

•• 계약 체결 시 선지급하는 보너스

같은 단기적인 측정 기준에 큰 비중을 두지 말라. 그런 것들은 어른들의 마시멜로다. 누구나 생계를 유지해야 하므로 급여를 무시할 수는 없다. 하지만 단기주의의 함정에 빠져서는 안 된다. 벤처 마인드셋을 발휘하라. 당신의 경력은 아마도 당신이 진행하는 가장 중요하고 흥미로운 프로젝트일 것이다. 길게 생각하라.

다음에 중요한 결정을 내려야 할 때 제임스 쿡James Cook 선장이 폴리네시아의 이스터섬에 접근하던 때 깨달았던 것을 생각해 보라. 쿡 선장과 그의 부하들은 맨해튼 3배 크기의 이 섬에서 황량한 땅과 부서진 카누 서너 척, 그리고 알아들을 수 없는 언어를 구사하는 수백 명의 사람들을 발견했다. 나무는 흔적조차 찾아볼 수 없었다. 그러나 그들은 화산재로 만든 '길이 15피트(약 4.6미터), 어깨 너비 6피트(약 1.8미터)'의 대형 조각상 수백 개가 넓은 지역에 흩어져 있는 것을 발견했다. 쿡은 1774년의 일기에 "우리는 이 섬 사람들이 어떻게 그런 거대한 조각상을 만들 수 있었는지 상상조차 할 수가 없었다"라고 썼다.

이 조각상들은 인구가 많고 번영했던 과거의 문명을 암시한다. 한때 수백만 그루의 나무가 가득했던 이 섬은 그 모든 나무를 잃었다. 이스터섬의 미스터리는 많은 역사적 수수께끼를 낳았으며, 사회가 붕괴하는 이유에 대한 재레드 다이아몬드Jared Diamond의 이야기와 같은 최근의 생태학적 재난 서사 부문에서 중요하게 논의되었다. 많은 과학자들은 나무를 베어내고 태우는 이스터섬 농부들의 농업 방식이 재앙을 초래했다고 생각한다. 단기적으로는 나무를 태우는 방법이 농작물을 재배하고 늘어나는 인구를 부양할 수 있는 땅을 더 많이 만들었지만, 장기적으로는 단 몇 세대 만에 모든 나무가 사라지게 만들었다. 인류 문명은 현재 몇 분이 아니라 몇 세대에 걸친 대규모 마시멜로 실험을 하고 있는 것이 아닐까?

일리야나 알렉스와 마시멜로 실험을 하고 싶다면 단 것으로는 목표를 달성할 수 없을 것이다(달콤한 와인이 아니라면). 좋은 와인을 수집하는 일리야는 종종 친구들을 자신의 서늘한 와인 저장고로 데려간다. 손님들은 예외 없이 "이 와인들 중 가장 가치가 높은 것은 무엇인가요?"라는 질문을 던진다. 일리야는 이렇게 답한다. "내 증손자가 딸 와인이죠."

좋은 와인에는 인내심이 필요하다. 일리야가 1941년 태어나신 아버지와 그 해 만들어진 와인을 함께 마시거나 1916년산 마데이라Madeira*로 할머니를 추억하며 건배할 때마다 특별한 순간이 탄생한다. 1727년 라인강이 내려다보이는 가파른 언덕에서 수확한 리슬링 포도로 만든 달콤한 와인 뤼데스하이머 아포스텔바인Rüdesheimer Apostelwein이 담긴 황금빛 잔을 들었을 때 느끼는 지연된 만족감을 이길 수 있는 것은 많지 않다(2018년 브레멘 라츠켈러Bremen Ratskeller**

• 45도 이상의 온도에서 숙성된 와인
•• 브레멘 시청의 와인 저장고

에서 맛본 와인은 정말 굉장했다!). 물론 이런 오랜 숙성으로 혜택을 보는 와인도 있지만, 대부분은 마실 수 없는 식초로 변한다. 위험은 구석구석, 모든 선반에 도사리고 있다. 일리야는 자녀, 손주들이 아주 오래전 그들을 위해 남겨놓은 와인의 코르크를 열 때 이 글을 읽으며 시간을 뛰어넘는 메시지를 깨닫길 바란다. 어쩌면 미래의 우주 혁신가들이 레드 와인이 지구보다 우주에서 더 빨리 숙성된다는 연구에 주목한 그들은 우주 궤도에 있는 와인 저장고에서 나온 와인을 선호할지도 모를 일이다.

당신의 장기적인 베팅은 무엇인가?

┌───┐

**마인드셋
점검**

1. 조직의 이해관계자들이 5~10년 시간 범위의 아이디어에 투자하는 것을 편안하게 생각하는가? 프로젝트나 이니셔티브의 장기적인 가치를 고려하고 있는가? 아니면 단기적인 수익성에만 초점을 맞추고 있는가?

2. 경영진의 인센티브가 비즈니스의 수익성이나 가치에 중점을 두고 있는가?

└───┘

벤처 마인드셋

"좀도둑질을 경험해 볼 준비가 되셨나요?" 매장 출구로 향하는 통로를 따라 내려가던 일단의 경영자들에게 알렉스가 장난스럽게 속삭였다. 이 스탠퍼드 최고경영자 프로그램Stanford Executive Program, SEP 참가자들은 시애틀 주말여행을 즐기는 중이었다. 매장에는 줄도, 계산대도, 심지어 계산원도 없었다.

2018년 여름, 마침내 첫 번째 아마존 고 매장이 대중에게 공개되었다. 단 한 명의 직원과도 상호작용을 하지 않고 제품을 집어들고 매장을 나서는 순간은 정말 초현실적인 경험이었다! 귀찮은 상황도, 줄도, 시간 낭비도 없었다. 반면 주요 소매업체들 사이에서는 공포감이 짙어졌다. 쇼핑이 다시 예전과 같아질 수 있을까?

불과 며칠 후, 같은 경영자들은 와해와 기업 혁신에 관한 일리야의 수업에서 벤처 마인드셋의 원칙을 익히며 필기를 하고 있었다. 일리야는 이런 말로 이야기를 마쳤다. "두려워하지 말고 혁신 게임에서 주도권을 잡으십시오." 시애틀 현장 학습에 참여했던 토마스 블리차르스키Tomasz Blicharski는 일리야의 조언을 마음에 새겼다. 불과 3년 후, 폴란드의 선도적인 소매업체 자브카Żabka는 블리차르스키의 주도로 최초의 계산원 없는 매장을 열었다. 2년 후, 자브카 나노Żabka Nano 편의점 네트워크는 유럽의 무인 매장 경쟁에서 아마존을 앞질렀다. 블리차르스키의 직책은 자브카 미래 담당 상무이사다. 그와 그의 팀은 문자 그대로 미래를 책임지고 있다. 미래를 예측하는 가장 좋은 방법은 미래를 만드는 것이다.

5년 후 블리차르스키는 이렇게 말했다. "저는 위험을 감수하고, 회사를 혁신하고, 제가 배운 원칙을 사용해 회사를 미래에도 뒤떨어지지 않는 회사를 만들고 싶다는 영감을 받았습니다." 그리고 "계산원이 없는 매장은 고객 경험을 개선하기 위해 우리가 시작한 여러 가지 일 중 하나일 뿐입니다"라고 덧붙였다. 이 모든 것은 고객을 가능한 한 오래 매장 안에 머물게 하려는 소매업체의 통상적인 꿈과 정반대로 고객의 시간을 아끼려는 결정에서 시작되었다. "편의점을 냉장고라고 생각해 보십시오. 냉장고 안에서 많은 시간을 보내고 싶지는 않을 겁니다." 현재 자브카 나노 자동화 매장의 평균 방문 시간은 1분 50초 미만이다. 마지막으로 동네 편의점을 방문하는 데 걸린 시간은 얼마였는가?

자브카는 기술과 벤처 마인드셋으로 무엇을 이룰 수 있는지 보여주는 대표적인 사례가 되었다. 많은 경영자들이 와해의 맹공을 두려워하는 것은 충분히 이해가 가는 일이다. 하지만 그 가운데에서 열성적인 학습자이자 용감한 구축자가 되는 경영자들이 있다. 기존 기업의 혁신 리더들은 스타트업에서 배움을 얻는다. 더 중요한 것은 스타트업을 가능케 하는 벤처 캐피털리스트들로부터 배우고, 벤처 마인드셋을 습득한다는 점이다. 이런 리더들은 대규모 변화를 무시하는 것이 아니라 변화의 과정을 적극적으로 형성해 나간다.

세계의 자동화 전쟁이 끝나는 지점은 아직 멀리 있다. 유럽에서는 자브카가 아마존을 추월했지만, 아마존은 여전히 거대한 혁신 기계다. 존 디어는 2022년에 최초의 완전자율주행 트랙터를 공개했지만, 곧 테슬라나 웨이모 등과의 치열한 경쟁에 직면할 수 있다. 마이크로소프트는 구글보다 한 세대 앞선 기업이지만 벤처 마인드셋을 통해 구글을 위협하는 위치에까지 이르게 되었다. 100년 전통의 디즈니는 최근 가입자 수에서 넷플릭스를 앞질렀다. 그들은 가차 없는 스트리밍 전쟁에서 계속 앞서 나갈 수 있을까?

전통적인 기업들은 젊은 도전자들에게 성공적으로 반격을 가할 수 있으며, 실제로 그렇게 하고 있다. 이들은 충분한 자원, 자본에 대한 더 나은 접근성, 대규모 고객 기반 덕분에 벤처 캐피털의 지원을 받는 스타트업이나 업계의 다른 신생 기업들과 경쟁할 수 있는 충분한 능력을 가진 경우가 많다. 하지만 그들은 종종 적절한 사고방식, 특히 벤처 마인드셋을 놓치곤 한다. 더 많은 기업 리더들이 이런 사고방식을 가질수록 기업의 지붕 아래에서 더 많은 유니콘, 데카콘(유니콘의 10배), 센티콘(유니콘의 100배)이 등장할 것이다.

혁신의 세계에는 명확한 진전을 가능케할 레시피가 담긴 요리책이 없다. 하지만 실천에 옮길 경우 생존과 성공의 가능성을 높여주는 원칙과 메커니즘은 존재한다. 이런 원칙은 혁신을 지원한 경험이 가장 많은 벤처 캐피털리스트들이 그 과정에서 배우고 완성한 것이다. 이런 원칙이 다른 분야에도 적용되어야 한다. 우리는 이 책에서 가장 중요한 지도 원리들을 상세히 설명했다. 하지만 이들 원칙을 특정 산업이나 특정 기술에 적용하는 방법에 대한 세부적인 논의는 피했다. 거기에는 몇 가지 이유가 있다. 첫째, 우리가 많은 기업 리더들과의 컨설팅 작업에서 되풀이해서 목격하고 있는 것처럼 구체적인 적용에는 보통 개별 맞춤화가 필요하다. 둘째, 각 전술의 성공은 실행의 질에 큰 영향을 받는다. 셋째, 특정 산업과 기술은 이 책이 책장에 꽂히고(책꽂이라는 것이 여전히 있다면) 얼마지 않아 변화하거나 사라질 수 있다. 구체적인 적용에는 변화가 생기겠지만 벤처 마인드셋의 지도 원리는 변하지 않을 것이다. 우리는 내부적인 혁신이 적절하게 구축되기만 한다면 일련의 인수·합병만큼, 혹은 그보다 더 큰 영향력을 발휘할 수 있다는 것을 발견했다. 기업 벤처 캐피털팀은 자신만의 줌Zoom을 발견해 기업에 중대한 변화를 불러올 수도 있지만, 제대로 적용하지 못한 경우에는 시간, 노력, 비용의 낭비만을 유발할 수도 있다.

벤처 투자자들은 어떤 아이디어가 비즈니스 잡지의 표지를 장식했을 때는 이미 늦은 일이란 것을 잘 알고 있다. 챗GPT가 일반 대중 사이에서 인기를 모은 것은 2023년 초다. 하지만 그 배후에 있는 스타트업 오픈AI는 2015년 설립되었으며, 벤처 캐피털의 지원으로 2019년 유니콘 기업이 되었다. 식물성 대체육 업체 임파서블 버거Impossible Burger의 창업자는 2019년 타임이 선정한 100대 발명 목록에 이름을 올렸다. 이 회사는 2011년에 설립되어 2016년에 유니콘이 되었다. 벤처 캐피털리스트들은 아이디어가 널리 주목받기 훨씬 전부터 조용히 아이디어를 발굴한다. 오픈AI와 임파서블 버거는 모두 일리야가 오래전부터 스탠퍼드에서 구축한 벤처 캐피털 지원 기업 데이터베이스에 자리하고 있었다. 인접 분야의 대기업들조차 대부분 이들을 무시하거나 조롱했다. 너무 늦어버리기 전까지 말이다.

무지는 곧 두려움이 된다. 우리는 워크숍에서 경영자들에게 그들 업계에서 최근 유니콘이 된 기업과 유니콘이 될 기업의 간략한 히트맵을 보여주곤 한다. 이런 조감도는 어디에서 변화가 일어나고 있는지, 벤처 자금이 어디로 흘러가고 있는지, 앞으로 10년 정도 안에 특정 업계에 어떤 종류의 변화가 있을지를 보여준다. 이 간단한 표는 경영자들을 떨게 만든다. 안정적인 현금 흐름과 만족한 주주를 보유한 안정적인 사업 부문이 잠재적 파괴자에게 취약한 표적으로 그려져 있기 때문이다. 하지만 두려움과 방어로 대응하는 것보다 열성적으로 배우고 발전하는 기업이 되는 것이 훨씬 더 생산적이다. 벤처 캐피털리스트들이 이런 새로운 기회를 파악할 수 있다면 당신이라고 하지 못할 이유가 없다.

일리야의 연구는 혁신의 세계에서의 주된 규칙은 엄격한 규칙의 부재라는 것을 보여준다. 유니콘은 극히 다양하기 때문에 수천, 수만의 후보 중 어떤 스타트업이 트렌드세터가 될지는 예측하기가 힘들다. 많은 기업이 실리콘밸리에 기반을 두고 있지만, 다른 지역에도 많은 기업이 있다. 창업자는 젊은 중퇴자일 수도, 경험이 풍부한 전직 대기업 임원일 수도 있다. 미국 유명 교육 기관의 학위를 갖고 있는 것은 분명 도움이 되겠지만, 많은 유니콘은 다른 나라에서 설립되거나 전 세계에서 학위를 취득한 미국 이민자에 의해 설립되었다. 구글, 아마존, 맥킨지 출신인 것은 도움이 될 수 있지만 성공을 보장하지는 않는다. 이 분야에서 예측 가능한 것은 예측 불가능성이다. 이것이 바로 벤처 캐피털이 지배하는 세상의 멋진 면이다. 그리고 올바른 베팅을 하면 누구나 승리할 수 있다.

올바른 베팅은 사람들, 그들의 의사결정, 그들의 사고방식에서 시작된다. 혁신은 창업자나 고위 임원이 아닌 평사원에서부터 시작되는 경우가 많다. 스티브 잡스는 아이폰의 탄생으로 이어진 실험 프로젝트에 대해 알지도 못했었다. 더구나 그는 이 아이디어를 거부할 뻔했다. 하지만 연구팀이 프로젝트를 진행하도록 그를 끈질기게 설득했다. 스타벅스의 마케팅 이사였던 하워드 슐츠Howard Schultz는 이탈리아 출장을 다녀온 후 커피 원두 외에 에스프레소 기반 음료를 판매하는 아이디어를 떠올렸다. 스타벅스의 원 창립자가 커피 체인의 엄청난 잠재력을 알았더라면 스타벅스의 역사는 크게 달라졌을 수도 있다. 슐츠는 대신 자신의 회사를 설립하고 스타벅스를 인수한 뒤 세계 최대의 커피 체인점으로 성장시켰다.

닌텐도Nintendo는 카드 제조업체에 머물 수도 있었다. 하지만 1965년 조립 라인 유지보수 엔지니어로 채용된 요코이 군페이Gunpei Yokoi 덕분에 마리오 게임과 자체 콘솔로 유명한 전설적인 비디오 게임 회사가 되었다. 어떻게 이런 일이 일어났을까? 닌텐도 창업자의 손자는 요코이 군페이의 창의적인 재능을 알아보았다. 요코이가 "제가 뭘 만들길 바라십니까?"라고 물었을 때 그는 이렇게 답했다. "뭔가 대단한 것을 만들어주게!" 이 말에 요코이는 손으로 들 수 있는 게임&워치Game & Watch 시스템과 게임보이 등 대단한 것들을 만들어 냈다. 19세기에 설립된 닌텐도가 21세기에 수익으로 가는 길을 찾을 수 있었던 이유는 스스로를 여러 차례 재창조했기 때문이다. 디즈니, 레고, 3M 등 다른 많은 기업들도 올바른 사고방식을 도입해 스스로를 재창조했다. 우리는 전통적인 기업도 재창조를 필요로 하는 세대의 변화에 보조를 맞출 수 있다고 진심으로 믿는다. 하지만 그러기 위해서는 리더와 팀원 모두가 올바른 사고방식을 가져야 한다.

당신이 출발해야 하는 곳은 바로 사람과 사고방식이다. 스마트폰의 운영체제에 주기적인 업데이트가 필요한 것처럼 사람도 때때로 리셋이 필요하다. 이를 위해 우리와 일했던 한 회사에서는 새로 선임된 부사장들을 대상으로 특별히 고안된 워크숍을 열었다. 참가자들을 부사장 자리에 오르게 만든 요소와 곧 회사를 재창조할 조직의 훌륭한 리더로 만드는 요소는 다를 것이라는 생각에서 나온 조치였다. 가족 소유인 한 기업은 젊은 세대에게 회사를 맡겨 회사를 재창조할 기회를 주기 전에 젊은 세대의 사고방식을 확립하는 데 자원을 집중했다. 다른 많은 조직들도 현재나 미래의 리더 100여 명을 선발해 전 부서에 벤처 마인드셋의 씨앗을 심고 가장 의욕적인 직원에게 적절한 도구를 제공하기 위해 고안된 교육을 받게 한다. 아이디어의 불씨를 터뜨리는 것은 한 사람만 있으면 되는 일이지만 그 아이디어를 현실로 만드는 것은 많은 사람이 필요한 일이다.

앞서 검토한 9가지 원칙을 근거로 하는 새로운 사고방식이 있다면 모든 세대의 직원, 이사회 구성원, 주주, 소유주가 상황을 서로 다른 관점에서 볼 수 있다. 토마스 블리차르스키는 기술이 소매업계 전체를 변화시킬 수 있다는 것을 깨닫고 엄청난 영향력을 가진 획기적인 아이디어를 찾기 시작했다. 자브카 나노 매장 콘셉트와 같은 아이디어들은 효과를 냈지만 다른 많은 아이디어는 실패하기도 했다. 그러나 그런 실패는 팀원들의 의욕을 꺾지 못했다. 왜일까? '홈런은 중요하지만 삼진은 중요하지 않으니까!' 블리차르스키는 우리와 이야기를 나누던 때 새로운 아이디어와 영감을 찾기 위해 다시 실리콘밸리로 향하는 비행기에 오르려던 참이었다. '4개의 벽에서 벗어나는' 것은 여전히 그의 모토다.

우리는 토마스 블리차르스키와 같은 많은 영웅을 만났고 그들의 이야기를 당신과 공유했다. 우리는 모든 혁신 뒤에는 항상 한 사람과 팀이 있다는 것을 배웠다. 보니 시미와 그녀의 '준비된 마음'이 없었다면 제트블루 테크놀로지 벤처스는 존재할 수 없었을 것이다. A. G. 라플리는 소수의 생존을 위해 '"노'라고 100번을 말함'으로써 P&G에 대규모 아이디어 파이프라인을 만들 수 있는 힘을 실어 주었다. 로버트 랭거의 연구소는 '기수가 중요하다'는 그의 신념이 없었다면 불가능했을 것이다. TDK 벤처스의 니콜라스 소바쥬가 참신한 아이디어를 찾는 데 '의견의 불일치를 인정한다'는 원칙을 효과적으로 사용하지 않았다면 100년 가까이 된 일본 기업에서 혁신을 위한 참신한 아이디어를 찾지 못했을 것이다. 아스트로 텔러와 그의 구글 X 팀은 차세대 구글을 만들기 위해 '밀어붙이거나 그만두는' 프로세스를 고안했다. KKR 파트너 피트 스타브로스 덕분에 제조업체는 C. H. I. 오버헤드 도어에서 '파이를 크게 만드는 데' 성공했다. 호르헤 헤로드는 라스베이거스 국제 전자제품 박람회Consumer Electronics Show에서 완전 자율 주행 트랙터를 발표하기까지는 그가 블루 리버 테크놀로지를 설립하는 데에서 시작해 이후 존 디어에 인수되는 데 이르는 긴 세월이 필요했다. '대단한 일에는 시간이 필요하다.'

이런 원칙을 실천하는 과정에서 질문, 의견, 성공이나 실패 사례를 comments@thevcmindset.com로 보내주었으면 한다. 현장의 목소리를 듣고 싶다.

마인드가 중요하다. 미래에도 번영하는 회사를 구축하려면 벤처 마인드셋이 더 중요하다. 벤처 마인드셋을 실천하고 적용해서 회사, 삶, 세상을 변화시키는 데 활용해 보자.

THE VENTURE
MINDSET

벤처 마인드셋
전술

1장. 홈런이 중요하다, 삼진은 중요치 않다
비즈니스 모델: 큰 것을 얻는 방법

1. 베팅의 피라미드를 만든다.
2. 지나치게 안전한 플레이는 금물.
3. 올인하지 않는다.
4. 아이디어의 정원은 정기적으로 솎아준다.

2장. 4개의 벽에서 벗어난다
아이디어 소싱: 다음의 한 방을 찾는 방법

5. 사내 기업가를 신뢰한다.
6. 혁신 정찰대를 이용한다.
7. 군중의 지혜에 의지한다.

3장. 마음을 준비한다
초기 스크리닝: 기회를 평가하는 방법

8. 4개의 벽에서 벗어나 기초 작업을 한다.
9. 업계의 전문지식을 활용한다.
10. 전장을 선택한다.

4장. "노"라고 100번 말한다
실사: "노"라고 말해야 할 때

11. 위험을 숨기지 말라. 초기에 드러내라.
12. 깔때기를 쓰레기로 채우지 말라.
13. 너무 일찍부터 회의적인 시선을 주지 말라.

책을 쓰는 데 필요한 것은 무엇일까요? 라자냐에 하나의 레시피가 있는 것이 아니듯 글쓰기 여정은 하나도 같은 것이 없습니다. 저희에게는 다음과 같은 재료가 필요했습니다. 우선 연구에 투자할 긴 시간이 필요했습니다. 토론하고, 초고를 쓰고, 고쳐 쓰는 3년의 시간도 생각해야 했습니다. 수백 개의 폴더에 흩어져 있는 수천 개의 파일을 끊임없이 검토해야 했습니다. 인내심을 가지고 공저자의 의견에 귀를 기울여야 했습니다. 가족들의 도움도 필요했습니다. 많은 와인을 챙겨 두어야 했습니다.

하지만 가장 중요한 비결은 이 책이 존재할 수 있도록 시간을 할애해 준 동료와 친구들이었습니다. 그들이 없었다면 저희의 모든 노력은 헛된 일이 되었을 것입니다. 저희는 정말 운이 좋은 요리사입니다.

모든 학생, 워크숍 참가자, 기업 고객에게 감사드리고 싶습니다. 각종 책과 온라인 자료에서보다 여러분들로부터 더 많은 것을 배웠습니다. 여러분은 까다로운 질문을 던지고, 실제 사례를 깊이 파고들고, 조직에서 혁신을 구현할 수 있는 실용적인 도구를 마련하게끔 저희에게 도전 과제를 주었습니다. 애초에 이 책을 쓰게 된 계기가 여러분의 호기심이었습니다.

한 고위 임원이 이렇게 불평한 적이 있었습니다. "조직 전체의 모든 직원과 공유할 만한 읽기 쉬운 책이 없습니다. 당신들이 우리에게 이야기한 혁신의 중요성을 모두가 이해할 수 있는 그런 책 말입니다." 저희는 그의 요청에 부응하기 위해 노력했습니다. 이제 벤처 캐피털 세계의 흥미로운 교훈들을 적용하고자 하는 모든 사람이 이 책을 읽고 추천할 수 있기를 바랍니다.

터키 커피, 오래된 대만 차, 오래 묵은 마데이라 와인이 창의력을 발휘하는 데 도움이 되었습니다. 하지만 큰 영향을 준 것은 벤처 캐피털리스트들과의 작업이었습니다. 회의, 브런치, 줌 통화, 늦은 밤의 저녁 식사에서 경험의 보물 상자를 열어 준 수백 명의 벤처 캐피털리스트들께 감사드립니다. 기록에 남은 분들도, 익명을 원한 분들도 있습니다. 그분들의 이야기는 실제 그들의 돈이 걸린 경험에서 나온 것이었습니다. 소중한 만남이었습니다. 한 분 한 분의 이야기만으로도 책 한 권씩을 만들 수 있을 것입니다. 현대 세계를 형성한 도구와 메커니즘을 공개해 준 벤처 캐피털리스트 공동체 전체에 감사의 말씀을 전하고 싶습니다. 덕분에 이제 이 도구와 메커니즘을 더 많은 사람들이 이용할 수 있게 되었습니다.

긴 세월 동안 저희를 도와주신 벤처 캐피털리스트들은 일일이 다 열거할 수 없을 정도로 많습니다. 그중에서도 특히, 패트릭 에겐, 나그라즈 카샤프, 사친 데쉬판데(책의 시작을 장식한 줌 스토리의 주인공), 폴 아놀드, 메르세데스 벤트, 클라우디아 팬 먼스, 테레지아 구우, 브라이언 제이콥스, 마이크 메이플스, 케이트 미첼, 알렉스 램펠, 브라이언 로버츠, 키미 새뮤얼스, 니콜리스 소비쥬, 데이비드 싱어, 알리 타마세브, 스티브 바살로, 허머 윈블라드는 이 지면을 통해 다시 한번 언급하고 싶습니다. 성공적인 벤처 캐피털리스트이며 스탠퍼드 벤처 캐피털·기업가정신에 관한 강좌를 공동 개설한 일리야의 파트너, 테레지아 구우와 브라이언 제이콥스에게 특히 깊은 감사의 마음을 전합니다.

이 책은 벤처 캐피털에 관한 책이지만 벤처 캐피털리스트를 위한 책은 아닙니다. 저희는 의사결정권자를 위해 이 책을 썼고, 그 과정에서 많은 분들이 도움을 주셨습니다. 저희는 대기업, 중견기업, 정부 기관의 리더들과 이야기를 나눴습니다. 결론에 등장하는 자브카의 토마스 블리차르스키 이야기는 벤처 마인드셋으로 무엇을 이룰 수 있는지 보여주는 많은 사례 중 하나입니다.

저희는 벤처 마인드셋이 벤처 캐피털과 비즈니스 세계뿐 아니라 다른 곳에도 적용될 수 있다는 굳은 믿음을 갖고 있습니다. 혁신에는 국경이 없습니다. 저희가 과학, 교육, 신약 개발, 도박 등 다른 분야의 많은 전문가와도 소통한 것은 그런 이유 때문입니다. 많은 분들이 저희의 문의를 받고 놀라워했습니다. 벤처 투자자와 버빗 원숭이의 유사점에 대해 논의하자거나, 스탠퍼드 교수와 기술 기업 임원에게 포커를 가르쳐달라는 이메일을 받았다면 당신은 어떤 답변을 했을까요? 이런 여러 경우에 많은 분들이 긍정적인 답변과 너그러운 도움을 주셨습니다. 특히 벤 벤사오, 리처드 하로치, 밥 랭거, 에리카 반 드 발의 인내와 열정에 감사드립니다.

첫 번째 책을 쓰는 일은 첫 캠핑 여행과 같습니다. 야생에서 어떤 일이 벌어질지 모르기 때문에 가이드가 있어야 합니다. 저희의 가이드는 게르네르트 컴퍼니Gernert Company의 에이전트 크리스 패리스 램이었습니다. 저희는 그의 첫 피드백을 정말 귀하게 여깁니다. "저에게 공유해 주신 샘플 챕터는 훌륭합니다. 하지만…" 그 '하지만'은 매우 절제된 표현이었습니다. 저희는 얼마나 어려운 일을 앞두고 있는지 상상도 하지 못했습니다. '하지만'. 하지만 크리스는 항상 저희와 함께했습니다. 그는 작가들을 친자식처럼 대합니다. 저희가 저희의 목소리를 찾으면 그는 기뻐했고, 아직 기준에 한참 못 미친다는 것을 알면서도 계속 노력하라고 저희를 항상 격려해 주었습니다. 감사합니다, 크리스!

크리스가 저희의 가이드였다면, 포트폴리오Portfolio의 편집자 리디아 야디는 저희의 수호천사였습니다. 그녀의 도움이 아니었다면 이 책은 더 길고, 더 두껍고, 무겁고, 읽기 힘든 책이 되었을 것입니다. 처음 그녀가 "두 분이 쓴 책이 그저 책꽂이의 고정 장치 노릇을 하는 걸 바라지 않는다면, 아끼는 것들을 쳐내야 합니다"라고 말하는 것을 듣고 저희는 공황 상태에 빠졌습니다. 하지만 그렇게 가지치기를 하자 글은 새롭게 빛을 발했습니다. 그리고 다시 리디아가 말했습니다. "이 장을 더 짧게 만드실 수 있겠어요?" 말도 안 된다고 생각했지만 저희는 해냈습니다. 그리고 다시. 또다시. 글을 쓰는 것도 어렵지만 편집은 훨씬 더 어렵다는 걸 알았습니다. 리디아의 차분하고 부드러운 끈기가 결실을 맺었습니다.

출판에 문외한인 저희는 아드리안 잭하임의 이름을 듣고도 그가 누구인지 전혀 몰랐습니다. 이제 저희는 압니다. 그리고 출판사로 포트폴리오를 출판업자로 아드리안을 만나게 된 것은 축복이라는 것을요. 출판업자는 사실 벤처 캐피털리스트와 비슷한 면이 많습니다. 몇 개가 히트작이 되기를 바라며 매년 많은 베팅을 하죠. 「포브스」는 매년 성공적이고 재능이 뛰어나고 운이 좋은 성공적 벤처 투자자 명단, 미다스 리스트Midas List를 발표합니다. 미다스 리스트의 벤처 캐피털리스트로부터 관심을 받고 그들의 자본을 끌어들인 창업자라면 이미 상당한 성과를 거둔 것으로 생각할 수 있다. 출판업계에 최고의 '투자자' 리스트가 있다면 그 맨 윗자리는 아드리안의 차지일 것입니다. 아드리안, 당신의 조언은 정말 값을 매길 수 없는 것이었습니다. 당신의 지원에 감사드리며 당신의 베팅이 올바른 것이었길 바랍니다.

많은 학자, 특히 스탠퍼드의 많은 학자들이 이 책을 만드는 데 중요한 역할을 했습니다. 벤처 캐피털 이니셔티브_{Venture Capital} Initiative 팀 전체와 일리야의 스탠퍼드 동료들, 공저자들, 박사 과정 학생들께 감사드립니다. 불굴의 인내를 보여주신 폴 곰퍼스, 스티븐 캐플런, 월 고르날에게도 특별한 감사의 마음을 전합니다.

책을 쓰는 것은 협동 작업이기에, 많은 연구 조교들이 여러 방면에서 도움을 주셨습니다. 슬러시 사우나 컨퍼런스가 처음 열린 해는 언제인가? 이 인용문의 최초 출처는 누구인가? 이 이야기는 사실인가, 아니면 도시 괴담인가? 저희가 가장 좋아하는 연구 조교, 아나스타샤 소첸코와 안나 엘리야소바는 특별히 칭찬을 받아 마땅합니다. 그들이 이러한 모든 사실을 샅샅이 찾아 검증했습니다!

많은 친구들이 여러 단계의 초고를 읽고, 인내심을 가지고 제안을 해주었고, 저희 주장의 약점(자주)과 강점(훨씬 덜)을 지적해 주었습니다. 이 책이 더 나은 책이 될 수 있도록 돕기 위해 귀중한 시간을 할애해 주신 훌륭한 첫 번째 독자들, 알렉스 에드먼스, 타냐 페도로바, 빅터 황, 카우식 마니, 마이클 멘케, 안나 네버로바, 빅터 오시카, 비제이 파리크, 스티브 로저스, 이그나시오 빈케, 조나단 워커에게 감사드립니다.

단어를 모아 매끄러운 문장으로, 문장을 모아 효과적인 단락으로 만드는 것은 생각보다 어려운 일이었습니다. 학구적인 스타일과 전문 용어를 없애는 데 오랜 시간이 걸렸습니다. 『훌륭한 글쓰기의 열쇠 Keys to Great Writing』의 저자 스티븐 윌버스 박사는 저희가 글을 쓸 때 취한 접근 방식에 영향을 주었고, 인내로 저희의 질문에 답해 주시고 너그러운 마음으로 도움을 주었습니다. 브루스 배런은 여러 초안을 세심하고도 우호적인 시선으로 검토해 주셨습니다. 나중에는 저희 스스로 "브루스라면 뭐라고 할까?"라고 자문할 정도였습니다. 그리고 저희가 나름의 스토리텔링 스타일을 찾는 데 도움을 주고 더 많은 청중을 아우를 수 있도록 격려해 준 라이오넬 바버에게도 특별한 감사를 표합니다.

저희 두 사람의 부모님들은 어린 시절부터 글의 아름다움에 대한 사랑과 그 힘에 공감하는 마음이 스며들게 해주셨습니다. 이 책을 쓰는 데 어떤 것이 필요한지 알았다면 저희는 애초에 포기해 버렸을지도 모릅니다. 저희가 함께하지 못하는 시간이 얼마나 많을지 알았다면 가족들은 저희를 집에 가뒀을지도 모릅니다. 일리야는 비행기 안에서, 가족 여행 중 밤에 몰래, 박사 과정 학생들과의 회의 틈틈이 초고를 수정했습니다. 알렉스는 갓난아기를 무릎에 앉히고 한 손에는 진한 커피 한 잔, 다른 한 손에는 우유병을 들고 글을 검토했습니다. 하지만 저희는 그 시간들을 사랑했습니다. 매 순간을 말입니다. 인내와 사랑으로 이 책을 완성할 수 있게 해준 가족들, 일리야의 가족인 안야, 다니엘, 엘리자베스, 그리고 알렉스의 가족인 마샤와 티모샤, 그리고 부모님들께 감사드립니다.

서로에 대한 감사도 빼놓을 수 없죠. 블로그, 숏폼 영상, 틱톡 동영상의 시대에 책을 쓰는 일은 믿음이 없으면 불가능한 긴 여정이자 투자였습니다. 이 공동의 여정을 통해 저희는 더 가까워졌고, 저희의 우정은 더 강해졌으며, 저희의 이야기는 수백 페이지가 더 늘어났습니다. 저희는 앞으로 긴 세월 동안 와인을 함께 마시며 나눌 수 있는 추억을 쌓았습니다. 즐거운 여정이었습니다. 저희 두 사람의 여정을 더 즐겁게 만들어 주신 모든 분들께 감사드립니다. 여러분의 도움, 지원, 인내, 피드백, 격려에 감사드립니다!

들어가며

1   Philip Levinson, "3 Reasons Why Almost Every VC Investor Passed on Zoom," *The Next Web*, January 26, 2021.

2   IPO 당시 퀄컴은 클래스 B 주식의 1.7%를 소유하고 있었다. "Zoom Video Communications, Amendment No. 2 to Form S-1 Registration Statement," US Securities and Exchange Commission, April 16, 2019, 121. For Zoom's IPO, Alex Konrad, "Zoom IPO Values It at $9 Billion—and Mints New Cloud Billionaire Eric Yuan," *Forbes*, April 18, 2019를 참조하라.

3   Tom Taulli, "Why Emergence Invested in Zoom in . . . 2015," Forbes, September 4, 2020; Ron Miller, "Zoom Video Conferencing Service Raises $100 Million from Sequoia on Billion-Dollar Valuation," *TechCrunch*, January 17, 2017, techcrunch.com/2017/01/17/sequoia-invests-100-million-in-zoom-video-conferencing-service.

4   "Zoom Video Communications, Amendment No. 2 to Form S 1 Registration Statement," 96.

5   Ben Bergman, "SentinelOne's First Investor Also Wrote Zoom's First Check," *Insider*, July 1, 2021.

6   Ron Miller, "Zoom Launches $100m Zoom Apps Investment Fund," *TechCrunch*, April 19, 2021.

1장. 홈런이 중요하다, 삼진은 중요치 않다

1   Fab.com의 스토리는 다음의 자료에 기반을 두고 있다. Matthieu Guinebault, "Fab.com's $300 Million Fundraiser," *Fashion Network*, May 22, 2013; Alyson Shontell, "Fab Hits 1 Million Users 5 Months After Launch," *Business Insider*, November 14, 2011; Seth Fiegerman, "Fab Passes 10 Million Members, Sells 5.4 Products Every Minute," *Mashable*, December 31, 2012; Alyson Shontell, "Fab, a Design Site That Raised $156 Million to Compete with Ikea, Now Has 10 Million Members," *Business Insider*, December 31, 2012; Leena Rao, "Design-Focused Flash Sales Site Fab.com Raises $40M from Andreessen Horowitz, Ashton Kutcher," *TechCrunch*, December 8, 2011; Brian Laung Aoaeh, "Case Study: Fab—How Did That Happen?," *Innovation Footprints*, November 27, 2017; Zachary Crockett, "Sh*t, I'm F*cked: Jason Goldberg, Founder of Fab," *The Hustle*, October 17, 2017; Christina Chaey, "Fab Now Offers Made-to-Order Products, a Physical Retail Store," *Fast Company*, April 30, 2013; Steven Millward, "Fab's $150M Backers Include Tencent and Itochu, Plans to Launch in China and Maybe Japan," *Tech in Asia*, June 19, 2013; Ben Rooney, "Put Emotion at the Heart of E-Commerce, Says Fab Founder," *Wall Street Journal*, February 6, 2013. For "emotional commerce," see Sarah Frier, "Chasing Growth, Fab.com Sheds Executives and Misses Targets," *Bloomberg*, July 4, 2013을 참조하라.

2   Michael Haley, "Jason Goldberg, Best Known for Fab, Has Raised $8 Million in Seed Funding for Virtual Fitness Startup Moxie from Resolute, Bessemer, Greycroft, Others," *Insider*, April 8, 2021.

3   "Market Share of Selected Leading Coffee Chains in the United States in 2020, by Number of Outlets," Statista, statista.com/statistics/250166/market-share-of-major-us-coffee-shops.

4   Michael Salfino, "You Can't Have Home Runs Without Strikeouts," *FiveThirtyEight*, June 25, 2019.

5   Ingrid Lunden, "Apple Closes Its $400m Shazam Acquisition and Says the Music Recognition App Will Soon Become Ad Free," *TechCrunch*, September 24, 2018.

6   Will Gornall and Ilya A. Strebulaev, "Venture Capital Fund Returns," work in progress, Stanford Graduate School of Business.

7   Wesley Gottesman, "Thinking of Venture in Bets," *Medium*, July 15, 2019.

8   "Post-its," *Quartz*, February 20, 2018; ODP Corporation, "The ODP Corporation Announces Fourth Quarter and Full Year 2022 Results," *Business Wire*, March 1, 2023.

9   Alvin Soon, "Dr. Geoff Nicholson, the 'Father of Post-it Notes,' on 3M & Innovation," *Hardware Zone*, March 22, 2013; Richard Sandomir, "Spencer Silver, an Inventor of Post-it Notes, Is Dead at 80," *The New York Times*, May 13, 2021.

10   3M Company, *A Century of Innovation: The 3M Story*, 2002, 17.

11   Prakash Kolli, "American Stocks Paying 100+ Years of Dividends," *Dividend Power*, March 23, 2021.

12   Brian Hindo, "At 3M, a Struggle Between Efficiency and Creativity," *Inside Innovation—in Depth*, June 11, 2007.

13   Steve Alexander, "3M, the Corporate Inventor, Surpasses 100,000 Patents Worldwide," *Minneapolis Star-Tribune*, May 9, 2014.

14   Shannon Black, "How the 15% Rule Became a Stepping Stone for 3M's Innovation," *Market Realist*, June 22, 2016; Paul D. Kretkowski, "The 15 Percent Solution," *Wired*, January 23, 1998.

15   Dale Buss, "Former GE Executives Successful as CEOs Elsewhere," *InvestmentNews*, December 3, 2001.

16   Hindo, "At 3M, a Struggle."

17   Don Peppers, "How 3M Lost (and Found) Its Innovation Mojo," *Inc.*, May 9, 2016.

18   Mary Benner and Michael L. Tushman, "Exploitation, Exploration, and Process Management: The Productivity Dilemma Revisited," *Academy of Management Review* (April 2001): 28, 238–256.

19   Hindo, "At 3M, a Struggle"; Andrew Haeg, "3M at 100—on the Right Path for Growth?," *Minnesota Public Radio*, June 10, 2002.

20   Mark J. Perry, "Only 52 US Companies Have Been on the Fortune 500 Since 1955, Thanks to the Creative Destruction That Fuels Economic Prosperity," American Enterprise Institute, *AEIdeas*, May 22, 2019.

21   Michael Sheetz, "Technology Killing Off Corporate America: Average Life Span of Companies Under 20 Years," *CNBC Markets*, August 24, 2017.

22   "Why Avoiding Risk Can Be Good for Managers but Bad for Shareholders," *Knowledge at Wharton*, December 9, 2014.

23   Benny Evangelista, "How 'Amazon Factor' Killed Retailers Like Borders, Circuit City," *SFGate*, July 10, 2015; Valerie Peterson, "Borders Group History— the Creation of a Bookstore Chain," *Live-About*, updated February 3, 2020.

24   *New York Times* Open Team, "How We Rearchitected Mobile A/B Testing at the *New York Times*,"

Medium, March 4, 2021; Alexandria Symonds, "When a Headline Makes Headlines of Its Own," *New York Times*, March 23, 2017.

25   Daniel Thomas, "Why Did the Airbus A380 Fail?," *BBC News*, February 14, 2019.

26   "Trouble in Legoland: How Too Much Innovation Almost Destroyed the Toy Company," *Knowledge at Wharton* and *Time*, July 12, 2013; Jonathan Ringen, "How Lego Became the Apple of Toys," *Fast Company*, January 8, 2015.

27   Lisa Kay Solomon, "Conversation with Storyteller Dan Klein: How to Unlock Creative Collaboration with Presence and Play," LisaKaySolomon.com, February 13, 2018.

28   Mat Honan, "Remembering the Apple Newton's Prophetic Failure and Lasting Impact," *Wired*, August 5, 2013.

29   Ryan Mac, "Live Blog: Amazon Launches First Phone in Seattle," *Forbes*, June 18, 2014; Taylor Soper, "Ouch: Amazon Takes $170M Write- Down on Fire Phone," *GeekWire*, October 23, 2014; Tricia Duryee, "Amazon Fire Phone Sales Estimated at 35,000—Equal to Just 25% of Employee Base," *GeekWire*, August 26, 2014; Tom Warren, "Apple Sold a Record 4 Million iPhones in 24 Hours," *The Verge*, September 15, 2014; Jeb Su, "4 Reasons the Amazon Fire Phone Will Fail," *Forbes*, June 19, 2014.

30   Monica Nickelsburg, "Amazon's Jeff Bezos on the Fire Phone: 'We're Working on Much Bigger Failures Right Now,'" *GeekWire*, May 19, 2016.

31   Charles Duhigg, "Is Amazon Unstoppable?," *The New Yorker*, October 10, 2019.

32   Catherine Clifford, "Jeff Bezos to Exec After Product Totally Flopped: 'You Can't, for One Minute, Feel Bad,'" *CNBC*, May 22, 2020.

33   Larry Page, "G Is for Google," *Alphabet*, *The Keyword*, August 10, 2015, blog.google/alphabet/google-alphabet.

34   Oliver Franklin-Wallis, "Inside X, Google's Top-Secret Moonshot Factory," *Wired*, February 17, 2020.

35   David Grossman, "Secret Google Lab 'Rewards Staff for Failure,'" *BBC News*, January 24, 2014.

36   Henry Stewart, "8 Companies That Celebrate Mistakes," *Happy*, June 8, 2015, happy.co.uk/blogs/8-companies-that-celebrate-mistakes.

37   Stephen Follows, "Is the Number of Box Office Flops Increasing?," *StephenFollows.com*, December 3, 2018.

38   Arthur De Vany, *Hollywood Economics: How Extreme Uncertainty Shapes the Film Industry* (London: Routledge, 2004), 39.

39   Matthew Jackson, "12 Amazing Facts About Sam Raimi's *Spider-Man*," *Mental Floss*, May 3, 2017.

40   Lizette Chapman, "Palantir Goes Public After 17-Year Wait," *Los Angeles Times*, September 30, 2020.

41   "A Guide to All the Netflix Shows That Have Been Canceled (and Why)," *Hollywood Reporter*, July 7, 2017.

42   Karl Cohen, "Is Pixar Losing Its Mojo?," *Cine-Source*, July 2, 2013; Polina Pompliano, "The Profile Dossier: Ed Catmull, Pixar's Creative Genius," *Substack*, May 5, 2021, theprofile.substack.com/p/the-profile-dossier-ed-catmull-pixars.

1 Lizette Chapman, "Sequoia Capital's Early Dropbox Bet Pays Off with $2 Billion Stake," *Bloomberg*, March 23, 2018.

2 Arash Ferdowsi는 Dropbox라는 꿈을 좇기 위해 MIT를 중퇴했다. Houston은 2006년 MIT 학부 과정을 마쳤다. Drew Houston, "Thank You, Arash," Dropbox, *Work in Progress*, March 20, 2020, blog. dropbox.com/topics/company/-thank-you--arash.

3 Jessica Livingston, "Congrats Dropbox!," Y Combinator, Founder Stories, March 23, 2018, ycombinator.com/blog/congratsdropbox.

4 Anne Gherini, "Pejman Nozad: From Rugs to Riches," Affinity, affinity.co/blog/pejman-nozad.

5 Sean Aune, "Online Storage: 80+ File Hosting and Sharing Sites," *Mashable*, July 28, 2007.

6 Zoe Bernard, "The Rise of Dropbox CEO Drew Houston, Who Just Made the Forbes 400 After Taking His Company Public," *Insider*, October 4, 2018.

7 Neil Thompson, Didier Bonnet, and Sarah Jaballah, "Lifting the Lid on Corporate Innovation in the Digital Age," Cap-gemini Invent and MIT, 2020, 12.

8 Sophia Kunthara, "A Peek at Trendy Eyewear Retailer Warby Parker's Funding History," *Crunchbase News*, September 29, 2021.

9 Somini Sengupta, Nicole Perlroth, and Jenna Wortham, "Behind Instagram's Success, Networking the Old Way," *New York Times*, April 15, 2012.

10 Maya Kosoff, "How Snapchat's First Investor Hunted Down Evan Spiegel," *Vanity Fair*, March 14, 2017.

11 Ramana Nanda, Sampsa Samila, and Olav Sorenson, "The Persistent Effect of Initial Success: Evidence from Venture Capital," *Journal of Financial Economics* 137, no. 1 (July 2020): 231–48.

12 Reid Hoffman, "Allies and Acquaintances: Two Key Types of Professional Relationships," LinkedIn Pulse, November 27, 2012, linkedin.com/pulse/20121126205355-1213-allies-and-acquaintances-two-key-types-of-professional-relationships; "Reid Hoffman: Founder of LinkedIn," Yo! Success, Success Stories, January 25, 2016, yosuccess.com/success-stories/reid-hoffman-linkedin.

13 David Kirkpatrick, "With a Little Help from His Friends," *Vanity Fair*, September 6, 2010; Steven Bertoni, "Sean Parker: Agent of Disruption," *Forbes*, September 28, 2011. Reid Hoffman과 Mark Pincus 각각 $40,000를 투자했다; Peter Thiel은 $500,000를 투자했다. Who Owns Facebook?이라는 사이트를 참조하라. whoownsfacebook.com.

14 Paul Gompers, William Gornall, Steven N. Kaplan, and Ilya A. Strebulaev, "How Do Venture Capitalists Make Decisions?," *Journal of Financial Economics* 135, no. 1 (January 2020): 169–90.

15 Ilya A. Strebulaev and Amanda Wang, "Organizational Structure and Decision-Making in Corporate Venture Capital," working paper, Stanford Graduate School of Business, November 16, 2021, accessible at papers.ssrn.com/sol3/papers.cfm?abstract_id=3963514.

16 "Amazon: Reimagining Commerce," Kleiner Perkins, kleinerperkins.com/case-study/amazon.

17 Laurie J. Flynn, "The Google I.P.O.: The Founders: 2 Wild and Crazy Guys (Soon To Be Billionaires), and Hoping To Keep It That Way," *New York Times*, April 30, 2004.

18 Mark Gurman, "Why Apple CEO Tim Cook Invested in a Shower Head," *Bloomberg*, January 21, 2020.

19 "The Seeds of Success," *Time*, February 15, 1982; interviews by Sally Smith Hughes, "Early Bay Area Venture Capitalists: Shaping the Economic and Business Landscape," Regional Oral History Office,

University of California, 2010.

20   Social Media Fact Sheet, Pew Research Center, April 7, 2021.

21   David Capece, "What Can We Learn from MySpace?," *Fast Company*, January 5, 2010.

22   Nicholas Jackson and Alexis C. Madrigal, "The Rise and Fall of Myspace," *The Atlantic*, January 12, 2011.

23   "MySpace Hit #1 US Destination Last Week, Hitwise," *TechCrunch*, July 11, 2006, techcrunch. com/2006/07/11/myspace-hit-1-us-destination-last-week-hitwise.

24   Florian Zandt, "The Rise and Fall of MySpace," Statista, November 12, 2021, statista.com/chart/26176/ estimated-number-of-myspace-users-at-key-milestones.

25   Shirin Sharif, "All the Cool Kids Are Doing It: Thousands of Stanford Students Join Facebook Web Site," *Stanford Daily*, April 30, 2004, A4.

26   Abigail Keefe, "New College Craze: TheFacebook.com," *The Loquitur* (Cabrini University), October 7, 2005, theloquitur.com/newcollegecrazethefacebookcom.

27   Ann Grimes, "Powerful Connections: Social- Networking Web Sites," *Wall Street Journal*, October 30, 2003.

28   Parmy Olson, "Exclusive: The Rags-to-Riches Tale of How Jan Koum Built WhatsApp into Facebook's New $19 Billion Baby," *Forbes*, February 19, 2014.

29   Carita Harju, "Slush 2018: World's Leading Start_Up Event Builds the Sauna Village Again,"

30   Nellie Bowles, "Burning Man Becomes a Hot Spot for Tech Titans," *SFGate*, August 25, 2014, sfgate. com/style/article/Burning-Man-becomes-a-hot-spot-for-tech-titans-4756482.php.

31   이 결과는 거래 깔때기의 첫 번째 부분만을 의미하며, 여성 또는 아시아계 창업자가 최종적으로 펀딩을 받을 가능성이 더 높다는 뜻은 아니라는 데 주의하라.

32   이 이야기는 "The Anti- Portfolio: Honoring the Companies We Missed Bessemer Venture Partners", bvp.com/anti-portfolio을 거의 그대로 옮긴 것이다.

33   'We're Still in the Early Innings,' " *The Hustle*, April 14, 2021, thehustle.co/garry-tan-q-and-a-coinbase-trung-phan.

34   IPO 당시 탄의 지분은 0.66퍼센트였다. Alex Konrad, "How Initialized Investor Garry Tan Turned a $300,000 Bet on Coinbase into a $680 Million 'Golden Ticket,' " *Forbes*, April 14, 2021. IPO 당시 사전 자금 평가액은 858억 달러였다(PitchBook).

35   Anna Mazarakis and Alyson Shontell, "How Box's Founders Got Mark Cuban to Invest in Their Startup While They Were Still in College— Without Ever Meeting Him," *Business Insider India*, July 17, 2017, businessinsider.in/How-Boxs-founders-got-Mark-Cuban-to-invest-in-their-startup-while-they-was-still-in-college-without-ever-meeting-him/articleshow/59635769.cms.

36   이 창업자의 불가능(?)에 가까운 스토리는 Catherine Clifford, "How a 25 Year-Old High-School Dropout Cold-Emailed Mark Cuban and Got an Investment," CNBC, March 22, 2017, cnbc. com/2017/03/22/25-year-old-high-school-dropout-emailed-mark-cuban-and-got-investment.html.에 기초한 것이다. 이것이 Adam의 인생에서 가장 특이한 단계라고 생각한다면 잠깐 숨을 고르고 기다려 보라. 그는 식료품 포장, 상자 포장, 설거지, 보험 판매 등의 일로 사회생활을 시작했지만 모두 해고당했다. 실업 수당으로 생활하던 그는 친구 집 지하실에서 회사를 만들었다. 결국 그의 인생은 완전히 방향을 바꾸기를 거듭했고 결국 Ernst & Young 올해의 기업가상을 수상하기에 이르렀다.

37   Ellen Embleton, "Revisiting Ramanujan," Royal Society, October 2, 2018, royalsociety.org/

blog/2018/10/revisiting-ramanujan.

38 스탠퍼드에서 교수로 재직하고 있는 나(Ilya)는 예비 박사과정 학생들로부터 일주일에 십여 통 이상의 이메일을 받는다. 세계 각국 출신의 이 젊은이들은 캘리포니아에 와서 스탠퍼드에서 박사 학위를 취득하겠다는 꿈을 갖고 있다. 이들 이메일의 대부분에는 논문 지도교수가 되어 달라는 요청과 나와 일하고 싶다는 제안이 담겨 있다. 이메일은 지나치게 길고 복잡하게 작성되어 있으며, 대개 교수진이 박사 과정 학생을 선발할 때 원하는 중요한 부분을 놓치고 있다. 간단히 말해, 이들 지원자는 콜드 피치를 쓰는 방법을 알지 못한다. 나는 이런 제안의 대부분을 정중하게 거절한다. 하지만 마음 한구석에서는 내가 또 다른 Ramanujan을 만날 기회를 놓친 것은 아닌지 자문하곤 한다.

39 Chester Carlson과 xerography의 이야기는 다음의 자료를 기반으로 한다. "October 22, 1938: Invention of Xerography," *APSNews* 12, no. 10 (October 2003), aps.org/pu blications/apsnews/200310/history. cfm; Antony Anderson, "Review: How We All Became Copycats—*The Anatomy of Xerography: Its Invention and Evolution* by J. Mort," New Scientist, May 5, 1990.

40 이 회사는 건전지(수은과 알카라인 Duracell), 전해 콘덴서와 타이머 스위치와 같은 전자 부품, 청각 경고 장치를 생산했다. "P. R. Mallory and Company," *Encyclopedia of Indianapolis*, revised July 2021, indyencyclopedia.org/p-r-mallory-and-company.

41 다른 견해는 Anderson, "Review: How We All Became Copycats"를 참조하라 Carlson은 헝가리 물리학자 Pál Selényi가 쓴 짧은 글에서 영감을 받았다. 하지만 이 발명은 그가 혼자 힘으로 해낸 것이다. "Entrepreneurs, Inventors and Innovators: Chester Carlson, Class of 1938, Inventor of Xerography," New York Law School, Digital Commons, digitalcommons.nyls.edu/entrepreneurs_inventors_ innovators/4. "Selényi는 정전기적 사진 전송과 기록에 관한 선구적인 업적으로 xerography의 아버지가 되었다. 하지만 그가 일하던 회사, Tungsram은 그가 이룬 혁신의 사업적 잠재력을 알아보지 못했다. 그는 셀레늄으로 그림을 기록한 첫 번째 인물이기도 하다. 1939년 헝가리의 두 번째 유대인 법 때문에 그는 은퇴해야 했다." "Pál Selényi, Physicist: The Father of Xerography" 중에서, Tungsram,lighting.tungsram. com/en/tungsram-heritage/pal-sele nyi-physicist-the-father-of-xerography, July 2023.

42 Brian Taylor, "GFD Complete Histories—Xerox," Global Financial Data, June 2, 2013, globalfinancialdata.com/gfd-complete-histories-xerox.

43 Edward Tenner, "The Mother of All Invention: How the Xerox 914 Gave Rise to the Information Age," *The Atlantic*, July–August 2010. *Fortune* 이 Xerox를 이런 식으로 묘사한 것은 높은 매출 총이익 때문이다.

44 Katrina C. Arabe, "Chester's Dream: The Genesis of the Modern Photocopier," Thomas, April 9, 2001, thomasnet.com/insights/imt/2001/04/09/chesters_dream/; Joseph J. Ermenc, "Interview of Chester F. Carlson, the Inventor," *NYLS Law Review* 44, no. 2 (January 2001): 265–66.

45 Tim Biggs, "The Man Who Refused a Third of Apple for $50K," *Stuff*, March 24, 2015, stuff.co.nz/ technology/gadgets/67491648/the-man-who-refused-a-third-of-apple-for-50k. 흥미롭게도 Apple의 공동 창업자 Wozniak은 한 인터뷰에서 Bushnell과 그의 팀이 당시 다른 제품에 주의를 빼앗겨 자신들의 제품을 주의 깊게 확인을 하지 않았다고 언급했다. "최초의 Pong 핸들이 출시되던 시기였고 그것이 수백만 달러짜리 일이다보니 거기에 온통 마음이 가 있었죠. '컴퓨터까지 만들 시간이 없어'라고 말했고 정말 그렇게 되었어요."; Husain Sumra, "Steve Wozniak and Atari Founder Nolan Bushnell Recall Steve Jobs and Early Apple Memories Together," *MacRumors*, September 27, 2013, macrumors.com/2013/09/28/ steve-wozniak-and-atari-founder-nolan-bushnell-recall-steve-jobs-and-early-apple-memories-together.

46   Walter Isaacson, *Steve Jobs* (New York: Simon and Schuster, 2011), 75; "How Atari's Nolan Bushnell Turned Down Steve Jobs' Offer of a Third of Apple at $50,000," Fairfax Media, video accessible at youtube.com/watch?v=GSHdQVhYqok.

47   'I Begged HP to Make the Apple I. Five Times They Turned Me Down,' " *Atlanta Business Chronicle*, January 31, 2013, bizjournals.com/atlanta/blog/atlantech/2013/01/woz-i-begged-h-p-to-make-the-1. html.

48   "Atari's New Owner Orders Layoffs," *New York Times*, July 7, 1984.

49   Ajay K. Agrawal, Iain M. Cock\-burn, and Carlos Rosell, "Not Invented Here? Innovation in Company Towns," Working Paper 15437, National Bureau of Economic Research, October 2009, nber.org/papers/w15437.

50   Markus G. Reitzig and Olav Sorenson, "Intra-Organizational Provincialism," February 12, 2010, papers.ssrn.com/sol3/papers.cfm?abstract_id=1552059.

51   지구가 평평하다고 주장하는 사람들 사이에서는 반향실 현상을 소셜 미디어 알고리즘과 연결시키는 책들까지 나오고 있다. 인간의 본성을 탓해야 하는 걸까? Kelly Weill, *Off the Edge: Flat Earthers, Conspiracy Culture, and Why People Will Believe Anything* (Chapel Hill, NC: Algonquin Books, 2022)을 참조하라.

52   Douglas Hunter, "Nortel," *The Canadian Encyclopedia*, January 5, 2018, thecanadianencyclopedia.ca/en/article/nortel; "Nortel and the TSE 299," CBC News, August 18, 2000, cbc.ca/news/business/nortel-and-the-tse-299-1.230333.

53   이것은 특히 Peter MacKinnon, Peter Chapman, Hussein Mouftah, "Nortel Technology Lens: Analysis and Observations," Faculty of Engineering, University of Ottawa, March 25, 2015, sites.telfer.uottawa.ca/nortelstudy/files/2014/02/nortel-technology-lens-report-release-version.pdf를 기반으로 하고 있다.

54   Henry W. Chesbrough, Open Innovation: *The New Imperative for Creating and Profiting from Technology* (Boston: Harvard Business School Press, 2003).

55   Gil Press, "Apple and Steve Jobs Steal from Xerox to Battle Big Brother IBM," *Forbes*, January 15, 2017.

56   Chesbrough, *Open Innovation*, 5; "Triumph of the Nerds," PBS television transcript, pbs.org/nerds/part3.html; Daniel P. Gross, "Xerox PARC and Yesterday's Office of Tomorrow," October 29, 2021, dgross.ca/blog/xerox-parc.

57   Xerox 본사는 1973년까지 로체스터에 있었으나 이후 팔로 알토에서 훨씬 더 먼 코네티컷 스탬포드로 이전했다. "Xerox: Online Fact Book," web.archive.org/web/20100423184411/http://www.xerox.com/go/xrx/template/019d.jsp?id=Historical&view=Factbook.

58   Dan Tynan, "Tech Meccas: The 12 Holy Sites of IT," *InfoWorld*, August 3, 2009, infoworld.com/article/2631062/tech-meccas—the-12-holy-sites-of-it.html?page=4.

59   Evgenia Pukhaeva, "Slow Coffee in Rome: Sant'Eustachio," *Surreal Generation*, October 24, 2020, surrealgeneration.com/2020/10/24/slow-coffee-in-rome-santeustachio.

60   "Eric Favre—the Swiss Inventor Who Put Coffee into Capsules," House of Switzerland, Swiss Stories, June 7, 2017, houseofswitzerland.org/swissstories/economics/eric-favre-swiss-inventor-who-put-coffee-capsules.

61   Nespresso의 공식적인 이야기는 "Nespresso: How One Man's Passion Created a Coffee Icon," Nestlé, nestleusa.com/media/nespresso-history-eric-favre-coffee-vacation에서 찾을 수 있다. Eric Favre와의 인터뷰는 "Eric Favre: From Nespresso to Monodor, the Story of an Inventor," Lift Conference, Geneva, 2008, youtube.com/watch?v=JJkRPn3zVsM에서 볼 수 있다.

62 Ben Bensaou, Karl Weber, *Build to Innovate* (New York: McGraw Hill, 2021). BASF에서의 인터뷰를 기반으로 상세한 추가 정보를 주신 Bensaou 교수님께 감사드립니다.

63 Kevin J. Delaney, " 'Build to Innovate' by Ben M. Bensaou: The Approaches Behind the Magic Eraser, Marvel Studios, and Other Breakthroughs," *Charter*, October 29, 2021, charterworks.com/built-to-innovate-ben-bensaou.

64 Ed Getty, "Open Innovation Model Helps P&G 'Connect and Develop,' " *Tech Briefs*, December 1, 2007, tech briefs.com/component/content/article/tb/pub/features/articles/2482.

65 우리는 기업 혁신 워크숍에서 P&G 직원 중 박사학위 소지자가 미국 상위 5개 대학을 합친 것보다 많다는 통계를 공개하곤 한다.

66 Neil Buckley, "The Power of Original Thinking," *Financial Times*, January 13, 2005.

67 Larry Huston and Nabil Sakkab, "Connect and Develop: Inside Procter & Gamble's New Model for Innovation," *Harvard Business Review*, March 2006.

68 Michael Ringel, Andrew Taylor, and Hadi Zablit, "Bringing Outside Innovation Inside: The Most Innovative Companies 2016," BCG, January 25, 2017, bcg.com/publications/2017/growth-bringing-outside-innovation-inside.

69 "J&J's Incubator Makes Health Equity High Priority for Selecting New Partners," *S&P Global Market Intelligence*, March 9, 2022, spglobal.com/marketintelligence/en/news-insights/latest-news-headlines/j-j-s-incubator-makes-health-equity-high-priority-for-selecting-new-partners-69184687.

70 "JLabs Navigator," Johnson&Johnson Innovation, jnjinnovation.com/ JLABSNavigator.

71 Matthew Salganik, "5.3.1 Netflix Prize," Bit by Bit: *Social Research in the Digital Age* (Princeton: Princeton University Press, 2017), open review edition, bitbybitbook.com/en/mass-collaboration/open-calls/netflix-prize; Xavier Amatriain, "On the 'Usefulness' of the Netflix Prize," *Medium*, June 23, 2021, xamat.medium.com/on the-usefulness-of-the-netflix-prize-403d360aaf2.

72 Anna Brown, "A Profile of Single Americans," Pew Research Center, August 20, 2020, pewresearch.org/social-trends/2020/08/20/a-profile-of-single-americans; Michael Rosenfeld, Reuben J. Thomas, and Sonia Hausen, "Disintermediating Your Friends: How Online Dating in the United States Displaces Other Ways of Meeting," *Proceedings of the National Academy of Sciences* 116, no. 36 (2019): 1775358.

73 Lou Adler, "New Survey Reveals 85% of All Jobs Are Filled via Networking," LinkedIn Pulse, February 29, 2016, linkedin.com/pulse/new-survey-reveals-85-all-jobs-filled-via-networking-lou-adler.

74 "Eighty Percent of Professionals Consider Networking Important to Career Success," LinkedIn, June 22, 2017, news.linkedin.com/2017/6/eighty-percent-of-professionals-consider-networking-important-to-career-success.

75 Susan Adams, "Networking Is Still the Best Way to Find a Job, Survey Says," *Forbes*, June 7, 2011.

76 Annie Riley, "Pejman Nozad: Use Your Differences," *Who Got Me Here* podcast, episode 7, whogotmehcre.com/episodes/pejman-n-nozad, beginning at 12:38.

3장. 마음을 준비한다

1   이 수업의 목적에 맞추어 여러 해에 걸쳐 학생들에게 피치를 해 온 스타트업을 선택했다.

2   "BabyQuip: Rent Baby Gear on Your Next Vacation. Serving 1000+ Locations," BabyQuip, December 13, 2022, accessible at youtube.com/watch?v=u-1ZqAtFZfg.

3   Sensate, getsensate.com/pages/meet-sensate; Ashlee Marie Preston, "Finally, a Social Media Platform That Cares About LGBTQ Safety: The Spaces App Is Worth 'Following,' " *Forbes*, August 24, 2022; Blotout, blotout.io; Cleary, gocleary.com; BabyQuip, baby quip.com.

4   Hulu에서 Shak Tank의 이 에피소드(season 11, episode 14)를 보고 당신이라면 어떤 질문을 할지, 어떤 조건으로 투자를 할지 생각해 보라. "BabyQuip Shark Tank Tale," Shark Tank Tales (season 11, episode 14), sharktanktales.com/babyquip-shark-tank-update도 참조하라.

5   에피소드들은 TV에 방영되기 전에 편집된다. 따라서 평균 피치 시간은 시청자가 보는 것보다 길다.

6   Andrew L. Maxwell, Scott A. Jeffrey, and Moren Lévesque, "Business Angel Early Stage Decision Making," *Journal of Business Venturing 26*, no. 2 (March 2011): 212–25.

7   Jaclyn Foroughi, Theresia Gouw, and Ilya A. Strebulaev, "Dropbox: Series B Financing," Case F309, Stanford Graduate School of Business, November 11, 2013, 4.

8   사실 이 말은 다른 많은 사람이 남긴 이야기라는 말이 있는 유명한 인용구다. Thomas Jefferson Foundation (Monticello)에 따르면 이 인용문은 그가 남긴 글 어디에도 등장하지 않는다. "I am a great believer in luck . . . (Spurious Quotation)," Thomas Jefferson Encyclopedia, monticello.org/research-education/thomas-jefferson-encyclopedia/i-a m-great-believer-luckspurious-quotation을 참조하라.

9   Berber Jin, "The Inside Story of Youniversity Ventures, Keith Rabois's Investing Group That Turned a £380,000 Airbnb Seed Investment into $600 Million," *Insider*, December 11, 2020, businessinsider.com/how-keith-rabois-youniversity-ventures-got-into-airbnbs-seed-round-2020-12.

10   "The Complete History and Strategy of Airbnb," *Acquired podcast*, season 7, episode 8, December 10, 2020, acquired.fm/episodes/airbnb.

11   Paul Graham, Twitter post, December 8, 2020, twitter.com/paulg/status/1336387068633747463?lang=en.

12   "Discovery and Development of Penicillin," ACS Chemistry for Life, acs.org/education/whatischemistry/landmarks/flemingpenicillin.html#alexander-fleming-penicillin.

13   Morton A. Meyers, *Happy Accidents: Serendipity in Major Medical Breakthroughs in the Twentieth Century* (New York: Arcade, 2011).

14   "X Rays and Other Accidental Discoveries," BBC Bitesize, bbc.co.uk/bitesize/articles/zg9q8hv; Heather Brown, "5 Best Accidental Inventions," *Famous Scientists*, famousscientists.org/5-best-accidental-inventions.

15   "Serendipity and the Prepared Mind: An NHLBI Intramural Researcher's Breakthrough Observations," National Heart, Lung, and Blood Institute, December 24, 2013, nhlbi.nih.gov/directors-messages/serendipity-and-the-prepared-mind.

16   Walter Isaacson, *Steve Jobs* (New York: Simon and Schuster, 2011), 94, chapter 8; Ali Montag, "Here's Why Your Computer Has a Mouse, According to Steve Jobs in 1985," CNBC, May 21, 2018, cnbc.com/2018/05/21/why-your-computer-has-amouse-according-to-steve-jobs.html; "The Xerox PARC Visit," Making the Macintosh: Technology and Culture in Silicon Valley, web.stanford.edu/dept/SUL/

sites/mac/parc.html.

17　"Steve Jobs Interview: One-on-One in 1995," *NetworkWorld*, October 6, 2011, networkworld.com/
article/2181879/steve-jobs-interview— one-on-one-in-1995.html; video accessible at youtube.com/
watch?v=cBk4a_uOi7Q, quote starting at 59:00.

18　이 단락에 등장한 사실은 Douglas K. Smith and Robert C. Alexander, Fumbling the Future: How Xerox
Invented, Then Ignored, the First Personal Computer (Lincoln, NE: iUniverse, 1999)에서 가져온 것이
다.

19　Paul Atkinson, "The Best Laid Plans of Mice and Men: The Computer Mouse in the History of
Computing," *Design Issues 23*, no. 3 (Summer 2007): 46–61.

20　Bill Snyder, "Marc Andreessen: 'We Are Biased Toward People Who Never Give Up,'" Stanford
Graduate School of Business, *Insights*, June 23, 2014, gsb.stanford.edu/insights/marc-andreessen-we-
are-biased-toward-people-who-never-give; video accessible at youtube.com/watch?v=JYYsXzt1VDc.

21　Dan Primack, "Marc Andreessen Talks About That Time Facebook Almost Lost 80% of Its Value,"
Fortune, June 18, 2015.

22　Samidha Sharma, "Yurika! The Billionaire with the Secret Spreadsheet," *Times of India*, August 6, 2015.

23　Richard Wray, "Digital Sky Technologies Takes $200m Stake in Facebook," *The Guardian*, May 26, 2009,
theguardian.com/business/2009/may/26/ dst-facebook-zuckerberg-microsoft-milner.

24　Milner's interview with *The Bell*, in Russian, accessible at youtube.com/watch?v=x0fxbdoMTgg,
1:23:51.

25　Patrick J. Kiger, "How Do Airplanes Get Inflight WiFi and Live TV?," *HowStuffWorks*, January 31, 2019,
science.howstuffworks.com/transport/flight/modern/do-airplanes-get-wifi-and-live-tv.htm; Jane L.
Levere, "Business Travel: Passengers on JetBlue Will Be Able to Watch Live Satellite-Television
Programming from Their Seats," *New York Times*, July 21, 1999.

26　Bonny Simi는 Stanford GSB 기업 사례 연구의 주인공이었다. 일부 사실은 그 사례, Robert A. Burgelman,
Joseph N. Golden, Amit Sridharan, "JetBlue Technology Ventures: Bringing External Innovation In
House," Case E660, Stanford Graduate School of Business, 2019를 참조한 것이다.

27　"3Victors: Providing Data Science as a Service," JetBlue Ventures, jetblueventures.com/portfolio/3victors.

28　Scott Meslow, "How Hollywood Chooses Scripts: The Insider List That Led to 'Abduction,' " *The
Atlantic*, September 23, 2011.

29　Kimberly D. Elsbach and Roderick M. Kramer, "Assessing Creativity in Hollywood Pitch Meetings:
Evidence for a Dual-Process Model of Creativity Judgments," *Academy of Management Journal 46*, no.
3 (June 2003): 283–301.

30　Carmine Gallo, "The Art of the Elevator Pitch," *Harvard Business Review*, October 3, 2018.

31　Chris Bourn, "The World of Dating in 2015," *Time Out*, February 4, 2015, web.archive.org/
web/20150317003851/http:/www.timeout.com/dating-2015/.

32　Frédéric C. Godart and Ashley Mears, "How Do Cultural Producers Make Creative Decisions?
Lessons from the Catwalk," *Social Forces* 88, no. 2 (December 2009): 671–92.

33　"Eye Tracking Study," Ladders, 2018, theladders.com/static/images/basicSite/pdfs/TheLadders-
EyeTracking-StudyC2.pdf. 또 다른 연구에서는 고용주가 이력서를 보는 시간이 11초 미만인 것으로 드러
났다. "Employers View Resumes for Fewer Than 11 Seconds," Workopolis, April 21, 2014, careers.
workopolis.com/advice/employers-view-resumes-for-fewer-than-11-seconds/.

1   '승자의 저주'라는 말은 Atlantic Richfield의 세 엔지니어, E. C. Capen, R. V. Clapp, W. M. Campbell의 "Competitive Bidding in High- Risk Situations," Journal of Petroleum Technology 23, no. 6 (1971): 641–53에서 만들어진 것이다. 이런 중요한 개념이 경제학자가 아닌 업계 실무자들에 의해 처음 논의됐다는 것이 무척 흥미롭다. 그들은 해양 석유 탐사의 낮은 수익률이 유전 차용권을 낙찰 받기 위해 궁극적인 가치보다 높은 액수를 입찰하기 때문이라고 설명했다.

2   Harish Sridharan, "Rise and Fall of Crypto Exchange FTX," Reuters, November 17, 2022, reuters.com/markets/currencies/rise-fall-crypto-exchange-ftx-2022-11-10; Cory Weinberg, "Inside the Venture FOMO Machine That Powered SBF's Meteoric Rise," The Information, November 11, 2022, theinformation.com/articles/inside-the-venture-fomo-machine-that-powered-sbfs-meteoric-rise; Karen Kwok, "Review: WeWork's Debacle Had Many Enablers," Reuters, August 6, 2021, reuters.com/article/us-companies-wework-breakingviews-idDEKBN2F71UY.

3   Masha Borak, "Troubled Bike-Sharing Company Ofo Is Now a Shopping App," South China Morning Post, February 5, 2020.

4   Richard Waters, "Founder of Google's Venture Capital Arm Stepping Down," Financial Times, November 8, 2016.

5   Matthew Herper, "Flatiron Health, Purchased by Roche, Signs Three-Year Deal with Bristol-Myers," Forbes, May 2, 2018; "Roche and Foundation Medicine Reach Definitive Merger Agreement to Accelerate Broad Availability of Comprehensive Genomic Profiling in Oncology," Foundation Medicine, press release, June 19, 2018, foundationmedicine.com/press-releases/24c62ccb-a2c4-47cf-b2d5-c7e6378c08fe.

6   Jillian D'Onfro, "Bill Maris: Here's Why Google Ventures Didn't Invest in Theranos," Business Insider, October 21, 2015.

7   Jennifer Reingold, "Theranos' Board: Plenty of Connections, Little Relevant Expertise," Fortune, October 15, 2015.

8   Michael Liedtke, "Elizabeth Holmes Gets More Than 11 Years for Theranos Scam," Associated Press, November 18, 2022, accessible at usnews.com/news/business/articles/2022-11-18/elizabeth-holmes-faces-judgment-day-for-her-theranos-crimes.

9   Erin Griffith, "Silicon Valley Can't Escape Elizabeth Holmes," New York Times, January 4, 2022.

10   사실 많은 투자자가 Theranos의 투자를 거절했다. 그 회사가 조달한 자금 대부분은 기술계 외부로부터 들어온 것이다. Sebastian Mallaby, "What Elizabeth Holmes and Theranos Reveal about Venture Capitalism," New York Times, January 26, 2022.

11   "Marc Andreessen on Big Breakthrough Ideas and Courageous Entrepreneurs," View from the Top interview, Stanford Graduate School of Business, March 4, 2014, gsb.stanford.edu/insights/marc-andreessen-people-courage-are-determined-succeed.

12   Paul Gompers, William Gornall, Steven N. KaVenture plan, and Ilya A. Strebulaev, "How Do Venture Capitalists Make Decisions?," Journal of Financial Economics 135, no. 1 (January 2020): 169–90.

13   Angela Moscaritolo, "Netflix Users Waste Ton of Time Searching for Something to Watch," PCMag, July 21, 2016, pcmag.com/news/netflix-users-waste-ton-of-time-searching-for-something-to-watch.

14   Jerrel P. et al., "I Would Like to Know What Is the Average Length of Time a Consumer Spends Buying

a Car," Wonder, June 5, 2017, askwonder.com/research/know-average-length-time-consumer-spends-buying-car-vd5g8tr8c#:.

15 Gompers, Gornall, Kaplan, and Strebulaev, "How Do Venture Capitalists."

16 Bessemer Venture Partners의 투자 보고서는 bvp.com/memos에서 확인할 수 있다.

17 Alice Singer, "Risk Management When Investing in Venture Capital: How to Avoid Debt," CBNation, December 25, 2020, rescue.ceoblognation.com/2020/12/25/ isk-management-when-investing-in-venture-capital-how-to-avoid-debt.

18 그 사례는 "Amazon's Prime Pantry Phenomenon," productstrategy.co/content/files/2022/05/Amazon-PrimePantry-PR-FAQ.pdf에서 찾을 수 있다.

19 Colin Bryar, "Working Backwards: How PR/ FAQs Help Launch Successful Products like AWS, Kindle and Prime Video," Coda.io, 2023, coda.io/@colin-bryar/working-backwards-how-write-an-amazon-pr-faq.

20 "Company News: I.B.M. Forming Unit for Multimedia Developments," New York Times, January 21, 1993; Josh Lerner, "Corporate Venturing," *Harvard Business Review*, October 2013.

21 Ilya A. Strebulaev and Amanda Wang, "Organizational Structure and Decision-Making in Corporate Venture Capital," working paper, Stanford Graduate School of Business, November 16, 2021, accessible at papers.ssrn.com/sol3/papers.cfm?abstract_id= 3963514.

22 "The Reason for All the Fireworks!," Tech Monitor, January 24, 1993, techmonitor.ai/technology/the_reason_for_all_the_fireworks.

23 R. H. Donnelley Investor Day presentation, March 22, 2006, media.corporate-ir.net/media_files/irol/74/74700/presentations/ rhdinvestorday.pdf; Jon Harari, "Death of the Yellow Page Directories," LinkedIn Pulse, May 29, 2019, linkedin.com/pulse/death-yellow-page-directories-jon-harari; Andrew Bary, "Flashing Yellow, with Lots of Green," *Barron's*, August 18, 2008, barrons.com/articles/SB121884884595646323; "Yellow Pages Offer Walk Through Time," Associated Press, February 22, 2005, accessible at deseret.com/2005/2/22/19878504/yellow-pages-offer-walk-through-time.

24 Jeevan Sivasubramaniam, "How You (or Anyone) Can Be a Pulitzer Prize Nominee," Berrett-Koehler Publishers, bkconnection.com/bkblog/jeevan-sivasubramaniam/how-you-or-anyone-can-be-a-pulitzer- prize-nominee; "Deconstructing the Pulitzer Fiction Snub," *New York Times*, April 18, 2012, nytimes.com/2012/04/19/opinion/deconstructing-the-pulitzer-fiction-snub.html; Michael Moats, "The Story of the Pulitzer That Never Was," Fiction Advocate, July 11, 2012, fictionadvocate.com/2012/07/11/the-story-of-the-pulitzer-that-never-was.

25 항상 그런 것은 아니었다. Google은 상세한 검토 후에 면접관의 수를 제한했다. "What's the Optimum Number of Interviews According to Google?," Cowen Partners Executive Search, cowenpartners.com/whats-the-optimum-interviews-according-to-google. Google에 취업할 가능성은 출처에 따라 다르게 나타나지만 모두가 1퍼센트 미만의 수치를 보고하고 있다. 전직 Google 인사 책임자의 말을 인용한 이 출처에서는 채용 확률을 0.2퍼센트라고 밝히고 있다. Max Nisen, "Here's Why You Only Have a 0.2% Chance of Getting Hired at Google," Quartz, October 22, 2014, qz.com/285001/heres-why-you-only-have-a-0-2-chance-of-getting-hired-at-google.

26 Sangdi Lin, "Predicting Sparse Down- Funnel Events in Home Shopping with Transfer and Multi-Target Learning," Zillow, April 16, 2020, zillow.com/tech/predicting-sparse-down-funnel-events.

27 Erica Gonzales, "Michaela Coel Turned Down Netflix's $1 Million Offer for *I May Destroy You*,"

Harper's Bazaar, July 7, 2020, harpersbazaar.com/culture/film-tv/a33234332/michaela-coel-turned-down-netflix-deal.

5장. 기수에 베팅한다

1   Ali Tamaseb, *Super Founders*: What Data Reveals About Billion-Dollar Startups (New York: PublicAffairs, 2021). Ali의 첫 번째 책이 무엇인지 궁금한 이들을 위해 설명하자면, 인기 면에서는 Super Founders에 견줄 수 없지만 2만 명이 넘는 독자들이 이란 물리 올림피아드에 참가하는 학생들의 준비 발명을 설명하기 위한 그의 노력을 알아보았다.

2   Alex Cox, "The History of Minecraft—the Best Selling PC Game Ever," Tech Radar, September 4, 2020, techradar.com/news/the-history-of-minecraft.

3   "Hay Day Success Story," *Success Story*, successstory.com/products/hay-day; "Supercell: About Us," supercell.com/en/about-us.

4   Mike Butcher, "Supercell Raises \$12m from Accel Partners to Power Social Web Games," *TechCrunch*, May 27, 2011, techcrunch.com/2011/05/26/supercell-raises-12m-from-accel-partners-to-power-social-web-games; Supercell profile, PitchBook, pitchbook.com/profiles/company/52225-57#overview; "SoftBank Buys \$1.5 Billion Stake in Finnish Mobile Games Maker Supercell," CNBC, October 15, 2013, cnbc.com/2013/10/15/softbank-buys-15-billion-stake-in-finnish-mobile-games-maker-supercell.html. 여기에서 언급된 그리고 책 안에서 다른 스타트업과 관련해 언급된 가치 평가는 사실 "사후 가치 평가(post- money valuation, 외부 자금 조달이나 투자가 대차대조표에 추가된 후 회사의 가치-옮긴이)"로, 희석된 총 주식 수와 최근 라운드에서 투자자들이 지불한 주당 가격을 곱한 값이다. Gornall과 Strebulaev가 발견했듯이 VC의 지원을 받은 고가치 기업의 사후 가치 평가는 공정 가치보다 평균 50% 높다. 그럼에도 사후 가치 평가액이 30억 달러인 Supercell은 여전히 가치가 높은 유니콘이다. Will Gornall, Ilya A. Strebulaev, "Squaring Venture Valuations with Reality," *Journal of Financial Economics* 135, no. 1 (January 2020): 120-43을 참조하라.

5   Rachel Weber, "Accel Sells Supercell Shares, SoftBank Ups Stake," GamesIndustry.biz, June 1, 2015, gamesindustry.biz/accel-sells-supercell-shares-softbank-ups-stake; Om Malik, "Tiny Speck," OM.co, om.co/gigaom/glitch-5-million-vc-funding.

6   Matthew Ingram, "Q& A: Stewart Butterfield on the Launch of Glitch," GigaOM, February 9, 2010, web.archive.org/web/20100215221349/https://gigaom.com/2010/02/09/qa-stewart-butterfield-on-the-launch-of-glitch. "The Startups Team, Slacking Off: Interview with Stewart Butterfield," Startups.com, June 4, 2018, startups.com/library/founder-stories/stewart-butterfield; Nick Douglas, "I'm Slack CTO Cal Henderson, and This Is How I Work," *Lifehacker*, September 13, 2017, lifehacker.com/im-slack-cto-cal-henderson-and-this-is-how-i-work-1803819796. 도 참조하라.

7   Daniel Terdiman, "Glitch Launches; *CNET* Offers an Instant- Entry Pass," *CNET*, September 27, 2011; Dean Takahas, "Online Game Startup Tiny Speck Raises \$10.7M from Andreessen Horowitz and Accel," GamesBeat, April 12, 2011, venturebeat.com/games/online-game-startup-tiny-speck-raises-10-7m-from-andreessen- horowitz-and-accel; "The Big Pivot: Slack's Stewart Butterfield," Masters of Scale podcast, episode 13, mastersofscale.com/stewart-butterfield-the-big-pivot/.

8   Emily St. James, "Glitch," *AV Club*, October 17, 2011, avclub.com/glitch-1798227936.

9   "Why Did Glitch Shut Down?," Startup Cemetery, Failory, failory.com/ cemetery/ glitch.

10   Johnny Rodgers, "The Death of Glitch, the Birth of Slack," November 2012, johnnyrodgers.is/The-death-of-Glitch-the-birth-of-Slack.

11   Christian Nutt, "The Story of Glitch: Why This Odd MMO Is Shutting Down," *Informa Tech*, November 30, 2012, gamedeveloper.com/business/the-story-of-i-glitch-i-why-this-odd-mmo-is-shutting-down#.ULkcf4P-EsQ.

12   Justin Olivetti, "Glitch Closing Down, Cites Limited Audience," *Engadget*, November 14, 2012.

13   Lizette Chapman, "How One VC Firm Amassed a 24% Stake in Slack Worth $4.6 Billion," Bloomberg, June 21, 2019, bloomberg.com/news/articles/2019-06-21/investing-in-slack-work-made-billions-for-vc-firm-accel?sref=PF9CBsza. 다른 정보원에서는 600만 달러라는 더 높은 수치를 보고하고 있다.

14   Tiny Speck은 2009년 150만 달러의 엔젤 투자를 받았으며, 2010년에는 500만 달러의 Series A 투자를, 2011년에는 1,070만 달러의 Series B투자를 받았다. 은행에 500만 달러가 남아 있었다면 투자금 1달러당 29센트가 남은 것이다. 엔젤 투자자의 권리가 더 적은 경우였다면, VC 투자자들은 (원했다면) 더 많은 몫을 챙길 수 있었을 것이다.

15   Chapman, "How One VC Firm."

16   Andrew Braccia, "Slack: It's Always Been About the People," Accel, June 20, 2019, accel.com/noteworthy/slack-its-always-been-about-the-people.

17   Caroline Fairchild, "How Ben Horowitz Accidentally Invested in Slack," LinkedIn Pulse, April 28, 2015, linkedin.com/pulse/how-ben-horowitz-accidentally-invested-slack-caroline-fairchild.

18   Paige Leskin, "YouTube Is 15 Years Old. Here's a Timeline of How YouTube Was Founded, Its Rise to Video Behemoth, and Its Biggest Controversies Along the Way," *Insider*, May 30, 2020.

19   Eric Markowitz, "How Instagram Grew from Foursquare Knock-Off to $1 Billion Photo Empire," *Inc.*, April 10, 2012, inc.com/ eric-markowitz/life-and-times-of-instagram-the-complete-original-story.html; Sriram Krishnan, "How We Took Instagram to a Billion Users: Instagram Co-Founder Mike Krieger," YouTube, January 24, 2021, youtube.com/watch?v=sfqTlk4vDJw.

20   Adam L. Penenberg, "An Insider's History of How a Podcasting Startup Pivoted to Become Twitter," *Fast Company*, August 9, 2012; Nicholas Carlson, "The Real History of Twitter," *Business Insider*, April 12, 2011.

21   Jimmy Jemail, "The Question: How Important Is a Jockey to a Horse?," *Sports Illustrated Vault*, October 8, 1956, vault.si.com/vault/1956/10/08/ the-question-how-important-is-a-jockey-to-a-horse.

22   Christopher Beam, "Do Jockeys Matter in Horse Races?," *Slate*, May 12, 2009, slate.com/news-and-politics/2009/05/ do-jockeys-matter-at-all-in-horse-racing.html.

23   Joe Drape, "Faster Horses? Study Credits Jockeys," *New York Times*, July 16, 2009.

24   Kit Chellel, "The Gambler Who Cracked the Horse-Racing Code," *Bloomberg*, May 3, 2018, bloomberg.com/ news/features/2018-05-03/the-gambler-who-cracked-the-horse-racing-code?sref=PF9CBsza.

25   Gompers, Gornall, Kaplan, and Strebulaev, "How Do Venture Capitalists."

26   유일한 예외는 헬스케어 분야, 특히 그 분야의 자금 조달 후기 단계였다. 이는 생명공학 투자의 경우 대부분 자금을 투자하기 전 초기 불확실성의 많은 부분이 해소되었기 때문일 수 있다. 예를 들어, 약물의 효과에 대한 과학적 연구가 이미 이루어진 상태일 수 있다.

27   William D. Bygrave and Jeffry Timmons, *Venture Capital at the Crossroads* (Cambridge, MA: Harvard

Business School Press, 1992), 104.

28 Henry F. McCance, Carole Kolker의 인터뷰, October 14, 2010, Computer History Museum, archive. computerhistory.org/resources/access/text/2019/03/102781068-05-01-acc.pdf. 인용문은 명확성을 위해 약간 수정되었다.

29 Gmail 발상과 개발, 그 안에서 Paul Buchheit의 역할에 대한 이야기는 Jessica Livingston이 Founders at Work: Stories of Startups' Early Days (Berkeley, CA: Apress, 2007)에 생생하게 묘사되어 있다. 인용문은 192페이지를 참조하라. Harry McCracken, "How Gmail Happened: The Inside Story of Its Launch 10 Years Ago," Time, April 1, 2014도 참조하라.

30 Google News에 대해서는, Harry McCracken, "An Exclusive Look Inside Google In House Incubator Area 120," Fast Company, December 3, 2018을, Google Talk에 대해서는 Gary Price, "Where Did Google Talk Come From?," Search Engine Watch, August 30, 2005, searchenginewatch.com/2005/08/30/ where-did-google-talk-come-from을, Google Scholar에 대해서는 Richard Van Noorden, "Google Scholar Pioneer Reflects on the Academic Search Engine's Future," Scientific American, November 10, 2014를 참조하라.

31 Meredith Somers, "Intrapreneurship, Ex-plained," MIT Management Sloan School, June 21, 2018, mitsloan.mit.edu/ideas- made-to-matter/intrapreneurship-explained; Norman Macrae, "Intrapreneurial Now: Big Goes Bust," The Economist, April 17, 1982, 47– 48; Gerald C. Lubenow, "Jobs Talks About His Rise and Fall," Newsweek, September 29, 1985.

32 Oriana González, "Hispanic Heritage: Happy Meals Migrated from Guatemala," Axios, October 7, 2021, axios.com/2021/10/07/ guatemala-mcdonalds-happy-meal-hispanic-heritage.

33 Livingston, Founders at Work.

34 Zach Brook, "How Bodexpress Ran the 2019 Preakness With-out a Jockey," NBC Sports, May 18, 2019, nbcsports.com/betting/horse-racing/news/how-bodexpress-ran-the-2019-preakness-without-a-jockey.

35 Kelsey Doyle, "DoorDash CEO Tony Xu on Why Obsession with Detail Matters," View from the Top interview, Stanford Graduate School of Business, June 16, 2021, gsb.stanford.edu/insights/doordash-ceo-tony-xu-why-obsession-detail-matters.

36 "Airbnb Founders: Brian Chesky, Nathan Blecharcyzk, and Joe Gebbia," Hostaway, hostaway.com/airbnb-founders.

37 Matthew Herper, "At 24, Two Entrepreneurs Took On Cancer. At 32, They're Worth Hundreds of Millions," Forbes, November 14, 2018.

38 Morgan Brown, "AirBnb: The Growth Story You Didn't Know," GrowthHackers, growthhackers.com/growth-studies/airbnb.

39 Myles McCormick and Anjli Raval, "Orsted Chief Henrik Poulsen Resigns," Financial Times, June 15, 2020.

40 Abu M. Jalal and Alexandros P. Prezas, "Outsider CEO Succession and Firm Performance," Journal of Economics and Business 64, no. 6 (November– December 2012): 399–426.

41 Tristan L. Botelho and Melody Chang, "The Evaluation of Founder Failure and Success by Hiring First: A Field Experiment," Organization Science 34, no. 1 (2022): 484–508.

42 Mat Honan, "Remembering the Apple Newton's Prophetic Failure and Lasting Impact," Wired, August 5, 2013.

43 "Talking Leadership, Failure, Side Projects and Success with Cal Henderson," *The Orbit Shift* podcast, season 1, episode 10, November 10, 2020, theorbitshift.com/2020/11/10/talking-leadership-failure-side-projects-and-success-with-cal-henderson.

44 Parsa Saljoughian, "7 Lessons from Andy Rachleff on Product-Market Fit," *Medium*, May 11, 2017, medium.com/parsa-vc/7-lessons- from-andy-rachleff-on-product-market-fit-9fc5eceb4432.

45 Steven N. Kaplan, Berk A. Sensoy, and Per Strömberg, "Should Investors Bet on the Jockey or the Horse? Evidence from the Evolution of Firms from Early Business Plans to Public Companies," *Journal of Finance* 64, no. 1 (2009): 75–115.

46 "How Long Does It Take to Cook a Burger on the Grill?," McDonald's, May 21, 2018, mcdonalds.com/gb/en-gb/help/faq/how-long-does-it-take-to-cook-a-burger-on-the-grill.html.

47 "Toyota Production System," Toyota Company Information, Vision and Philosophy, global.toyota/en/company/vision-and-philosophy/ production-system.

48 Justinas Baltrusaitis, "Amazon Hires 50,000 More Workers for 2021 Holiday Season Than in 2020," *Finbold*, November 23, 2021.

49 Taylor 원칙의 역사는 David A. Hounshell, "The Same Old Principles in the New Manufacturing," Harvard Business Review, November 1988를 참조하라. Taylor sown자신의 책도 여전히 읽을 만하다. Frederick Winslow Taylor, The Principles of Scientific Management (New York/ London: Harper & Brothers, 1913).

50 DVD 판매액은 2005년 163억 달러로 최고치를 기록한 후 2006년 3퍼센트 감소했다. 2007년에는 DVD 판매가 약 0.5퍼센트 증가했다. 2007년부터 2008년까지 DVD 판매는 26퍼센트 급감했다. Sarah Whitten, "The Death of the DVD: Why Sales Dropped More than 86% in 13 Years," CNBC, November 8, 2019. "Hollywood Video Owner Files for Bankruptcy," NBC News, February 3, 2010, nbcnews.com/id/wbna35222092; Eric Savitz, "Chicken Soup Completes Redbox Acquisition, Ending a Weird Meme-Stock Tale," Barron's, August 11, 2022; Robert Channick, "Redbox Rolls Out Streaming Video Service," Chicago Tribune, December 13, 2017을 참조하라.

51 "How Netflix Became the Leader in Original Content," *Socialnomics*, December 5, 2018, socialnomics.net/2018/12/05/how-netflix-became-the-leader-in-original-content/.

52 Bill Snyder, "Netflix Founder Reed Hastings: Make as Few Decisions as Possible," Stanford Graduate School of Business, November 3, 2014, gsb.stanford.edu/insights/netflix-founder-reed-hastings-make-few-decisions-possible.

53 John Hecht, "Netflix Chief Downplays Nielsen Plans to Measure Streaming Service Viewership," *Hollywood Reporter*, November 24, 2014, hollywoodreporter.com/tv/tv-news/netflix-chief-downplays-nielsen-plans-751931.

54 James Laube, "Technique vs. Terroir," *Wine Spectator*, October 2, 2013; Eric Stern, "The Cube Project: Challenging Assumptions About Terroir and Technique," *Wine Business*, May 13, 2013; Dwight Furrow, "The Cube Project Demonstrates the Fragility of Terroir," *Edible Arts*, October 3, 2013.

55 Profile of Robert Langer, *Forbes*, forbes.com/profile/robert-langer/; "Professor Robert S. Langer," MIT Langer Lab, langerlab.mit.edu langer-bio; "Highly Cited Researchers 2023," AD Scientific Index 2023, adscientificindex.com/scientist/robert-langer/1343674; "Case Study: Robert Langer," History Associates Incorporated, February 10, 2021, lemelson.mit.edu/sites/default/files/2021-02/%20LMIT_Langer_CaseStudy.pdf; Lucas Tan, "Prof Who Went on to Co-Found Moderna Was Told to 'Find

Another Job' After Pitching Drug Delivery Idea," *The Straits Times* (Singapore), February 4, 2023, straitstimes.com/singapore/moderna-co-founder-told-to-find-another-job-after-pitching-vaccine-delivery-idea.

56   Varun Saxena, "Robert Langer Talks Science, Business and How They Intersect," *Fierce Pharma*, October 15, 2014, fiercepharma.com/partnering/robert-langer-talks-science-business-and-how-they-intersect.

57   Langer의 약물 전달 방법은 mRNA 백신의 기초를 닦는 데 중요한 역할을 했다. Laura Hood, "How Robert Langer, a Pioneer in Delivering mRNA into the Body, Failed Repeatedly but Kept Going: 'They Said I Should Give Up, but I Don't Like to Give Up,' " The Conversation, April 26, 2022, theconversation.com/how-robert-langer-a-pioneer-in-delivering-mrna-into-the-body-failed-repeatedly-but-kept-going-they-said-i-should-give-up-but-i-dont-like-to-give-up-181417

58   Zoe Corbyn, "Moderna Co-Founder Robert Langer: 'I Wanted to Use My Chemical Engineering to Help People,'" *The Guardian*, March 12, 2022.

6장. 의견의 차이를 인정한다

1   Erica van de Waal, Christèle Borgeaud, and Andrew Whiten, "Potent Social Learning and Conformity Shape a Wild Primate's Foraging Decisions," *Science* 340, no. 6131 (2013): 483– 85, science.org/doi/10.1126/science.1232769; 여기에는 원숭이들의 영상이 포함되어 있다.

2   B. Latané and J. Darley, "Group Inhibition of Bystander Intervention in Emergencies," *Journal of Personality and Social Psychology* 10, no. 3 (November 1968): 215–21; see also "The Smoky Room Experiment: Trust Your Instincts," Academy 4SC, academy4sc.org/video/the-smoky-room-experiment-trust-your-instincts.

3   우리가 그날 스크린에 시선을 고정하고 빠르게 메모를 하며 관찰할 수 있었던 것은 방에 있던 열 팀 중 네 팀뿐이었다. 15분 후, 다른 6개 방으로 이동했을 때는 (당신도 지금쯤이면 짐작하겠지만) 이미 결정이 내려진 후였고 팀들은 방을 나가거나 제안을 어떻게 발표할지에 대해 논의하고 있었다. 모든 팀의 토론을 녹화했더라면 좋았을 텐데!

4   "David Sze Disagreed with Reid Hoffman's Airbnb Investment," *The Pitch* podcast, episode 8, December 7, 2020, 02:06, pod clips.com/c/mRrrjC; 다음도 참조하라. "Reid Hoffman—Surprising Entrepreneurial Truths," *The Jordan Harbinger Show*, episode 611, jordanharbinger.com/reid-hoffman-surprising-entrepreneurial-truths.

5   IPO가 성공적이었던 벤처 캐피털 지원 기업 100개 중 중 40개 기업만이 만장일치 규칙을 따랐다고 답한 반면, IPO가 성공적이지 못했던 벤처 캐피털 지원 기업 100개 중 이 규칙을 따랐다고 답한 기업은 52개였다; Paul Gompers, William Gornall, Steven N. Kaplan, and Ilya A. Strebulaev, "How Do Venture Capitalists Make Decisions?," *Journal of Financial Economics* 135, no. 1 (January 2020): 169–90.

6   Urmee Khan, "BBC 'Meeting Culture' Stopping People Doing Jobs, Says Boss," *The Telegraph*, April 1, 2010.

7   Paul Ziobro, "Floundering Mattel Tries to Make Things Fun Again," *Wall Street Journal*, December 22, 2014.

8   이것은 타이슨이 37전 37승(그중 33승은 KO)을 거둔 후의 첫 패배였다. James Sterngold, "Tyson Loses

World Title in a Stunning Upset," *New York Times*, February 11, 1990; Betswapgg, "Against the Grain: How Contrarian Betting Can Boost Your Sports Betting Payouts," *Medium*, March 8, 2023, medium.com/@Betswapgg/against-the-grain-how-contrarian-betting-can-boost-your-sports-betting-payouts-8780bf748cbc; Lee Cleveland, "Tyson vs Douglas Odds: Some Lost a Fortune," *FightSaga*, July 3, 2022, fightsaga.com/fightsaga/news/tyson-vs-douglas-odds-some-lost-big-money.

9   *Business Insider*, "RAY DIALO: You Have to Bet Against the Consensus and Be Right to Be Successful in the Markets," YouTube video, 3:27, September 22, 2017, youtube.com/watch?v=NovJFwpJSCI.

10   David Chambers, "Keynes' Asset Management: King's College, 1921– 1946: The British Origins of the US Endowment Model," Centre for Economic Policy Research, *Vox EU*, October 20, 2014, cepr.org/voxeu/columns/keynes- asset-management-kings-college-1921-1946-british-origins-us-endowment-model; Mark Johnston, "Keynes the Investor," *Econfix*, August 1, 2012, econfix.wordpress.com/2012/08/01/keynes-the-investor.

11   Clara Lindh Bergendorff, "On VC Non-Consensus, Outsized Returns, and Why I Won't Wear a Patagonia Vest," *Forbes*, March 8, 2020. 최초의 아이디어는 Oaktree의 Howard Marks가 낸 것으로 알려져 있다. 그는 이 사실을 매우 유사한 행렬로 설명했다. Howard Marks, "I Beg to Differ," Oaktree, July 26, 2022, oaktreecapital.com/insights/memo/I-beg-to-differ.

12   "Enron's PRC: A Walk Down Memory Lane of a Symbol of Poor Governance," *People Matters*, April 29, 2018, peoplematters.in/article/performance-management/enrons-prc-a-walk-down- memory-lane-of-a-symbol-of-poor-governance-18115.

13   Clinton Free and Norman B. Macintosh, "Management Control Practice and Culture at Enron: The Untold Story," CAAA 2006 Annual Conference Paper, August 6, 2006, ssrn.com/abstract=873636.

14   Cat Clifford, "Billionaire Ray Dalio: Here Are 'the Most Valuable 3 Minutes of Thoughts That I Could Possibly Share," CNBC, June 22, 2018, cnbc.com/2018/06/22/ray-dalios-top-success-tip-listen-to-people-who-disagree-with-you.html.

15   John Monash, "War Letters of General Monash: Volume 1, 24 December 1914–4 March 1917," Australian War Memorial, awm.gov.au/collection/C2077750?image=1.

16   Gompers, Gornall, Kaplan, and Strebulaev, "How Do Venture Capitalists."

17   "Two-Pizza Teams," Amazon Web Services, docs.aws.amazon.com/whitepapers/latest/introduction-devops-aws/two-pizza-teams.html; Charles Wilkin, "Robert Sutton: 'Do Your Team Meetings Pass the Two- Pizza Test?," *Wired*, April 2014, wired.co.uk/article/team-meetings-two-pizza-test.

18   Ziobro, "Floundering Mattel."

19   J. Richard Hackman and Neil Vidmar, "Effects of Size and Task Type on Group Performance and Member Reactions," *Sociometry* 33, no. 1 (March 1970): 37–54.

20   David Maxfield, Joseph Grenny, Ron McMillan, Kerry Patterson, and Al Switzler, "Silence Kills: The Seven Crucial Conversations in Healthcare," *Vital Smarts*, 2011, hks.harvard.edu/sites/default/files/Academic%20Dean's%20Office/communications_ program/workshop-materials/Moss_Article%20 ref%20in%20Workshop%20Silence% 20Kills.pdf.

21   Robert F. Kennedy, *Thirteen Days: A Memoir of the Cuban Missile Crisis* (New York: W. W. Norton, 1969).

22   Irving L. Janis, "Group-think," in *Readings in Managerial Psychology*, ed. Harold J. Leavitt, Louis R. Pondy, and David M. Boje (Chicago: University of Chicago Press, 1971). 더 상세한 논의는 다음에서 찾

을 수 있다. Morten Hansen, *Collaboration: How Leaders Avoid the Traps, Build Common Ground, and Reap Big Results* (Boston: Harvard Business Press, 2009).

23 Tim Brinkhof, "Devil's Advocate Used to Be an Actual Job Within the Catholic Church," *Big Think*, July 11, 2022, bigthink.com/high-culture/devil-advocate-catholic-church.

24 "Marc Andreessen," *Tim Ferriss Show* podcast, episode 163, January 1, 2018, tim.blog/2018/01/01/the-tim-ferriss-show-transcripts-marc-andreessen/.

25 Aaron De Smet, Tim Koller, and Dan Lovallo, "Bias Busters: Getting Both Sides of the Story," *McKinsey Quarterly*, September 4, 2019.

26 이 시스템이 어떻게 작동하는가에 대한 더 상세한 논의는 다음을 참조하라. William Kaplan, *Why Dissent Matters: Because Some People See Things the Rest of Us Miss* (Montreal/ Kingston: McGill-Queen's University Press, 2017); an excerpt is available in "How Israeli Intelligence Failures Led to a 'Devil's Advocate' Role," *Toronto Star*, May 21, 2017, thestar.com/news/insight/how-israeli-intelligence-failures-led-to-a-devils-advocate-role/article_2189cca3-c059-5608-a666-40656f907534.html.

27 Adam Grant, *Originals: How Non-Conformists Move the World* (New York: Viking, 2016).

28 "Shaving Start-Up Firm Bought by Unilever," BBC Business, July 20, 2016, bbc.com/news/business-36791928.

29 Ian Parker, "Absolute PowerPoint," *The New Yorker*, May 28, 2001; "Oral History of C. Richard 'Dick' Kramlich, Part 1," interview by David C. Brock, March 31, 2015, Computer History Museum, archive.computerhistory.org/resources/access/text/2016/03/102740064-05-01-acc.pdf; Daniel Geller and Dayna Goldfine (dirs.), *Something Ventured*, Zeitgeist Films, 2011, video accessible at vimeo.com/105745528; Robert Gaskins, *Sweating Bullets: Notes About Inventing PowerPoint* (San Francisco/London: Vinland Books, 2012).

30 Andy Wu, "Organizational Decision-Making and Information: Angel Investments by Venture Capital Partners," working paper, November 10, 2015, accessible at dx.doi.org/10.2139/ssrn.2656896.

31 Dan Primack, "Peter Thiel's Founders Fund Isn't Really Peter Thiel's Founders Fund," *Axios*, February 19, 2020, axios.com/2020/02/19/peter-thiel-founders-fund.

32 Brandon Wales, "Getting to 'Yes': The Black Box of Venture Capital Decision Making," Headline, May 6, 2020, headline.com/asia/en-us/post/getting-to-yes-the-black-box-of-venture-capital.

7장. 밀어붙이거나 그만두거나

1 "Sequoia's Michael Moritz: Venture Capital Is 'High- Risk Poker,'" Bloomberg Originals, October 19, 2015, accessible at youtube.com/ watch?v=k8Qxk5p2xnE. 포커와 벤처 캐피털에 대한 가장 오랜 언급은 다음에서 찾았다. Fred Wilson, "The Poker Analogy," AVC, November 17, 2004, avc.com/2004/11/the_poker_analo.

2 이 두 게임 모두 누가 먼저 수를 두는지는 운에 좌우된다. 하지만, 플레이어가 게임마다 흑과 백을 번갈아 두기 때문에 전체적으로는 문제가 되지 않는다.

3 "6 Psychological Gains Playing Poker Can Give You," *American Post*, March 7, 2023, americanpost.news/psychological-gains-playing-poker.

4 John von Neumann and Oskar Morgenstern, *Theory of Games and Economic Behavior* (1944;

Princeton, NJ: Princeton University Press, 2007).

5   누군가 콜을 할 때까지 플레이어는 "체크(check)"로 조치를 미루고 이후 같은 베팅 라운드에서 폴드, 레이즈 또는 다시 베팅할 수 있는 옵션을 유지할 수 있다.

6   이에 대한 논의는 다음을 참고하라. Richard D. Harroch and Lou Krieger, *Poker for Dummies* (Hoboken, NJ: John Wiley & Sons, 2000).

7   사례는 다음을 참조하라. Maria Konnikova, *The Biggest Bluff: How I Learned to Pay Attention, Master Myself, and Win* (New York: Penguin Press, 2020); Annie Duke, *Thinking in Bets: Making Smarter Decisions When You Don't Have All the Facts* (New York: Portfolio/ Penguin, 2018). 포커와 초기 단계 벤처 캐피털의 유사점을 설명한 유명한 블로그 게시물은 2004년까지 거슬러 올라간다. Fred Wilson, November 17, 2004, "The Poker Analogy," avc.com/2004/11/the_poker_analo.

8   Patrick Harvey, "When to Fold in Poker (Before and After the Flop)," Upswing Poker, July 7, 2021, upswingpoker.com/when-to-fold-in-poker-before-after-flop.

9   Eric Rosenbaum and Ellen Sheng, "Marriott Built Its Own 'Airbnb' Before Coronavirus Crashed Business Travel. Did It Help?," CNBC, September 13, 2020, cnbc.com/2020/09/13/marriott-built-its-airbnb-before-coronavirus-crash-did-it-help.html.

10 Cory Weinberg, "Airbnb's Biggest IPO Winners," *The Information*, December 7, 2020, theinformation.com/articles/airbnbs-biggest-ipo-winners.

11 Brian Chesky, "How Much Money Did Airbnb Raise? What Is the Company's Financing History?," Quora, 2015, quora.com/How-much-money-did-Airbnb-raise-What-is-the-companys-financing-history/answer/Brian-Chesky; Rebecca Aydin, "How 3 Guys Turned Renting Air Mattresses in Their Apartment into a $31 Billion Company, Airbnb," *Insider*, September 20, 2019.

12 "AirBnB IPO: All You Need to Know," Eqvista, January 6, 2021, eqvista.com/airbnb-ipo-all-you-need-to-know. 여기나 다른 곳에서 우리가 언급하는 비상장 벤처 캐피털 지원 기업의 평가 가치는 사후 가치 평가다.

13 Jenna Wortham, "Airbnb Raises Cash to Expand Budget- Travel Service," *New York Times*, November 10, 2010.

14 Jessica E. Lessin, "Thiel in Talks to Invest in Airbnb at $2.5 Billion Valuation," *Wall Street Journal*, October 19, 2012; Robert Lavine, "The Big Deal: Airbnb Checks in to $10bn Club," *Global Corporate Venturing*, August 10, 2014, globalventuring.com/corporate/the-big-deal-airbnb-checks-in-to-10bn-club. 여기에 언급된 모든 가치는 PitchBook 기타 출처에 보고된 사후 가치 평가다.

15 Ilya Strebulaev, "How Many Rounds Do Start-ups Raise by the Time They Become a Unicorn?," LinkedIn, June 2023, linkedin.com/posts/ilyavcandpe_stanford-stanfordgsb-venturecapital-activity-7067499237495762945-RraZ.

16 Reid Hoffman, Twitter post, March 29, 2017, twitter.com/reidhoffman/status/847142924240379904.

17 Danny Sheridan, "June 16: Minimum Lovable Product," Fact of the Day 1 (*Substack*), June 16, 2021, factoftheday1.com/p/june-16-minimum-loveable-product.

18 금융 수업을 들으면 스톡옵션과 같은 금융 옵션과의 유사성을 알아채게 될 것이다. 그러나 옵션에서 중요한 것은 의무가 아닌 권리임에도 불구하고 일반적으로 옵션을 가르치는 기술적 방식은 의사결정권자 편에서 유연성이 가지는 의미를 전달하지 못한다.

19 Riley McDermid, "Picplz 1, Instagram 0 as VC Firm Andreessen Horowitz Chooses Photo App Rival," *VentureBeat*, November 11, 2010, venturebeat.com/entrepreneur/picplz-1-instagram-0-as-vc-firm-

andreessen-horowitz-defects-to-photo-app-rival.

20 Piet H. van der Graaf, "Probability of Success in Drug Development," *Clinical Pharmacology & Therapeutics* 111, no. 5 (April 19, 2022): 983–85.

21 Phoebe Sedgman and Jasmine Ng, "Iron Ore Seen Stabilizing by Biggest Shipper as Mines Shut Down," *Bloomberg*, September 17, 2014, bloomberg.com/news/articles/2014-09-17/iron-ore-seen-stabilizing-by-australia-as-mine-closures-spread#xj4y7vzkg; Daniel Fitzgerald, "Iron Ore Mining Comeback in NT Sparks Environmental, Fishing and Cultural Concerns," ABC News (Australia), September 17, 2018, abc.net.au/news/rural/2018-09-18/nt-iron-ore-mine-comeback-spark-environmental-fishing-concerns/10060256.

22 James Jianxin Gong, S. Mark Young, and Wim A. Van der Stede, "Real Options in the Motion Picture Industry: Evidence from Film Marketing and Sequels," *Contemporary Accounting Research* 28, no. 5 (Winter 2011): 1438–66.

23 Kira Deshler, "The Untold Truth of *My Big Fat Greek Wedding*," *Looper*, April 27, 2022, looper.com/845207/the-untold-truth-of-my-big-fat-greek-wedding.

24 Jon Krakauer, *Into Thin Air* (New York: Villard, 1997).

25 Juan Felipe Aegerter Alvarez, Aferdita Pustina, and Markus Hällgren, "Escalating Commitment in the Death Zone: New Insights from the 1996 Mount Everest Disaster," *International Journal of Project Management* 29, no. 8 (December 2011): 971– 85; Katie Serena, "Rob Hall Is Proof That It Doesn't Matter How Experienced You Are—Everest Is Still a Deadly Climb," *All That's Interesting*, April 6, 2018, allthat sinteresting.com/rob-hall.

26 Dustin J. Sleesman, Anna C. Lennard, Gerry McNamara, and Donald E. Conlon, "Putting Escalation of Commitment in Context: A Multilevel Review and Analysis," *Academy of Management Annals* 12, no. 1 (2017).

27 그 사례는 다음을 참조하라. Jan Simpson, "The Sunk Cost Fallacy in Poker," 888 Poker, November 6, 2022, 888poker.com/magazine/ strategy/sunk-cost-fallacy-poker; Techienerd, "Typical Beginner Mistakes," Pokerology, July 4, 2023, pokerology.me/beginner-mistakes.

28 Jason Rodrigues, "Barings Collapse at 20: How Rogue Trader Nick Leeson Broke the Bank," *The Guardian*, February 24, 2015; Richard W. Stevenson, "Breaking the Bank: Big Gambles, Lost Bets Sank a Venerable Firm," *The New York Times*, March 3, 1995.

29 B. M. Staw, "Knee-Deep in the Big Muddy: A Study of Escalating Commitment to a Chosen Course of Action," *Organizational Behavior and Human Performance* 16 (1976): 27–44; M. A. Davis and P. Bobko, "Contextual Effects on Escalation Processes in Public Sector Decision Making," *Organizational Behavior and Human Decision Processes* 37, no. 1 (1986): 121–38.

30 2001년 백만 달러의 상금을 받은 또 다른 출연자, Charles Ingram("Coughing Major"로 알려졌다.(기침을 신호로 부정을 저질러서 얻은 별명–옮긴이))은 사기꾼인 것으로 밝혀졌다. 그 자체로 흥미로운 별개의 이야기다.

31 Jessica Mathews, "Lightspeed Formed a Re-Investment Team to Help the VC Prepare for a Downturn," *Fortune*, July 20, 2022.

32 Gené Teare, "How Lightspeed Venture Partners Doubles Down," *Crunchbase News*, September 26, 2022, news.crunchbase.com/venture/lightspeed-investment-strategy-alloy-tost-brze-ampl.

33 "Lessons in Candour from Pixar's Braintrust," Destination Innovation, shortform.com/blog/pixar-

braintrust.

34 James Surowiecki, *The Wisdom of Crowds* (New York: Doubleday, 2004), chapter 1.

35 "Criteria," Versatile VC, versatilevc.com/criteria.

36 Michael Ewens, Matthew Rhodes-Kropf, and Ilya A. Strebulaev, "Insider Financing and Venture Capital Returns," Stanford University Graduate School of Business Research Paper No. 16-45, October 9, 2016, accessible at papers.ssrn.com/sol3/papers.cfm?abstract_id=2849681.

37 "A Case Study in Combating Bias," *McKinsey Quarterly*, May 11, 2017.

38 Arnab Shome, "Walmart to Launch New Fintech with Ribbit Capital Partnership," *Finance Magnates*, December 1, 2021, finance magnates.com/fintech/news/walmart-to-launch-new-fintech-with-ribbit-capital-partnership.

39 "Google's Self-Driving Sister, Waymo, Gets First Outside Investors," Reuters, March 3, 2020, accessible at auto.economictimes.indiatimes.com/news/aftermarket/googles-self-driving-sister-waymo-gets-first-outside-investors/74450729?redirect=1.

40 Will Gornall and Ilya A. Strebulaev, "A Valuation Model of Venture Capital– Backed Companies with Multiple Financing Rounds," working paper, February 12, 2021, accessible at papers.ssrn.com/sol3/papers.cfm?abstract_ id=3725240.

41 Ilya Strebulaev, LinkedIn post, January 15, 2023, linkedin.com/posts/ilyavcandpe_stanford-stanfordgsb-venturecapital-activity-7021853740760539136-jpgu.

42 Tren Griffin and Chris Dixon, "12 Things I Learned from Chris Dixon About Startups," Andreessen Horowitz, January 18, 2015, a16z.com/2015/01/18/12-things-learned-from-chris-dixon-about-startups.

43 Felix Behr, "The Reason McDonald's Has Stopped Serving Its Plant-Based Burger," *Tasting Table*, August 3, 2022.

44 Brian Viner, "Three Wise Men, a Star and a Miracle," *Independent*, December 23, 1999.

45 "Amazon Prime Experiences Another Record-Breaking Holiday Season," Amazon press release, *Business Wire*, December 26, 2014, businesswire.com/news/home/20141226005033/en/Amazon-Prime-Experiences-Another-Record-Breaking-Holiday-Season.

46 Ben Fox Rubin, "Why Amazon Built a Warehouse Inside a Midtown Manhattan Office Tower," *CNET*, December 21, 2015, cnet.com/tech/services-and-software/why-amazon-built-a-warehouse-inside-a-midtown-manhattan-office-tower; Ángel González, "For Amazon Exec Stephenie Landry, the Future Is Now," *Seattle Times*, May 21, 2016.

47 Brian Solis, Jerome Buvat, Subrahmanyam KVJ, and Rishi Raj Singh, "The Innovation Game: Why and How Businesses Are Investing in Innovation Centers," Capgemini Consulting and Altimeter, 2015, capgemini.com/consulting/wp-content/uploads/sites/30/2017/07/innovation_center_v14.pdf.

48 Astro Teller, "The Unexpected Benefit of Celebrating Failure," TED Talk, February 2016, ted.com/talks/astro_teller_the_unexpected_benefit_of_celebrating_failure/transcript; Astro Teller, "The Secret to Moonshots? Killing Our Projects" (adapted from 2016 TED Talk), *Wired*, February 16, 2016, wired.com/2016/02/the-secret-to-moonshots-killing-our-projects/; "Watch How Google X Employees Deal with Failure: An Inside Look at the Inner-Workings of Google's Top-Secret Research Lab," *Fast Company*, April 15, 2014.

49 Astro Teller, "A Peek Inside the Moonshot Factory Operating Manual," *Medium*, July 23, 2016, blog.

x.company/a-peek-inside-the-moonshot-factory-operating-manual-f5c33c9ab4d7.

50 Obi Felten, "How to Kill Good Things to Make Room for Truly Great Ones," *Medium*, March 9, 2016, blog.x.company/how-to-kill-good-things-to-make-room-for-truly-great-ones-867fb6ef026.

8장. 파이를 더 크게 만든다

1   Diego Puga and Daniel Trefler, "International Trade and Institutional Change: Medieval Venice's Response to Globalization," *Quarterly Journal of Economics* (2014): 753–821; Ellen Kittell and Thomas Madden eds., *Medieval and Renaissance Venice* (Urbana/Chicago: University of Illinois Press, 1999), chapter 1; Clayton M. Christensen, Efosa Ojomo, and Karen Dillon, "How We Build National Institutions Plays a Crucial Role in Ensuring Prosperity for Developing Nations," *Quartz*, January 15, 2019, qz.com/africa/1523669/clayton-christensen-develop-national-institutions-for-prosperity.

2   Lance E. Davis, Robert E. Gallman, and Karin Gleiter, *In Pursuit of Leviathan: Technology, Institutions, Productivity, and Profits in American Whaling, 1816– 1906* (Chicago: University of Chicago Press, 1997), chapter 10; "How Much Did Things Cost in 1850's USA?," Another Androsphere Blog, March 14, 2013, anotherandrosphereblog.blogspot.com/2013/03/how-much-did-things-cost-in-1850s-usa.html.

3   Lance Davis, Robert E. Gallman, and Teresa Hutchins, "Productivity in American Whaling: The New Bedford Fleet in the Nineteenth Century," Working Paper 2477, *National Bureau of Economic Research*, December 1987, nber.org/papers/w2477.

4   Tom Nicholas, *VC: An American History* (Cambridge, MA: Harvard University Press, 2019); 다음도 참조하라. Tom Nicholas and Jonas Peter Atkins, "Whaling Ventures," Harvard Business School Case 813-086, October 2012, revised February 2019, hbs.edu/ faculty/ Pages/ item.aspx? num= 43322.

5   Davis, Gallman, and Gleiter, *In Pursuit of Leviathan*; "Whales and Hunting," New Bedford Whaling Museum, whaling museum.org/learn/research-topics/whaling-history/whales-and-hunting.

6   이것은 단순화한 것이다. 벤처 캐피털 펀드 후반에는 수수료가 관리 자산의 일정 비율인 경우가 많기 때문이다. 또한 수수료는 2퍼센트에서 편차가 있을 수 있으며 벤처 캐피털 펀드의 기간에 따라 변할 수 있다.

7   Paul Solman, "Is Carried Interest Simply a Tax Break for the Ultra Rich?," *PBS News Hour*, October 29, 2015, pbs.org/newshour/economy/carried-interest-simply-tax-break-ultra-rich; Vladimir V. Korobov, "Carried Interest: What It Represents and How to Value It and Why," Marcum Accountants and Advisors, November 7, 2019, marcumllp.com/insights/carried-interest-what-it-represents-and-how-to-value-it-and-why.

8   C. Bram Cadsby, Fei Song, and Francis Tapon, "Sorting and Incentive Effects of Pay for Performance: An Experimental Investigation," *Academy of Management Journal* 50, no. 2 (April 2007): 387–405.

9   Sue Fernie and David Metcalf, "It's Not What You Pay, It's the Way That You Pay It and That's What Gets Results: Jockeys' Pay and Performance," *Labour* 13, no. 2 (June 1999): 385–411.

10 Peter Delevett, "2013: Twitter's IPO Means 1,600 New Millionaires—and More Good News for Silicon Valley," *Mercury News*, November 8, 2013.

11 Owen Edwards, "Legends: Arthur Rock," *Forbes*, June 1, 1998; Sally Smith Hughes, interview with Arthur Rock, "Early Bay Area Venture Capitalists: Shaping the Economic and Business Landscape,"

Regional Oral History Office, University of California, 2009, digitalassets.lib.berkeley.edu/roho/ucb/text/rock_arthur.pdf.

12 Fairchild, "The 50th Year Photo Album," accessible at web.archive.org/web/20160303174538/http://corphist.computerhistory.org/corphist/documents/doc-473a252347d41.pdf?PHPSESSID=ccd241; "Fairchild Lunar Mapping Camera System Scrapbook Hutchins," NASM.2015.0048, National Air and Space Museum, Smithsonian Institution, airand space.si.edu/collection-archive/fairchild-lunar-mapping-camera-system-scrapbook-hutchins/sova-nasm-2015-0048; "Sherman Mills Fairchild," accessible at web.archive.org/web/20191118003924/http://www.bcwarbirds.com/sherman_fairchild_bio.htm.

13 Leslie Berlin, *The Man Behind the Microchip: Robert Noyce and the Invention of Silicon Valley* (New York: Oxford University Press, 2005), 89; Joseph Blasi, Douglas Kruse, and Aaron Bernstein, *In the Company of Owners: The Truth About Stock Options (and Why Every Employee Should Have Them)* (New York: Basic Books, 2003).

14 법적으로 페어차일드 반도체는 페어차일드 카메라의 한 사업부였다. 페어차일드 카메라의 높은 실적은 반도체 사업부의 성장 덕분이었다. 다음을 참조하라. Leslie R. Berlin, "Robert Noyce and Fairchild Semiconductor, 1957– 1968," *Business History Review* 75, no. 1 (2001): 63–101.

15 David Laws, "Fairchild, Fairchildren, and the Family Tree of Silicon Valley," Computer History Museum, December 20, 2016, computerhistory.org/blog/fairchild-and-the-fairchildren; Berlin, *The Man Behind the Microchip*, 134.

16 Arthur Rock의 Hughes 인터뷰.

17 정확히 말하면 Intel은 RSU(restricted stock units, 양도제한 조건부 주식)를 제공한다. "Intel Corporation Restricted Stock Unit Agreement Under the 2021 Inducement Plan (For Relative TSR Performance-Based RSUs)," JUS\-TIA, accessed July 2023, contracts.justia.com/companies/intel-694/contract/174133.

18 "A Bias Against Investment?," *McKinsey Quarterly*, September 1, 2011; 다음도 참조하라. Dan Lovallo, Tim Koller, Robert Uh\-laner, and Daniel Kahneman, "Your Company Is Too Risk-Averse," *Harvard Business Review Magazine*, March–April 2020.

19 Sari Pekkala Kerr, William R. Kerr, and Tina Xu, "Personality Traits of Entrepreneurs: A Review of Recent Literature," Working Paper 24097, National Bureau of Economic Research, December 2017: "Stewar, Roth(2001)는 14개 연구에 대한 메타 분석에서 기업가의 위험 추구 성향이 관리자의 위험 추구 성향보다 강하다는 사실을 발견했다. 이 결론에 대해서는 자기 보고 측정이 아닌 투영 기법으로 위험 추구 성향을 측정한 14개의 다른 연구 데이터를 제시한 Miner, Raju(2004) 등으로부터의 이의 제기가 있었다."

20 현실은 좀 더 복잡하다. 벤처 캐피털 계획은 사례가 보여주는 것보다 비중이 크기 때문이다. 하지만 여기에서 묘사된 직관은 대개 적용된다.

21 기술적으로는 이런 보상 구조를 콜옵션의 롱 포지션이라고 부른다.

22 Oriana Bandiera, Luigi Guiso, Andrea Prat, and Raffaella Sadun, "Matching Firms, Managers, and Incentives," 2010, www0.gsb.columbia.edu/faculty/aprat/papers/managers.pdf.

23 Michael G. Vann, "Of Rats, Rice, and Race: The Great Hanoi Rat Massacre, an Episode in French Colonial History," *French Colonial History* 4 (2003): 191–204.

24 Yahoo Lifestyle Singapore, "Singapore Is Voted the Cleanest and Greenest City in the World, According to *Time Out* Survey," *Yahoo News*, September 13, 2021, news.yahoo.com/singapore-is-

voted-the-cleanest-and-greenest-city-in-the-world-according-to-time-out-survey-073032402.html;
Kiki Streets, "Is Chewing Gum Against the Law in Singapore?," World Atlas, April 25, 2017, worldatlas.
com/articles/singapore-laws-to-know-before-you-get-there.html.

25   Canice Prendergast, "The Provision of Incentives in Firms," *Journal of Economic Literature* 37, no. 1
(March 1999): 7–63; "A Fair Day's Pay," *The Economist*, May 6, 1999.

26   "Manhattan U.S. Attorney Sues Bank of America for over $1 billion for Multi-Year Mortgage Fraud
Against Government Sponsored Entities Fannie Mae and Freddie Mac," US Attorney's Office,
Southern District of New York, press release, October 24, 2012, justice.gov/archive/usao/nys/
pressreleases/October12/BankofAmericanSuit.php.

27   Lawrence M. Fisher, "Sears Auto Centers Halt Commissions After Flap," *New York Times*, June 23, 1992.

28   Elizabeth C. Tippett, "How Wells Fargo Encouraged Employees to Commit Fraud," *The Conversation*,
October 7, 2016, theconversation.com/how-wells-fargo-encouraged-employees-to-commit-
fraud-66615.

29   Joshua Graff Zivin and Elizabeth Lyons, "The Effects of Prize Structures on Innovative Performance,"
Working Paper 26737, National Bureau of Economic Research, February 2020, nber.org/system/files/
working_papers/w26737/w26737.pdf.

30   Alex Edmans, *Grow the Pie: How Great Companies Deliver Both Purpose and Profit* (Cambridge:
Cambridge University Press, 2020).

31   "Franchise and Retirement from Printing," Benjamin Franklin Historical Society, web.archive.org/
web/20170224211649/http://www.benjamin-franklin-history.org/franchise-and-retirement-from-
printing/.

32   Ronald Rutherford, Thomas Springer, and Abdullah Yavas, "Conflicts Between Principals and Agents:
Evidence from Residential Brokerage," *Journal of Financial Economics* 76, no. 3 (2005): 627–65.

33   Samantha Sharf, "Why Starbucks Pays Its Baristas with Stock: A Beginners' Guide to Company Stock,"
Forbes, March 18, 2015.

34   "Case Study: C. H. I. Overhead Doors," Ownership Works, ownershipworks.org/chi-overhead-doors;
Kirk Falconer, "Deal of the Year: KKR's Exit of CHI Overhead Doors," *Buyouts*, April 2, 2023, buy
outsinsider.com/ deal-of-the-year-kkrs-exit-of-chi-overhead-doors.

35   Pete M. Stavros, "Incentivizing Employees and Creating Value," KKR Investor Day, 2018, accessible at
youtube.com/watch? v=et8T5s-To0Q.

36   "CHI Overhead Doors Employees Reap Cash Reward Following Nucor Deal," CNBC, May 17, 2022,
accessible at youtube.com/watch?v=0zeExiZ4Bb4.

37   Miriam Gottried, "KKR to Sell CHI Overhead Doors to Nucor, Generating Windfall for Itself and
Employees," *Wall Street Journal*, May 16, 2022.

38   Peter Thiel with Blake Masters, *Zero to One: Notes on Startups, or How to Build the Future* (New York:
Crown Business, 2014).

39   Alistair Barr and Mark Bergen, "One Reason Staffers Quit Google's Car Project? The Company Paid
Them So Much," *Bloomberg*, February 13, 2017, bloomberg.com/news/articles/2017-02-13/one-
reason-staffers-quit-google-s-car-project-the-company-paid-them-so-much?sref=PF9CBsza. Waymo
의 사례는 유령 주식이 지나치게 큰 성공으로 인해 어떤 역효과를 낼 수 있는지도 보여준다. Waymo 직원
들은 "출구" 전에 지분에 따라 보너스를 받았는데 보너스가 너무 많았기 때문에 일부 직원은 직장을 그만

두었다.

40 Jillian D'Onfro, "Here's the Decadent Meal That Won Over Google's Early Employees and Persuaded Them to Hire Their First Chef," *Business Insider India*, October 9, 2014.

41 Nick Bilton and Evelyn M. Rusli, "From Founders to Decorators, Facebook Riches," *New York Times*, February 1, 2012.

42 George F. Will, "Lovin' It All," *Washington Post*, December 27, 2007.

43 Ilya Levtov, "How Much Equity Do Founders Have When Their Company IPOs?," *Priceonomics*, December 8, 2016, priceonomics.com/how-much-equity-do-founders-have-when-their.

44 Lyft: Paul R. La Monica, "Here's Who Will Get Rich from the Lyft IPO," CNN Business, March 29, 2019, edition.cnn.com/2019/03/29/tech/lyft-investors-ipo/index.html; Box: Ben Kepes, "Box's IPO, Revenue/ Expenditure Mismatches and the Cult of 'Growth at All Costs,' " *Forbes*, March 24, 2014; Pandora: Nicole Perlroth, "Pandora Files for IPO, Reveals Founder Owns Less Than 3%," *Forbes*, February 11, 2011.

9장. 위대한 일에는 시간이 필요하다

1 Pam Stranahan, "When Were Towns on Matagorda Island? Part II: Barrier Islands," History Center for Aransas County, theach istorycenter.com/history-mystery-1/when-were-towns-on-matagorda-island% 3F.

2 Alan Peppard, "Islands of the Oil Kings, Part 3: Reach for the Stars," *Dallas Morning News*, December 18, 2014, res.dallasnews.com/interactives/oilkings/part3/.

3 " 'Welcome to the Rocket Business': Private Rocket Destroyed in Test-Firing Explosion," UPI, August 5, 1981, upi.com/Archives/1981/08/05/Welcome-to-the-rocket-business-Private-rocket-destroyed-in-test-firing-explosion/7158365832000.

4 "The Launch of Conestoga 1, Space Services Inc. of America, September 9, 1982," Celestis, celestis.com/about/conestoga-1/; Dan Balz, "Commercial Rocket Explodes on Pad During Test in Texas," *Washington Post*, August 6, 1981; Stephen Harrigan, "Mr. Hannah's Rocket," *Texas Monthly*, November 1982; Michael A. G. Michaud, *Reaching for the High Frontier* (New York: Praeger, 1986), chapter 12; Tom Richman, "The Wrong Stuff," *Inc.*, July 1, 1982; UPI, "Welcome to the Rocket Business."

5 Braddock Gaskill, "Elon Musk/SpaceX Interview, Part 1," *NSF*, July 28, 2006, nasaspaceflight.com/2006/07/elon-muskspacex-interview-part-1; Brian Berger, "Falcon 1 Failure Traced to a Busted Nut," Space.com, July 19, 2006, space.com/2643-falcon-1-failure-traced-busted-nut.html.

6 Stephen Clark, "Falcon 1 to Launch Today," *Spaceflight Now*, August 2, 2008, spaceflightnow.com/falcon/003/preview.html; Jeremy Hsu, "Strike Three for SpaceX's Falcon 1 Rocket," NBC News, August 3, 2008, nbcnews.com/id/wbna25990806.

7 Anthony Ha, "Private Rocket Company SpaceX Gets $20m from the Founders Fund," *VentureBeat*, August 6, 2009, venturebeat.com/business/private-rocket-company-spacex-gets-20m-from-the-founders-fund/.

8 Catherine Clifford, "9 Years Ago SpaceX Nearly Failed Itself Out of Existence: 'It Is a Pretty Emotional Day,' Says Elon Musk," CNBC, September 29, 2017, cnbc.com/2017/09/29/elon-musk-9-years-ago-

spacex-nearly-failed-itself-out-of-existence.html.

9   Patrick Kariuki, "SpaceX vs. Virgin Galactic vs. Blue Origin: What Are the Differences?," *Make Use Of*, November 30, 2021, makeuseof.com/spacex-virgin-galactic-blue-origin-differences.

10 John Zarella and Tom Cohen, "Ashes of 'Star Trek' Actor on Private Rocket," CNN, May 25, 2012, edition.cnn.com/2012/05/24/showbiz/spacex-scottys-ashes/index.html.

11 Ed Browne, "Bill Nelson: Everybody Pooh-Poohed SpaceX. Look at Them Now," *Newsweek*, September 12, 2022.

12 Elon Musk, Twitter post, September 19, 2020, twitter.com/elonmusk/status/1307356512411672578.

13 Connie Loizos, "Don Valentine, Who Founded Sequoia Capital, Has Died at Age 87," *TechCrunch*, October 26, 2019; "Our History," Sequoia, sequoiacap.com/our-history.

14 Soumya Karlamangla, "California Is Home to the Tallest, Largest and Oldest Trees in the World," *New York Times*, October 21, 2022; Ivana Simic, "Hyperion—the World's Tallest Tree," Tales by Trees, December 22, 2017, talesbytrees.com/hyperion-the-worlds-tallest-tree; "Measurement of Hyperion, the Tallest Tree in the World," Monumental Trees, monumentaltrees.com/en/trees/coastredwood/video.

15 "Why the Giant Sequoia Needs Fire to Grow," *Nature* on PBS, March 14, 2017, accessible at youtube.com/watch?v=lmNZ Gr9Udx8.

16 "Bank of America: The Humble Beginnings of a Large Bank," available at occ.treas.gov/about/who-we-are/history/1866-1913/1866-1913-bank-of-america.html

17 Felice Bonadio, "A. P. Giannini and the Bank of Italy: California's Mixed Multitudes," *International Migration Review* 27, no. 2 supplement (1993): 107–123, onlinelibrary.wiley.com/doi/pdf/10.1111/j.2050-411X.1993.tb00085.x.

18 Steve Forbes, "What Can We Learn from America's Greatest Banker?," *Forbes*, November 2, 2016.

19 Bill Gurley, Twitter post, June 21, 2022, twitter.com/bgurley/status/1539024219010240512?lang=en.

20 Fabrice Grinda, "Winter Is Coming!," November 18, 2022, fabricegrinda.com/winter-is-coming.

21 Sandberg's Harvard Business School Speech to the Class of 2012, accessible at youtube.com/watch?v=2Db0_RafutM, 5:28.

22 Bart Eshwar, "The Crazy Story Behind the Creation of the Term 'Unicorn,'" *OfficeChai*, October 18, 2016, officechai.com/startups/origin-of-the-term-unicorn; Aileen Lee, "Welcome to the Unicorn Club: Learning from Billion-Dollar Startups," *TechCrunch*, November 2, 2013, techcrunch.com/2013/11/02/welcome-to-the-unicorn-club. 유니콘을 규정할 때는 사후 가치 평가를 사용한다.

23 이런 2차 플랫폼에서의 거래는 금액이 매우 적은 경향이 있기 때문에 벤처 캐피털리스트는 지난 몇 년 동안 산발적으로 발생한 2차 거래(발행회사로부터 직접 거래하는 것이 아닌, 투자자 간에 기존 증권(주식, 채권, 비상장기업의 지분 등)을 사고파는 것-옮긴이)에 참여하지 않는다. 간혹 벤처 캐피털 펀드가 2차 거래로 동료에게 지분의 일부를 매각하는 경우가 있기는 하다. 일부 소규모 벤처 캐피털 펀드와 엔젤 투자자들 사이에서 이런 거래를 하는 경향이 있다.

24 Will Gornall and Ilya A. Strebulaev, "Squaring Venture Valuations with Reality," *Journal of Financial Economics* 135, no. 1 (January 2020): 120–43.

25 Gornall and Strebulaev, "Squaring Venture Valuations with Reality."

26 Ruth Umoh, "Amazon CEO Jeff Bezos: Focusing on the Present Is No Way to Run a Business," CNBC, April 27, 2018, cnbc.com/2018/04/26/why-amazon-ceo-jeff-bezos-doesnt-focus-on-the-present.html.

27   Max Roser, Hannah Ritchie, and Edouard Mathieu, "Technological Change," Our World in Data, ourworldindata.org/technology-adoption; Diego Comin and Bart Hobijn, "An Exploration of Technology Diffusion," *American Economic Review* 100 (December 2010): 2031–59.

28   K.N.C., G.S., and P.K., "Happy Birthday World Wide Web," *The Economist*, March 12, 2014.

29   Jake Chapman, "Driving the New American Century," *TechCrunch*, March 12, 2016, techcrunch.com/2016/03/12/driving-the-new-american-century.

30   Michigan Savings Bank president quote via the Quote Investigator, July 17, 2021, quoteinvestigator.com/2021/07/17/auto-fad; Riggio quote from Warren St. John, "Barnes & Noble's Epiphany," *Wired*, June 1, 1999; Ballmer quote from Ina Fried, "These People Thought the iPhone Was a Dud When It Was Announced 10 Years Ago," *Vox*, January 9, 2017; Smith quote from "Logistics Needs a Shake-up: Surging Demand Requires New Distribution Methods," *The Economist*, October 26, 2017.

31   Gary P. Pisano, Alessandro Di Fiore, Elena Corsi, and Elisa Farri, "Chef Davide Oldani and Ristorante D'O," Harvard Business Review Case 613- 080, January 2013, hbs.edu/faculty/Pages/item.aspx?num=44165.

32   Stuart Dredge, "MySpace—What Went Wrong: 'The Site Was a Massive Spaghetti-Ball Mess,' " *The Guardian*, March 6, 2015.

33   Jay Babcock, "January 30 Is International Delete Your MySpace Account Day," *Arthur*, January 22, 2008, arthurmag.com/2008/01/22/january-30th-is-international-delete-your-myspace-account-day.

34   Peter Kafka, "Did Murdoch Cut News Corp.'s Internet Goals?," *Business Insider*, October 18, 2007.

35   Jennifer Saba, "News Corp Sells MySpace, Ending Six-Year Saga," Reuters, June 29, 2011, reuters.com/article/us-newscorp-myspace/news-corp-sells-myspace-ending-six-year-saga-idUSTRE75S6D720110629.

36   Dredge, "MySpace—What Went Wrong."

37   Yinka Adegoke, "How MySpace Went from the Future to a Failure," NBC News, April 8, 2011, nbcnews.com/id/wbna42475503.

38   Dan Primack, "The VC Who Wanted MySpace Back," *Fortune*, July 1, 2011.

39   James M. Citrin, Claudius A. Hildebrand, and Robert J. Stark, "The CEO Life Cycle," *Harvard Business Review*, November– December 2019, hbr.org/2019/11/the-ceo-life-cycle; Matteo Tonello and Jason Schoetzer, "CEO Succession Practices in the Russell 3000 and S& P 500," Harvard Law School Forum on Corporate Governance, January 15, 2021, corpgov.law.harvard.edu/2021/01/15/ceo-succession-practices-in-the-russell-3000-and-sp-500.

40   Mark J. Roe, "The Imaginary Problem of Corporate Short- Termism," *Wall Street Journal*, August 17, 2015.

41   Shai Bernstein, "Does Going Public Affect Innovation?," *The Journal of Finance*, 70, no. 4 (August 2015): 1365–1403.

42   Eric Jackson, "6 Things Jeff Bezos Knew Back in 1997 That Made Amazon a Gorilla," *Forbes*, November 16, 2011; Julia Kirby and Thomas A. Stewart, "The Institutional Yes," *Harvard Business Review*, October 2007.

43   Jim Mertens, "John Deere Chairman Says Global Markets Are Key to Company's Future," WQAD News 8 (Moline, IL), August 15, 2016, wqad.com/ article/news/agriculture/ag-in-the-classroom/deere-chairman-says-global-markets-are-key-to-company future/526-8008aa6f-ab3b-4654-acbe-d277e1e91649.

44   Mario Gabriele, "Kaspi: The Shape-shifter," *The Generalist*, August 22, 2021, generalist.com/briefing/kaspi.

45   Rob Walker, "How Adobe Got Its Customers Hooked on Subscriptions," *Bloomberg*, June 8, 2017, bloomberg.com/news/articles/2017-06-08/how-adobe-got-its-customers-hooked-on-subscriptions.

46   W. Mischel, E. B. Ebbesen, and A. Raskoff Zeiss, "Cognitive and Attentional Mechanisms in Delay of Gratification," *Journal of Personality and Social Psychology* 21, no. 2 (1972): 204–18. 그들의 첫 연구는 다음에 설명되어 있다. W. Mischel and E. B. Ebbesen, "Attention in Delay of Gratification," *Journal of Personality and Social Psychology* 16, no. 2 (1970): 328–37, 하지만 여기에는 그 유명한 마시멜로우 연구가 포함되어 있지 않다.

47   Jonah Lehrer, "Don't! The Secret of Self- Control," *The New Yorker*, May 11, 2009.

48   Jennifer Ouellette, "New Twist on Marshmallow Test: Kids Depend on Each Other for Self Control," *Ars Technica*, January 21, 2020, arstechnica.com/science/2020/01/new-twist-on-marshmallow-test-kids-depend-on-each-other-for-self-control.

49   John T. Warner and Saul Pleeter, "The Personal Discount Rate: Evidence from Military Downsizing Programs," *American Economic Review* 91, no. 1 (March 2001): 33–53.

50   Stefano DellaVigna and M. Daniele Paserman, "Job Search and Impatience," Working Paper 10837, *National Bureau of Economic Research*, October 2004, nber.org/papers/w10837.

51   Timothy J. Richards and Stephen F. Hamilton, "Obesity and Hyperbolic Discounting: An Experimental Analysis," *Journal of Agricultural and Resource Economics* 37, no. 2 (August 2012): 181–98.

52   Annalyn Kurtz, "5 Lessons Ordinary Investors Can Learn from Warren Buffett," *U.S. News & World Report*, May 4, 2018, money.usnews.com/investing/buy-and-hold-strategy/articles/2018-05-04/5-lessons-ordinary-investors-can-learn-from-warren-buffett.

53   Jared Diamond, *Collapse: How Societies Choose to Fail or Succeed*, 2nd ed. (New York: Penguin, 2011).

54   Hanneke Weitering, "Red Wine in Space May Age Faster Than on Earth, Study Finds," Space.com, May 5, 2021, space.com/red-wine-in-space-aged-faster.

결론

1   Dayeeta Das, "Žabka Launches Cashierless Store Format, Žappka," *ESM Magazine*, June 16, 2021, esmmagazine.com/technology/zabka-launches-cashierless-store-format-zappka-136704; Kevin Rozario, "Poland's Biggest Convenience Chain Overtakes Amazon in European Race for Autonomous Stores," *Forbes*, January 18, 2022.

2   Bill Briggs, "A Grocer That Sells Smoothies, Snacks and 'Easier Lives'? Welcome to Žabka's Autonomous Stores," Microsoft Source, January 10, 2023, news.microsoft.com/source/features/digital-transformation/a-grocer-that-sells-smoothies-snacks-and-easier-lives-welcome-to-zabkas-autonomous-stores.

3   Zameena Mejia, "Steve Jobs Almost Prevented the Apple iPhone from Being Invented," CNBC, September 12, 2017, cnbc.com/2017/09/12/why-steve-jobs-almost-prevented-the-apple-iphone-from-being-invented.html.

4   Sheila Farr, "Starbucks: The Early Years," HistoryLink.org, February 15, 2017, historylink.org/file/20292.

5   Tegan Jones, "The Surprisingly Long History of Nintendo," *Gizmodo*, September 20, 2013, gizmodo.com/the-surprisingly-long-history-of-nintendo-1354286257; "The Industry's Finest—Gunpei Yokoi," VGChartz, September 10, 2009, vgchartz.com/article/5145/the-industrys-finest-gunpei-yokoi/.

벤처 마인드셋

1판 1쇄 인쇄 2024년 6월 1일
1판 1쇄 발행 2024년 6월 12일

지은이 일리야 스트레불라예프·알렉스 당
옮긴이 이영래

발행인 양원석 **편집장** 차선화 **책임편집** 이슬기
디자인 남미현, 김미선 **영업마케팅** 윤우성, 박소정, 이현주, 정다은, 유민경

펴낸 곳 ㈜알에이치코리아
주소 서울시 금천구 가산디지털2로 53, 20층(가산동, 한라시그마밸리)
편집문의 02-6443-8916 **도서문의** 02-6443-8800
홈페이지 http://rhk.co.kr
등록 2004년 1월 15일 제2-3726호

ISBN 978-89-255-7491-2 (03320)